법학

정치학

경제학 다이제스트

일반사회교육론

예비사회교사를 위한

Economics Digest

경제학 다이제스트

이율 편저

박문각

이 책의 머리말

❶ 《경제학 다이제스트》가 나오기까지

경제학 다이제스트는 사회과 예비교사들의 경제교육 전문성 향상과 임용시험 합격을 위해 다년간 해온 경제학 학습 및 강의를 체계적으로 정리한 책이다. 경제학을 학문으로 공부했던 경험, 수험생으로 행정고시 등을 공부했던 경험, 사회과 예비교사들을 대상으로 한 대학 및 학원 강의 경험, 인문학 특강 경험 등에서 만들어진 자료들을 통해 나온 것이 《경제학 다이제스트》이다. 제목에 맞게끔 직관적으로 이해하고 학습할 수 있도록 정리하였다.

❷ 이 책의 특징

많은 특징들이 있지만 여기서는 가장 핵심적인 특징을 제시한다.

1. 논리적 흐름을 깨지 않으면서도 시험에 필요한 분량을 최소화한 단권화 교재이다.

2. 시험에 가장 효과적으로 대응할 수 있도록 만든 교재이다. 이를 위해 다음과 같은 점을 고려하였다.
   첫째, 어려운 경제 개념이나 일반화를 직관적으로 이해할 수 있도록 하였다.
   둘째, 연상하기 어려운 경제이론이나 개념은 경제현상으로 풀어 서술하였다. 본 교재는 이런 문제점을 제목 구성과 본문 구성을 통해 극복하고자 노력하였다.

3. 기본부터 전이효과를 최대한 확장할 수 있도록 만든 교재이다. 이를 위해 다음과 같은 점을 반영하였다.
   첫째, 최대한 논리적 연계성을 시도하여 경제학을 하나의 이야기가 될 수 있도록 하였다.
   둘째, 복잡한 증명이나 식을 생략하여 경제학에 대한 문턱을 최대한 낮췄다.

4. 경제 수업을 위해 필요한 경제교육 전문성을 고려한 책이다.

❸ **이 책이 경제학의 문턱을 낮춰 합격뿐만 아니라 경제소양을 기를 수 있기를 기원한다.**

경제학을 처음 좋아하게 된 것은 중학교 3학년 때였다. 그때부터 지금까지 변함없는 지향은 내 스스로 경제학을 직관적으로 이해할 수 있는 방법을 만드는 것이었다. 경제학을 강의하면서부터는 사람들 모두가 경제학을 쉽게 이해할 수 있는 도구를 가지기를 원해왔다. 이런 바람과는 달리 책에 대한 아쉬운 부분도 있다. 현재로서는 강의를 통해 아쉬운 부분을 채울 수밖에 없을 것 같다. 지금도 경제학을 직관적으로 이해할 수 있는 방법과 자료에 대한 연구는 진행 중이다. 내 스스로 이 연구를 멈추지 않는 한《경제학 다이제스트》는 계속 진화될 것이다.

이 책으로 공부하는 모두에게 합격과 소망하는 일들이 이뤄지기를 기원한다.

백산 발현재에서

이원 드림

이 책의 차례

Economics Digest

경제학 다이제스트

예비사회교사를 위한

경제학 다이제스트

제 **1** 부

경제학의
기본원리

제 **1** 편

경제학의 기초

제 01 장 경제학이란 무엇인가

제1절 일상생활로서의 경제현상을 연구하는 경제학이란 무엇인가?

01 경제학을 왜 공부해야 할까?

경제학은 민주시민의 필수적인 지식이면서 역량이 되기 때문에 공부해야 한다. 민주시민은 개인적 삶을 준비하고, 사회 전체의 유지와 발전에 필요한 역량 등을 함양하는 가운데 성장한다. 경제학은 개인적 의사결정과 사회적 의사결정에 중요한 지식이다. 사람들과 정부의 일상은 한정된 예산을 가지고 여러 대안 중의 하나를 선택하는 일을 하게 된다. 예컨대 점심식사를 하는 경우도 그렇고, 국방 예산을 늘려야 하는지 교육비 예산을 늘려야 하는지도 그렇다. 기업은 여러 대안 중에서 어떤 제품을 만들 것인지를 결정한다. 이 경우 바람직한 선택을 위해 경제학이 필요하기 때문에 경제학을 공부해야 하는 것이다.

경제학은 경제현상만을 이해하기 위해 필요한 지식이 아니다. 경제현상은 다양한 영역과 연결되어 있다. 예컨대 개인의 월급은 어떻게 결정된 것인가? 경제적으로 결정된 것처럼 보인다. 하지만 이렇게 결정되도록 노동시장을 분리하는 것은 경제적인 것인가, 아니면 정치제도적인 것인가? 정치 및 경제제도에 의한 것이다. 수출과 수입은 경제현상이지만, 외교라는 정치와도 연결된다. 기업의 이윤은 경영을 통해서만 창출되는 것이 아니라 사회·정치·경제와 연결되어 있다. 정부의 독점권의 배분은 정치지만 독점기업이라는 경제현상을 만들어 낸다. 의료민영화나 공기업 등의 민영화를 생각해 보자. 경제 논리를 내세우지만 결국 정치와 사회·문화 및 의식의 문제다. 선거의 공약 역시 경제와 연결되어 있다. 어떤 공약을 이해한다는 것은 그 공약이 내 삶에 경제적으로 어떤 영향을 미칠 것인지, 사회 전체의 공동선에 어떤 영향을 미칠 것인지를 파악하는 것도 포함된다. 만약 이것을 파악하지 못할 경우 결국 잘못된 선택을 하고, 우리 삶에 부정적인 영향을 미친다는 것이다. 따라서 경제를 공부해야 하는 이유는 개인적으로, 사회적으로, 국가적으로 올바른 선택을 하는 데 기여하기 때문이다.

이 선택은 단순한 동조가 아니라 합리적이고 비판적인 참여가 되어야 할 것이다. 현재 경제학은 희소성의 원칙과 개인의 이기심이라는 심리에 근거를 두고 행동을 일반화한 것을 주내용으로 한다. 그 결과 경제학을 배분의 효율성이라는 가치에 가두고 있다. 또한 이러한 효율성을 공동선으로 규정하는 공리주의나 쾌락주의 같은 철학적 근거에 바탕을 두고 정당화하고 있다. 경제학은 또한 자본주의를 전제로 하고 있다. 물론 행동경제학, 비판경제학, 정치경제학 등과 같이 주류경제학의 가정과 결론에 대해 다른 주장을 제기하는 다양한 경제학도 있다. 하지만 이런 내용들을 정규교육과정에서 찾기란 매우 어렵다. 이 책에서는 행동경제학의 일부 내용을 다룰 뿐 주류경제학과 다른 견해를 제시하는 다양한 경제학을 살펴보지는 않을 것이다. 주류경제학의 기본 논리를 우선적으로 파악해야 하기 때문이다.

민주시민은 자신의 삶의 영위뿐만 아니라 공동선에 대한 자질과 역량을 가진 시민을 말한다. 따라서 현재 경제학이라고 불리는 주류경제학의 한계와 문제점을 이해할 필요가 있다. 주류경제학의 논리가 항상 우리 사회의 공동선을 가져다주는 것은 아니기 때문이다. 이를 우리는 넓은 의미로 시장실패라고 부른다. 따라서 앞으로 학습할 주류경제학의 논리는 경제학의 끝이 아니라 시작이다. 즉 주류경제학은 우리 사회의 경제현상을 이해함과 동시에 비판적 대상이 되어야 한다. 주류경제학의 논리를 경전과 같이 의심없이 믿음으로 대하는 것은 과학이 아니다. 과학은 폐쇄적인 것이 아니라 개방적이기 때문이다.

02 경제학이란 무엇인가?

1. 경제학의 의미는 무엇인가?

경제학은 일상생활에서 경제주체가 희소성과 그로 인한 문제에 직면했을 때 물질적 욕망을 충족시키기 위해 희소한 경제적 자원인 경제객체를 대상으로 하는 경제적 행위 및 경제적 현상을 분석하고 예측하는 학문이다. 즉, 경제학은 인간의 물질적 욕구를 충족시키기 위해 희소한 자원을 활용하기 위해 선택이라는 경제적 행위 및 경제적 현상을 연구하는 학문이다.

2. 경제학의 목적은 무엇인가?

경제학의 목적은 현실 경제를 탐구함으로써 경제문제를 해결하고 인간과 공동체를 더욱 살기 좋게 만들고자 하는 것이다.

3. 경제학의 연구 대상은 무엇인가?

경제학의 연구 대상은 구체적으로 살펴보면 매우 많지만 여기서는 가장 기본적이면서 추상적인 범주에서 살펴본다.

첫째, 우리가 사는 현실적 경제체제인 자본주의 경제체제이다. 주로 시장경제라고 표현한다.

둘째, 경제적인 측면에서 사회는 민간부문과 정부부문으로 이원화된 것으로 인식하고, 경제주체를 개념 정의하고 분석한다.

셋째, 일상에서 벌어지는 경제적 행위와 경제활동이다.

넷째, 경제적 행위의 대상이 되는 경제객체이다.

03 일상생활 속의 경제적 행위로 인한 경제현상은 어떻게 전개되는가?

1. 일상생활 속의 경제적 행위는 어떻게 분류되는가?

일상생활은 수많은 사람들의 선택과 경제적 행동의 연속과정이다. 수많은 사람들이 아침에 눈을 뜨면 구입한 재료들로 만들어진 아침식사를 하고, 교통수단을 이용하여 출근을 하며, 출근을 한 후 생산활동을 한다. 점심시간에도 수많은 사람들이 동시에 점심식사와 같은 소비활동과 점심식사를 만들어 판매하는 생산활동이 이뤄진다. 이렇게 하루 종일 소비, 판매, 생산, 배분 활동과 같은 경제적 행위를 무수히 많은 사람들이 일상 속에서 하고 있다. 경제적 행위는 선택 심리와 행동으로 이뤄진다. 경제학의 경제적 행위는 크게 생산, 배분, 교환, 소비로 분류할 수 있다. 수많은 사람들이 다양한 경제적 행위를 통해 만들어 낸 것이 경제현상이다. 경제학은 경제적 행위 내지는 경제적 현상에서 보이지 않는 보편적이고 일반적인 법칙을 찾아내고 경제적 행위를 예측하는 학문이다.

2. 경제적 행위를 하거나 경제현상을 만들어 내는 경제주체는 누구인가?

수많은 사람들의 경제적 행위나 경제현상을 관찰하면 유사하거나 공통점을 지닌 행위를 하는 사람들로 범주화할 수 있다. 이렇게 유사하거나 동일한 경제행위를 수행하는 집단을 경제주체라고 한다. 일반적으로 경제주체는 가계, 기업, 정부, 해외로 구분된다. 가계는 소비의 주체이고, 기업은 생산의 주체이며, 정부는 재정의 주체이고, 해외는 무역의 주체이다. 각 경제주체의 속성과 행동원칙은 다음 표와 같다.

■ 경제주체와 경제활동

	의미	경제활동목표	관련사항	경제 전체 단위	
가계	가계는 주로 소비생활을 한다. 생산요소(노동, 자본, 토지)를 공급하여 소득을 벌어들이고, 상품을 소비하는 경제주체다.	효용극대화	합리적 소비 (합리적 소비이론)	국민경제 폐쇄경제	개방 경제
기업	기업은 주로 생산을 담당한다. 생산요소를 구입하여, 생산물을 생산하는 경제주체다.	이윤극대화	합리적 생산 (합리적 생산이론)		
정부	정부는 생산도 하고 소비도 하는 주체이다. 정부는 민간부문에서 생산되지 않는 물건을 생산하거나 공적인 일을 수행하기 위해 소비한다. 민간경제를 조정하고 규제하며, 민간이 생산하기 어려운 공공재의 생산을 담당하는 경제주체다.	공익극대화	공공경제		
해외	해외는 국가 상호 간의 무역 및 거래 주체를 말한다.	무역이익극대화	국제수지	해외	

3. 경제적 행위의 대상은 무엇인가?

경제행위의 대상이 되는 것을 경제객체라고 한다. 대표적인 경제객체는 상품이다. 상품은 크게 유형의 재화와 무형의 용역으로 나눌 수 있다. 재화는 쓰이는 용도에 따라 소비재와 생산재, 사용 횟수에 따라 단용재와 내구재로 구분된다. 대가 지불 여부에 따라 경제재와 자유재로 나눌 수 있다. 경제재는 대가를 지불해야 얻을 수 있는 재화이고, 자유재는 돈이나 노력을 들이지 않고서도 얻을 수 있는 공짜 재화를 말한다. 경제학에서 경제객체는 오직 경제재만을 의미한다. 현재 경제현상의 가장 큰 변화 중 하나가 자유재가 경제재로 바뀌는 것이다.

제2절 경제학의 기본 전제와 원칙

01 희소성의 법칙 : 경제문제를 발생시키는 원인은 무엇인가?

1. 경제활동에서 필연적으로 직면하는 상황이 무엇인가?

모든 경제활동에서 공통적으로 피할 수 없는 필연적 상황이 있다. 바로 희소성의 법칙이다.

2. 희소성의 법칙이란 무엇인가?

과거에 비해 점차 물질적으로 풍부해졌음에도 불구하고 지구상의 빈곤, 불평등, 공해, 빚, 실업 등 많은 문제가 발생하고 있다. 특히 고용 없는 성장, 에너지 문제 등과 같은 새로운 문제에 직면하고 있다. 이러한 문제는 왜 발생하는 것일까? 경제학적 대답은 희소성 때문이다. 여기서 말하는 희소성의 법칙은 재화의 절대적인 양이 부족하다는 사실을 나타내는 것이 아니라, 인간의 욕망에 비해 상대적으로 재화나 자원이 부족하다는 사실을 말한다. 희소성 때문에 경제문제가 발생한다.

3. 희소성의 법칙은 경제학의 기본 전제이다.

경제학의 기본 전제는 다음과 같다.
첫째, 인간의 욕구는 무한하다.
둘째, 인간의 무한한 욕구를 충족시켜 줄 경제적 자원 또는 수단은 제한되어 있다.

02 희소성의 법칙이 경제적 행위에 미치는 영향은 무엇인가?

1. 희소성의 법칙으로 선택의 문제가 발생한다.

모든 사회는 희소성이 야기하는 경제문제에 직면하게 된다. 부족하기 때문에 발생하는 희소성 문제를 해결하기 위한 경제학적 근본 과제는 부족함을 적절하게 해결해주는 효율적 배분인 것이다.

2. 희소성의 법칙으로 인해 일상에서 경제적 행위는 합리적 선택을 통해 이뤄진다.

⑴ 합리성의 의미

경제학에서는 모든 경제주체가 합리적이라는 기본 가정을 채택하고 있다. 그런데 여기에서 말하는 합리성은 수단의 합리성을 뜻하는 것이며, 목표 그 자체의 합리성 혹은 윤리성과는 관련이 없다.

⑵ 비용을 최소화하고자 하는 절약의 경제활동

무한한 욕망을 충족시켜줄 수 있는 경제적 자원이 제한되어 있기 때문에 인간은 경제적 자원을 가장 효율적으로 사용하기 위한 선택을 해야 한다. 모든 경제적 행위는 바로 이 선택을 내포하고 있다. 이러한 선택은 경제적 자원을 아끼거나 절약하고자 하는 의지를 내포한 행위이다. 경제적 자원을 아낀다는 말은 주어진 경제적 자원을 최대한 효율적으로 쓴다는 말이다. 사람들은 대체로 일상생활 속에서 자신도 모르게 경제적 자원을 최대한 효율적으로 활용하고자 하는 합리적 선택을 통해 경제활동을 하고 있다.

03 어떻게 하는 것이 효율적이면서 합리적인 배분의 선택이라고 할 수 있을까?

1. 비용 – 편익 분석 개요

⑴ '최소비용 최대만족'이라는 경제원칙에 따른 선택이 합리적 선택이다.

⑵ **총량적 의미** : 최소비용, 최대만족(효과)

⑶ **한계적 의미** : 한계적 판단, 합리적 선택이 실현되는 조건, 총량극대화의 조건

⑷ **상대적 의미** : 모든 선택에는 대가가 따른다. $\Rightarrow \dfrac{선택}{대가}$

2. 편익과 비용 : 선택을 하면 얻는 것과 잃는 것이 동시에 발생한다.

어떤 선택을 통해 얻는 것은 편익이고, 잃는 것은 비용이다. 경제주체가 얻는 편익과 비용은 다양한 형태로 경제학에 등장한다. 예컨대 노동자는 일을 선택하고 여가를 포기한다. 생산자는 자본 투입을 선택하고, 노동 투입을 포기한다.

3. 경제원칙 : 선택에서 가장 효율적인 선택 내지는 합리적인 선택이란 무엇인가?

⑴ 경제원칙이란 무엇인가?

경제학은 이기심을 전제로 한 합리적 인간을 전제로 한다. 이때 합리성이란 수단적 합리성을 말하며 윤리적 합리성과는 다르다. 경제원칙은 합리적 인간을 전제로 이해할 필요가 있다. 희소성의 법칙에서 합리적 인간은 어떻게 행동해야 할 것인가? 이 질문에 대한 답변이 경제원칙이다. 경제원칙은 최소비용 최대효과를 내는 것을 말한다. 이는 동일한 비용이라면 효과의 극대화를 목표로 하고, 동일한 효과를 얻기 위해서는 비용의 극소화를 실현할 수 있는 방안을 선택하는 것이다. 특별한 전제가 없다면 합리적 선택은 편익과 비용의 차이를 극대화하는 것이 목표가 된다. 즉 합리적 선택은 최소의 비용으로 최대의 효과를 내는 선택을 말한다. 앞으로 미시경제학의 주요 분석 내용이 선택이다. 편익과 비용의 차이는 총량이다. 이 총량의 순간을 판단하는 것은 한계적 판단이다. 예컨대 소비자 효용의 최대치는 총량이다. 총량이 최대치가 되는 순간을 찾는 것이 한계적 순간이다. 따라서 한계적 순간이 바로 편익과 비용의 차이가 최대치가 되는 순간이다.

⑵ 경제원칙의 기능과 역할은 무엇인가?

희소한 자원을 가지고 무한한 욕망을 충족시키기 위해서는 효율적으로 자원을 배분해야 한다. 어떻게 하는 것이 효율적이면서 합리적인 배분의 선택이라고 할 수 있을까? 경제원칙은 효율적이고 합리적인 경제행위의 판단 근거가 된다.

04 기회비용 : 모든 선택에 대가가 있다면 대가는 어떻게 계산해야 할까?

1. 합리적 선택을 할 때 고려해야 하는 기회비용이란 무엇인가?

희소성 때문에 경제행위에는 항상 선택의 문제가 발생한다. 선택을 하면 포기하는 것이 발생하는 상충관계에 직면하게 된다. 여기서 선택으로 인해 포기한다는 것은 선택할 수 있는 다른 많은 것들의 기회를 포기한다는 것이다. 따라서 하나를 선택하면 다른 것을 선택하지 못하는 것을 기회비용이라고 부른다.

2. 기회비용은 어떻게 계산해야 할까?

기회비용은 어떤 행위를 함으로 인해 포기해야 하는 행위 중 가장 큰 가치를 갖는 행위의 가치로 정의된다. 즉 선택하지 못한 기회 중 가장 큰 이득을 주는 기회를 말한다. 경제학에서 사용하는 비용 개념이 바로 기회비용이다. 기회비용이란 어떤 것을 선택함으로써 포기해야 하는 다른 것의 대가 중 최선의 것을 의미한다. 일반적으로 기회비용은 화폐단위로 측정가능하다. 기회비용은 실제로 지불되는 비용뿐 아니라 지불되지 않았어도 내용상 비용의 성격을 갖고 있는 것을 모두 포괄해서 구한다. 즉 '실제 지출 비용(명시적 비용, 회계비용) + 선택에 따라 포기하는 편익(수입, 암묵적 비용)'으로 기회비용을 구한다.

05 **매몰비용** : 합리적 선택을 할 때 포함시키지 말아야 하는 비용은 무엇인가?

기회비용을 구할 때 포함시키지 말아야 하는 것이 매몰비용이다. 매몰비용은 일단 지출된 뒤에는 어떤 선택을 해도 다시 회수할 수 없는 비용을 뜻한다. 어떤 행위를 할 것인지의 여부를 결정할 때는 이미 지출된 매몰비용을 생각하지 말아야 합리적 선택을 할 수 있다. 이미 지출했고 어떻게 해도 다시 회수할 수 없는 비용이 매몰비용이기 때문에 앞으로의 선택에 영향을 주어서는 안 되기 때문이다. 경제적 비용으로 간주해서는 안 된다는 의미를 고려한다면 의사결정과정에서 매몰비용의 기회비용은 0이 된다.

06 호텔에서 월 5백만 원을 받는 셰프 A가 자신의 레스토랑을 운영하는 것은 합리적 선택인가?

1. 다음은 A의 비용과 편익을 정리한 표이다.

■ 예상되는 A의 수입과 비용

수입		비용	
음식판매수입	3억 원	재료값	7천만 원
		인건비	8천만 원
		지급이자	3천4백만 원
		임대료	3천6백만 원
		전기, 가스, 수도	1천만 원
		제세공과금	2천만 원
수입합계	3억 원	비용합계	2억 5천만 원

2. A의 선택은 합리적 선택이 아니다.

A의 명시적 비용은 2억 5천만 원, 명시적 이윤은 3억이다.
따라서 기회비용 = 명시적 비용(2억 5천만 원) + 암묵적 비용(6천만 원) = 3억 1천만 원이다. A가 레스토랑을 여는 것은 합리적 선택이 아니다.

3. A의 합리적 선택은 무엇인가?

레스토랑 사업은 더 큰 편익을 낼 수 있는 사람에게 맡기고, A는 더 좋은 선택 방안을 찾아야 한다.

07 분업과 교환의 이득 : 개인들의 합리적 선택은 사회적으로 합리적 선택의 결과에 도달하게 한다.

제한된 시간, 즉 희소성의 제약 속에 생활에 필요한 모든 일을 한 개인이 해내는 것은 비효율적이다. 자신이 제일 잘할 수 있는 일을 선택하고, 나머지 일은 다른 사람의 시간과 교환하는 것이 훨씬 더 효율적이라는 것이다. 예컨대 이런 사례들은 많다. 농구를 잘하는 마이클 조던이 농구를 하고, 정원 일은 정원사에게 맡기는 것이 훨씬 효율적이라는 것이다. 마찬가지로 애플과 같은 기업이 반도체를 설계해서 주문하면 TSMC가 공정 제작하는 것도 분업으로 교환의 이득이 커진다는 것을 보여주는 사례이기도 하다. 물론 현실에서 이렇게 단순화된 사례로 설명하기는 어렵다. 여기서는 가장 추상적인 수준에서 분업과 교환의 이득이 어떻게 이뤄지는지를 살펴보는 것이다. 분업과 교환의 이득이 흔히 활용되는 경우가 국가 간의 교역과 그로 인한 이득이다. 결론적으로 분업과 교환의 이득은 각 개인들이 합리적 선택을 하고, 그 선택에 따라 분업과 교환을 하게 되면 이득, 즉 편익이 가장 큰 합리적 선택이 가능하다는 것이다. 개인들은 경제활동에서 자신들이 무엇을 해야 할지를 합리적으로 선택하고, 이러한 합리적 선택들이 잘 이뤄지면 사회의 경제적 자원은 가장 효율적으로 활용되어질 수 있다는 것이다. 이는 개인들의 합리적 선택이 곧 사회의 합리적 선택과 일치한다는 것을 보여주는 논리이기도 하다. 시장경제를 전제로 한 주류경제학의 핵심 경제원리 중 하나이다.

제3절 생산가능곡선을 활용한 경제현상과 선택 이해

01 생산가능곡선의 특성은 무엇인가?

1. 생산가능곡선이란 무엇인가?

생산가능곡선이란 경제 내의 모든 자원을 효율적으로 사용하여 최대로 생산할 수 있는 두 재화의 묶음을 연결한 곡선을 말한다. 즉 주어진 경제적 자원과 생산기술을 이용하여 최대한 생산할 수 있는 두 상품의 여러 조합을 나타내는 곡선이다. 생산가능곡선의 모든 점은 기술적 효율성이 달성되는 점이다. 경제적 효율성이 달성되는 점은 생산가능곡선상의 점 중에서 사회후생이 극대화되는 한 점이다.

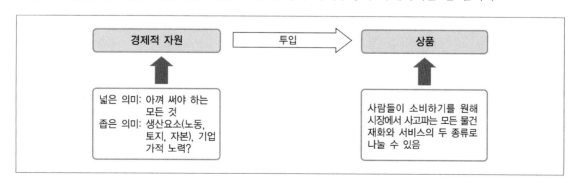

2. 생산가능곡선의 가정은 무엇인가?

생산가능곡선은 두 가지 사실을 가정하고 있다.

첫째, 한 사회의 경제적 자원인 생산요소, 즉 노동력, 천연자원, 자본과 생산기술은 주어져 있다. 이런 경제적 자원은 아껴 써야 하는 생산요소를 의미한다. 따라서 경제적 자원은 아껴서 가장 유용하게 사용하고자 하는 경제적 의지를 내포하고 있다. 이런 경제적 의지에 따라 생산요소를 투입하여 상품이 만들어진다.

둘째, 생산할 수 있는 재화는 두 종류만 있다.

3. 생산물 조합 생산가능성 표와 생산가능곡선

(a) 생산물 생산가능성

생산물	생산물 조합					
	A	B	C	D	E	F
쌀	0	10	20	30	40	50
옷	25	24	22	19	14	0

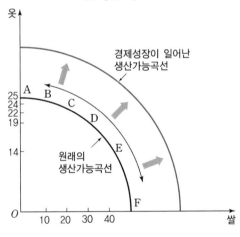

(b) 생산가능곡선

4. 생산가능곡선의 영역 내, 경계선, 영역 밖

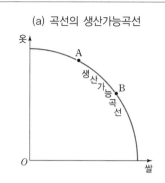

(a) 곡선의 생산가능곡선

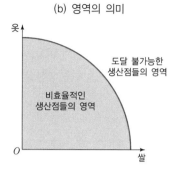

(b) 영역의 의미

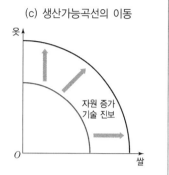

(c) 생산가능곡선의 이동

- A, B가 있는 선은 생산가능곡선, 내·외부를 구분해주는 생산가능경계선
- A, B: 주어진 자원과 기술 수준으로 달성가능한 효율적인 점
- A ⇌ B: 소비자선호의 변화

- 비효율: 실업 또는 공장설비 유휴 상태, 노동 및 자본 결합이 잘못된 경우, 자원낭비, 열악한 기술
- 비효율 영역의 점이 경계선: 생산의 효율성 증가

- 현재로서는 달성 불가능
- 경계선의 이동: 생산성의 증가, 경제성장(경제성장이론)

5. 생산가능곡선의 특징

첫째, 생산가능곡선은 우하향한다. 생산가능곡선이 우하향하는 모양을 보이는 이유는 희소성의 원칙 때문이다. 기술수준이 일정한 상황에서 두 재화의 생산량을 동시에 늘리는 것은 불가능하다. 한 재화의 생산량을 증가시키려면 다른 재화의 생산량을 감소시키지 않으면 안 된다. 이것이 생산가능곡선이 우하향하는 이유이다.

둘째, 원점에 대하여 오목한 형태를 지닌다. 이는 기회비용체증의 법칙이 성립하기 때문이다. 그림에서 쌀 생산량의 기회비용은 옷 생산량이다. 쌀을 생산하기 위해서는 옷을 생산할 기회를 포기해야 한다. 쌀을 생산할수록 포기해야 하는 옷의 수량은 늘어난다. 즉 쌀의 기회비용이 증가하는 것이다. 일반적으로 기회비용은 점점 증가하기 때문에 쌀 생산이 증가할수록 기회비용이 증가한다. 쌀을 추가적으로 생산할 때 생기는 기회비용이 증가하는 '기회비용체증의 법칙'이 성립하게 되고, 이는 원점에 대해 오목한 생산가능곡선으로 나타난다.

6. 기회비용체증의 법칙이 현실적으로 의미하는 바는 무엇인가?

처음 옷을 생산하다가 쌀을 생산하기 시작할 때 쌀의 생산량은 적고, 대부분 옷의 생산에 기여도가 적은 생산요소를 쌀 생산에 투입하게 된다. 그래서 늘리는 쌀 생산량이 감소되는 옷 생산량에 비해 적다. 그러나 쌀 생산을 계속하게 되면 옷 생산에 적합한 생산요소까지 쌀 생산요소로 전환된다. 그 결과 감소되는 옷 생산량은 점점 커진다. 즉 시간이 경과함에 따라 옷을 생산하는 데 효율적 기여를 하는 생산요소는 쌀 생산 쪽으로 이동하게 되고, 쌀 생산에서 생산성이 높은 생산요소도 점차 희소해진다. 그 결과 동일한 양의 쌀을 생산하기 위해 포기되어야 하는 옷의 생산량은 점차 증가한다.

02 생산가능곡선을 활용한 분업과 교환의 이득 이해

1. 경제의 생산가능곡선

경제는 자신에게 주어진 모든 시간을 활용해서 쌀과 옷을 생산하고 있다. 경제는 한 달 동안 300시간의 노동을 할 수 있는데, 이를 쌀과 옷을 생산하는 데 쓴다. 그가 한 시간의 노동을 통해 생산할 수 있는 쌀은 한 단위이며, 그 시간에 옷을 생산하면 두 단위를 생산할 수 있다고 한다. 경제의 노동 1시간당 쌀과 옷의 생산량은 다음과 같다.

■ 경제의 노동 1시간당 쌀과 옷의 생산량

	쌀	옷
경제	1단위	2단위

만약 그가 가용시간을 모두 옷 생산하는 데 쓴다면 일주일 동안 60단위의 옷을 생산할 수 있다. 물론 이때 쌀은 전혀 생산하지 못하는데 아래 그림에서 보면 A점이 바로 이 경우에 해당한다. 반대로 모든 가용시간을 쌀 생산에 쏟아 부으면 30단위의 쌀을 생산할 수 있다(B점). 만약 10시간을 쌀 생산에 쓰고 20시간은 옷 생산하는 데 쓴다면 10단위의 쌀과 40단위의 옷을 얻을 수 있다(C점). 이와 같은 방법으로 경제가 최대한으로 얻을 수 있는 쌀과 옷의 조합을 뜻하는 점들을 모두 알아낼 수 있다. 이 조합들을 모두 연결해서 경제의 생산가능곡선을 그리면 다음과 같다.

▌ 경제의 생산가능곡선

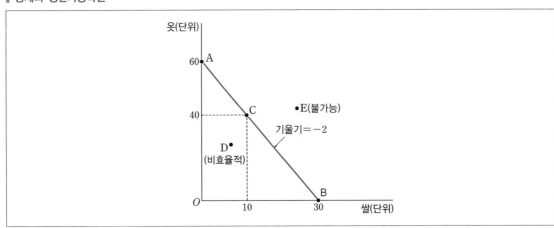

경제의 생산가능곡선의 기울기는 기회비용을 말한다. 기회비용이 2라는 말은 쌀 1단위를 얻기 위해서 경제는 옷 2단위를 포기해야 한다는 의미다. 이는 가격으로 비교하면 쌀 1단위의 가격이 옷의 가격의 2배라는 말이다. 이 말은 다시 한계생산비용으로 비교할 수 있다. 쌀 1단위의 한계생산비용이 옷의 한계생산비용보다 2배라는 말이다. 이를 통해 다음과 같은 일반적인 관계를 도출할 수 있다.

$$\text{생산가능곡선의 기울기} = \langle\text{기회비용}\rangle = \text{상대가격비} = \text{상대적 한계 생산비} \Rightarrow -\frac{\triangle Y}{\triangle X} = \frac{MC_X}{MC_Y} = \frac{P_X}{P_Y}$$

기회비용이 2라는 말은 가격비율이 2 : 1을 의미하고 이는 교환비율을 말한다. 즉 쌀 1개는 옷의 1/2과 교환할 수 있다. 달리 표현하자면 옷 1개는 쌀 2단위와 교환할 수 있다.

2. 경제와 정치의 교환으로 인한 이득

정치는 1시간당 쌀 3단위와 옷 1단위를 생산할 수 있다. 노동 1시간당 생산량을 경제와 비교하면 <표 1>과 같다.

■ 〈표 1〉

	쌀	옷
경제	1단위	2단위
정치	3단위	1단위

경제와 정치가 일주일동안 각각 30시간을 일할 수 있다고 가정하고 교환이 이루어지기 전 각자가 15시간씩 쌀 생산에, 나머지 15시간은 옷 생산에 쓸 경우 <표 2>와 같은 생산량을 생산할 수 있다.

■ 〈표 2〉

	쌀	옷
경제	15단위	30단위
정치	45단위	15단위

경제와 정치는 서로 1 : 1로 교환을 약속하게 된다. 교환의 약속은 경제와 정치의 분업을 초래한다. 이 분업의 기준은 제한된 시간이라는 희소성의 상황에서 각자 무엇을 생산하는 것이 더 큰 이득을 줄 수 있는지에 대한 합리적 선택으로 인한 결과이다. 이 선택은 당연히 기회비용이 기준이 된다. 경제와 정치의 기회비용을 살펴보면 <표 3>과 같다.

■ 〈표 3〉

	쌀	옷
경제	2	1/2
정치	1/3	3

위 표의 결과에 따르면 경제는 옷을 선택하고, 정치는 쌀을 선택해서 생산하여 교환하는 것이 이득을 누릴 수 있게 된다. 그래서 경제는 일주일 동안 옷을 60단위 생산하고, 정치는 쌀을 90단위 생산한다. 그리고 이 둘은 만나서 옷 20단위와 쌀 20단위를 교환한다. 교환이 이루어진 후의 소비량은 <표 4>와 같다.

■ 〈표 4〉

	쌀	옷
경제	20단위	40단위
정치	70단위	20단위

<표 2>와 <표 4>를 비교해보면 경제와 정치는 더 풍족한 소비생활을 할 수 있다. 이를 교환의 이득이라고 부른다. 이상에서 살펴본 바와 같이 개인의 합리적 선택들이 이뤄져 교환을 했을 때 풍요로운 생활이 가능해진다는 사실을 알 수 있게 되었다. 이런 생활을 가능하게 하는 곳이 바로 시장이라고 가정하고 제도화시킨 것이 시장경제체제이다.

제4절 경제문제와 시장경제체제

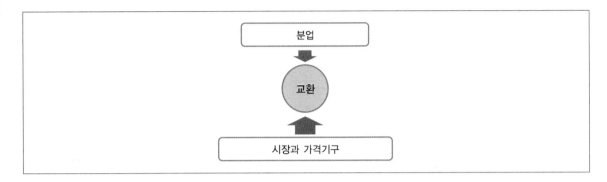

01 희소성으로 인해 발생하는 경제문제를 어떻게 범주화하여 구분되는가?

희소성으로 인해 발생하는 경제문제를 가장 추상적인 수준에서 범주화하여 세 가지로 제시한 사람이 새뮤얼슨(Paul A. Samuelson)이다. 그는 '무엇을 얼마나, 어떻게, 누구를 위하여 생산할 것인가'를 세 가지 기본적인 경제문제로 정의하였다.

첫째, 무엇을 얼마만큼 생산할 것인가? 이 문제는 자원배분의 문제이다. 예컨대 한정된 국가의 생산자원을 농산물 생산에 얼마나 배분 내지는 투입할 것인가 아니면 자동차 생산에 얼마나 배분 내지는 투입할 것인가 하는 문제이다. '소비자가 구매하는 물건들의 수량을 어떻게 조합할 것인가', '생산자가 물건을 생산하기 위해서 생산요소 투입량을 어떻게 조합할 것인가' 하는 문제이다.

둘째, 어떤 방법으로 생산할 것인가? 노동력이 풍부한 나라는 노동력을 투입해서 생산하는 것이 가장 효율적이고, 자본이 풍부한 나라는 자본을 활용해서 상품을 생산하는 것이 가장 효율적일 것이다. 따라서 이 문제는 주어진 비용이나 예산으로 최대의 만족을 내는 경제적 효율성 원칙과 관련된 문제이다.

셋째, 누구를 위하여 생산할 것인가? 이는 사회적 자원을 어떻게 분배할 것인가의 문제이다. 즉 이 문제는 소득 또는 생산물의 분배 방법과 관련된 문제로 여기에서는 형평성의 문제가 제기된다.

02 경제문제를 사회적 · 국가적 · 제도적으로 어떻게 해결해왔는가?

역사적으로 보면 시대마다, 국가마다 경제문제를 해결하는 방법은 달랐다. 현재 주로 논의되는 두 가지 방법이 있다. 현대의 정치체제와 밀접하게 연관된 시장경제와 계획경제이다. 시장경제는 가격기구에 의해 자원배분을 하는 경제체제이며, 계획경제는 중앙 정부의 계획에 의해 자원을 배분하는 경제체제이다. 현재 두 가지 중에 하나를 택일하는 경제체제는 없다. 주로 시장경제를 바탕으로 정부가 적절히 시장에 개입하는 '혼합경제체제'가 일반적이기 때문이다.

03 개인들의 합리적 선택으로 경제활동이 이뤄지는 경제체제가 시장경제이다.

1. 시장이란 무엇인가?

시장경제에서 시장이란 가격 신호에 따라 수요와 공급이 이뤄지는 곳을 말한다.

2. 시장의 주요 행위자는 누구인가?

희소성이라는 제한적 상황에서 시장의 두 주체는 수요자와 공급자로 추상화된다. 시장에서 상품과 서비스를 수요하는 구매자와 상품과 서비스를 공급하는 판매자 사이에 가격 신호에 따라 상호작용이 일어난다. 사회가 분화된 만큼 다양한 시장들이 있다. 예컨대 상품시장, 노동시장, 대부시장, 외환시장, 자본시장 등이다. 다양하고 많은 시장들을 개념적으로 가장 높은 수준에서 추상화한다면 상품시장과 생산요소시장이다. 상품시장과 생산요소시장 그리고 경제주체들이 어떻게 연결되어 있는지를 보여주는 것이 경제순환모형이다.

▮ 경제순환모형

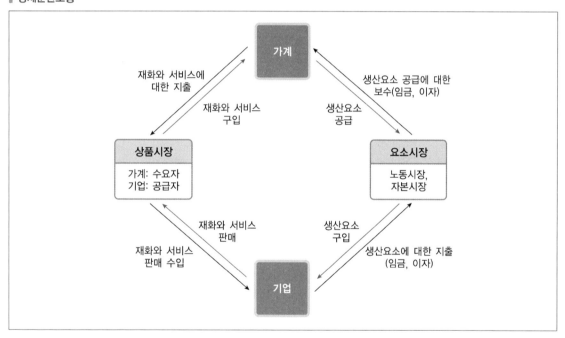

3. 시장경제는 효율적이다 : 시장은 희소한 자원을 효율적으로 배분한다.

(1) 시장은 경제적 유인에 효과적이다.

희소한 자원을 어떻게 배분하면 사회적 동의를 얻을 수 있을까? 시장이 효율적이지만 모든 경제적 행위가 시장의 배분에 의해 이뤄지는 것은 아니다. 예컨대 첫째, 선착순 방식으로 공영주차장 이용, 철도나 비행기 승차권 발급 등을 예로 들 수 있다. 둘째, 추첨방식으로 각종 행사장의 선물권 당첨, 복권 당첨 방식이다. 셋째, 경매방식이 있다. 경매방식은 시장의 배분방식과 가장 유사한 방식이다. 그런데 이 방식들은 사람들을 참여시키는 유인이 약하다. 시장 배분방식은 구매능력을 확보하려는 동기를 제공한다. 자원, 상품, 서비스 등은 한정되어 있는데 수요자가 많을 경우 높은 가격을 지불해야 원하는 것을 구매할 수 있다. 이를 위해 수요자들은 구매능력을 확보하기 위해 노력을 하게 될 것이다. 한편으로 시장은 희소한 경제재들의 수량을 증가시키기 위한 동기를 부여한다. 수요가 많아지면 거기에 맞춰 공급을 늘리기 때문이다.

(2) 시장은 거래비용을 절감시킨다.

시장의 자유거래에서 정보는 중요한 역할을 한다. 합리적인 거래를 위해서 충분한 정보를 갖고 있어야 한다. 예컨대 아파트를 매매할 경우 여러 가지 정보를 꼼꼼하게 살펴본다. 그중의 중요한 정보가 가격이다. 시장은 가격기제의 신호에 따라 수요자와 공급자가 신속하게 거래를 한다. 만약 가격 신호가 없는 경우에는 거래가 활발하고 신속하게 이뤄지기 어렵다. 예컨대 하루에 벌어지는 수많은 거래를 생각해보라. 우리는 우리가 원하는 음식, 옷, 학용품, 전자제품, 컴퓨터, 노트북 등을 신속하게 구매할 수 있다.

4. 시장경제가 과연 우리 모두를 행복한 길로 인도할 수 있는가?

살펴본 바와 같이 희소성이라는 상황에서 가장 효율적으로 자원을 배분할 것인가 하는 합리적 선택이 필요하고, 이러한 합리적 선택을 한 경제주체들이 상호작용하는 가운데 가장 바람직한 결과를 만들 수 있다는 것이다. 구체적으로 말하자면 시장경제는 가계와 기업과 같은 민간 경제주체들이 재산권을 행사하면서 자유롭고 경쟁적인 경제활동을 허용하기 때문에 국가경제를 잘 발전시켜 모두를 행복한 길로 인도할 수 있다는 것이다. 이런 생각은 애덤 스미스(Adam Smith)로부터 시작해서 공리주의를 거치면서 철학적, 윤리적, 논리적으로 정당화되었다. 하지만 시장경제는 배분의 효율성을 강조하지만 분배의 공평성은 주된 논의의 대상이 아니다. 즉 시장가격기구는 공정한 소득분배를 달성하지 못한다. 따라서 시장경제 논리와는 다른 차원의 불평등의 해결 방안이 필요하다고 할 수 있다.

04 가격은 수요와 공급을 조정하여 균형에 도달하게 한다.

우리는 시장에서의 교환을 통해 좀 더 풍요로운 경제생활을 누릴 수 있는데, 교환은 이에 참여하는 모든 사람에게 이득을 가져다주기 때문이다. 시장경제의 효율성은 가격기구의 역할에서 나오며, 그 역할의 구체적 내용은 신호의 전달, 유인의 제공, 그리고 소득의 분배로 요약할 수 있다.

05 시장실패와 정부의 역할

1. 경쟁원리와 보이지 않는 손이 제대로 작동하지 않는 것도 현실이다.

애덤 스미스는 경쟁을 전제로 보이지 않는 손과 시장을 강조하였다. 그의 주장에 따르면 독점은 시장의 실패이다. 이와 같이 경쟁원리가 제대로 작동하지 않는 것도 현실이다. 주가의 폭등과 급락, 비자발적인 대량실업 사태 등 보이지 않는 손이 작동하지 않아 발생하는 시장실패 또한 경제현실이다.

2. 시장실패의 대표적인 사건이 대공황이다.

1929년 발생한 대공황은 대규모 실업 사태를 발생시킨 대표적인 시장실패의 사례이다. 디플레이션이 사람들에게 얼마나 많은 고통을 줄 수 있는지를 보여주는 사례였다. 존 메이너드 케인스(John Maynard Keynes)는 『고용, 금리 및 화폐에 관한 일반이론』이라는 저서를 통해 자유시장과 가격이 자동적으로 실업을 해소시켜주지 않으며, 정부가 적극적으로 개입해서 경기를 부양해야 자본주의 사회의 실업문제를 해결할 수 있다고 주장하였다.

3. 혼합경제의 보편화 내지는 일반화

정부의 개입을 반대해왔던 자유주의 시장경제주의자들도 빈번한 경기불황과 대공황과 같은 사태를 통해 정부의 역할을 인정하게 되었다. 이로 인해 20세기 중반 이후로는 혼합경제체제가 보편적인 경제체제라고 할 수 있다.

4. 시장실패론과 정부실패론의 끝없는 논쟁

20세기 중반 이후로 정부의 경기부양으로 인해 세계 경제는 인류 역사상 가장 눈부신 경제성장을 기록하였다. 그러나 1970년대 이후 세계 경제는 전반적으로 인플레이션이 만연하게 되었고, 생산은 줄어드는 상황을 맞이하게 되었다. 이와 같은 경제적 변화로 인해 자본주의를 구한 케인스 이론은 인플레이션의 원인으로 지목받으면서 공격받기 시작하였다. 케인스 이론을 공격한 사람들은 자유방임을 전제로 한 고전학파의 부활을 도모하는 자들이었다. 이들은 실업을 방지하기 위해 케인스 이론에 따라 시행된 재정 및 금융정책이 인플레이션을 유발했다는 것이었다. 이 주장의 대표적인 경제학자가 밀턴 프리드먼(Milton Friedman)이었다. 그는 세계 여러 국가들의 통계자료 분석을 통해 정부의 재정 및 금융정책이 통화량을 늘리고 인플레이션을 야기했다는 실증적 자료를 제시하였다. 이후 경제학은 주로 케인스 학파와 자유방임을 강조하는 고전학파 사이의 논쟁을 통해 전개되었다. 그리고 이들 논쟁의 핵심에는 시장실패론과 정부실패론이 있다.

제5절 경제학의 구조 및 경제학적 사고

01 경제이론의 의미

1. 경제이론이란 무엇인가?

경제 현실에서 존재하는 여러 변수들 사이의 관계를 의도적으로 단순화시켜 놓은 것을 뜻한다.

2. 경제이론의 목적은 무엇인가?

(1) 규칙성의 발견

(2) 미래에 대한 예측

3. 경제이론의 주된 연구방법은 무엇인가?

(1) **통계연구**

주로 일반화를 얻기 위한 대규모 통계연구, 즉 양적 연구를 통해 만들어졌다. 그 결과 경제원론의 다수 내용들에는 대수의 법칙이 나타난다.

(2) **대수의 법칙**

개인의 반응에 비해 집단의 반응이 상대적으로 안정되어 있음을 기대할 수 있다. 대수의 법칙이란 많은 개인으로 구성된 전체 집단을 놓고 볼 때, 각 개인의 반응에서 나타나는 우연적인 측면이 상쇄되어 버리는 현상을 의미한다.

(3) **최근 동향**

최근에는 경제학의 일반화에 대한 검증을 위한 질적 연구들이 많이 진행되고 있다. 예컨대 행동경제학이 대표적이다.

02 경제학(경제이론)의 구분

1. 미시경제학(개별경제주체, 개별시장)과 거시경제학(국민경제전체) : 경제를 보는 관점

2. 실증경제학과 규범경제학 : 가치판단의 개입 여부

예 통화량이 증가하면 물가가 상승한다.
물가를 낮추기 위해 가격을 통제해야 한다.

03 경제모형이란 무엇인가?

경제이론은 경제모형이라는 구체적인 형태로 표현되는 것이 보통이다. 경제모형은 현실 경제를 단순화해 축소시켜 놓음으로써 경제가 어떻게 움직여 가는지 이해하기 쉽게 만들어 놓은 것을 뜻한다. 경제모형을 구성하는 기본 요소로는 변수, 가정, 가설을 들 수 있다.

04 경제모형식은 어떤 요소들로 제시되는가?

1. 가정(전제조건)

⑴ **가정의 의미**

가정은 결론에 앞서 논리의 근거로 내세우는 명시적인 조건을 말한다.
📖 다른 조건들이 일정하다면 ~

⑵ **가정의 의의**

변수들의 행태 혹은 경제주체의 동기 등에 대해 일련의 가정을 설정한다.

2. 가설

⑴ **가설의 의미**

가설은 분석의 결과로서 얻어지는 명제를 의미한다. 이는 조건부적인 예측의 형태를 갖는 경우가 많다.
📖 소비자의 소득이 올라가면 쌀 수요량이 더 커질 것이다.
　통화량이 늘어나면 이자율이 떨어질 것이다.

⑵ **가설의 유형**: 상관관계와 인과관계

상관관계	두 변수 사이에 성격은 분명하지 않아도 어떤 관계가 존재하는 것을 의미한다.
인과관계	한 변수에 생긴 변화가 다른 변수의 변화를 유발하는 원인과 결과의 관계이다.

3. 경제모형을 식으로 표현하는 경우

⑴ **변수, 계수, 상수의 의미**

① 변수는 여러 가지 다른 값을 취할 수 있는 수를 뜻한다. 변수의 성격에 따라 다양한 변수의 분류가 가능하다. 식으로 표현된 변수는 영향을 주는 독립변수와 영향을 받는 종속변수로 이해하면 된다.

② 계수는 독립변수가 변할 때 종속변수가 얼마나 변하는지를 표시하는 것이다. 일반적으로 기울기라고 이해하면 될 것이다.

③ 상수는 변하지 않는 값을 의미한다. 주로 함수에서는 절편이 상수이다.

(2) 변수, 계수, 상수로 구성된 함수식

① $S(공급량, 변수) = 2P_X + 3 \Rightarrow S$는 공급량인 변수, P_X는 X의 가격이라는 변수, 2는 S와 P_X의 관계를 표시하는 계수이며, 3은 언제나 변함이 없는 상수를 말한다.

② 경우에 따라서는 변수, 상수, 계수, 차수로 이뤄진 식도 있다.

$Q = 2L^2 + 3K^2 \Rightarrow Q$는 총생산량이라는 변수, L과 K는 노동과 자본이라는 변수, 2와 3은 계수, L과 K의 지수인 2는 차수를 말한다.

③ 변수와 계수는 모든 식의 공통된 요소이다.

4. 경제원론의 대표적 식 유형

(1) **함수의 형태로 구성**: 수요함수, 공급함수, 국민소득 항등식

　例 $S(공급량, 변수) = 2P_X + 3$, $Y = C + I + G$

(2) **조합관계로 표현한 식**: 생산가능곡선식, 예산식

　例 $aX + bY = M$, $P_X \cdot X + P_Y \cdot Y = M$

05 경제변수

1. 내생변수와 외생변수: 식을 구성할 때 반영 여부를 결정할 때

	내생변수	외생변수
의미	경제모형 내부에서 그 값이 결정되는 변수로 모형 내에서 결과에 직접적인 영향을 주는 변수다.	경제모형의 외부에서 그 값이 결정되는 변수로 모형 안의 결과에 영향을 주는 변수다.
특징	주로 내생변수는 사전적으로 주어진 것이 아니라 외생변수에 의해 모형 내부에서 그 값이 결정된다.	외생변수는 모형 외부에서 그 값이 정해진다.
사례	시장에서 균형가격과 균형거래량	수요에 영향을 미치는 요인으로 소득, 대체재의 가격
기타	• 경제모형의 작성에 따라 내생변수와 외생변수가 서로 바뀌어 내생변수는 외생변수로, 외생변수는 내생변수가 될 수 있다. • 거시경제에서 중앙은행이 공급하는 통화량, 정부지출 등은 주로 외생변수로 사용된다.	

2. 독립변수와 종속변수: 식에서의 변수 간의 관계를 파악하는 경우

	독립변수	종속변수
의미	영향을 주는 변수, 원인변수, 설명변수	영향을 받는 변수, 결과변수, 반응변수
사례	가격	수요량, 공급량

3. 유량과 저량 : 식과 명제의 해석을 위해 필요한 경우

	유량	저량
의미	일정 기간 동안 측정되어야 하는 변수	일정 시점에서 측정되어야 하는 변수
사례	수요, 공급, 투자, 소비, 생산, 수출, 수입, 국민소득, 국제수지 등	통화량, 노동량, 자본량, 국부, 외채, 외환보유고, 물가, 환율 등

06 수식 연습

1. 상대값

생산가능곡선의 기울기는 기회비용이자 상대가격을 의미한다.

⑴ **상대가격 = 기회비용**

$$P_x \cdot X = P_y \cdot Y \Rightarrow \frac{P_X}{P_Y} = \frac{\Delta Y}{\Delta X}$$

⑵ **가격비율과 교환비율**

생산가능곡선의 기울기가 2이다. 딸기 한 그릇을 얻기 위해 포기해야 하는 것은 물고기 2마리다. $P_{딸기}$ 와 $P_{물고기}$ 의 가격비율이 2 : 1이라고 할 수 있다.

2. 직선의 방정식

⑴ **두 절편을 아는 경우의 직선의 방정식** : 생산가능곡선식, 예산선식

X절편이 $(A, 0)$, Y절편이 $(0, B)$인 직선, $\frac{X}{A} + \frac{Y}{B} = 1$ $\Rightarrow$ 딸기(300, 0), 물고기(0, 600),

$\frac{X}{300} + \frac{Y}{600} = 1$, 양변에 600을 곱하면 $2X + Y = 1$, 따라서 $Y = -2X + 1$이다.

⑵ **두 점을 아는 경우의 직선의 방정식** : 수요 및 공급함수

$$Y - Y1 = \frac{Y2 - Y1}{X2 - X1}(X - X1)$$

⑶ **기울기를 알고, 한 점을 아는 경우의 방정식** : 수요 및 공급함수

$Y = 기울기 \cdot X + b(Y절편)$

3. 예산선 식

$$M(\text{소득}) = P_x \cdot X + P_y \cdot Y$$

$\Rightarrow$ 식을 정리하면 $Y = -\dfrac{P_X}{P_Y} \cdot X + \dfrac{M}{P_y}$ 가 된다.

4. 미분

(1) $Q^D = f(P)$: Q^D는 P의 함수이다.

Q^D : 상품에 대한 수요량, P : 상품의 가격

$\Rightarrow$ P는 독립변수가 되고, Q^D는 종속변수가 된다. 따라서 가격이 수요량을 결정한다는 것을 의미한다.

(2) **미분과 변동분의 표시**

① $Y = f(x) = 2X - 6$을 미분하는 경우 $\Rightarrow \dfrac{dy}{dx} = \dfrac{df(x)}{dx} = 2$

② $TU = F(X, \ Y) = 2X^2 + 5Y \Rightarrow MU_x = 4X, \ M_y = 5$

③ 편미분: 미분하고자 하는 변수에 대해서만 미분하고 나머지 변수는 상수 취급한다.
   예 $TU = X^2 + 4XY + Y^2 \Rightarrow MU_x = 2X + 4Y, \ MU_y = 4X + 2Y$

④ $TR(\text{총수입}) = P \times Q \Rightarrow$ 미분 $\Rightarrow P' + Q'$

07 그래프로 이해하기

1. 정의 관계인지, 부정의 관계인지 파악

2. 기울기 파악: 계수 $\Rightarrow \dfrac{\text{종속변수 변화}}{\text{독립변수 변화}}$

3. 곡선 위의 이동과 곡선의 이동

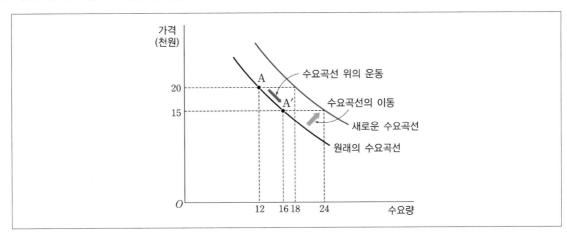

4. 사례 1: $Q^D = -2P + 6$

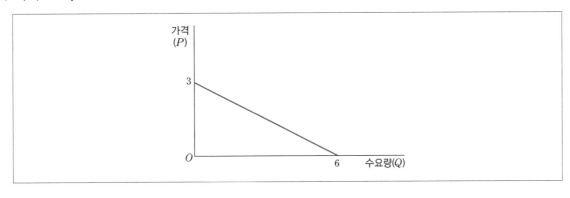

5. 사례 2: $X + 2Y = 30$

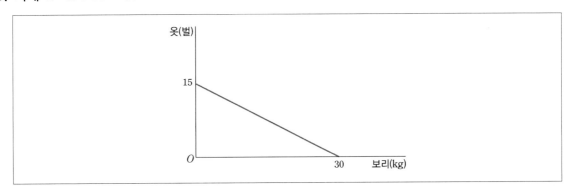

제6절 경제학에 대한 태도 및 경제적 사고

01 경제학에 대한 학습 태도

1. 암기가 아니라 논리적으로 이해하기

2. 변수 및 변수 간의 관계 파악하기

3. 이론의 맥락인 경제현상 연상하기 또는 찾아보기

4. 인간의 경제적 심리를 이해하기 위해 노력하기

5. 경제이론을 말로 먼저 정리하고, 식과 그래프로 작성하며 이해하기

02 경제적 사고 원리

1. 사람들은 어떻게 경제적 의사결정을 하는가? 또는 어떻게 선택하는가?

⑴ **모든 선택에는 대가가 있다.**

  ① 이 세상에 공짜는 없다.

  ② 효율적으로 선택한다.

  ③ 효율성과 형평성은 상충한다. : 교육론을 공부하기 위해서 경제학 공부를 포기해야 하는가?

⑵ **선택의 대가는 무엇인가?**

  선택의 대가는 선택을 위해 포기한 그 무엇이다. ⇒ 기회비용

⑶ **합리적 판단은 한계적 조정을 통해 균형(만족)에 이르는 것이다.**

  ① 합리적인 사람 : 목적을 달성하기 위해 체계적이고 계획적으로 최선을 다하는 사람

  ② 한계적 변화 : 현재 진행 중인 행동에서 작은 변화, 일의 맨 끝부분에서 일어나는 변화

(4) **사람들은 경제적 유인에 반응한다.**

① 테일러주의

② 귤 가격 상승은 어떤 유인을 제공했을까?

③ 휘발유 가격 상승은 어떤 유인을 제공했을까?

④ 택시 요금 인상은 어떤 유인을 제공할까?

⑤ 성과급을 주면 어떤 일이 발생할까?

2. 사람들은 어떻게 경제적 상호작용을 할까?

(1) **자유 거래는 모든 사람을 이롭게 한다.**

① 모든 사람은 최고의 상품을 최저의 가격으로 구입하려고 경쟁한다.

② 거래는 특화를 가능하게 한다.

③ 거래는 다양한 재화와 서비스를 가장 낮은 가격으로 구입할 수 있게 한다.

④ 거래는 가정이나 국가 모두에게 이득을 준다.

(2) **일반적으로 경제적 행위와 상호작용을 조직하는 제도가 시장이다.**

① 누가 생산?, 얼마나 생산?, 누구에게 분배(누가 소비)?

② 계획경제는 경제기획 담당자가 의사결정한다.

③ 시장경제는 무수히 많은 기업과 가계들이 시장을 통해 상호작용하며 의사결정한다.

(3) **경우에 따라 정부가 시장에 관여한다.**

① 개인 PC의 보급은 어떤 문제를 야기했는가?

② 환경오염은 그대로 두어야 하는가? 죽어가는 북극곰을 그대로 두어야 하는가?

③ 독점기업이나 과점기업의 담합은 어떻게 해야 하는가?

3. 한 나라의 경제는 어떻게 움직이는가?

(1) 한 나라의 사람들이 행복하기 위해 필요한 조건은 무엇인가?

(2) 한 나라의 생활수준은 그 나라의 생산능력에 달려 있다.

(3) 통화량이 지나치게 증가하면 물가는 상승한다(인플레이션).

(4) 단기적으로 인플레이션과 실업 사이에 상충관계가 있다(경기변동, 경기순환).

제 02 장 수요와 공급 그리고 시장균형

제1절 수요(종속변수)

01 수요의 개념

1. 수요는 구매력을 전제로 상품을 갖고 싶어 하는 욕망이다.

인간의 구매라는 경제적 행동의 전개과정을 관찰해 보자.

'호주머니에 돈이 있다. ⇒ 돈을 가지고 무엇인가를 사고 싶어 한다. ⇒ 시장의 상황에서 가격 등을 살펴본다. ⇒ 구매를 결심한다. ⇒ 구매한다.'는 루틴을 파악할 수 있다. 수요는 이런 루틴에서 '구매한다'의 직전까지의 심리적 상태를 말하는 것이다. 구매를 실현하기 위해서는 일단 돈이 있어야 한다. 이를 구매력이라고 하고 구매력을 가진 수요를 '유효수요'라고 부른다.

2. 수요의 의미

수요는 구매라는 경제적 행동이 반복적이고 연속적이라는 점을 전제로 한다. 수요는 일정 기간 동안에 소비자들이 지불능력(소득)을 가지고 모든 가격수준에서(상이한 가격수준에서) 대응하는 어떤 상품을 구매하고자 하는 의도(상품의 총량)를 말한다. 소비자들은 일정 기간 동안 어떤 상품을 다양한 가격수준에서 구매한다. 소비자들이 각 개별 가격수준에서 어떤 재화를 구입하려는 양을 수요량이라고 한다.

3. 수요량

소비자가 구매하고자 하는 상품의 양을 말한다.

02 수요곡선의 도출

1. 경제의 피자에 대한 수요와 수요곡선

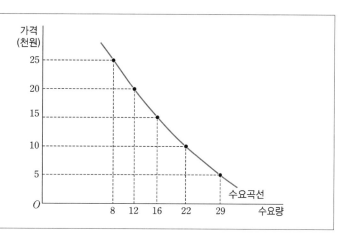

가격(천 원)	수요량
25	8
20	12
15	16
10	22
5	29

2. 수요법칙

⑴ **수요곡선은 우하향한다.**

위 수요표를 구현한 것이 수요곡선(demand curve)이다. 수요곡선은 오른쪽으로 가면서 아래로 내려가는 모양, 즉 우하향하는 모양을 갖고 있는데 이는 가격이 내려감에 따라 수요량이 더 커진다.

⑵ **가격과 수요량은 역(−)의 관계가 존재한다.**

⑶ **수요법칙**

가격이 하락하면 수요량은 늘어나며, 가격이 상승하면 수요량은 줄어든다.

⑷ **수요의 법칙이 나타나지 않는 예외적 현상**

① 과시적 소비 : 가격이 비쌀수록 수요가 증가

② 기펜재 : 가격이 오를 때 수요량이 더 커지는 것

3. 가격이 하락하면 수요량이 증가하는 수요법칙은 왜 나타날까?

⑴ **근본적인 심리적 이유는 한계가치 체감의 법칙 때문이다.**

소비자는 추가되는 소비로부터 얻는 가치가 점차 감소하는 것으로 평가를 한다. 소비량이 증가함에 따라 한계가치가 체감하는 상황에서는 가격이 낮아지면 구입량을 늘리는 것이 득을 보게 된다.

(2) **수요법칙은 가격효과로 나타난다.**

가격이 하락하면 명목소득은 변화가 없지만 실질소득은 증가한다. 그래서 평상시에 1,500원하던 막대형 아이스크림이 1,000원으로 내려가면 6,000원으로 살 수 있는 아이스크림이 4개에서 6개로 증가한다. 이를 소득효과라고 한다. 막대형 아이스크림이 싸지면 상대적으로 콘형 아이스크림 가격이 변하지 않아도 상대 가격이 비싸진다. 그 결과 비싼 콘형 아이스크림의 소비를 줄이고, 가격이 상대적으로 싼 막대형 아이스 크림 소비가 증가한다. 이를 대체효과라고 한다. 이런 소득효과와 대체효과를 합해서 가격효과라고 한다.

4. 수요곡선의 높이가 의미하는 것은 무엇인가?

한계편익, 어떤 상품의 마지막 단위를 소비함으로서 얻는 만족감의 크기를 말한다.

03 수요의 결정요인: 수요곡선 위의 운동과 수요곡선의 이동

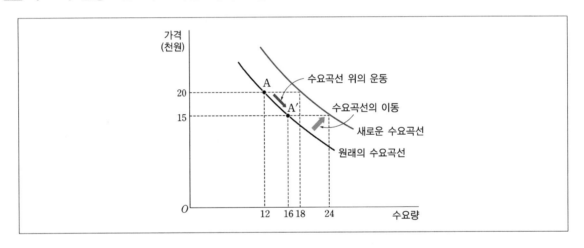

1. 수요량의 변화: 수요곡선 위의 이동

(1) **수요량**

수요량은 특정가격에서 구입하고자 의도하는 양을 말한다(곡선상의 한점).

(2) **수요량의 변화의 요인은 무엇인가?**

가격의 변화로 인한 수요량의 변화를 의미한다. 수요곡선상에서 점의 이동으로 표시된다.

(3) **수요량의 변화**

가격이 상승해서 수요량이 감소하거나 가격이 하락해서 수요량이 증가하는 경우를 말한다.

2. 수요의 변화 : 수요곡선의 이동

(1) 수요의 변화

수요는 모든 가격 수준에서 구입하고자 의도하는 양을 말한다(곡선 자체). 수요의 변화는 가격은 변하지 않은 상태에서 수요량의 변화를 의미한다. 즉 가격이 아닌 다른 원인에 의해서 수요량이 변화하게 된다. 우측이동은 수요의 증가이고, 좌측이동은 수요의 감소이다.

(2) 수요변화 원인

① 소득과 재산(I) : 소득 증가 ⇒ 정상재 수요 증가 또는 열등재 수요 감소

② 소비자의 기호(T) : (선호, 유행) 상승 ⇒ 수요 증가

> **예** 황사가 많은 날에는 돼지고기가 좋다. : 상품에 대한 기호 증가 ⇒ 수요 증가
>
> 돼지고기가 비만에 치명적이다. : 상품에 대한 기호 감소 ⇒ 수요 감소

③ 관련상품[1] 가격변화(Py) : 대체재(대체재 닭고기와 원재화 돼지고기)

> **예** 닭고기의 가격 상승 ⇒ 돼지고기의 수요 증가
>
> 닭고기의 가격 하락 ⇒ 돼지고기의 수요 감소

④ 관련상품 가격변화(Pz) : 보완재(원재화 커피와 보완재 설탕)

> **예** 설탕가격 상승 ⇒ 설탕수요량 감소 ⇒ 커피 수요 감소
>
> 설탕가격 하락 ⇒ 설탕수요량 증가 ⇒ 커피 수요 증가

⑤ 소비자의 예상(E)

> **예** 상품 가격을 예상한 경우 ⇒ 수요 증가 : 가수요 현상
>
> 소득 상승을 예상한 경우 ⇒ 수요 증가

04 시장의 수요

1. 도출방법

개별수요곡선의 수평적 합으로 도출된다(주어진 가격에서 수량의 합).

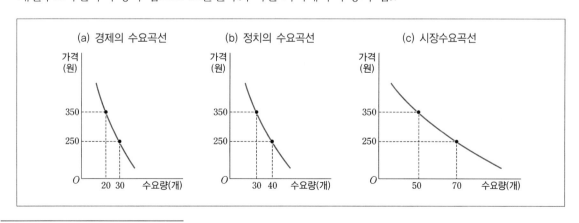

---

1) 어떤 재화에 대한 수요가 다른 재화의 가격이 변하더라도 전혀 영향을 받지 않는 경우 두 재화를 독립재라고 한다.

2. 유의사항 및 실전 TIP

(1) 기본방법

수평합을 할 때에는 Q가 종속변수인 수요함수를 절편과 기울기를 합해서 구해야 한다. 그런데 문제에서 P에 대해 정리한 수요곡선으로 P로 주어진다면 Q에 대해 정리한 후 절편과 기울기를 합해야 하는 번거로움이 발생한다. 이를 해결하기 위해서 다음과 같은 스킬이 필요하다.

(2) Q로 정리된 경우

개별수요함수(수요곡선)가 각각 $Q = 3 - 2P$, $Q = 5 - P$인 경우 시장수요곡선(수요함수)
$\Rightarrow (3 - 2P) + (5 - P) = 8 - 3P$

(3) P로 정리된 경우

개별수요함수(수요곡선)가 $P = 3 - 2Q$인 경우, 소비자가 100명일 경우
$$\Rightarrow P = 3 - 2\left(\frac{1}{100}\right)Q$$

05 수요함수

1. 의미

어떤 상품에 대한 수요와 그 상품의 수요에 영향을 미치는 여러 변수들과의 관계를 함수로 표시한 것을 의미한다.

2. 수리적 표현

(1) $Q_d = F(P)$

⇒ 수요량(종속변수)은 가격(독립변수)의 함수이다.

(2) Q_d(종속변수) $= F(P :$ 소득, 기호, 관련재화 가격변화, 예상)

① P, 소득(I), 기호(T), 관련재화 가격변화(Py, Pz), 예상(E) ⇒ 독립변수

② 함수식으로 표현 ⇒ $Q_d = 200 - 0.5Px + 0.2I - 0.4Py + 0.1Pz$

⇒ 편미분: 여러 가지 변수가 있을 경우 한 개의 변수에 대해서 미분하고 나머지 변수들은 상수항과 마찬가지로 취급을 해서 미분을 하게 되면 모두 0이 되는 것을 의미한다.

⇒ 위의 식에서 가격 Px를 미분한다고 하면 모두 없어지고 $fd = -0.5$가 남는다.

제2절 수요의 탄력성

01 수요의 탄력성의 유용성

1. 판매수입(= 가격 × 판매량)을 예측하여 경영계획 수립

2. 정부의 경제정책 수립, 가치재[2]에 대한 정부의 보조금 수립

02 수요의 탄력성이란 무엇인가?

수요에 영향을 주는 요인들이 변화할 때 상품의 수요량이 얼마나 민감하게 반응하는 정도를 말한다.

$\Rightarrow Q_d = F(\underset{\text{(가격)(소득)}}{P:\ \text{소득}},\ \text{기호},\ \underset{\text{(교차)}}{\underline{\text{관련재화 가격변화}}},\ \text{예상}\cdots)$

03 가격탄력성

1. 가격탄력성의 정의

⑴ **의미**

한 상품의 가격이 변화할 때 그 상품의 수요량이 얼마나 변화하는가를 측정하는 척도

⑵ **수리적 정의**

$$\text{수요의 가격탄력도}(E_d) = \frac{\text{수요량의 변화 비율}}{\text{가격의 변화 비율}} = -\frac{\text{수요량의 변화폭/변화 이전의 수요량}}{\text{가격의 변화폭/변화 이전의 가격}}$$

$$= \left| \frac{\frac{dQ}{Q}}{\frac{dP}{P}} \right| = \left| \frac{dQ}{dP} \right| (\text{수요곡선 기울기의 역수}) \times \frac{P}{Q} = \left| \frac{Q^{/}}{P^{/}} \right|$$

⑶ **확인**

X재의 수요함수가 $Q = 100 - 2P_X$이고, $P_X = 30$일 때, X재화의 수요의 가격탄력성의 크기를 구하시오.

$\Rightarrow \mathrm{E}_d = \left| \dfrac{dQ}{dP} \right| \times \dfrac{P}{Q}$ 에서, $\left| \dfrac{dQ}{dP} \right| = 2$이고 $P_X = 30,\ Q_X = 40$이다.

$\Rightarrow \left| \dfrac{dQ}{dP} \right| \times \dfrac{P}{Q} = 2 \times \dfrac{30}{40} = 1.5$

---

2) 가치재는 일정 수준 이상의 소비가 사회적으로 바람직하다고 판단되는 재화를 말한다.

2. 수요곡선과 가격탄력성

⑴ 탄력도의 구분

① $E_d = \infty : P' = 0,\ Q' > 0 \Rightarrow$ 완전탄력적, 가격의 작은 변화에도 수요량이 엄청 크게 변하는 경우

② $E_d > 1 : P' < Q' \Rightarrow$ 탄력적, 가격의 변화보다 수요량의 변화가 더 큰 경우

③ $E_d = 1 : P' = Q' \Rightarrow$ 단위 탄력적, 모든 점에서 탄력성이 일정한 경우

④ $E_d < 1 : P' > Q' \Rightarrow$ 비탄력적, 가격의 변화보다 수요량의 변화가 더 작은 경우

⑤ $E_d = 0 : P' =$ 모든 값, $Q' = 0 \Rightarrow$ 완전비탄력적, 수요량이 전혀 변화하지 않는 경우

⑵ 예외적인 세 가지 경우

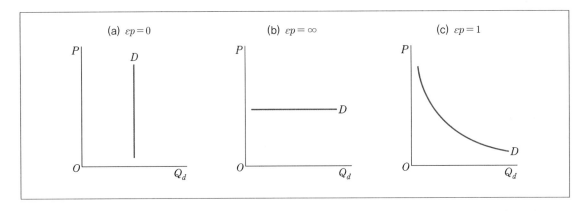

3. 직선의 수요곡선상에서 가격탄력도를 구하는 방법

선분으로 주어진 수요곡선 위의 C점에서 잰 수요의 가격탄력성은 이 점을 공유하는 두 선분의 길이 사이 (CD / BC)의 비율과 같다.

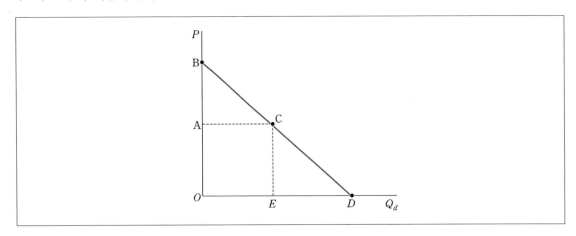

(1) 점 C에서의 탄력성을 구한다.

$AC = OE$, $OA = CE$

$\triangle ABC$와 $\triangle ECD$의 닮은 꼴

(2) 탄력도 식

기울기의 절댓값의 역수 $\times \dfrac{P}{Q} = \dfrac{DE}{CE} \times \dfrac{OA}{OE} = \dfrac{CE}{AB} = \dfrac{CD}{BC}$

4. 가격탄력성과 판매수입

(1) 분석전제

① 총지출액 $= P \times Q$

② 수요법칙: 가격이 오를 때 수요량은 감소한다.

(2) 수요탄력도와 총지출액의 변화

탄력도	변화율의 비교	가격하락	가격상승
탄력도 > 1	$P^{/} < Q^{/}$ =탄력적	총지출 증가	총지출 감소
탄력도 = 1	$P^{/} = Q^{/}$	총지출 불변	총지출 불변
탄력도 < 1	$P^{/} > Q^{/}$ =비탄력적	총지출 감소	총지출 증가

비교 만약에 $P^{/} = -10\%$ 증가, $Q^{/} = 20\%$ 증가 ⇒ 지출액은 10% 증가한다.

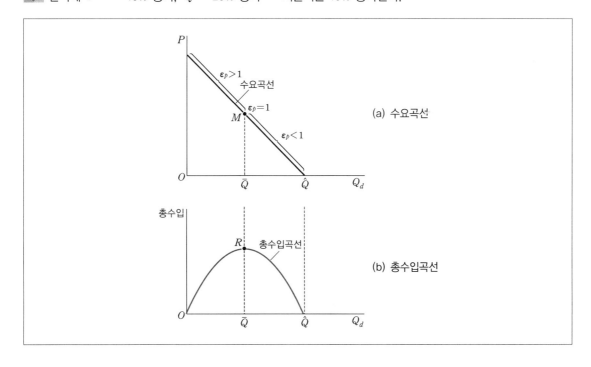

(3) **농부의 역설**

농산물 가격은 공산품 가격에 비해 가격변동이 주기적으로 나타난다. 그 이유는 다음과 같다.

① 일반적으로 생산기간이 길다.

② 수요 측면에서 보면 대체재가 없다.

③ 공급 측면에서 보면 생산량 조절이 힘들다.

④ 보관이 곤란한 점 등으로 인해 가격비탄력적인 성격을 지닌다.

5. 수요의 가격탄력성을 결정하는 요인은 무엇인가?

(1) **대체재 여부** : 대체재가 많으면 많을수록 상품의 수요탄력도가 탄력적이다.

① 완전경쟁시장의 경우

② 과일가격의 경우

(2) **상품가격이 가계소득에서 차지하는 비중**

① 저가품 : 비탄력적

② 고가품 : 탄력적

(3) **상품의 일상생활에서의 중요성**

① 필수품 : 비탄력적

② 사치품 : 탄력적

(4) **기간의 장단** : 기간이 길어질수록 수요량의 탄력도가 크다.

04 소득탄력성

1. 소득탄력성의 의미

(1) **개념**

소득이 변화하는 경우 수요량이 이에 대해 얼마나 민감하게 반응하는지를 측정하는 것

(2) **수요의 소득탄력도**

$$\frac{\text{수요(량)의 변화 비율}}{\text{소득의 변화 비율}} = \frac{\text{수요량의 변화폭/변화 이전의 수요량}}{\text{소득의 변화폭/변화 이전의 소득}} = \frac{dQ/Q}{dM/M} = \frac{dQ}{dM} \times \frac{M}{Q}$$

2. 소득탄력도와 재화

(1) **소득탄력도 > 0** : 정상재, 양의 값

① 0 < 소득탄력도 < 1 : 필수품

② 소득탄력도 > 1 : 사치품

▣ 소득탄력도가 0.5인 경우의 의미 : 소득이 1% 증가할 때, 수요가 0.5만큼 증가한다.

(2) **소득탄력도 < 0** : 열등재, 음의 값

▣ 소득탄력도가 −0.5인 경우의 의미 : 소득이 1% 증가할 때, 수요가 0.5만큼 감소한다.
▣ 소득의 증감과 상관없이 소비량이 불변하는 상품 : 중간재($E=0$)

(3) **수요의 소득탄력성에 의한 상품의 구분**

소득탄력성	상품의 구분	
$\varepsilon_m < 0$	열등재	
$0 < \varepsilon_m < 1$	필수재	정상재
$1 < \varepsilon_m$	사치재	

(4) **엥겔의 법칙**

엥겔의 법칙은 가계의 소득이 증가하면서 식료품에 지출되는 소득의 비중이 감소하는 경우를 말한다.

05 교차탄력성

1. 교차탄력성의 의미

교차탄력도는 한 재화(대체재 또는 보완재)의 가격이 변할 때 다른 재화(원재화) 수요량의 변화정도를 나타내는 척도를 말한다.

$$\Rightarrow 수요의 \ 교차탄력도 = \frac{B재의 \ 수요(량)의 \ 변화율}{A재의 \ 가격 \ 변화율} = \frac{dQ_B/Q_B}{dP_A/P_A} = \frac{dQ_B}{dP_A} \times \frac{P_A}{Q_B}$$

2. 교차탄력도와 재화

(1) **교차탄력도 > 0** : 대체재 관계

(2) **교차탄력도 < 0** : 보완재 관계

▣ 교차탄력도가 −0.5인 경우의 의미 : A재의 가격이 1만큼 증가할 때, B재의 수요량이 0.5만큼 감소하는 것을 의미한다.
▣ 커피가격이 오르면 연필의 수요는 불변 ⇒ 교차탄력도 = 0 ⇒ 독립재

제3절 공급

01 공급의 개념적 특성

1. 공급의 의미

시장에서 가격을 결정하는 또 하나의 구성요소는 공급이다. 공급이란 모든 가격(상이한 가격)수준에서 일정 기간 동안에 판매하고자 의도하는 것(총량)을 말한다.

2. 공급의 특성

(1) 공급은 실제로 판매되는 양이 아니다.

(2) 수요개념과 마찬가지로 유량이다.

3. 공급량

공급량은 각 가격 수준에서 생산하여 판매하고자 하는 양을 말한다.

4. 공급에 중요한 역할을 하는 것이 비용이다.

기업은 이윤을 얻기 위해 생산비용과 가격을 비교하여 공급을 결정한다.

02 공급에 결정을 주는 요인

1. 상품의 시장가격

상품의 가격이 상승하면 생산 증가의 동기가 상승하여 공급이 증가한다.

2. 생산요소 가격

생산요소는 생산의 비용이다. 일반적으로 생산요소 가격이 하락하면 공급이 증가한다. 생산요소의 가격 변화는 이윤(= 판매수입 − 생산비용)의 크기를 변화시키고, 나아가 상품의 공급을 변화시킨다.

3. 기술수준

기술이 진보하면 생산비를 절감할 수 있어 공급이 증가한다.

4. 조세부과 ⇒ 생산원가↑ ⇒ 공급 감소(좌측이동)

5. 보조금 수령 ⇒ 원가하락 ⇒ 공급↑(S가 우측이동)

6. 다른 재화가격의 상승

가격이 상승하는 재화의 공급은 증가하고, 가격이 하락하는 재화의 공급은 감소한다.

7. 공급자의 가격 예상

가격 상승을 예상하면 공급을 줄인다.

8. 기업의 수

기업의 수가 증가하면 공급이 증가한다.

9. 기업목표

기업목표가 이윤 극대화에서 판매수입 극대화로 변하는 경우에 공급이 더 증가한다.

03 공급법칙

1. 가격이 오르면 공급량이 증가하고 가격이 내리면 공급량은 감소한다.

2. 가격과 공급량은 정의 관계이다.

3. 한계비용이 체증한다.

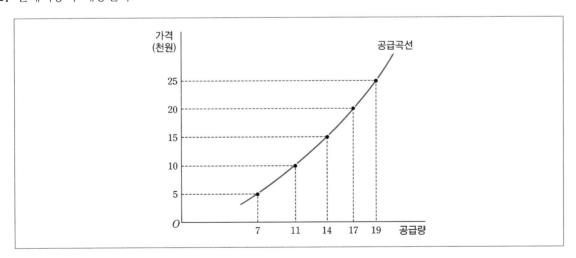

04 시장 공급곡선

1. 시장 공급곡선의 개념
공급공선은 가격과 공급량의 함수관계를 나타낸 곡선이다.

2. 시장 공급곡선의 성격
(1) 일반적으로 우상향한다(수확체감의 법칙).

(2) 가격의 증가함수이다.

(3) 한계비용곡선이다.

3. 시장 또는 산업의 공급곡선
시장 공급곡선은 개별 공급곡선의 수평적 합으로 구한다.

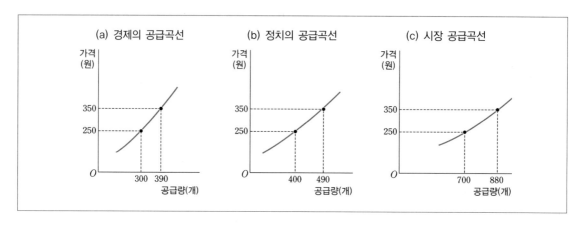

05 공급량의 변화 및 공급의 변화 : 공급곡선 위의 이동, 가격이 변하는 경우

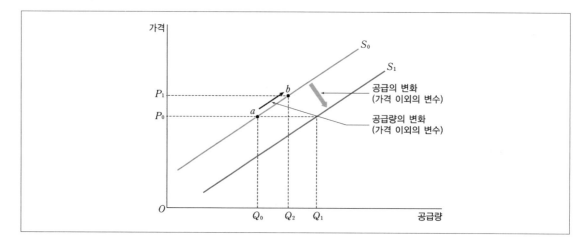

06 **공급함수** : 공급량과 공급량에 영향을 주는 요인들과의 관계

1. 의미

어떤 상품에 대한 공급과 그 상품의 공급에 영향을 주는 요인들과의 관계를 함수로 나타낸 것을 의미한다.

2. 공급함수

$S_x = F$(가격 : 기술, 생산요소가격, 다른 재화가격, 경기전망, 기술진보 등)

제4절 공급의 탄력성

01 공급탄력성의 개념

1. 공급탄력성의 의미

공급탄력성은 공급량을 결정하는 여러 요인들에 생긴 변화에 대해 공급량이 얼마나 민감하게 반응하는지를 수치로 나타내 보인다.

2. 수리적 의미

$E_s =$ 공급의 변화율을 가격의 변화율로 나눈 것 $= \dfrac{\Delta Q / Q}{\Delta P / P} = \dfrac{\Delta Q}{\Delta P} \times \dfrac{P}{Q} = \dfrac{Q^{/}}{P^{/}}$

예 공급탄력도가 1.5라고 할 때의 의미 : 가격이 1만큼 변할 때 공급량이 1.5만큼 변한다는 의미가 된다.

02 공급탄력도의 양상

1. 크기 및 특징

기준	크기	기울기	
$E = \infty$	완전탄력적	수평	작은 가격변화에도 공급량이 크게 변하는 경우
$E > 1$	탄력적	완만	가격변화보다 공급량 변화가 큰 경우
$E = 1$	단위탄력적	원점을 지남	가격의 변화와 공급의 변화가 일정한 경우
$E < 1$	비탄력적	급경사	가격변화보다 공급량 변화가 작은 경우
$E = 0$	완전탄력적	수직	가격의 큰 변화에도 공급량이 크게 변하지 않는 경우

2. 예외적인 두 가지 경우

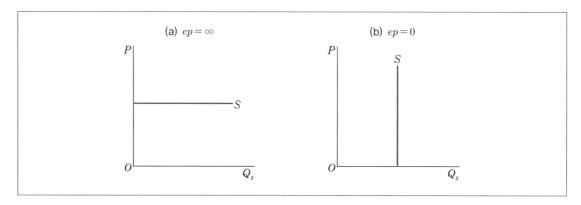

03 직선인 공급곡선의 가격탄력성

1. 공급탄력도

$\dfrac{\triangle Q}{\triangle P} \times \dfrac{P}{Q}$ 에서 $\dfrac{\triangle Q}{\triangle P}$ 또는 $\dfrac{dQ}{dP}$ 를 구한다.

$\Rightarrow \dfrac{\triangle Q}{\triangle P} \times \dfrac{P}{Q} = \dfrac{CD}{AB} \times \dfrac{OA}{OC} = 1$

2. 공급탄력도의 구체적인 예

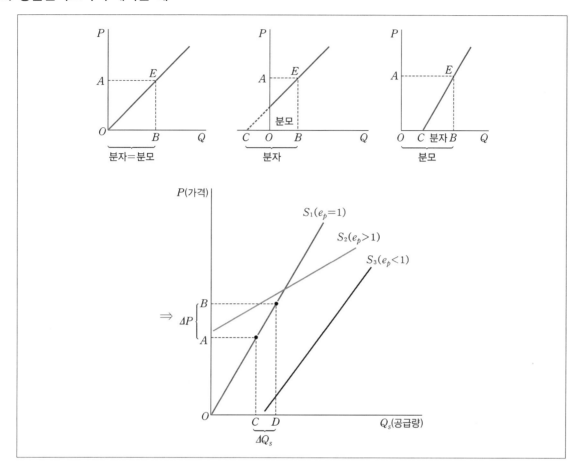

04 공급가격탄력성에 어떤 요인이 영향을 주는가?

1. 생산비의 차이

생산량이 증가하는 경우 생산비가 급격히 상승하는 상품은 비탄력적이 된다.

2. 기술수준 : 기술수준의 향상 ⇒ 탄력적

3. 재화의 저장 여부와 저장비용 : 공산품의 가격탄력성 > 농산물의 가격탄력성

4. 유휴설비 : 유휴설비가 존재 ⇒ 생산증가에 탄력적 대응

5. 기간의 장단 : 장기의 경우에는 생산설비규모의 확대여유가 발생 ⇒ 탄력적

제5절 시장의 균형

01 시장의 균형과 불균형

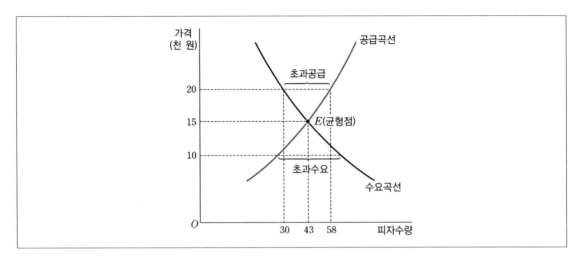

1. 시장균형의 의미

일반적으로 상반된 힘이 맞아떨어진 상태를 균형이라고 부르는데, 시장의 균형은 수요 측의 힘과 공급 측의 힘이 맞아떨어진 상태를 의미한다. 수요와 공급의 힘이 균형되게 만드는 가격을 균형가격이라 하며, 이때의 거래량을 균형거래량이라고 부른다.
⇒ 수요량 = 공급량, 수요가격(최고가격) = 공급가격(최저가격)

2. 시장균형의 함의

시장균형은 유일성, 효율성(파레토 효율), 안정성(되돌아오는 힘)을 내포하고 있다.

3. 시장의 균형 결정 원리는 무엇인가?

(1) 수요자와 공급자가 자신들의 이익을 추구하면서 합의를 통해 균형에 이른다(파레토 개선 ⇒ 파레토 균형).

(2) **초과공급 상태**: 가격 하락 ⇒ 초과공급량 감소

가격인하 경쟁을 하면서 수요량은 증가하고 공급량은 감소하게 된다. ⇒ 균형에 도달(수요 = 공급)

(3) **초과수요 상태**: 가격 상승 ⇒ 초과수요량 감소

가격인상 경쟁을 경쟁하면서 수요량은 감소하고 공급량은 증가하게 된다. ⇒ 균형에 도달(수요 = 공급)

4. 자기조정력(자동조정기능)

자동조정기능은 일시적인 상품의 부족이나 과잉이 발생했을 때 시장은 스스로 조절되어 다시 균형을 회복할 수 있는 힘을 말한다.

02 균형의 변화

1. **공급 일정, 수요 증가** : 균형가격 상승, 균형거래량 증가

2. **공급 일정, 수요 감소** : 균형가격 하락, 균형거래량 감소

3. **수요 일정, 공급 증가** : 균형가격 하락, 균형거래량 증가

4. **수요 일정, 공급 감소** : 균형가격 상승, 균형거래량 감소

5. 수요와 공급이 동시에 움직이는 경우

	공급 증가	공급 감소
수요 증가	가격 불분명, 수량 증가	가격 상승, 수량 불분명
수요 감소	가격 하락, 수량 불분명	가격 불분명. 수량 감소

제6절 소비자잉여와 생산자잉여

01 시장균형의 경제적 효율성

어떤 상품을 구입하기 위해 지불할 용의가 있는 금액에서 실제로 지불한 금액을 초과하는 부분을 소비자잉여라고 부르는데, 이는 소비자가 교환에서 얻는 이득을 뜻한다. 생산자가 상품을 판매하고 실제로 받은 금액이 최소한 받아야 하겠다고 생각하는 금액을 초과한 부분을 생산자잉여라고 부른다. 소비자잉여와 생산자잉여의 합을 교환에서 나오는 순사회편익으로 볼 수 있는데, 자유로운 교환이 허용될 때 순사회편익이 극대화된다. 순사회편익의 극대화는 시장균형에서 이뤄진다. 경쟁시장에서 가격은 수요량과 공급량이 같아지도록 조정한다. 즉 경쟁시장의 균형상태는 파레토 효율, 경제적 효율적 상태, 경제적 후생의 극대화가 되는 순간이다. 경쟁시장의 균형상태에서는 시장가격을 지불할 용의가 있는 모든 소비자들이 원하는 만큼의 상품을 구입할 수 있고, 시장가격을 수용할 용의가 있는 모든 기업들이 원하는 만큼의 상품을 판매할 수 있기 때문이다.

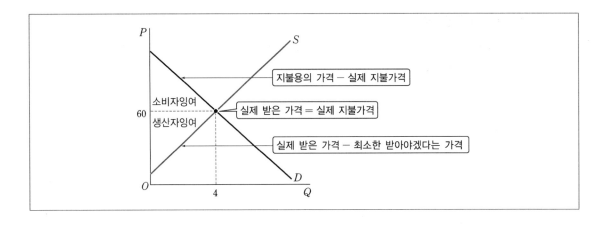

02 소비자잉여의 의미

• 소비자잉여는 소비자가 어떤 상품을 구입하기 위해 지불할 용의가 있는 최대지불용의금액(수요가격, 수요곡선높이, 소비자 유보가격)에서 실제로 지불한 금액을 뺀 나머지로 계산되며, 소비자가 교환에서 얻는 이득을 의미한다. 수요자 입장에서 생각해 보면 가격이 '하락'할 때 소비자잉여는 증가한다.

• 수요의 탄력성과 소비자잉여는 어떤 관계일까? 수요가 탄력적일수록 소비자잉여는 감소한다.

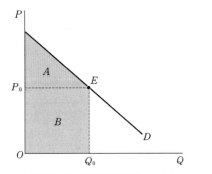

• 소비자의 최대지불용의금액: $A+B$
• 소비자가 실제로 지불한 금액: B
• 소비자잉여: A

03 생산자잉여의 의미

생산자가 어떤 상품을 공급하면서 실제로 받은 금액에서 최소한 받아야 하겠다고 생각한 금액(공급가격, 공급곡선높이, 공급자 유보금액)을 뺀 나머지로 계산되며, 생산자가 그와 같은 교환에서 얻는 이득을 의미한다. 생산자 입장에서는 가격이 '상승'할 때 생산자잉여는 증가한다. 그리고 공급이 탄력적일수록 생산자잉여는 감소한다.

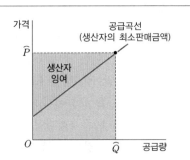

• 생산자의 최소요구금액: B
• 생산자가 실제로 받은 금액: $A+B$
• 생산자잉여: A

04 순사회편익(사회적 잉여, 총잉여)의 의미

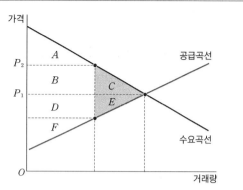

- 순사회편익 용어 정의 : 순사회편익은 소비자잉여와 생산자잉여의 합, 어떤 상품의 교환에서 사회의 구성원들이 얻는 사회전체의 잉여를 말한다.
- 의의 : 순사회편익이 가장 극대화되는 경우는 언제인가? 경제적 후생이 가장 극대화되는 경우는 언제인가?
  ⇒ 시장이 균형을 이룰 때
- 경제적 후생이 가장 극대화되는 것을 무엇이라고 부르는가?
  ⇒ 파레토 균형

- 소비자잉여 : $A + B + C$
- 생산자잉여 : $D + E + F$
- 순사회편익 : $A + B + C + D + E + F$

제7절 균형분석의 응용 : 순사회편익의 변동

01 가격상한제(최고가격제)

1. 가격상한제의 의미

가격상한제란 어떤 상품의 가격이 정부가 고시한 수준 이상으로 올라가지 못하게 만든 제도를 말한다. 실효성 있는 가격상한제가 되기 위해서는 '상한가격 < 균형가격'이 되어야 한다.

CD 분양가격 상한제, 미국 정부의 휘발유가격 상한제, 전셋값 상한제, 물가 상한제, 주택임대료 상한제, 이자 상한제

2. 가격상한제를 왜 하는가? 가격상한제의 목적은 무엇인가?　　　　《효율성 제한, 공평성 증진

가격이 너무 치솟을 경우 소비자를 보호하기 위해 가격을 통제한다. ⇒ 소비자 보호, 물가 안정

3. 가격상한제의 효과 예측하기

(1) 가격상한제를 하면 누가 유리하고 누가 불리해지는가?

　⇒ 공급자는 불리해지고, 소비자는 유리할 수도 불리할 수도 있다.

(2) 가격이 내려가면 물량은 부족해질까? 풍부해질까?

　⇒ 부족해진다.

(3) 가격이 내려가면 상품의 품질은 좋아질까? 나빠질까?

⇒ 품질저하가 예상된다.

4. 가격상한제의 부정적 영향(부정적 효과)

(1) **초과수요 발생**: 물량부족으로 인한 문제

① 가격 이외의 방식에 의한 상품의 배분 **예** 줄 세우기, 선착순

② 암거래 시장 **예** P_1: 암거래 가격

(2) **상품의 품질저하**

생산자는 어차피 가격을 비싸게 받지도 못하는 상황에서 굳이 양질의 상품을 공급할 이유가 없다. 이전까지 무료로 제공하던 다른 상품이나 서비스가 유료로 바뀌는 것도 가격상한제가 일으킬 수 있는 부작용이다.

5. 가격상한제의 효과: 잉여, 즉 편익은 어떻게 변할까?

(1) 소비자잉여는? ⇒ 변화는 불확실

(2) 생산자잉여는? ⇒ 감소

(3) 사회적 후생손실은? ⇒ 발생

(4) 순사회편익(사회적 잉여)은? ⇒ 감소

6. 가격상한제의 효과

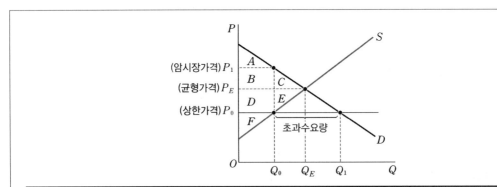

	가격상한제 이전	변화분	가격상한제 이후
소비자잉여	$A+B+C$	$-C+D$	$A+B+D$
생산자잉여	$D+E+F$	$-(D+E)$	F
총잉여	$A+B+C+D+E+F$	$-(C+E)$	$A+B+D+F$

02 가격하한제(최저가격제)

1. 가격하한제의 의미

정부가 시장가격보다 높은 가격을 최저가격으로 책정해서 최저가격 이하로 거래하는 것을 법으로 금지하는 제도를 의미한다. 즉 어떤 상품의 가격이 정부가 고시한 수준 이하로 내려가지 못하게 만든 제도를 말한다. 가격하한제가 실효성이 있기 위해서는 '최저가격 > 균형가격'이 되어야 한다.

예 농산물가격지지정책, 최저임금제 등

2. 가격하한제를 왜 하는가? 가격하한제의 목적이 무엇인가? 《효율성 제한, 공평성 증진

생산자나 공급자의 소득을 보장하려는 데 목적이 있다.

3. 가격하한제의 효과 예측하기

⑴ 가격하한제를 하면 누가 유리하고 누가 불리해지는가?

⇒ 소비자는 불리해지고, 공급자는 유리할 수도 불리할 수도 있다.

⑵ 가격이 올라가면 물량은 부족해질까? 풍부해질까?

⇒ 초과공급

4. 잉여, 즉 편익은 어떻게 변할까?

⑴ 소비자잉여는? ⇒ 감소

⑵ 생산자잉여는? ⇒ 불확실

⑶ 사회적 후생손실? ⇒ 발생

⑷ 순사회편익(사회적 잉여)은? ⇒ 감소

5. 가격하한제(최저가격제)의 효과

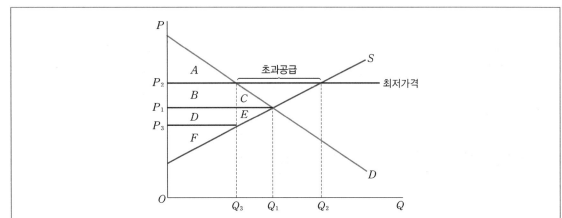

	가격하한제 이전	변화분	가격하한제 이후
소비자잉여	$A+B+C$	$-B-C$	A
생산자잉여	$D+E+F$	$+B-E$	$B+D+F$
총잉여	$A+B+C+D+E+F$	$-(C+E)$	$A+B+D+F$

6. 문제점

(1) **초과공급 발생**: 비자발적 실업 발생

(2) **암시장 출현 가능**: 시장균형가격 > 암시장 공급가격

(3) **고용량 감소**

(4) **자연실업률 상승 가능성**

03 조세부과

1. 정부가 아이스크림에 공급자가 내야 하는 물품세를 부과한다면 어떤 일이 발생할까?

(1) 공급이 감소한다.

공급이 감소한다. ⇒ 공급 가격이 오르고, 공급자와 수요자 사이에 새로운 균형이 생긴다. ⇒ 균형가격은 상승하고, 균형거래량은 줄어든다.

(2) 균형가격은 얼마나 상승할까? 세금크기만큼 상승할까?

⇒ 가격탄력도와 조세의 귀착

2. 생산자에게 부과된 세금은 모두 생산자가 부담할까? 소비자에게 부과된 세금은 모두 소비자가 부담할까?

⑴ **남대문 시장의 밀당 거래를 생각해 보자.**

공급자는 세금을 수요자에게 전가하기 위해, 수요자는 공급자가 세금을 모두 부담하도록 하기 위해 애를 쓰다가 균형을 찾을 것이다.

⑵ **조세의 전가(부담이전)와 귀착(전가 후 조세 확정)**

① 조세의 부담은 수요공급의 탄력성에 의존하며, 세금이 누구에게 부과되었는지 여부는 문제가 되지 않는다.

② $\dfrac{\text{수요탄력도}}{\text{공급탄력도}} = \dfrac{\text{생산자 부담}}{\text{소비자 부담}}$

　예 수요탄력도가 3이고, 공급탄력도가 2이면 생산자의 부담 크기는 $\dfrac{3}{5}$이다.

③ 수요가 더 탄력적 ⇒ 소비자가 덜 부담

④ 공급이 더 탄력적 ⇒ 공급자가 덜 부담

⑤ 수요와 공급의 탄력성과 거래량, 사회적 후생손실, 조세수입의 관계
　수요와 공급의 탄력성↑ ⇒ 거래량 많이 감소, 후생손실 더 증가, 조세수입은 작아진다.

⑶ **그래프에서 판단 요령**

① 기울기가 작으면 작을수록 탄력도가 크다는 것을 인지할 것

② 그래프에서 확인하기

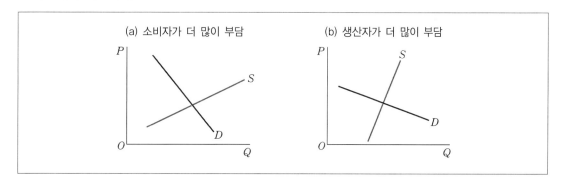

⑷ **결론**

현실적으로는 소비자와 생산자가 탄력도에 따라 나눠 부담한다.

3. 생산자에게 조세(물품세, 종량세)를 부과한 경우 예측

(1) 예측

① 균형가격은 어떻게 될까? ⇒ 공급 감소, 상승한다. 소비자에게 전가

② 균형거래량은 어떻게 될까? ⇒ 감소한다. 공급 감소

③ 소비자 및 생산자잉여는 어떻게 될까? ⇒ 모두 감소한다.

④ 정부의 조세수입은? ⇒ 증가한다.

⑤ 순사회편익은 어떻게 될까? ⇒ 후생손실 발생으로 감소한다.

(2) 물품세(종량세) 부과의 효과

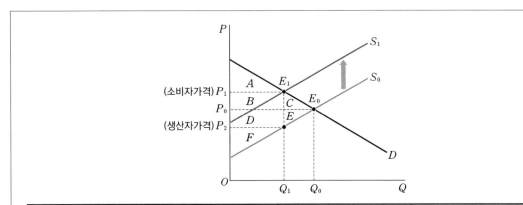

	가격하한제 이전	변화분	가격하한제 이후
소비자잉여	$A+B+C$	$-B-C$	A
생산자잉여	$D+E+F$	$-D-E$	F
정부조세수입	0	$B+D$	$B+D$
총잉여	$A+B+C+D+E+F$	$-(C+E)$: 후생손실	$A+B+D+F$

4. 소비자에게 조세를 부과한 경우 예측

(1) 예측

① 균형가격은 어떻게 될까? ⇒ 수요 감소, 하락한다. 생산자에게 전가

② 균형거래량은 어떻게 될까? ⇒ 감소한다.

③ 소비자 및 생산자잉여는 어떻게 될까? ⇒ 모두 감소한다.

④ 정부의 조세수입은? ⇒ 증가한다.

⑤ 순사회편익은 어떻게 될까? ⇒ 후생손실 발생으로 감소한다.

(2) 소비자에게 세금을 부과한 경우의 효과

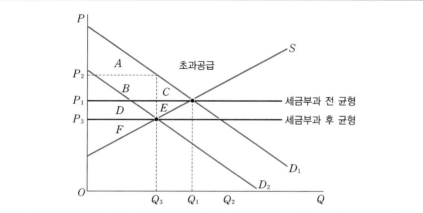

	가격하한제 이전	변화분	가격하한제 이후
소비자잉여	$A+B+C$	$-B-C$	A
생산자잉여	$D+E+F$	$-D-E$	F
정부조세수입	0	$B+D$	$B+D$
총잉여	$A+B+C+D+E+F$	$-(C+E)$: 후생손실	$A+B+D+F$

04 보조금 지급 : 생산자에게 보조금을 지급한 경우

1. 예측

생산자에게 보조금을 지급할 경우 소비자 가격은 하락하고, 생산자 가격은 상승한다. 이로 인해 생산자와 소비자의 이득 모두가 증가할 것이다.

2. 보조금 지급으로 인한 후생변화

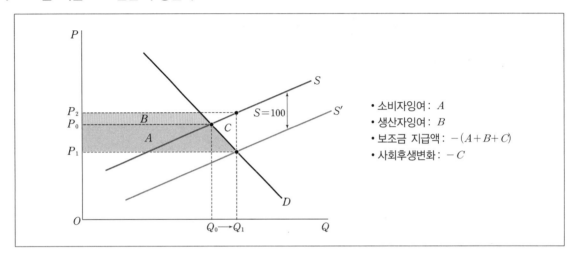

- 소비자잉여 : A
- 생산자잉여 : B
- 보조금 지급액 : $-(A+B+C)$
- 사회후생변화 : $-C$

3. 탄력성과 보조금 혜택의 관계 : 비탄력적인 측의 혜택이 큼

수요가 탄력적이면 소비자 혜택이 작아지고, 공급이 탄력적이면 생산자 혜택이 작아진다.

4. 탄력도와 후생손실

수요와 공급이 탄력적일수록 후생손실이 커진다.

5. 탄력도와 정부의 보조금 부담

수요와 공급이 탄력적일수록 거래량이 크게 늘어나므로 정부의 보조금 부담이 커진다.

제 **2** 부

미시경제

예비사회교사를 위한

경제학 다이제스트

제 **2** 편

소비자의 합리적 선택

제 01 장 소비자의 효용과 최적선택

제1절 소비자 선택 이해하기

01 소비자이론에서 편익은 무엇인가?

1. 효용

소비자가 상품을 소비함으로써 얻는 만족감이 편익이다. 소비자이론에서는 소비자가 상품을 소비함으로써 얻는 만족감을 효용이라고 한다.

2. 소비자 효용 발생과 관련된 가정

만족감, 즉 효용은 상품 1단위 또는 상품 묶음 소비를 통해 발생한다.

02 합리적인 소비자는 효용을 극대화하기 위해 행동한다.

1. 소득제약하에서 효용을 극대화한다.

소비자는 자신의 소득을 절약하여 효용을 극대화하는 선택을 한다.

> 📖 경제의 용돈은 20만 원이 있다. 이 20만 원을 가지고 교재와 간식을 구입한다. 이때 교재와 간식의 수량은 경제의 효용을 극대화하는 최적선택의 조건에 의해 정해진다.

2. 소비자의 효용이 극대화된 상태를 소비자균형이라고 한다.

소비자의 효용극대화, 즉 소비자균형은 지속적이면서 미세한 조정을 통해 실현된다. 이는 소비자는 불균형의 상태에서 최적의 조건을 찾아 균형의 상태에 이르게 됨을 의미한다. 미세한 조정은 한계적 조정을 뜻한다. 소비자이론에서 한계적 조정의 내용이 되는 것은 한계효용이다. 한계효용은 다른 상품의 소비량이 일정한 수준으로 유지된 상태에서 어떤 상품 1단위를 더 소비할 때 얻는 효용의 증가분을 의미한다.

03 소비자의 효용을 어떻게 측정하여 합리적 선택을 설명하는가?

1. 한계효용이론

⑴ 기수적 효용을 활용한 이론이다.

기수적 효용은 상품에 대한 효용을 수치로 그 크기를 측정하는 경우를 말한다. 예컨대 유틸스라는 단위를 사용하여 햄버거 1개의 효용은 200유틸스라고 표시한다.

⑵ 한계효용체감의 법칙 : 소비량이 늘어날수록 한계효용은 체감한다.

한계효용체감의 법칙은 한 상품의 소비량이 점차 늘어남에 따라 한계효용이 떨어지는 현상을 의미한다.

⑶ 소비자 효용극대화 조건은 소득제약하에서 한계효용균등의 법칙이 성립하는 경우이다.

한계효용균등의 법칙이란 효용을 극대화하는 방법으로 각 상품에 마지막으로 지출한 돈의 효용이 같아지도록 상품을 구입하면 된다는 원리를 말한다.

⑷ 소비자의 만족감, 즉 효용의 크기는 심리적인 것이기 때문에 측정하기 어렵다.

한계효용이론의 비현실성 때문에 소비자를 설명하는 현실적 이론인 무차별곡선이 등장하게 된다.

2. 무차별곡선이론

⑴ 무차별곡선이론은 현실적인 서수적 효용을 활용한다.

서수적 효용은 효용을 수치가 아니라 선호의 강도로 측정하는 경우를 말한다. 예컨대 동일 만족을 주는 소비 가능한 4가지 상품묶음(상품 조합)들을 제시하는 방식이다.

⑵ 무차별곡선

무차별곡선은 소비자에게 똑같은 수준의 효용을 주는 상품묶음의 집합을 그림으로 나타낸 것이다.

⑶ 무차별곡선의 한 점에서 잰 기울기가 한계대체율이다.

한계대체율은 두 상품이 이 비율로 교환되어도 소비자의 효용에는 아무 변화가 없는 주관적 교환비율이다. 한계대체율이 체감하는 현상을 한계대체율체감의 법칙이라고 부른다.

⑷ 소비자의 소득제약을 나타내는 선이 예산선이다.

소비자가 주어진 소득으로 구입할 수 있는 상품묶음들의 집합을 그림으로 나타낸 것이 예산선이다. 소득의 변화는 예산선을 평행이동시키고, 상품 가격의 변화는 예산선의 기울기를 변화시킨다.

⑸ 무차별곡선이 예산선과 접하는 점에서 소비자의 효용이 극대화된다.

무차별곡선의 기울기인 한계대체율과 예산선의 기울기(상대가격비율)가 같은 경우 최적선택의 조건이 된다.

제2절 소비자의 총효용과 한계효용

01 효용의 의미

소비자가 상품을 소비함으로써 느끼는 만족감을 편익 또는 효용(utility)이라고 한다.

02 소비자의 효용에는 어떤 것이 있을까? ⇒ 총효용과 한계효용

1. 커피의 총효용과 한계효용표

커피 소비량(통)	총효용(유틸)	한계효용(유틸)
0	0	
		9
1	9	
		8
2	17	
		7
3	24	
		6
4	30	
		5
5	35	
		4
6	39	

다른 재화의 소비는 변하지 않는 상태에서 커피의 추가적인 소비로 인한 총효용의 증가분을 한계효용이라고 한다.

2. 총효용(total utility : TU)

총효용은 어떤 상품을 일정한 양만큼 소비했을 때 느끼는 만족감의 총량을 말한다.

3. 한계효용(marginal utility : MU)

어떤 상품의 소비량을 한 단위 늘렸을 때 (총)효용이 얼마만큼 증가하는지를 나타낸 것으로 총효용의 증가분을 말한다. 한계효용은 총효용을 미분한 값이다. 즉 $MU = \dfrac{\triangle TU}{\triangle Q}$ 이다.

03 총효용과 한계효용은 어떤 관계일까?

1. 한계효용체감의 법칙

⑴ 한계효용체감의 법칙이란 어떤 상품의 소비량이 늘어갈 때 한계효용이 점차 작아지는 현상을 가리킨다.

⇒ 한계효용의 극대값이 넘어가면 한계효용체감의 법칙이 적용

⑵ **총효용과 한계효용의 그래프와 함수**

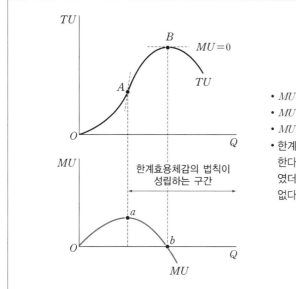

- $MU > 0 \Leftrightarrow TU$ 증가
- $MU = 0 \Leftrightarrow TU$ 극대
- $MU < 0 \Leftrightarrow TU$ 감소
- 한계효용이 체감하더라도 0보다 크면 총효용이 증가한다. 그러므로 소비량이 증가할 때 총효용이 증가하였더라도 반드시 한계효용이 더 증가했다고 말할 수 없다.

2. 총효용 · 한계효용함수

⑴ 한계효용함수

$$MU_x = 4X, \ MU_y = 5$$

⑵ 편미분을 활용해 구하기

경제의 효용함수가 $TU = F(X, \ Y) = 2X^2 + 5Y$와 같다. X재와 Y재에 대한 한계효용함수를 각각 구해보자. 변수가 2개인 경우에는 편미분을 활용할 수 있다. 미분하고자 하는 변수에 대해서만 미분하고 나머지 변수는 상수 취급한다. 총효용함수는 $TU = X^2 + 4XY + Y^2$이다. 편미분을 하면 $MU_x = 2X + 4Y$, $MU_y = 4X + 2Y$이다.

04 한계효용이론에 따를 경우 합리적 선택의 방안은 무엇인가?

1. 소비자균형 조건(=효용극대화 조건)

(1) **소득제약**

$P_x \cdot X(X재\ 구입액) + P_y \cdot Y(Y재\ 구입액) = 소득$

(2) **가중된 한계효용균등의 법칙**

$\dfrac{MUx}{Px}(X재\ 1원어치의\ 한계효용) = \dfrac{MUy}{Py}(Y재\ 1원어치의\ 한계효용)$

비교 '가중된'의 의미 : 마지막 소비 한 단위의 1원어치 한계효용

2. 소비자균형을 찾는 방법 : 최적의 조합을 찾기 위한 과정

(1) 효용이 큰 쪽을 선택하고, 그렇지 않은 쪽을 고정시킨다.

예 $\dfrac{MUx}{Px} > \dfrac{MUy}{Py} = 8 > 6$: X재 소비는 증가, Y재 소비는 감소

$\dfrac{MUx}{Px} < \dfrac{MUy}{Py} = 6 < 8$: Y재 소비는 증가, X재 소비는 감소

(2) (1)의 방법을 계속 반복하다가 두 재화에 대한 효용이 같아지는 상품 소비 조합을 선택한다.

(3) 가중된 한계효용균등의 법칙을 적용한다.

3. 문제에 적용하기

Q 재화의 단위당 가격과 총효용이 다음과 같을 때, 16원을 가진 사람이 합리적인 소비를 한다면 C재의 소비량은?

재화 \ 단위	1	2	3	4	5
A재	10	19	26	30	32
B재	16	28	36	40	40
C재	15	27	36	42	45

(단, 각 재화 1단위 가격은 A재 : 1원, B재 : 2원, C재 : 3원이다.)

① 2단위 　　　② 3단위 　　　③ 4단위 　　　④ 5단위

정답 및 해설

정답은 ①이다. '한계효용이론에 따르면'이라는 단서가 필요한 문제이다. 단서가 복기가 되지 않는 것 같다. 한계효용이론에 따르면 가중된 한계효용균등법칙에 따라 해결하는 문제이다.

즉, 예산제약에서 $M_A/P_A = M_B/P_B = M_C/P_C$를 만족시키는 소비를 할 때 합리적인 소비가 된다. 가중된 한계효용균등원칙에 따라 표에 값을 표시해 보면 다음과 같다.

재화 \ 단위	1	2	3	4	5
A재	0	9	7	**4**	2
B재	0	6	**4**	2	0
C재	0	**4**	3	2	1

한계효용균등의 법칙이 성립하는 값이 4인 소비 set은 (A, B, C = 4, 4, 4)와 2인 소비 set(A, B, C = 5, 4, 4)가 존재한다. 이때 예산제약 하에서 소비가 가능한 소비 set은 (A, B, C = 4, 4, 4)이므로 C를 2단위 소비하는 것이 합리적인 소비이다.

05 한계효용이론의 핵심적 결론 및 의의 : 가중된 한계효용균등의 법칙

1. 주어진 예산제약하에서 소비자의 총효용을 극대화시키는 방법

⇒ X재 구입에 1원을 지출한 경우 추가로 얻는 만족 = Y재 구입에 1원을 지출한 경우 추가로 얻는 만족

⇒ $\dfrac{MUx}{Px} = \dfrac{MUy}{Py}$ ⇒ $\dfrac{MU_X}{MU_Y} = \dfrac{P_X}{P_Y}$

2. 한계효용균등의 법칙에 따르면 각 상품 1원어치의 한계효용이 동일할 때 소비자의 효용이 극대화된다.

소비자균형에서 반드시 가격이 낮은 재화일수록 소비량이 더 많다는 보장은 없다. 또한 소비자균형에서 각 재화에 대한 지출금액은 다른 것이 일반적이다. 소비자균형은 한계효용이 체감하는 구간에서 이루어지므로 소비자의 효용극대화가 이루어질 때 각 상품의 한계효용도 체감하는 것이 일반적이다.

3. 가치의 역설

가치의 역설은 애덤 스미스가 제기한 것으로 물은 사용가치(총효용)가 크지만 교환가치(한계효용)는 작은 반면 다이아몬드는 사용가치(총효용)가 작지만 교환가치(한계효용)가 크게 나타나는 현상을 말한다. 한계효용학파에 따르면 가치의 역설은 역설이 아니라 합리적인 현상이다. 상품의 가격은 사용가치(총효용)가 아니라 교환가치(한계효용)에 의해 결정되기 때문이다.

06 한계효용이론의 한계

1. 가정의 비현실성

⑴ 효용은 인간의 주관적이며 심리적인 개념이므로, 양으로 측정할 수 있다는 가정은 비현실적이다.

⑵ 화폐의 한계효용이 일정하다는 가정은 비현실적이다.

2. 기수적 선택 방식의 비현실성

사람들은 정확한 효용값을 도출한 기수적 선택이 아닌 서수적 선택을 하는 것이 일반적이다.

제3절 무차별곡선

01 무차별곡선의 의의

1. 한계효용이론의 한계점 해결

한계효용이론은 측정 불가능한 효용을 측정 가능한 것으로 취급한다는 점이다. 소비자 선택에 대한 현실적인 설명이 아니라는 점이다.

2. 현실적으로 소비자 선택행위를 파악하고 설명하는 방법은 무엇일까?

소비자가 어떤 상품묶음을 선택하는지만 알아도 선택행위를 충분히 예측 가능하다.

02 무차별곡선의 도출

1. 가정

소비자는 언제나 선호도에 따라 소비행위에 순서를 매길 수 있다.

2. 소비자는 어떤 상품묶음을 선택할까? ⇒ 무차별곡선표와 그림

조합	커피	우유
A	5	30
B	10	18
C	15	13
D	20	10
E	20	8

A, B, C, D, E는 경제에게 동일한 효용을 주는 커피와 우유의 조합이다. 경제가 동일한 만족을 느끼는 커피와 우유의 조합을 좌표상의 점을 찍어 연결하면 무차별곡선이 도출된다.

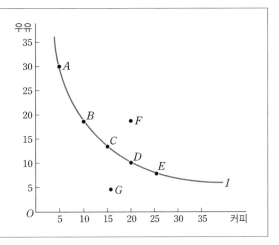

03 무차별곡선의 특성

1. 무차별곡선의 의미

소비자에게 똑같은 수준의 효용을 주는 상품묶음들의 집합을 그림으로 나타낸 것이다.

2. 무차별곡선의 특징

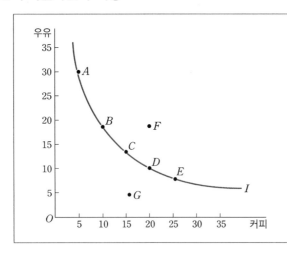

- 첫째, 무차별곡선은 우하향한다.
  ⇒ X재 소비를 줄이면, Y재 소비를 증가시켜야 한다.
- 둘째, 원점에서 멀어질수록 효용이 증가한다(더욱 높은 만족수준을 표시한다).
  ⇒ 원점에서 멀어질수록 소비가능성이 높아지기 때문이다.
- 셋째, 무차별곡선은 겹치거나 교차할 수 없다.
  ⇒ 무차별곡선은 하나의 완성된 체계이다.
- 넷째, 무차별곡선은 우하향하면서 원점을 향하여 볼록한 형태를 취한다.
  ⇒ 두 상품의 한계대체율이 체감하기 때문이다.

04 한계대체율 : 상품묶음이 바뀔 때 X재와 Y재는 어떻게 변할까?

⇒ 선택의 변화과정에서 X와 Y에 대한 만족감은 어떤 관계가 있을까?

1. 한계대체율의 의미

두 상품이 어떤 특정한 비율로 대체되면 소비자의 효용에 아무 변화가 없을 때 이 비율을 한계대체율이라고 부른다. 이 비율은 무차별곡선 위의 한 점에서 잰 기울기의 절댓값과 그 크기가 같다.

$$\Rightarrow MRS_{xy} = -\frac{\Delta Y}{\Delta X}$$

2. 한계대체율의 측정

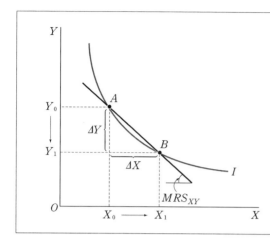

- 한계대체율은 무차별곡선의 (접선의)기울기로 측정된다.
- 한계대체율은 X재와 Y재의 한계효용 비율로 나타낼 수도 있다.
- $MRS_{xy} = -\dfrac{\Delta Y}{\Delta X} = \dfrac{MU_x}{MU_y}$
  $\Rightarrow U(X) = U(Y)$가 성립하므로,
  $-\Delta Y \times M_y = \Delta X \times M_x$
  $\Rightarrow$ 위의 식을 변형하면 $-\dfrac{\Delta Y}{\Delta X} = \dfrac{MU_x}{MU_y}$

3. 한계대체율이 2라는 의미

커피 1개와 우유 2개가 서로 대체될 수 있다는 의미다. 즉 커피 1개의 한계효용이 우유 1개에서 나오는 한계효용의 두배임을 뜻한다. 따라서 한계대체율이 2라는 것은 두 상품 사이의 한계효용의 비율이 바로 2라는 뜻이다.

$$MRS_{xy} = -\frac{\Delta Y}{\Delta X} = \frac{\text{커피의 한계효용}(M_X)}{\text{우유의 한계효용}(M_Y)}$$

4. 한계대체율 체감의 법칙

무차별곡선 위에서 오른쪽으로 움직여감에 따라 한계대체율이 점차 작아지는 현상을 말한다. 주의할 것은 한계효용체감의 법칙이 성립한다고 해서 한계대체율 체감의 법칙이 성립하는 것은 아니다.

> **예** 커피에 대한 선호도가 작아지고 우유에 대한 선호도가 커진다는 의미이다. 그 결과 우유를 커피로 대체하기는 점점 어려워진다는 의미이기도 하다.

5. 한계대체율의 특징

(1) 한계대체율은 소비자의 재화 간 주관적 교환비율이다.

(2) 한계대체율이 클수록 상대적으로(즉, Y재보다) X재를 더 선호한다는 의미이다.

05 특수한 경우의 무차별곡선

1. 완전 대체재

- 직선 형태
- 특징: 한계대체율이 일정
- 효용함수: $U(X, Y) = aX + bY$
- 확인: 효용함수 $U = X + Y$이면 무차별곡선은 기울기가 −1인 우하향의 직선이다. 이 경우 X재의 가격이 Y재 가격보다 높다면 소비자는 항상 Y재만을 구입할 것이다.

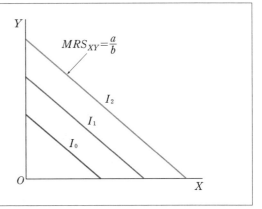

2. 완전 보완재

- ㄴ 형태
- 특징: 한계대체율은 수직선에서 무한대, 수평선에서 0, 일정한 비율의 소비가 효용을 증가시킨다.
- 효용함수: $U(X, Y) = \min\left(\dfrac{X}{a}, \dfrac{Y}{b}\right)$

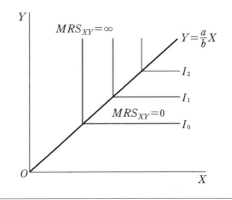

3. X재가 비재화가 있는 경우

- 재화는 많을수록, 그리고 비재화는 적을수록 효용이 크다.
- X재가 한계효용이 (−)인 비재화이고, Y재가 정상적인 재화인 경우에는 X재 소비량이 증가할 때 효용이 동일한 수준으로 유지되려면 Y재의 소비량이 증가해야 한다. 그러므로 무차별곡선은 우상향의 형태가 된다.

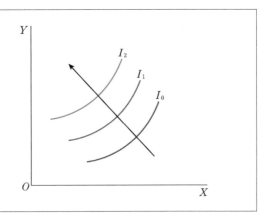

제**2**부

제4절 예산선 : 소비자의 희소성

01 예산선의 도출 : 예산제약에 따라 경제가 커피와 우유를 구입할 수 있는 관계식은?

1. 예산선(예산제약)의 의미

예산선이란 주어지는 소득으로 구입 가능한 X재와 Y재의 조합점을 연결한 선을 말한다.

2. 변수

(1) **소득(M)** $= 30$만 원

(2) **상품** : X(커피), Y(우유)

(3) **가격** : $P_X = P_커$, $P_Y = P_우$

3. 예산선 식

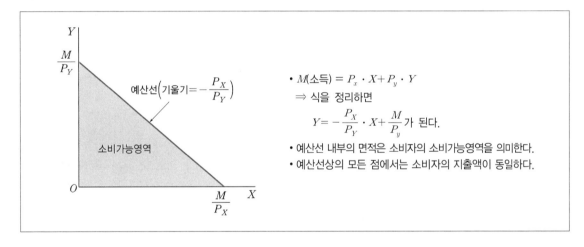

- M(소득) $= P_x \cdot X + P_y \cdot Y$
  ⇒ 식을 정리하면
  $$Y = -\frac{P_X}{P_Y} \cdot X + \frac{M}{P_y} \text{가 된다.}$$
- 예산선 내부의 면적은 소비자의 소비가능영역을 의미한다.
- 예산선상의 모든 점에서는 소비자의 지출액이 동일하다.

4. 예산선의 기울기

(1) **예산선의 기울기** $-\dfrac{P_X}{P_Y}$ **의 의미**

① X재와 Y재의 상대가격비, 시장에서 평가된 X재와 Y재의 객관적 교환비율을 말한다.

② 동일한 효용수준을 유지하면서 X재 1단위를 추가로 소비하기 위해 포기해야 하는 Y재의 수량을 말한다.

(2) **예**: 기울기 $-\dfrac{3}{4}$ 가 의미하는 바가 무엇인가?

가격비, $P_X : P_Y$ 는 3 : 4이고, 상품의 교환비는 4 : 3임을 뜻한다.

02 예산선은 어떻게 변할까?

1. 예산선을 변화시키는 원인은? : 소득의 변화, 가격의 변화

2. 예산선의 변화 모습

소득의 변화	X재 가격변화	Y재 가격변화

제5절 소비자의 최적선택

01 소비자의 최적선택은 어떤 과정을 통해 이뤄질까?

1. 소비자는 자신의 선호도를 가지고 있다.

2. 소비자는 한정된 예산으로 소비 가능 범위를 가진다.

3. 소비자는 자신의 선호도와 소비 가능 범위가 일치하는 것 중 효용이 최대, 즉 극대화되는 것을 선택한다.
⇒ 선호(주관적 비율) = 객관적 비율

02 소비자의 효용극대화 : 콥－더글러스 효용함수

1. 무차별곡선과 예산선이 접하는 점

소비자균형은 무차별곡선과 예산선이 접하는 점에서 달성된다. 따라서 소비자균형에서는 무차별곡선의 기울기와 예산선의 기울기가 동일하다.

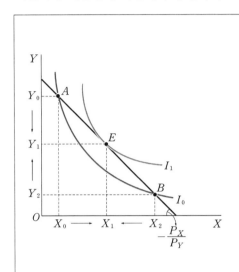

- 불균형 A점, $MRS_{xy} > \dfrac{P_X}{P_Y}$

  ⇒ 균형조정 : X재 소비 증가, Y재 소비 감소 ⇒ 균형

- 불균형 B점, $MRS_{xy} < \dfrac{P_X}{P_Y}$

  ⇒ 균형조정 : X재 소비 감소, Y재 소비 증가 ⇒ 균형

- 균형 E점 : $MRS_{xy} = \dfrac{P_X}{P_Y}$

MRS_{xy}	=	$\dfrac{P_X}{P_Y}$
한계대체율	=	상대가격비
무차별곡선의 기울기	=	예산선의 기울기
소비자의 주관적 교환비율	=	시장에서의 객관적 교환비율

2. 효용극대화를 위한 필요조건

(1) $MRS_{xy} = -\dfrac{\Delta Y}{\Delta X} = \dfrac{MU_x}{MU_y} = \dfrac{P_X}{P_Y} \Rightarrow \dfrac{MUx}{Px} = \dfrac{MUy}{Py}$

(2) 소비자균형점에서는 한계효용균등의 법칙이 성립한다.

3. 문제에 적용하기

Q 소비자 갑(甲)은 주어진 소득을 모두 사용하여 가격이 1,000원인 X재 10단위와 500원인 Y재 15단위의 조합을 소비하려고 한다. 이때의 한계대체율이 1.5라면 효용극대화를 위한 갑(甲)의 합리적 선택 방안을 쓰시오. (단, 소비자 갑(甲)의 무차별곡선은 우하향하고, 원점에 대해 볼록하다.)

정답 및 해설

$1.5 = MRS_{xy} = -\dfrac{\Delta Y}{\Delta X} = \dfrac{MU_x}{MU_y} < \dfrac{P_X}{P_Y} = 2$, 효용극대화를 위해서 X재 소비를 감소시키고, Y재 소비를 증가시켜야 한다.

03 완전 대체재의 최적선택

1. 효용함수 : $U = aX + bY$(단, $a > 0$, $b > 0$)

2. 무차별곡선의 형태

기울기가 $-\dfrac{a}{b}$ 인 우하향의 직선 형태로 도출된다.

3. 한계대체율은 일정하다.

$$MRS_{xy} = \frac{M_x}{M_y} = \frac{a}{b}$$

4. 소비자의 효용극대화

(1) $MRS_{xy}\left(= \dfrac{a}{b}\right) > \dfrac{P_X}{P_Y} \Rightarrow X$재만 소비

(2) $MRS_{xy}\left(= \dfrac{a}{b}\right) < \dfrac{P_X}{P_Y} \Rightarrow Y$재만 소비

(3) $MRS_{xy}\left(= \dfrac{a}{b}\right) = \dfrac{P_X}{P_Y} \Rightarrow X, Y$재 동시 소비(무수히 많은 소비자균형)

04 완전 보완재의 최적선택

1. 효용함수 : $U(X, Y) = \min[aX + bY] = \min\left(\dfrac{X}{a}, \dfrac{Y}{b}\right)$

2. 무차별곡선의 형태

$Y = \dfrac{a}{b} X$선상에서 꺾어진 L자 형태로 도출된다.

3. 소비자효용(효용극대화)

$U = aX + bY \Rightarrow$ 두 재화의 최적 소비비율이 $\dfrac{Y}{X} = \dfrac{a}{b}$ 로 일정하다.

05 소득의 변화와 최적선택 : 소득소비곡선

1. 소득이 증가하면 최적선택은 어떻게 변할까?

2. 소득이 증가하면 커피와 우유를 더 많이 소비할 수 있다. : 예산선의 수평이동

(1) 정상재인 경우

(2) 열등재인 경우

Y재(책)가 열등재인 경우, 소득이 증가함에 따라 소비가 줄어들 수 있다.

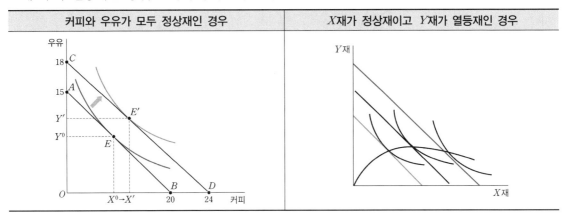

커피와 우유가 모두 정상재인 경우	X재가 정상재이고 Y재가 열등재인 경우

06 가격의 변화와 최적선택

1. 한 상품의 가격이 하락할 경우에 소비자의 최적선택은 어떻게 변할까?

(1) 가격이 하락한 상품의 소비량이 상대적으로 더 많이 증가한다.

(2) 예산선의 회전이동

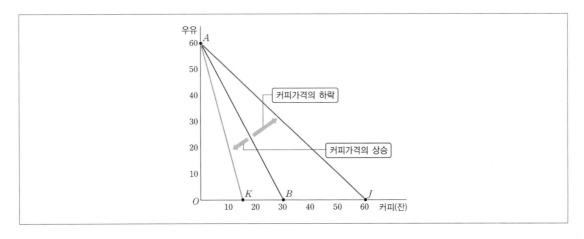

2. 가격소비곡선

다른 조건에는 변화가 없고 한 상품의 가격만 계속 변화할 때 소비자의 선택점이 어떻게 변화하는지를 보여주는 직선을 말한다.

3. 가격소비곡선에서 수요곡선을 도출할 수 있다. 커피가격 하락 ⇒ 소비자균형 변화

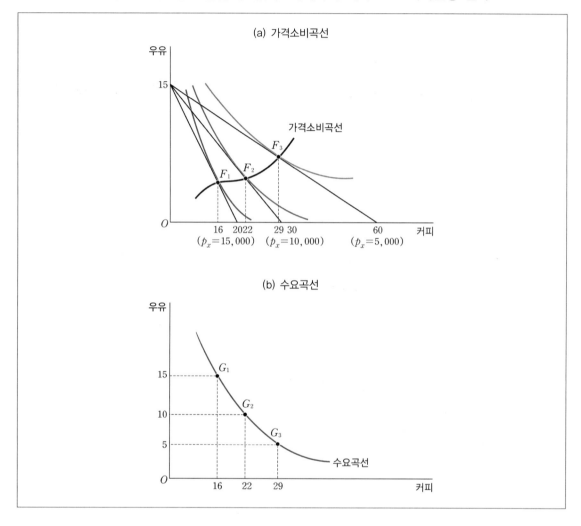

(a) 가격소비곡선

(b) 수요곡선

07 결론

수요곡선이 우하향하는 모양을 가졌다는 것은 어떤 상품의 가격이 내려감에 따라 소비자가 종전보다 더 큰 수요량을 선택할 것임을 의미한다.

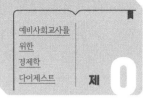

제02장 가격효과와 수요법칙

제1절 가격효과 : 가격변화의 효과, 대체효과와 소득효과

01 가격이 내려갈 때 소비자에게 어떤 변화가 나타날까?

커피의 가격이 만 오천 원일 때 16개, 만 원일 때 22개를 구입하려고 하는 의지가 생긴다. 16개에서 22개가 되는 수요량의 변화를 어떻게 설명할 수 있을까? 이 내용은 두 부분으로 나눠 설명해야 한다. 하나는 대체효과이고, 나머지는 소득효과이다. 이 두 효과를 합해서 가격효과라고 한다.

02 가격효과

1. 대체효과 : 무차별곡선 위의 변화

소득이 일정한 상황에서 효용을 더 크게 만들고자 한다면 가격이 싸진 물건을 상대적으로 소비해야 한다. 대체효과란 어떤 상품이 다른 상품에 비해 상대적으로 더 싸졌기 때문에 이것의 소비량이 늘어나는 것을 의미한다.

2. 소득효과 : 예산선 이동의 변화, 무차별곡선 이동의 변화

상품의 가격이 떨어지면 실질소득이 더 커진다. 실질소득이 커지면서 종전보다 우유와 커피를 더 많이 구입할 수 있다. 이와 같이 어떤 상품의 가격이 떨어지면 실질소득이 증가하는 효과가 나타나는데 이로 인해 생긴 수요량의 변화를 소득효과라고 한다.

3. 대체효과와 소득효과

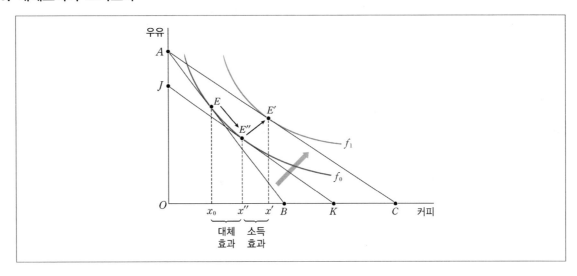

4. 재화유형과 가격효과 : X재의 가격이 하락한 경우

⑴ X재가 정상재인 경우

① 대체효과(수요량 증가) + 소득효과(수요량 증가) = 가격효과(수요량 증가)

② 수요곡선은 우하향곡선

⑵ X재가 열등재인 경우

① 대체효과(수요량 증가) + 소득효과(수요량 감소) = 가격효과(수요량 증가) : 대체효과 > 소득효과

② 수요곡선은 우하향곡선

⑶ X재가 기펜재인 경우

① 대체효과(수요량 증가) + 소득효과(수요량 감소) = 가격효과(수요량 감소) : 대체효과 < 소득효과

② 수요곡선은 우상향곡선

■ 재화유형과 가격효과 비교

상품	대체효과	소득효과	가격효과	특징
정상재	−	−	−	
열등재	−	+	−	대체 > 소득
기펜재	−	+	+	대체 < 소득

5. 가격효과와 수요곡선 연습하기

(1) 전제조건

① 대체효과: $a \Rightarrow c$, $X_0 \Rightarrow X_2$

② 소득효과: $c \Rightarrow b$, $X_2 \Rightarrow X_1$

③ 가격효과: $a \Rightarrow b$, $X_0 \Rightarrow X_1$

(2) 재화의 가격효과 및 수요곡선

정상재인 경우	열등재인 경우	기펜재인 경우

6. 노동공급과 가격효과

(1) **조건**: 일을 할 것이냐, 여가를 누릴 것이냐

(2) **대체효과**: 임금 상승 ⇒ 여가의 기회비용 상승 ⇒ 노동공급 증가

(3) **소득효과**: 임금 상승 ⇒ 소득 증가 ⇒ 여가가 정상재이면 노동공급 감소, 열등재이면 노동공급 증가

7. 소비 및 저축 그리고 가격효과

(1) **조건**: 소비를 할 것이냐, 저축을 할 것이냐

(2) **대체효과**: 이자율 상승 ⇒ 소비의 기회비용 상승 ⇒ 저축 증가

(3) **소득효과**: 이자율 상승 ⇒ 소득 증가 ⇒ 소비 증가

03 보상변화와 대등(동등)변화

1. 경제학적 의의

가격변화에도 불구하고 효용이 일정하게 유지되기 위해서는 일정금액의 조정이 필요하다.

2. 보상변화: 대체효과를 제거하는 경우, 구매력이 상승할 때, 실질구매력의 상승

(1) **보상변화의 의미**: 가격변화 이후의 조치

보상변화는 가격변화 이전과 동일한 효용을 얻도록 하기 위해 증감시켜 주어야 하는 소득의 크기를 말한다.
⇒ 가격변화에도 불구하고 원래 효용을 유지하기 위해 필요한 소득의 크기

(2) **보상변화의 측정 방법**

보상변화는 변화 후의 가격을 기준으로 소비자의 후생변화를 측정한다.

① 가격변화가 일어난다.

② 가격변화가 일어나기 전, 즉 당초의 효용수준으로 되돌린다.

③ 당초의 효용수준으로 되돌리는 경우 소비자가 그 손실을 보상받는다고 생각이 드는 만큼의 금전적인 보상을 측정한다.

3. 대등(동등)변화

⑴ **대등(동등)변화의 의미** : 가격변화 이전의 조치

대등변화는 가격변화 이전에서 그 이후와 동일한 효용을 얻도록 하기 위해 증감시켜 주어야 하는 소득의 크기를 말한다.

⇒ 가격변화의 효과와 대등하다고 느끼는 화폐의 크기, 얼마의 소득을 더해 주어야 상품 가격이 내려간 것과 대등한 효과를 가져오는가?

⑵ **보상변화와 대등변화의 관계**

① 보상변화와 대등변화는 반대의 부호를 가짐

② 보상은 사고가 난 후에 발생하는 것, 따라서 보상변화는 가격이 변하고 난 이후 생각할 수 있는 것

③ 대등변화는 가격이 변하기 이전 가격변화가 일어났을 때 고려하고자 하는 상황

> 📖 보상변화 : 이미 물가의 변화가 생겼다. 정부가 지원금을 얼마나 해줄까?
> 대등변화 : 정부가 세금을 매기려고 한다. 술 마시는 사람이나 담배를 피우는 사람에게 얼마의 세금을 부과하기 위해서이다.

⑶ **대등변화의 측정 방법**

대등변화는 최초의 가격을 기준으로 소비자의 후생변화를 측정한다.

① 가격변화가 일어나기 전인 처음의 상황이다.

② 가격변화가 발생한 후에 얻게 될 새로운 효용수준이 발생한다.

③ 가격변화 대신에 소비자가 새로운 효용수준을 느낄 수 있도록 제공해야 하는 화폐의 크기를 측정한다.

■ 보상변화와 대등변화

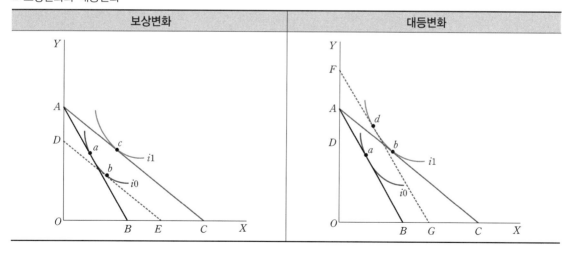

보상변화	대등변화

제2절 네트워크 효과

01 네트워크 효과의 의미

네트워크 효과란 어떤 사람의 수요가 다른 사람들의 수요에 의해 영향을 받는 것을 말한다.

02 네트워크 효과의 유형

1. 유행효과

특정 상품의 수요가 많아지게 되면, 이런 경향을 좇아가는 소비자들의 수요 증가를 가져오는 현상으로 대중적으로 유행하고 있다는 정보를 인식하면, 그에 따라 특정 상품을 선택하는 현상을 말한다. 편승효과, 부화뇌동효과, 쏠림효과 등으로 불린다.

2. 속물효과

속물효과는 특정 상품에 대한 소비가 증가하면 떨어진 희소성에 반응하여 수요를 줄이는 소비현상을 말한다.

제 **3** 편

이윤극대화를 위한
기업의 생산과 비용

제 **01** 장 **기업과 생산기술**

제1절 기업이란?

01 기업의 존재 의의

1. 거래비용 절감

2. 규모의 경제 : 공장 시스템

3. 팀에 의한 생산의 이점 : 분업과 전문화

4. 생산에 필요한 재원의 조달 : 투자

직접금융(채권, 주식), 간접금융(은행 대출)

02 기업의 선택행위 : 이윤극대화

1. 이윤극대화

2. 이윤 = 총수입(TR) − 총비용(TC)

3. 최소비용/최대생산, 이윤 확보

03 기업의 행동을 어떻게 분석할까?

1. 기업의 목적은 이윤극대화

이윤 = 수입 − 비용

2. 1단계 : 생산 − 비용 분석

(1) 생산이론

(2) 비용이론

3. 2단계 : 수입 분석

(1) 수입 = 거래량 × 가격

(2) 생산물시장이론 : 이윤극대화 생산량, 가격

제2절 생산의 단기와 장기

01 생산기술과 생산함수

1. 생산함수의 의미

일정한 기간 동안 사용한 여러 생산요소의 양과 이를 통해 그 기간 동안에 생산할 수 있는 최대한의 상품량 사이의 관계를 나타내는 함수를 생산함수라 한다.

$\Rightarrow Q_X = F(L, \ K, \ N, \ T)$

비교 생산요소 : L(노동), K(자본), N(자원), T(기술)

2. 생산함수는 특정시점의 기술 수준을 반영하는 것이다.

3. 기술진보는 생산곡선을 우측으로, 비용곡선은 좌측으로 이동시킨다.

02 생산요소와 기간

1. 생산요소

공장, 기계, 노동력, 원자재 등 생산과정에 투입되는 모든 것들을 통틀어 투입요소 혹은 생산요소라고 부름

2. 가변투입요소

상품 생산량이 늘어남에 따라 투입량도 따라서 늘어나는 투입요소

3. 고정투입요소

상품 생산량과 관계없이 투입량이 언제나 일정한 수준에 유지되는 투입요소

4. 단기는 고정투입요소가 존재하지만 장기에는 가변요소만 존재함

	단기	장기
생산과 생산요소	고정투입요소가 존재	모든 생산요소가 가변투입요소
생산함수	$Q = f(L, \overline{K})$	$Q = f(L, K)$
경향성	수확체감의 법칙	규모에 대한 수익
생산물시장이론	진입·퇴거 등이 불가능한 기간	진입·퇴거 등이 가능한 기간

제3절 단기생산함수 : 가변투입요소가 하나일 때의 생산과정

01 노동투입량과 상품 생산량의 단기생산표 관찰하기

노동투입량(L)	총생산(TP)	한계생산(MP_L)	평균생산(AP_L)	비고
0	0	0	0	
1	40	40	40	
2	90	50	45	
3	150	60	50	한계생산 최대
4	200	50	50	평균생산 최대
5	230	30	46	
6	250	20	41	
7	250	0	35	총생산 최대
8	240	-10	30	

1. 생산의 1단계

총생산과 평균생산 모두 증가하고, 한계생산이 평균생산보다 큰 단계 ᴇx 노동투입량 0~3

2. 생산의 2단계

총생산은 증가하지만 평균생산은 점점 감소하고, 한계생산이 평균생산보다 작은 단계 ᴇx 노동투입량 4~6

3. 생산의 3단계

총생산이 감소하는 단계 ᴇx 노동투입량 7~8

02 총생산(TP)

일정한 양의 가변투입요소를 투입했을 때 생산되어 나올 수 있는 상품의 총량 ᴇx TP_L

03 한계생산(MP_L)과 평균생산(AP_L)

1. 한계생산

⑴ **가변투입요소를 한 단위 늘려 투입한 결과 얻을 수 있는 상품 총생산량의 증가분**

$$\Rightarrow \frac{\text{총생산량 증가분}}{\text{노동투입량 증가분}} = \frac{\triangle Q}{\triangle L} = \frac{\triangle TP}{\triangle L}$$

⑵ **한계생산체감의 법칙, 수확체감의 법칙**

단기에 가변요소 투입량을 증가시킬 때 어떤 단계를 넘어서면 한계생산물이 지속적으로 감소하는 현상

《 한계효용체감의 법칙

2. 평균생산

투입된 가변투입요소 한 단위당의 상품 생산량

$$\Rightarrow \frac{\text{생산량}}{\text{노동투입량}} = \ <\frac{Q}{L} = \frac{TP}{L}>$$

04 총생산, 한계생산, 평균생산의 관계

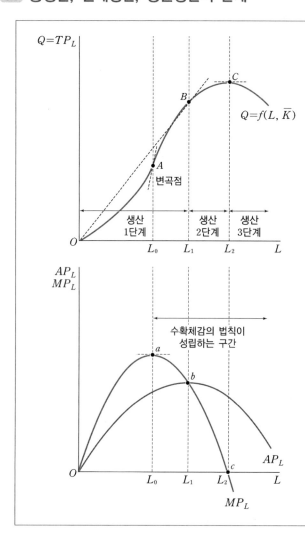

원점 O에서 변곡점 a까지는 한계생산과 평균생산이 모두 증가 추세를 보인다. 하지만 a점에서 b점에 이르기까지는 평균생산이 증가하는 대신 한계생산이 감소하여 b점에서는 평균생산과 한계생산이 일치하게 되고, c점에 이르면 한계생산이 0이 되어 총생산량이 극대화된다. 이런 과정 속에 나타난 총생산, 한계생산, 평균생산의 관계를 정리하면 다음과 같다.

총생산과 한계생산의 관계
- $MP_L > 0 \Leftrightarrow TP_L$ 증가
- $MP_L = 0 \Leftrightarrow TP_L$ 극대
- $MP_L < 0 \Leftrightarrow TP_L$ 감소

한계생산과 평균생산의 관계
- $MP_L > AP_L \Leftrightarrow AP_L$ 증가
- $MP_L = AP_L \Leftrightarrow AP_L$ 극대
- $MP_L < AP_L \Leftrightarrow AP_L$ 감소

제4절 가변투입요소가 둘일 때의 생산과정

01 등량곡선의 도출

1. 상품의 동일한 생산량을 생산하는 데 필요한 생산요소의 묶음

	노동투입량	자본투입량
A	3	11
B	7	7
C	12	3

2. 등량곡선의 의미

동일한 양의 상품을 생산할 수 있게 만드는 생산요소의 조합들로 구성된 집합을 그림으로 나타낸 것을 말한다. 등량곡선의 성질은 무차별곡선의 성질과 동일하다. 하지만 무차별곡선은 서수적 개념이지만 등량곡선은 개별곡선이 구체적인 생산량 수준을 나타내는 기수적 개념이다.

3. 등량곡선의 도출

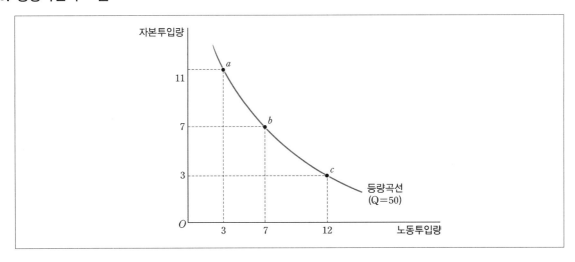

4. 생산무차별 지도

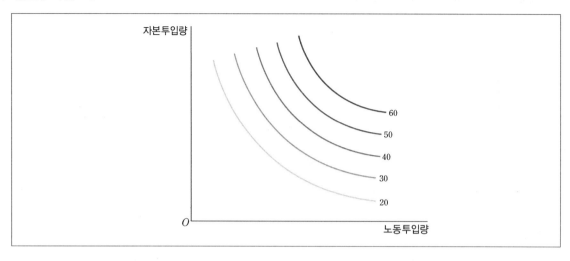

02 등량곡선의 성격 : 무차별곡선에 준해서 생각할 것

1. 우하향

2. 원점에서 멀리 떨어질수록 더 높은 생산량을 뜻함

3. 두 등량곡선은 서로 교차하지 않음

4. 원점에 대해 볼록한 모양

03 한계기술대체율($MRTS$)

1. 한계기술대체율의 의미

한계기술대체율은 자본투입량을 일정한 양만큼 줄이고 노동투입량을 일정한 양만큼 늘려도 생산량에 변화가 없다면 생산과정에서 자본과 노동이 바로 그 비율로 대체될 수 있다는 것을 의미한다.

$$MRTS_{LK} = \frac{-\triangle K}{\triangle L} = \frac{MP_L}{MP_K} = |IQ기울기| \Rightarrow L\uparrow, K\downarrow$$

2. 한계기술대체율체감의 법칙

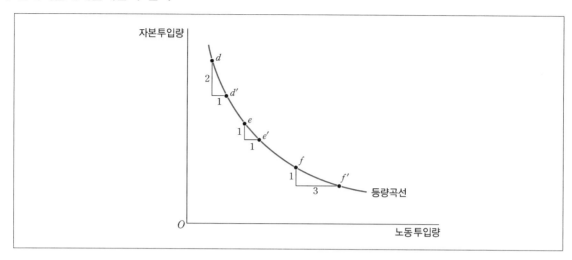

⇒ 등량곡선 위에서 오른쪽으로 움직여감에 따라 한계기술대체율이 점차 작아지는 현상

⇒ 한계기술대체율 2의 의미 : 생산량에 아무 변화가 발생하지 않는다는 것을 전제로 노동 1단위랑 자본 2단위가 대체된다. 자본투입량이 1단위 줄어들 때 노동투입량이 1/2단위 늘어나야 생산량에 아무 변화가 없다는 말이다.

제5절 생산극대화(비용극소화) 조건에 따른 선택

01 등비용곡선의 개념적 특성

1. 상황

총 6천만 원이 지출 가능한 상황에서 노동과 자본을 고용해 생산과정에 투입할 수 있다. 노동의 단위당 가격은 20만 원, 자본의 단위당 가격은 30만 원이다. 이 총지출의 한도 안에서 최대한으로 투입할 수 있는 노동의 양과 자본은 각각 300단위, 200단위다.

2. 등비용선의 의미

등비용선은 주어진 총비용으로 투입 가능한 노동과 자본의 조합점을 연결한 선을 말한다. 이 의미를 등비용제약식으로 정리하면 다음과 같다.

⇒ $TC = w \times L + v \times K$ ⇒ K에 대해서 식을 정리 ⇒ $K = \dfrac{TC}{v}$ (절편) $- \dfrac{w}{v}$ (기울기) $\times L$

3. 등비용선의 특징

예산선과 동일한 개념으로 등비용선상의 모든 점에서는 총비용의 크기가 동일하다.

4. 등비용선 기울기와 그림

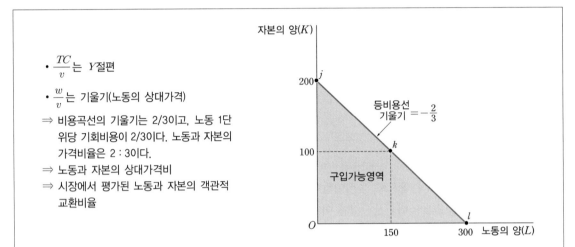

- $\dfrac{TC}{v}$ 는 Y 절편

- $\dfrac{w}{v}$ 는 기울기(노동의 상대가격)

⇒ 비용곡선의 기울기는 2/3이고, 노동 1단위당 기회비용이 2/3이다. 노동과 자본의 가격비율은 2 : 3이다.
⇒ 노동과 자본의 상대가격비
⇒ 시장에서 평가된 노동과 자본의 객관적 교환비율

등비용선 기울기 $= -\dfrac{2}{3}$

구입가능영역

02 생산자균형(생산량 극대화, 비용극소화의 조건)[3]

1. 생산자균형 조건

|IQ 기울기|=|등비용선 기울기|

$$\Rightarrow \{ |IQ \text{ 기울기}| = MRTS_{LK} = -\frac{\triangle K}{\triangle L} = \frac{MP_L}{MP_K} \} = \{ \frac{P_L}{P_K} = \frac{w}{v} = |\text{등비용선 기울기}| \}$$

⇒ 한계생산균등의 법칙이 성립

$$\Rightarrow \frac{MP_L}{w} (1원어치의 노동생산량) = \frac{MP_K}{v} (1원어치의 자본생산량)$$

$MRTS_{LK}$	=	$\dfrac{w}{v}$
한계기술대체율	=	요소상대가격비
등량곡선의 기울기	=	등비용선의 기울기
생산자의 주관적 교환비율	=	시장에서의 객관적 교환비율

---

3) 콥―더글러스 생산함수

2. 불균형의 조정

(1) $MRTS_{LK} > \dfrac{w}{v} \Rightarrow \dfrac{MP_L}{w}$ (1원어치의 노동생산량) $> \dfrac{MP_K}{v}$ (1원어치의 자본생산량)

$\Rightarrow$ 노동투입량 증가, 자본투입량 감소 $\Rightarrow$ 균형점(접점)으로 이동

(2) $MRTS_{LK} = \dfrac{w}{v} \Rightarrow \dfrac{MP_L}{w}$ (1원어치의 노동생산량) $= \dfrac{MP_K}{v}$ (1원어치의 자본생산량)

$\Rightarrow$ 생산량 극대화(비용극소화)된 상태

(3) $MRTS_{LK} < \dfrac{w}{v} \Rightarrow \dfrac{MP_L}{w}$ (1원어치의 노동생산량) $< \dfrac{MP_K}{v}$ (1원어치의 자본생산량)

$\Rightarrow$ 노동투입량 감소, 자본투입량 증가 $\Rightarrow$ 균형점으로 이동

제 02 장 생산비용과 이윤극대화

제1절 비용의 개념

01 경제적 이윤

1. 경제적 이윤

(1) 경제적 이윤 = 총수입 − 경제적 비용(명시적 비용 + 암묵적 비용) = 회계적 이윤 − 암묵적 비용

(2) 회계적 이윤 = 총수입 − 회계적 비용(명시적 비용)

2. 경제적 비용 = 회계적 비용(명시적 비용) + 암묵적 비용

총수입		
회계적 비용 (= 명시적 비용 = 화폐비용)	회계적 이윤	
회계적 비용	암묵적 비용(잠재비용 = 귀속비용)	경제적 이윤
기회비용(경제적 비용)		

(1) **회계적 비용**

통상적으로 기업이 실제 지출하는 명시적 비용을 말한다. 예 인건비, 물품비, 이자

(2) **암묵적 비용**

자신이 소유한 생산요소에 대한 기회비용, 즉 잠재적 비용, '귀속비용'을 의미한다.
예 정상이윤, 잠재적 임금, 잠재적 지대, 잠재적 이자

(3) **정상이윤**

정상이윤은 비용에 포함된다. 경제적 비용 개념 속에는 정상이윤이 포함되어 있다. 즉 π(이윤) = 0은 현재 정상이윤만 존재하고 초과이윤은 없다는 뜻이다.

《 시장균형에서 손익분기점을 달성하지 못한 경우 조업계속의 타당성의 근거

(4) **매몰비용은 기회비용이 0이므로 고려하지 않는다.**

02 매몰비용

1. 매몰비용의 의미 및 특성

① 매몰비용은 일단 지출하면 다시 회수할 수 없는 비용을 말한다.

② 매몰비용은 회계적 비용이다. 매몰비용은 회계적 비용임에도 기회비용이 0이다. 따라서 경제적 비용은 회계적 비용보다 클 수도 있고 작을 수도 있다.

2. 가변비용 및 고정비용과의 관계

가변비용은 매몰비용의 성격을 갖지 않는다. 고정비용만이 매몰비용의 성격을 가질 수 있다.

3. 고정비용과 매몰비용

(1) **고정비용이자 매몰비용** : 특정

(2) **고정비용이 모두 매몰비용은 아님** : 기계, 광고에 든 비용 ⇒ 전부 회수 불가능

(3) **고정비용이지만 매몰비용이 아닌 경우** : 공장부지, 사무실 ⇒ 일부 또는 전부 회수 가능

제2절 단기에서의 생산비용

01 비용함수

1. 맥락

생산량이 많아지면 투입되는 요소도 많아지고, 비용도 늘어난다. 따라서 생산량이 변하면 비용이 어떻게 변하는지를 보여주는 것이 비용함수이다. 생산자는 이 경우 비용극소화 원칙을 지향한다.

2. 비용함수의 의미

비용함수는 생산량의 변화에 따라 비용이 어떻게 변하는지를 보여주는 것이다. ⇒ $C(Q)$

02 총비용(total cost : TC)의 개념적 특성

1. 단기의 의미

⑴ 고정비용(fixed cost : FC)

고정투입요소와 관련해 발생하는 비용을 말한다. 생산량과 관계없이 항상 일정한 크기를 유지한다.

⑵ 가변비용(variable cost : VC)

가변투입요소와 관련해 발생하는 비용을 말한다. 생산량이 커짐에 따라 가변비용도 함께 커진다.

2. $TC = TFC$(고정된 자본) + TVC(생산량이 변할 때 변하는 노동비용)

⑴ 총비용(TC)의 의미

기업은 단기적으로 고정요소와 가변요소를 투입하여 상품을 생산하기 때문에 일정한 생산량 수준에서 총비용은 총고정비용과 총가변비용으로 구분된다. ⇒ $TFC + TVC$

⑵ 총고정비용(total fixed cost : TFC)

총고정비용은 생산량에 따라 변하지 않고 생산량과 상관없이 무조건 일정하게 지출되는 비용이다. 단기적으로 기업이 조업을 중단하더라고 총고정비용은 지출해야 한다.

📌 기계임대료, 건물보험료, 재산세, 감가상각비, 유지비 등

⑶ 총가변비용(total variable cost : TVC)

총가변비용은 기업의 생산량 변화에 따라서 증가하거나 감소하는 비용이다. 즉 생산물을 증가시키면 총가변비용이 늘어나고, 산출물을 감소시키면 총가변비용도 줄어든다. 여기서 '비용체증의 법칙'이 나타난다.

📌 임금, 원자재 구입비, 전기료

■ 커피의 총비용, 총고정비용, 총가변비용

커피 생산량	고정비용	가변비용	총비용
0	30	0	30
1	30	6	36
2	30	11	41
3	30	15	45
4	30	20	50
5	30	17	47
6	30	36	66
7	30	48	78
8	30	63	93
9	30	83	113

3. 총비용곡선

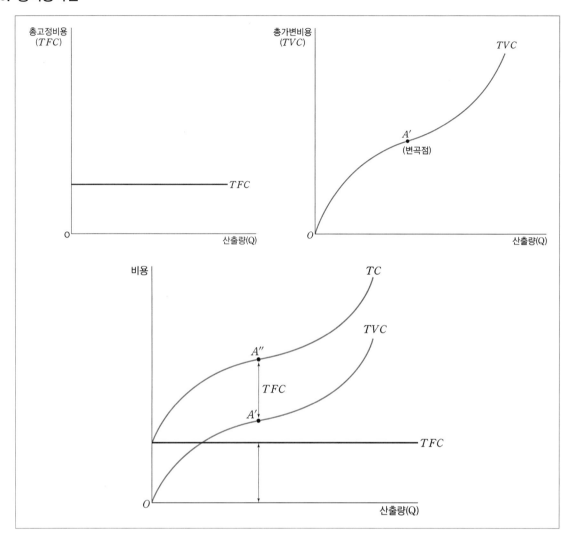

03 한계비용(marginal cost : MC)과 평균비용(average cost : AC)

1. 커피 생산의 한계비용과 평균비용

커피 생산량	총비용	한계비용	평균비용
0	30		
		6	
1	36		36
		5	
2	41		20.5
		4	
3	45		15
		5	
4	50		12.5
		7	
5	57		11.4
		9	
6	66		11
		12	
7	78		11.1
		15	
8	93		11.6
		20	
9	113		12.6

2. 한계비용 : 가변비용과만 관련 있음, 고정비용과 무관

(1) 한계비용은 상품 생산량을 1단위 늘리는 데 추가적으로 드는 비용을 말한다.

(2) $MC = \dfrac{dTC}{dQ} = \dfrac{dTFC}{dQ}(=0) + \dfrac{dTVC}{dQ} = \dfrac{dTVC}{dQ}$

(3) **낮은 생산수준** : 한계생산이 점차 커지면서 한계비용이 내려간다.

(4) **높은 생산수준** : 한계생산이 점차 작아지기 때문에 한계비용이 점차 커진다.

3. 평균비용 : 고정비용 포함

⑴ 평균비용은 상품 1단위당의 생산비용을 말한다.

⑵ $AC = AFC$(평균고정비용, average fixed cost) $+ AVC$(평균가변비용, average variable cost)

$$\frac{\text{총비용}(TC)}{\text{생산량}(Q)} = \frac{\text{총고정비용}(TFC)}{\text{생산량}(Q)} + \frac{\text{총가변비용}(TVC)}{\text{생산량}(Q)}$$

⑶ 낮은 생산수준에서 평균비용은 고정비용의 존재 때문에 감소한다.

⑷ 생산량이 늘면서 평균비용은 점차 작아진다.

⑸ 높은 생산수준에서는 한계비용이 빠르게 증가하기 때문에 평균비용이 올라가기 시작한다.

4. 한계비용곡선과 평균비용곡선의 관계

⑴ **평균가변비용곡선**

생산량이 변화함에 따라 상품 한 단위당의 가변비용이 어떻게 변화해 가는지를 보여준다.

⑵ **한계비용곡선**

언제나 평균비용곡선과 평균가변비용곡선의 최저점을 지난다.
⇒ 평균비용이 가장 작을 때 평균비용과 한계비용이 같아진다는 의미이다.
⇒ MC가 AC 하단에 있으면 AC는 점차 감소, AC 상단에 있으면 AC는 증가한다.

⑶ **생산물과 비용의 관계** : 쌍대관계

① AVC의 최소 $= AP$의 최대

② MC의 최소 $= MP$의 최대

(4) 평균생산곡선과 한계생산곡선의 도출

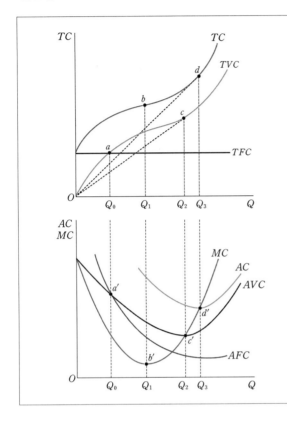

- 평균비용곡선은 원점과 총공급곡선을 이은 직선의 기울기들을 연결한 선이다. 평균고정비용곡선은 총고정비용곡선과 원점을 이은 직선의 기울기들을 연결한 선이다. 형태는 직각쌍곡선의 형태이다. 평균가변비용곡선은 총가변비용곡선과 원점을 이은 직선의 기울기들을 연결한 선이다. 한계비용곡선은 총비용 혹은 총가변비용곡선의 접선의 기울기들은 연결한 선이다.
- AC, AVC, MC는 'U'자 형태이고, AFC는 직각쌍곡선의 형태이다
- AVC는 항상 AC의 하방에 위치한다.
- 생산량이 증가할수록 AVC는 AC와 가까워진다.
- AVC의 최저점은 AC의 최저점보다 좌측에 위치한다.
- MC는 AVC와 AC의 최저점을 통과한다.
- AC의 최저점에 대응하는 생산량이 최적생산량이다.

04 단기 생산비용 표로 확인

총생산(Q)	TFC	TVC	TC	AFC	AVC	AC	MC
0	10	–	10	–	–	–	–
1	10	20	30	10	20	30	20
2	10	30	40	5	15	20	10
3	10	36	46	3.3	12	15.3	6
4	10	40	50	2.5	10	12.5	4
5	10	44	54	2	8.8	10.8	4
6	10	49	59	1.67	8.17	9.83	5
7	10	55	65	1.43	7.86	9.28	6
8	10	63	73	1.25	7.88	9.13	8
9	10	74	84	1.11	8.22	9.33	11
10	10	89	99	1	8.9	9.9	15
11	10	109	119	0.91	9.91	10.82	20
12	10	139	149	0.83	11.58	12.41	30

제3절 장기에서의 생산비용 : 모든 투입요소가 가변적인 상황

01 장기의 LTC와 LAC는 포락선이다.

02 **장기평균비용곡선** : 무수히 많은 시설규모 사이에서 선택 가능

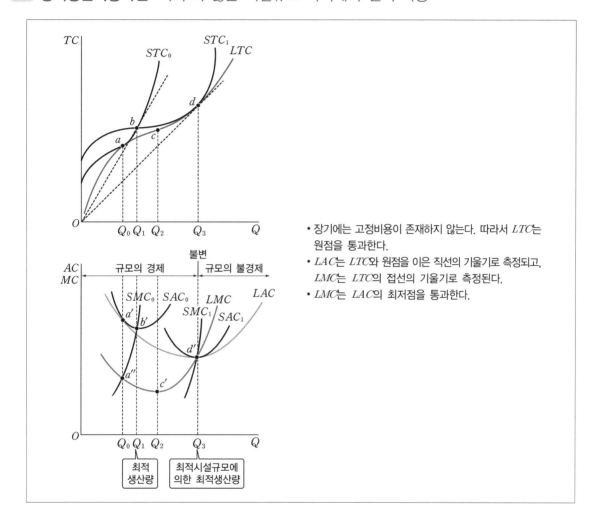

- 장기에는 고정비용이 존재하지 않는다. 따라서 LTC는 원점을 통과한다.
- LAC는 LTC와 원점을 이은 직선의 기울기로 측정되고, LMC는 LTC의 접선의 기울기로 측정된다.
- LMC는 LAC의 최저점을 통과한다.

제4절 규모의 경제와 범위의 경제

01 규모의 경제

1. 규모의 경제와 불경제

생산량이 증가함에 따라 LAC가 감소하면 규모의 경제, LAC가 오히려 증가하는 경우를 규모의 불경제라고 한다.

2. 장기평균비용곡선의 여러 가지 모양

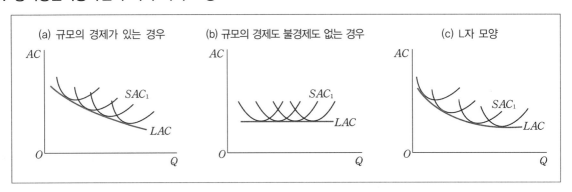

※ L자 모형: 생산수준이 낮을 때 규모의 경제가 존재하는 경우로, 어느 수준에 이르면 장기평균비용이 더 이상 낮아지지 않는다.

3. 규모에 대한 수익

장기에 있어서 모든 생산요소 투입량을 동일한 비율로 변화시킬 때 나타나는 생산량의 변화

4. 양상

⑴ **규모에 대한 수익 체증**: LAC 우하향(규모의 경제) ⇒ 자연독점 가능성

⑵ **규모에 대한 수익 불변**: LAC 수평

⑶ **규모에 대한 수익 감소**: LAC 우상향(규모의 불경제)

02 범위의 경제

한 기업이 여러 상품을 동시에 생산함으로써 비용상의 이점이 생길 때 범위의 경제가 있다고 말한다.

제03장 기업의 수입과 이윤극대화

제1절 기업의 수입

01 상황 및 맥락

기업이 생산하는 목적은 이윤이다. 기업은 생산비보다 높은 가격에 판매하여 이윤을 얻고자 한다. 그래서 동일한 양의 상품을 생산한다면 최소의 비용을 지불하고자 하는 것이다. 기업의 수입은 판매를 통해서 얻게 된다. 기업이 생산하는 상품은 시장 가격에 따라 판매된다. 기업이 판매를 통해 이윤을 얻기 위해서는 시장의 수요를 알아야 한다. 수요는 기업이 판매 가격과 수량을 결정할 수 있는 정보를 제공해주기 때문이다.

02 기본용어 및 그래프

1. 기업의 총수입(total revenue : TR)

기업의 총수입은 기업이 생산물을 판매하여 얻게 되는 수입의 총합을 말한다. 그래서 총수입은 기업의 총생산량에 가격을 곱해서 구할 수 있다.

$$\Rightarrow P \times Q$$

2. 평균수입(AR)

평균수입은 상품 한 단위당 얻을 수 있는 수입을 말한다.

$$\Rightarrow \frac{TR(\text{총수입})}{Q(\text{판매량})} = \frac{P \times Q}{Q} = P$$

3. 한계수입(MR)

한계수입은 상품 한 단위를 더 판매할 때 추가로 발생하는 수입을 말한다.

$$\Rightarrow \frac{dTR(\text{총수입의 변화분})}{dQ(\text{판매량의 변화분})}$$

4. 기업의 총수입, 평균수입, 한계수입 표 및 곡선

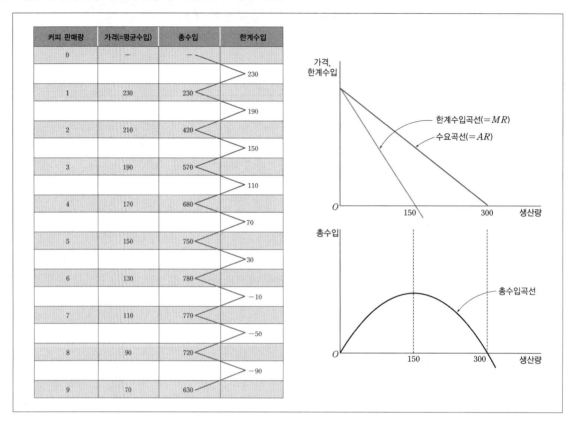

커피 판매량	가격(=평균수입)	총수입	한계수입
0	–	–	
			230
1	230	230	
			190
2	210	420	
			150
3	190	570	
			110
4	170	680	
			70
5	150	750	
			30
6	130	780	
			–10
7	110	770	
			–50
8	90	720	
			–90
9	70	630	

제2절 이윤극대화 생산량의 도출

01 이윤의 개념적 특성

1. 이윤의 의미

'이윤(π) = 총수입(TR) − 총비용(TC)'으로 도출한다.

2. 이윤극대화 조건 : 모든 유형의 시장(기업)

(1) **필요조건** : $MR = MC$

$MR > MC$라고 한다면 기업은 한 단위를 더 생산함으로써 이윤을 증가시킬 수 있다. $MR < MC$라고 한다면 기업은 추가 생산한다면 손실을 보게 된다. 따라서 기업의 이윤은 한계수입과 한계비용이 일치할 때 극대화된다.

(2) **충분조건** : MR곡선의 기울기 < MC곡선의 기울기

3. 기업의 이윤극대화를 구하는 방법 : 이윤이 극대화되는 조건과 이윤극대화 생산량의 결정

(1) 총수입－총비용으로 이윤극대화를 구하는 방법

총수입과 총비용의 차이가 가장 클 때 이윤이 극대화된다.

(2) 한계수입－한계비용으로 이윤극대화

① 한계수입과 한계비용이 같아지는 생산량 수준을 찾는 간접적인 방법이다.

② 한계수입과 한계비용이 일치해야 한다는 조건을 기업의 이윤극대화 조건이라고 한다.

4. 이윤 관련 표와 곡선

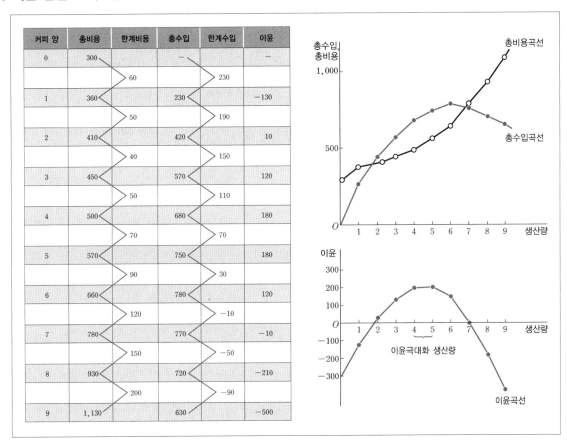

커피 양	총비용	한계비용	총수입	한계수입	이윤
0	300			-	-
		60		230	
1	360		230		-130
		50		190	
2	410		420		10
		40		150	
3	450		570		120
		50		110	
4	500		680		180
		70		70	
5	570		750		180
		90		30	
6	660		780		120
		120		-10	
7	780		770		-10
		150		-50	
8	930		720		-210
		200		-90	
9	1,130		630		-500

02 수입극대화

1. 총수입극대화 조건은 탄력도가 1이거나 $MR = 0$이다.

2. 현실적으로는 이윤극대화 생산이 아닌 수입극대화 수준을 선택하기도 한다.

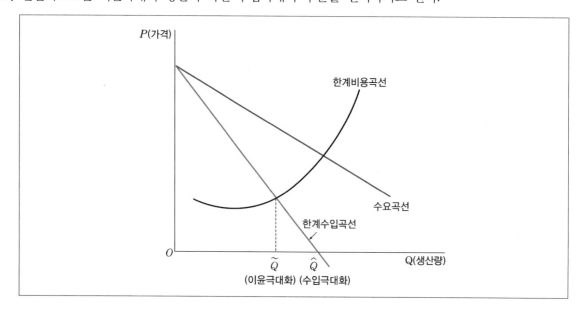

제 **4** 편

상품시장과 경쟁

제 01 장 완전경쟁시장과 공급곡선

제1절 완전경쟁시장의 특징과 시장형태 개관

01 완전경쟁시장의 특징(요건)

1. 많은 수의 판매자와 구매자가 있고, 모두가 가격을 주어진 것으로 받아들여야 한다.

   (확인) 완전경쟁시장에서의 어떤 기업도 가격수준을 변화시킬 수 없는 이유를 쓰시오.

   ⇒ 무수히 많은 시장 참가자가 존재하므로 각 개별기업은 산업전체의 흐름을 지배할 힘(시장지배력)이 없다.

2. 이 시장에서 거래되는 모든 상품은 동질적이어야 한다.

3. 자원의 완전한 이동의 자유가 보장되어야 한다. 즉 이 시장으로 진입하는 것과 이로부터 이탈하는 것이 완전히 자유로워야 한다.

   ⇒ 장기균형

4. 이 시장에 참여하는 모든 경제주체가 완전한 정보를 갖고 있어야 한다.

   ⇒ 일물일가의 법칙

02 시장조직형태 개관

1. **전제조건** : 수요자가 다수라고 할 때

2. **시장조직에 영향을 미치는 요인**
(1) **공급자의 수**

(2) **진입장벽** : 독점시장과 과점시장에서 반드시 필요한 조건

(3) **제품의 동질성**(※ 전제조건 : 공급자의 수도 많고 진입장벽도 없는 경우)

① 동질적인 경우 ⇒ 완전경쟁시장

② 이질적인 경우 ⇒ 독점적 경쟁시장(이질적인 경우는 시장지배력을 가진다.)

■ 시장형태의 비교

	완전경쟁시장	독점적 경쟁시장	과점시장	독점시장
판매자 수 (구매자의 수는 크다고 전제, 현실에서는 수요독점시장도 존재)	다수의 판매자	다수의 판매자	소수	하나의 판매자
개별기업이 가격에 영향을 미칠 수 있는 능력	일방적 시장가격 수용자	완전경쟁시장과 독점시장의 중간 정도	완전경쟁시장과 독점시장의 중간 정도	가격설정자 (가격설정에 상당한 영향력 행사)
상품의 동질성 여부	동질적	차별화 현상	동질적인 경우 또는 차별적인 경우	하나의 상품
진입장벽 (자연발생적/기술, 인위적/정부규제)의 존재	부존재	부존재	상당한 정도로 존재	거의 완벽하게 봉쇄
비가격경쟁의 존재 (상품의 질, 서비스, 광고 등)	거의 없음	흔하게 발생	가격경쟁은 위험, 비가격경쟁으로 안전한 방법을 선택	부존재

제2절 단기에서의 이윤극대화와 공급곡선

01 단기에서의 이윤극대화

1. $MR = MC$가 일치하는 점 찾기

$MR = MC$가 무조건 이윤을 보장해주는 것은 아니다. 경제적 이윤이 음인 경우에는 손실을 최소화해주는 조건이 된다. 따라서 $MR = MC$가 일치하는 점에서 이윤극대화 생산량, 수입, 비용을 모두 검토해야 한다. ⇒ $MR = MC$가 일치하는 점에서 수직선을 긋는다.

2. 이윤극대화 생산량 찾기

$MR = MC$가 일치하는 점에서 그은 수직선의 하방에서 이윤극대화 생산량을 찾는다.

3. 평균비용과 평균수입 찾기 ⇒ 이윤이 양인지, 0인지, 음인지 여부 확인하기

$MR = MC$가 일치하는 점에서 그은 수직선 위에서 평균비용과 평균수입을 찾아 이윤 및 손실 여부를 확인한다.

02 완전경쟁기업의 수요곡선

1. 기업이 직면하는 수요곡선

시장차원에서 일단 가격이 어떤 수준에서 결정되면 개별기업은 이것을 주어진 것으로 받아들일 수밖에 없다. 수많은 경쟁자가 존재하는 상황에서 가격을 높일 수 없고, 더 낮은 가격을 받을 필요도 없기 때문이다. 그 결과 가격수용자로서 개별기업의 수요곡선은 수평선이 된다. 수평선의 높이는 평균수입(AR)이면서 한계수입(MR)이다. 따라서 수요곡선과 한계수입곡선이 같다. ⇒ $P = AR = MR$

2. 시장균형과 개별기업이 직면하는 수요곡선

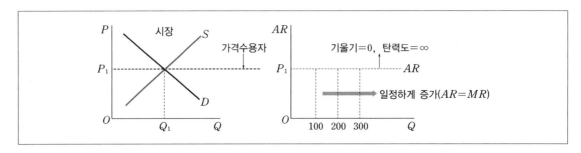

03 완전경쟁기업의 공급곡선

1. 경제적 이윤에 대한 이해

⑴ **경제적 이윤**

총수입에서 회사 자본의 기회비용을 포함한 모든 비용을 뺀 값을 말한다.

⑵ **경제적 이윤이 음(−)인 경우**: 수입이 총기회비용보다 작은 경우

① 현재 상품 생산을 중단하고 다른 사업에 투자해야 할까?

② A 회사의 주주들은 10년 동안 6%의 수익률을 예상하고 투자를 했는데, A 회사에서는 계속 적자가 나고 있었다. 주주들은 어떤 선택을 해야 할까? ⇒ 다른 회사에 투자를 하는 것이 더 낫다는 분석이 없는 한 계속 A 회사는 생산을 할 것이다.

③ 경제적 이윤이 음(−)인 경우에도 생산은 계속될 수 있다.

(3) **경제적 이윤이 0인 경우(정상이윤)** : 총수입이 총기회비용과 같은 경우

① B 회사는 총수입 87억, 총비용 67억을 올렸다. 그리고 주주들이 B 회사에 200억을 투자했다. 다른 사업에 투자했을 경우 10%의 수입을 올릴 수 있었다. B 회사의 경제적 이윤은 얼마인가?

② 0, 즉 정상이윤의 경제적 이윤의 의미

㉠ 문제가 없는 상황이다.

㉡ 정상이윤의 의미는 B 회사가 다른 선택을 해도 더 잘 할 수 없는 상황을 의미한다.

㉢ 경제적 이윤이 0인 기업은 회계적 이윤이 0보다 크다.

(4) **경제적 이윤이 양인 경우** : 총수입이 총기회비용보다 큰 경우

① 경제적 이윤이 양인 경우 기업은 더 많은 투자를 받게 된다.

② 경제적 이윤이 양일 때만 기업의 시장 진입이 일어난다.

2. 손익분기점

손익분기점은 $P = AC$의 최저점인 경우이다. 손익분기점에서는 '초과이윤 = 손실 = 0'이다. 손익분기점에서도 정상이윤은 존재한다.

3. 조업중단점(생산중단점)

조업중단점은 $P = AVC$의 최저점인 경우이다. 이때 '손실 = 총고정비용'이다. 단, 고정비용이 모두 비매몰비용이면 $P = AC$인 점이 조업중단점이 된다.

4. 손실이 나고 있는 경우 기업은 손실의 크기에 따라 생산을 계속할 수도 있고, 중단할 수도 있다.

(1) **상황** : $AVC < P < AC$인 경우

(2) **가정** : 고정비용(FC) 전체가 매몰비용이다.

(3) **각 선택의 손실의 크기**

① 생산을 중단하게 되면 고정비용만큼의 손실을 보게 된다. 더 이상의 가변비용은 들지 않는다.

② 생산을 중단할 때의 손실 ⇒ FC(생산을 중단할 때의 손실) = $TC - VC$

③ $MR = MC$가 성립하는 수준에서 생산을 계속하기로 할 경우의 손실 ⇒ $TC - TR$

④ ②와 ③을 비교하여 손실이 적은 쪽을 선택

⑤ 중단할 때 손실이 50, 계속할 때 손실이 40이라면 생산을 계속해야 한다.

⑷ **증명**: '생산을 중단할 때의 손실 < 생산을 계속할 때의 손실'인 상황

① $TC- VC$(생산을 중단할 때의 손실) $<$ $TC- TR$(생산을 계속할 때의 손실)
   $= TR < VC \Rightarrow TR/Q < VC/Q = P(AR) < AVC$

② **결론**: 가격(평균수입)이 평균가변비용보다 더 높은 경우에서만 생산을 한다.

⑸ **단기 생산활동 정리**

① 손익분기점 $\Rightarrow P = AC$, 정상이윤 취득

② 고정비용 전체가 매몰비용의 성격을 가질 때 조업중단점 $\Rightarrow P = AVC$, $MC= AVC$

③ 매몰비용이 전혀 없을 때 조업중단점 $\Rightarrow P = AC$

④ 생산활동 진행 여부를 통해 공급곡선 도출

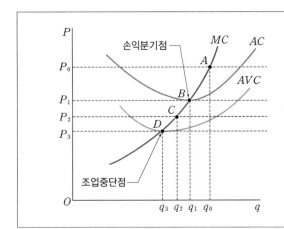

- A점: $P= P_0$, $P > AC$, 초과이윤
- B점: $P= P_1$, $P = AC$, 정상이윤, 손익분기점
- C점: $P= P_2$, $AVC < P < AC$, 손실, 생산 유리
- D점: $P= P_3$, $P = AVC$, 손실 $= TFC$, 생산여부 불확실, 조업중단점
- E점: $P < P_3$, $P < AVC$, 손실 $> TFC$, 생산 중단

5. 개별기업의 단기공급곡선 도출

⑴ AVC곡선의 최저점을 상회하고 우상향하는 MC곡선이 공급곡선이다. 이런 공급곡선은 완전경쟁시장에서만 존재한다.

⑵ 완전경쟁시장에서 기업의 단기공급곡선은 생산중단점보다 위에 위치한 한계비용곡선과 일치하게 된다.

⑶ 기업의 공급곡선은 한계비용곡선이다.

$MC = \dfrac{W}{MP_L}$ 에서 노동투입량을 증가시킬 때 수확체감의 법칙에 의해 점차로 그 한계생산물이 감소하기 때문에, 그와 반대로 한계생산물의 생산을 위한 비용(MC)은 급격히 증가하게 된다. 즉 생산량 증대 → 가변비용(인건비 등) 증가 → 한계비용 증가 → 총비용 체증 → 공급곡선 우상향의 순서로 영향을 미친다.

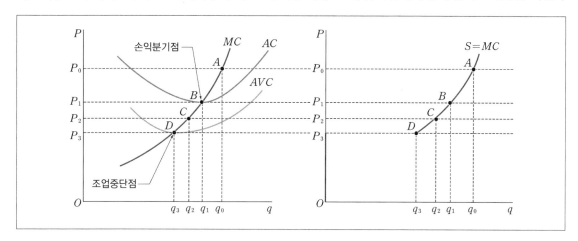

04 단기균형

1. 기업의 단기균형

(1) 시장균형의 수급 상황 및 균형 조건에 따라 개별기업은 각각 $MR = MC$인 점에서 생산량을 결정한다.

(2) 개별기업은 AC곡선의 위치에 따라 초과이윤, 정상이윤, 초과손실을 볼 수 있다.

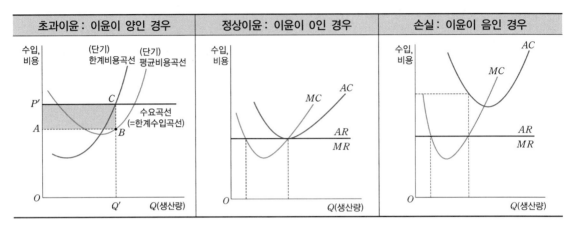

2. 산업의 단기균형

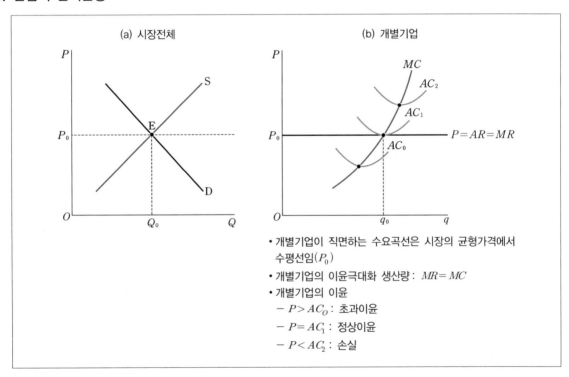

- 개별기업이 직면하는 수요곡선은 시장의 균형가격에서 수평선임(P_0)
- 개별기업의 이윤극대화 생산량: $MR = MC$
- 개별기업의 이윤
  - $P > AC_O$: 초과이윤
  - $P = AC_1$: 정상이윤
  - $P < AC_2$: 손실

제2부

제3절 장기균형

01 장기조정과정

장기에는 기업의 진입과 퇴출이 자유롭다. 초과이윤이 발생하면 신규기업의 시장 진입이 이루어지면서 공급량이 증가하면서 가격은 하락하고, 손실이 발생하면 손실발생기업의 시장 퇴출이 이뤄진다. 이런 진입과 퇴거는 더 이상의 조정이 필요하지 않을 때까지 계속된다. 더 이상의 조정이 필요 없다는 것은 이윤이 0으로 떨어져 새로운 기업이 진입할 유인이 없어졌다는 것을 의미한다. 즉 장기균형은 $P = LAC$인 점에서 달성되고, 초과이윤은 0이 된다.

02 장기균형

1. 장기균형의 의미

시장 안의 모든 기업들이 0의 이윤만을 얻고 있어 더 이상 진입이나 이탈이 일어나지 않는 상태를 말한다.

2. 장기균형 성립 조건

(1) 시장에서 수요량과 공급량이 서로 같아야 한다.

(2) $P = AR = MR = SMC = LMC = SAC = LAC$

(3) 정상이윤(초과이윤 $= 0$)만 획득

(4) LAC곡선의 최저점에서 생산(초과설비 $= 0$)

개별기업은 장기에, 최적시설규모에서 최적산출량만큼 생산한다.

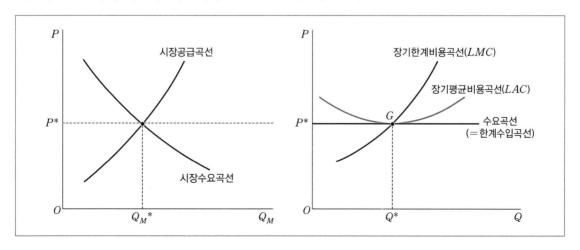

제4절 완전경쟁시장은 어떤 점에서 바람직한가?

01 경쟁의 압력으로 자원배분의 효율성 달성은 장점

1. 치열한 경쟁 속에서 살아남기 위해서는 최대한 효율적이어야 한다.

2. 가격이 한계비용과 같다. $\Rightarrow P = MC$

   수요자는 상품의 소비에서 나오는 한계편익(marginal benefit : MB)이 그것의 가격과 일치하는 수준에서 그 상품의 수요량을 결정한다. 이와 같은 수요자의 태도 때문에 $MB = P$가 성립하게 되는데, 완전경쟁시장에서는 $P = MC$의 관계가 성립하고 있으므로 결국 $MB = MC$가 성립하게 된다. 즉 완전경쟁시장에서는 상품에서 나오는 한계편익이 그것을 생산하는 데 드는 한계비용과 같아지는 결과가 나타난다는 뜻이다.

3. 순사회편익을 최대로 만드는 생산을 한다.

4. 최적시설규모에서 최적생산량을 생산한다.

02 완전경쟁시장의 한계

1. 완전경쟁이라는 가정이 비현실적이다.

2. 효율성은 달성할 수 있지만, 소득의 분배의 공평을 보장할 수는 없다.

3. 시장실패의 가능성이 현실적으로 존재한다.

제02장 독점시장

제1절 상황 및 맥락 : 독점이 발생하는 이유는 무엇인가?

01 불완전경쟁이 일어나는 이유 : 진입장벽이 발생하는 이유, 기술상 이유로 자연발생, 인위적 발생

1. 규모의 경제 : 자연독점(평균비용↓)

(1) 최소효율규모

(2) 자연독점

2. 정부의 정책 : 특허권 부여

3. 경쟁전략

진입장벽 구성, 공격적인 광고, 차별화된 상품, 부당염매행위, 유휴시설, 정보의 부족

4. 정보의 부족

02 독점시장의 특징

1. 1개의 기업

(1) 시장지배력

(2) 가격설정자로 기능하여 가격차별이 가능

2. 경쟁압력의 부재

(1) 단 하나의 공급자

(2) 대체재가 존재하지 않음

(3) 완전한 진입장벽

3. 독점기업이 직면하는 수요곡선

시장전체의 수요곡선으로 우하향한다. 따라서 판매량, 가격 중 하나는 마음대로 결정할 수 있지만 양자를 모두 동시에 마음대로 결정할 수는 없다.

03 완전경쟁과 비교

1. 이윤을 더 크게 만들려고 하는 목적

2. 완전경쟁시장보다 상품의 가격은 더 높고, 더 적게 생산한다.

04 독점시장의 이윤극대화 스토리

1. 독점기업은 자신과 소비자의 어떤 부분을 최대한 이용해서 이윤극대화를 추구할까?
   ⇒ 독점기업의 시장 지배력과 소비자의 비탄력성

2. 완전경쟁보다 생산을 많이 할까?
   ⇒ 더 많은 수입을 위해 적게 생산한다.

3. 판매를 어떻게 해서 이윤극대화를 추구할까?
   ⇒ 소비자의 성향에 따라 선택적으로 가격을 설정하고 판매량을 정한다.

제2절 독점시장의 균형

01 분석을 위한 조건

1. 독점기업이 직면하는 수요곡선은 어떤 곡선인가?
   ⇒ 우하향한다.

2. 한계수입과 한계생산이 일치하는 점에서 생산수준을 결정한다.

3. 균형상태보다 더 높은 가격이 결정된다. : $P > MC$

02 독점기업의 수요곡선 및 한계수입곡선

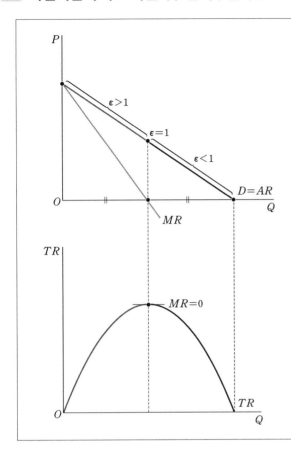

- 독점기업이 직면하는 수요곡선은 우하향하는 모양을 갖고 있다. 이로부터 한계수입곡선을 구하면 기울기가 한층 더 가파르게 된다. 한계수입곡선의 기울기는 수요곡선 기울기의 2배가 된다.
- 탄력도와 수입
  - 탄력도 >1 : $MR>0$ ⇔ TR 증가
  - 탄력도 $=1$: $MR=0$ ⇔ TR 극대
  - 탄력도 <1 : $MR<0$ ⇔ TR 감소
- Amoroso-Robinson공식 : 가격과 한계수입
  - $MR = P\left(1 - \dfrac{1}{탄력도}\right) = AR\left(1 - \dfrac{1}{탄력도}\right)$
  - 탄력도 = 1이면 $MR=0$ ⇔ TR 극대
  - 탄력도 = 무한대이면 $MR=P$ ⇔ 완전경쟁

03 독점시장의 균형(단기 및 장기)

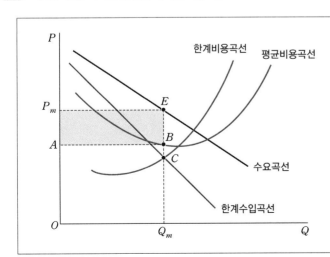

- 독점기업의 이윤극대화 조건 : $P > MR = MC$

1. 단기균형의 특징

(1) 독점기업의 가격, 평균수입, 한계수입의 관계 : $P = AC > MR$

(2) $P > MC = MR$

(3) AC의 위치에 따라 손실을 볼 수도 있다.

초과이윤, 정상이윤, 손실이 모두 가능

(4) $P > MC$

과소생산에 따른 사회적 후생손실이 발생한다.

(5) 수요의 가격탄력도 > 1 구간에서만 생산한다.

완전경쟁기업이나 독점기업이나 모두 $MR = MC$ 조건에서 이윤극대화 생산량을 결정한다. 독점기업일 경우 MR이 0일 때 수요의 가격탄력도가 1이므로 MR이 양(+)이면 탄력도는 1보다 크다. 그래서 독점 기업은 항상 탄력도가 1보다 큰 곳에서 이윤극대화 생산량을 결정한다.

(6) 공급곡선이 존재하지 않는다.

각각의 가격에서 얼마만큼을 생산하고 공급하는지를 보여주는 곡선이 존재하지 않는다. 공급곡선이 존 재하는 시장은 완전경쟁시장뿐이다. 독점에서 MC곡선은 완전경쟁시장과 달리 MR과 함께 공급량을 결정하는 역할만 한다.

2. 경제적 이윤이 양인 경우에는 완전경쟁시장과 달리 장기균형에서도 없어지지 않는다.

진입장벽으로 경쟁자가 진입해 이윤을 나누어 갖는 현상이 일어나지 않기 때문이다.

3. 장기균형의 특징

(1) $P > MC$이며, 단기와 달리 언제나 초과이윤이 존재한다.

(2) 초과설비를 보유한다.

제3절 독점의 경제적 효과

01 비효율적 자원배분 : 완전경쟁시장과의 상대적 비교

1. 완전경쟁시장이 독점화될 경우 가격은 상승하고, 생산량은 감소한다.

2. $P > MC$이기 때문에 자원배분이 비효율적이다.

구체적으로 살펴보면 다음과 같다.

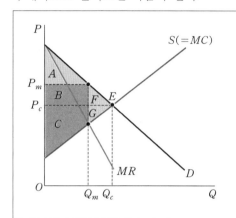

	완전경쟁시장	독점시장	변화분
소비자잉여	$A + B + F$	A	$-(B+F)$
생산자잉여	$C + G$	$B + C$	$B - G$
총잉여	$A + B + C + F + G$	$A + B + C$	$-(F+G)$

3. 독점도

독점도의 값이 클수록 독점에 따른 비효율성이 커진다. 독점도를 측정하는 대표적 수단이 러너의 독점도이다. 러너의 독점도는 $\dfrac{P - MC}{P}$이다.

02 비효율성의 또 다른 원인 : 심리적 측면, 경쟁과 혁신을 바라지 않는 심리

1. 진입장벽을 쌓는 데 들어가는 엄청난 비용

2. 슘페터의 주장 : 기술진보 촉진

3. 독점은 효율성 측면에서 긍정과 부정의 의의를 모두 갖춤

03 소득분배에 미치는 영향 : 불평등의 심화

제4절 가격차별

01 가격차별의 의미와 조건

1. 가격차별의 의미

독점기업은 이윤을 더 크게 하기 위한 목적으로 가격차별을 한다. 가격차별이란 동일한 상품에 대하여 서로 다른 가격을 설정하는 것을 말한다. 즉, 가격차별이란 동일한 상품으로 상이한 고객에게 상이한 가격을 매기는 것을 말한다. 제1, 2, 3급 가격차별이 있는데, 이 중 중요한 것은 제3급 가격차별이다. 즉, 시장을 가격탄력도에 따라 분할한 후 가격탄력도가 큰 시장(대체재가 많이 존재하는 시장)에서는 낮은 가격을, 가격탄력도가 작은 시장(대체재가 별로 없는 시장)에서는 높은 가격을 설정하는 것이다.

2. 가격차별의 조건

(1) 시장지배력(독점력)을 가지고 있어야 한다.

(2) 시장들의 수요가격탄력성이 달라야 한다.

(3) 독점기업이 소비자 집단의 특성을 파악할 수 있어야 한다.

(4) 소비자의 특성에 따라 두 개 이상의 소비자 집단 내지는 시장으로 나눌 수 있어야 한다.

(5) 가격이 낮은 시장에서 상품을 구입하여 가격이 높은 시장에서 재판매하는 행위를 막을 수 있어야 한다.

(6) 시장 분리에 따른 이윤증가분이 시장 분리에 드는 비용보다 커야 한다.

3. 가격차별의 이윤극대화 조건(3급) $\Rightarrow MR_a = MR_b = MC$

(1) **이윤극대화 조건 1**: $MR_A = MR_B$

만약 $MR_A > MR_B$가 성립한다면 시장 B상품을 한계수입이 높은 시장 A에 판매 이윤 증대가 가능하다. 하지만 현재 상태가 이윤극대화는 아니다.

(2) **이윤극대화 조건 2**: $MR = MC$

$MR > MC$일 경우에는 상품 1단위를 추가로 생산함으로써 이윤 증대가 가능하다. $MR < MC$일 경우에는 생산을 1단위를 줄임으로써 이윤이 더 커질 수 있다.

(3) **이윤극대화 조건 3**: $MR_A = MR_B = MC$

4. 독점기업은 어떤 시장에 더 높은 가격을 책정할까?

⇒ 가격탄력성이 더 작은 시장

5. 가격차별의 경제적 효과

⑴ 독점기업의 이윤을 증가시킨다.

⑵ 경제적 순손실을 줄일 수 있다.

02 1차(급) 가격차별

1. 의미

1차 가격차별은 각 소비자의 유보가격을 소비자의 최대 지불용의가격으로 책정하는 것을 말한다. 즉 상품을 1단위씩 나누어 각각의 소비자에게 다른 가격을 부과하는 것을 의미한다. 1차 가격차별은 완전가격차별로도 불린다.

> ᴇ 흥정, 쿠폰발행, 경매, 한의사, 의사, 변호사, 건축가 등 고객에 대해 잘 알 수 있는 전문직이 제시하는 가격

2. 가정 및 특징

⑴ 기업이 수요자들의 소비행태, 모든 WTP(willing to pay)를 완벽하게 알고 있을 때 가능하다.

⑵ 모든 개개인이 다른 가격을 지불하고 재화나 서비스를 구매한다는 것이다.

⑶ 수요곡선은 MR곡선이다.

3. 경제적 효과

⑴ 소비자잉여 전체가 독점기업의 총수입과 이윤으로 전환된다. 소비자잉여는 0이다.

⑵ 1차 가격차별이 이루어지는 경우에는 생산량이 완전경쟁의 경우와 동일하다.

⑶ $P = MC$이므로 생산량은 완전경쟁의 경우와 동일하므로 경제적 손실은 없다.

4. 확인

A는 유명화가의 그림을 갑(甲)과 을(乙)에게 각각 판매하기로 하였다. 갑(甲)은 1억을, 을(乙)은 5천만원을 A에게 제시하였다. A가 갑(甲)과 을(乙)에게 제시할 가격을 각각 쓰시오. A의 각 그림에 대한 구매비용은 각각 4천이었다. ⇒ 1억, 5천

03 2차(급) 가격차별

1. 의미

2차 가격차별은 상품소비량에 따라 소비자를 몇 개의 구간으로 나누어 각 구간마다 다른 가격을 책정하는 것을 말한다. 1급 가격차별의 기준은 상품의 단위가 되지만, 2급 가격차별의 경우는 구간이고, 이것은 상품의 구매량 정도를 말한다. 데 택시요금, 전기요금, 전화요금, 수도요금

2. 특징

재화소비량에 반비례하도록 가격을 설정한다.

3. 경제적 효과

(1) 가격차별을 하기 이전보다 생산량이 증가한다.

(2) 소비자잉여의 일부가 독점기업에 귀속된다.

04 3차(급) 가격차별(일반적인 가격차별)

1. 의미

3차 가격차별은 수요의 가격탄력성에 따라 시장을 분리하여, 즉 수요곡선이 서로 다른 소비자그룹을 구별하여 각 그룹의 소비자들에게 다른 가격을 책정하는 것을 말한다.

데 영화관 학생할인, 대중교통할인, 휴가여행자-업무여행자 가격, 프리미엄 술-보통 술 가격, 학생과 노인에 대해서 대중교통 요금을 할인하는 것, 동네 미용실에서 성인 이발요금이 아이보다 높은 것, 가전제품이 해외보다 국내에서 비싸게 팔리는 것, 비즈니스석이 이코노미석보다 비싸게 판매되는 것, 티켓 가격이 평일과 주말에 다른 것, 극장에서 학생·노인 할인 및 조조할인, 놀이공원에서 학생과 커플할인

2. 특징

(1) 수요의 가격탄력성에 반비례하도록 가격을 설정한다.

(2) $MR_a = MR_b = MC$가 성립한다.

3. 경제적 효과

(1) 생산량은 가격차별을 하기 이전보다 증가한다.

(2) 수요가 탄력적인 소비자에게 유리하지만 전체 소비자잉여는 감소한다.

제5절 독점기업의 판매전략

01 묶어팔기

1. 의미

묶어팔기는 두 개 이상의 제품을 함께 판매하는 것을 말한다. 🔟 컴퓨터, 코스 요리, 자동차 판매와 할부금융

2. 목적

⑴ 궁극적 동기는 이윤극대화이다.

⑵ 묶어 파는 것이 효율성을 달성하는 데 유리한 경우, 가격규제를 회피하는 수단, 경쟁기업을 속여 판매를 높이기 위한 경우 등이다.

3. 전제조건

⑴ 고객의 수요가 상이하다.

⑵ 고객의 수요에 대한 정보를 사전적으로 파악할 수 없다.

⑶ 한 기업이 다른 제품도 팔고 있으며, 이 제품과 원래 제품에 대한 소비자지불용의가격 사이에 음의 상관관계가 존재한다.

4. 사례 1: 묶어팔기

⑴ 갑(甲) 영화 제작사는 현재 을(乙), 병(丙) 영화관에 영화를 임대하고 있다. $MC = 0$으로 가정한다. 다음 표는 두 영화관이 두 영화에 대해 가지는 최고지불의사가 있는 가격(유보가격)이다.

	A영화(액션)	B영화(로맨틱 코미디)
을(乙) 영화관	1천2백만 원	3백만 원
병(丙) 영화관	1천만 원	4백만 원

⑵ 갑(甲) 회사가 영화필름을 따로 임대할 수 있다면 이윤을 더 높이기 위해 A영화와 B영화에 책정할 수 있는 최대가격은 각각 얼마일까?

⇒ A영화는 1천만 원, B영화는 3백만 원이 된다. 이 경우 갑(甲) 회사의 총수입은 2천6백만 원이 된다.

(3) 만약 갑(甲) 회사가 두 영화를 묶어서 팔 경우 영화 임대 가격은 얼마이며, 그로 인한 총수입은 얼마일까?

　⇒ 묶음 가격은 1천4백만 원이고, 총수입은 2천8백만 원이다. 음의 상관관계로 인해 묶음으로 판매할 경우 두 소비자의 지불용의가격의 차이가 줄어든다. 그 결과 개별 판매할 때보다 갑(甲)의 이윤은 증가했다. 하지만 소비자 을(乙), 병(丙) 잉여는 감소하게 된다. 이처럼 묶음 상품에 대한 소비자들 선호가 서로 다를 때(마이너스의 상관관계에 있을 때) 기업은 번들링 전략으로 이윤을 극대화할 수 있고, 소비자 잉여는 감소하는 것을 확인할 수 있다.

5. 사례 2 : 혼합 묶어팔기

(1) 개별상품과 묶음상품을 동시에 판매한다. ◉ 햄버거와 햄버거 세트

(2) **조건**

아크회사가 생산하는 A의 한계비용은 60, B의 한계비용은 10, A와 B의 한계비용 총합은 70이다. 그리고 소비자 갑(甲), 을(乙), 병(丙), 정(丁)의 지불용의가격은 다음과 같다.

	A가격	B가격	묶음 가격
갑(甲)	120	5	125
을(乙)	110	11	121
병(丙)	90	31	121
정(丁)	50	77	127

(3) **아크회사의 판매전략**

① 위 상황에서 아크회사는 묶음 가격을 얼마로 책정해야 할까?
　⇒ 121이 될 것이다. 가격이 121이 되면 총이윤은 51이 된다.

② 그런데 갑(甲)의 B에 대한 지불용의가격과 정(丁)의 A에 대한 지불용의가격이 한계비용보다 낮다. 이런 경우에 아크회사는 어떻게 판매해야 할까?
　⇒ 아크회사는 묶음상품을 판매하기보다 지불용의가격이 낮은 상품 판매를 포기하고 다른 제품에 대한 적절한 가격을 제시하여 개별상품을 구매하도록 하는 것이 유리할 것이다.

③ 아크회사는 갑(甲)과 병(丙)에게 개별상품을, 을(乙)과 병(丙)에게 묶음상품을 판매할 경우 가격을 어떻게 책정하고, 이 가격을 책정할 경우 이윤은 어떻게 될까?
　⇒ 갑(甲)에게는 A가격을 낮추고, 정(丁)에게는 B가격을 낮추고, 묶음상품가격은 121로 정하면 될 것이다. 한계비용을 고려할 경우 갑(甲)에게는 120 미만에서 60을 초과하는 범위에서 가격을 정할 수 있고, 을(乙)에게는 10을 초과하고 77 미만의 범위에서 가격을 정할 수 있다. 예컨대 A의 가격은 110, B의 가격은 71, 묶음 가격은 121로 하고, 소비자가 의도대로 구입한다면 이윤은 231이 된다.

6. 평가

⑴ 긍정적 효과

① 생산자의 효율성을 높인다.

② 소비자의 탐색비용이나 거래비용을 절감한다.

③ 생산자가 상품 유통 비용을 절약한다.

⑵ 부정적 효과

경쟁을 저해하고, 독점력을 갖고 있는 기업의 이윤을 더 크게 만들기 위한 가격차별의 수단으로 활용된다.

02 이부가격설정

1. 의미

이부가격제는 일정한 금액을 지불하고 특정 상품을 사용할 권리를 사게 한 다음 그것을 사는 양에 비례해 추가적인 가격을 내게 만드는 방식을 말한다. 즉 이부가격제는 소비자가 두 차례 가격을 지불하도록 한다.

☞ 놀이시설 입장료와 놀이기구 이용료, 골프장 회원권과 이용료

2. 가정

한 사람의 소비자에 대해 독점자가 그 소비자의 수요 조건을 완전하게 파악하고 있다.

3. 설정방식

가입비는 이윤극대화 조건으로, 사용료는 한계비용과 일치시킨다.

4. 경제적 효과

⑴ 이부가격설정은 생산량 결정 방식에서 완전경쟁과 유사하지만 소비자잉여 전체가 독점기업의 초과이윤으로 귀속된다는 점에서 소비자후생 측면에서는 좋지 않다.

⑵ 소비자잉여가 독점기업의 이윤으로 이전하지만 현실 소비자마다 각기 다른 수요곡선을 갖고 있을 가능성이 커 현실 적용에는 어려움이 있다.

5. 이부가격제에 숨어있는 독점기업의 경영전략은 무엇일까?

⑴ **이윤극대화**

이부가격제를 통해 판매량을 줄이지 않으면서 이윤을 극대화할 수 있다. 소비자는 상품 1개당 가격이 오르지 않으니 사용량을 줄일 이유가 없다. 소비자가 기꺼이 입장료를 내는 경우는 대부분 소비 전체의 소비자잉여보다 높지 않을 때이다.

⑵ **논문 사례**: 디즈니랜드 딜레마 – 미키마우스를 위한 이부가격제(월터 오아이)

① '월터 오아이'의 논문 분석 시작 질문

"당신이 디즈니랜드의 주인이라면 입장료를 올려 받고 놀이기구당 사용료를 낮게 받겠는가, 아니면 입장료를 없애고 놀이기구당 사용료를 높게 받겠는가?"

② 현재 입장료는 점점 올라가고 있다. 에버랜드의 경우에는 개별기구 사용료는 없고 묶음표만 존재하고 있다. 디즈니랜드의 경우에는 입장권이 곧 자유이용권이다. 놀이공원의 가격전략은 사용료를 낮추고 입장료를 높게 받는 아주 강한 이부가격제로 굳어지고 있다.

제6절 독점에 대한 정부의 정책 : 독점 문제 해결 방안

01 국유화

02 가격규제

1. 한계비용가격설정

2. 평균비용가격설정

자연독점 상황에서 한계비용으로 가격을 설정할 경우 손실이 발생할 수 있다. 이 경우 평균비용가격설정이 필요하다.

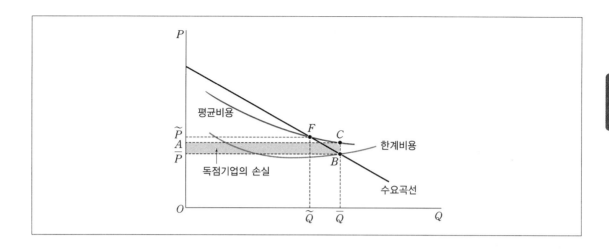

03 경쟁촉진정책

04 세금 부과의 경우

1. 정액세, 이윤세 부과 ⇒ 고정비용 증가와 동일한 효과 ⇒ $AC\uparrow$, MC 불변 = P, Q 불변

   이윤세는 고정비용과 같으므로 이윤세 부과 시 MC와 AVC는 불변이고, AFC가 증가함으로 인해 AC가 상승한다. MC가 불변이면 $MR = MC$도 불변이므로 이윤극대화 수량은 변하지 않는다.

2. 종량세 부과 ⇒ 가변비용 증가와 동일한 효과 ⇒ $AC\uparrow$, $MC\uparrow$ = $P\uparrow$, $QD\downarrow$

제 **03** 장 독점경쟁시장과 과점시장

제1절 독점경쟁시장의 이론

01 독점경쟁시장

1. 독점경쟁시장의 개념

독점적 경쟁시장은 다수의 기업이 존재하며, 개별기업들은 대체성이 높지만 이질적인 상품을 생산하고, 기업의 진입과 퇴거가 자유로운 시장을 의미한다. **예** 주로 3차 서비스산업

2. 독점경쟁시장의 특징

(1) 다수의 기업

다수의 수요자와 공급자가 존재한다. 다만 기업 간 상호의존성이 없다.

(2) 상품차별화 현상

재화 간 높은 대체가능성이 존재한다. 차별화 정도가 클수록 수요곡선은 비탄력적이다. 차별화의 정도는 독점력을 의미하는 것이다. 독점적 경쟁기업은 어느 정도의 시장지배력을 보유한다.

(3) 자유로운 진입과 퇴거 : 장기에 정상이윤만 획득

(4) 비가격경쟁

비가격경쟁의 예로는 광고, 판매서비스 등의 차별성이다. 이런 비가격경쟁이 가장 치열한 것은 과점시장이다.

02 독점경쟁시장의 단기균형

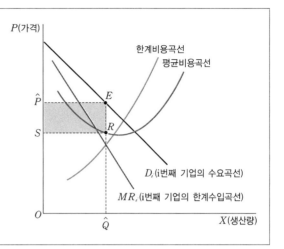

- $P > MR = MC$
- $P > MC$이기 때문에 과소 생산에 따른 사회적 후생손실이 발생한다.
- 수요곡선의 기울기가 완전경쟁시장보다 가파르고 독점시장보다 완만하다.
- 수요의 가격탄력성이 1보다 큰 구간에서 생산한다.
- 공급곡선이 존재하지 않는다.
- 단기적으로 초과이윤, 정상이윤, 손실이 모두 가능하다.

03 독점경쟁시장의 장기균형

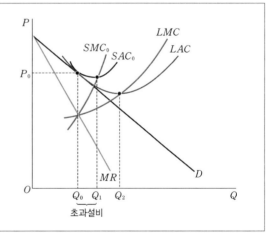

- 독점적 경쟁기업의 장기균형조건은
  $P = AR = SAC = LAC > MR = SMC = LMC$이다.
- 규모의 경제가 발생하는 구간에서 생산한다.
- 초과설비를 보유한다.
- 공급곡선이 존재하지 않는다.
- 개별기업은 장기에 정상이윤만 획득한다(초과이윤 = 0).

04 자원배분의 특징

1. 생산의 비효율성 : 유휴시설

2. 비가격경쟁

3. 상품차별화 : 기호충족이냐? 자원낭비냐?

05 독점경쟁시장에 대한 평가

1. 장점

(1) 제품 차별화를 통해 소비자의 다양한 기호가 충족될 수 있다.

(2) 진입장벽이 없다는 점에서 자연독점 현상이 발생할 가능성이 없다.

2. 단점

(1) $P > MC$라는 점에서 자원배분의 비효율성이 발생한다. 완전경쟁시장에 비해 가격은 높고, 생산량은 적다.

(2) 비가격경쟁과 초과설비로 자원낭비가 발생한다.

제2절 과점시장의 성격

1. 과점시장의 의미

소수의 기업이 상품을 생산, 공급하는 시장형태를 과점이라고 부른다.

2. 과점시장의 특징

(1) 높은 수준의 진입장벽이 존재한다. 이 진입장벽은 과점의 발생 원인이다.

(2) 소수의 기업이 존재한다. 기업 간 상호의존성이 크기 때문에 전략적 상황[4]에 직면한다.

(3) 담합, 카르텔 등과 같은 비경쟁행위가 나타난다.

(4) 기술혁신의 가능성이 높다.

(5) 시장구조 중 가장 치열한 비가격경쟁을 한다. 따라서 가격의 경직성이 나타난다.

---

4) 전략적 상황은 경쟁상대가 어떤 반응을 보이는지에 따라 결과가 달라지기 때문에 그의 반응을 고려해 자신의 행동을 결정해야 하는 상황을 말한다.

제3절 독자적 행동의 모형 : 비협조모형

01 꾸르노 모형 : 생산량 결정모형

꾸르노 모형은 과점시장 안의 각 기업이 상대방의 현재 생산량을 주어진 것으로 보고 자신의 이윤극대화 생산량을 선택하는 방식으로 경쟁하는 것을 의미한다. 또 다른 생산량 결정모형으로 슈타켈버그 모형이 있다.

02 가격결정모형

1. 베르뜨랑 모형 : 가격결정모형

베르뜨랑 모형은 과점시장에서 각 기업이 상대방의 현재 가격을 주어진 것으로 보고 자신의 가격을 결정하는 방식으로 경쟁하는 것을 의미한다. 또 다른 가격결정모형으로 굴절수요곡선모형이 있다.

2. 굴절수요곡선의 모형 : 가격결정모형

⑴ 굴절수요곡선이론에서는 거래되는 상품을 동질적이라고 가정한다. 따라서 기업들은 품질 개선 경쟁을 고려하지 않는다.

⑵ 기업들 사이에 아무런 담합이나 협조가 이루어지지 않는 상황에서도 가격이 안정적인 경향을 보인다. 굴절수요곡선이론은 과점시장의 가격 경직성을 설명하는 이론으로 기업들이 가격인하는 따르고 인상은 따르지 않는다고 가정한다. 즉, 가격을 올릴 때는 상대기업이 따라 올리지 않지만 가격을 인하할 때는 경쟁기업도 따라 인하할 것이라고 예상된다.

⑶ 가격 인상 시 판매량은 대폭 감소하고(탄력적 수요곡선), 가격 인하 시에는 판매량이 소폭으로 증가한다 (비탄력적 수요곡선).

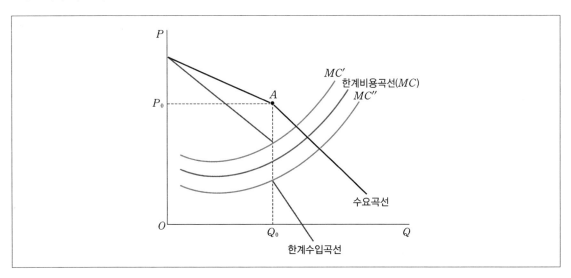

제4절 상호협조모형[5]

01 카르텔 모형 : 완전한 담합

기업 간 공동이윤을 극대화하고자 하는 약속을 담합(collusion)이라 하고 담합의 결과가 카르텔(cartel)이다. 마치 여러 개의 공장을 갖고 있는 독점기업이 최소비용으로 생산하기 위해 모든 공장의 한계비용을 똑같게 만드는 것과 유사하다. 시장수요곡선이 주어지면 각 기업의 한계비용곡선의 수평합과 한계수입이 일치하는 점에서 합계 생산량을 결정하고, 해당 생산량에 해당하는 수요곡선상에서 가격을 결정한다. 최종적으로는 생산량 목표를 각 기업에 할당하는 문제가 남는데, 현실적으로 협상이라는 정치적 과정에 의해 이루어질 수밖에 없기 때문에 각 기업의 한계비용이 모두 같아지는 산출량으로 배분되는 것을 기대하기 어렵다.

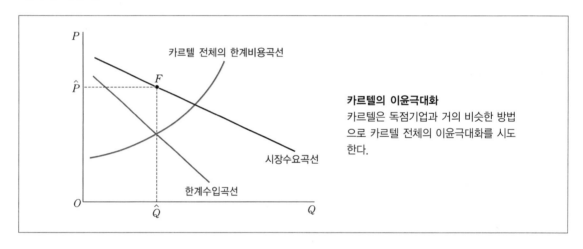

카르텔의 이윤극대화
카르텔은 독점기업과 거의 비슷한 방법으로 카르텔 전체의 이윤극대화를 시도한다.

02 가격선도모형 : 불완전한 담합

가격선도모형은 지배적 기업과 비지배적 기업이 시장에 존재하며 지배적 기업은 전체 시장 수요에서 비지배적 기업들이 원하는 산출량만큼을 공급할 수 있도록 하고, 남은 수요 전부를 차지한다.

---

5) 상호협조모형으로는 완전담합모형으로 카르텔이론이 있고, 불완전담합모형으로는 가격선도이론이 있다.

제 04 장 게임과 전략 : 과점시장을 분석하는 Tool

제1절 게임이론의 기본 구조

01 게임이론의 의미

게임이론은 두 개 이상의 과점기업들이 상호의존관계 속에서 자신의 이익을 위해 서로 경쟁하는 전략적 상황을 분석한다. 과점시장에서 각 기업은 전략적 상황에 직면한다. 그런데 전략적 상황을 모형에 적절하게 반영하기 어렵기 때문에 게임이론을 활용한다. 폰 노이만(J. von Neumann)과 모르겐슈턴(O. Morgenstern)에 의해 확립되었으며, 최근에 급속히 발전하고 있다. 게임이론은 경제학, 사회학, 경영학 등 각 분야에서 전략적인 상황을 분석하기 위한 도구로 사용된다.

02 게임이론을 이해하기 위한 기초 개념

1. 게임

둘 이상의 경제주체가 상호연관관계를 통해 자신의 이익을 추구하고 있으나 어느 누구도 그 결과를 마음대로 좌우할 수 없는 전략적 상황이다.

2. 경기자/선수

경기자는 게임에 참가하는 경제주체(개인, 기업, 국가)로서 게임의 기본적인 의사결정단위를 구성한다.

3. 전략 ⇒ 행동

경기자들이 자신의 이윤(효용)극대화를 위하여 경기 중에 선택할 수 있는 대안 또는 행동 계획이다.

4. 보수

보수는 게임의 결과로 경기자가 얻게 되는 것(이윤, 효용)으로서 서수적인 효용의 수준으로 또는 화폐단위로 표기한다.

5. 보수행렬

보수행렬은 어떤 게임의 결과로서 나타나는 모든 보수의 수치를 하나의 표에 체계적으로 정리한 것이다.

03 게임의 종류

1. 동시게임, 순차게임

동시게임은 각 경기자가 동시에 행동을 취하는 게임을 말하고, 순차게임은 경기자들이 순차적으로 행동을 취하는 게임을 말한다. 동시게임과 순차게임을 일회로 끝낼 수도 있고, 동시게임과 순차게임을 여러 번 반복할 수도 있다.

2. 일회게임, 반복게임

일회게임은 한 게임을 한 번 시행하는 것을 말하고, 반복게임은 여러 번 시행하는 경우를 말한다. 반복게임은 여러 번에 걸쳐 행해지는 게임인데 눈에는 눈, 이에는 이의 전략선택이 가능하여 비협조적으로 나오는 상대방에게 보복을 가할 수 있다.

3. 협조게임과 비협조게임

(1) 협조게임

경기자들이 공동으로 추구할 전략과 관련하여 피차의 행동을 규제할 계약에 대해 협상하는 과정에서 벌어지는 게임이다.

(2) 비협조게임

비협조게임은 서로 담합하지 않고 상대방의 행위에 대해 추측된 변화에 입각해 의사 결정하는데, 대부분의 경우가 비협조게임이다.

4. 순수(전략)게임과 혼합(전략)게임

(1) 순수게임

순수게임은 경기자가 여러 가지 전략 중 특정한 전략만을 선택하는 게임을 말한다.

(2) 혼합전략게임

혼합전략게임은 경기자가 순수전략을 확률에 따라 혼합해서 선택하는 게임을 말한다.

04 게임의 균형

게임의 균형은 모든 경기자들이 각각 선택한 전략에 따라 어떤 결과가 나왔을 때 현재의 결과에 만족하여 더 이상 자신의 전략을 바꿀 유인이 없는 상태이다. 📖 우월전략균형, 내쉬균형 등

제2절 우월전략균형 : 용의자의 딜레마 게임

01 우월전략균형

1. 우월전략

용의자 모두 상대방의 전략에 상관없이 자신에게 유리한 결과를 가져오는 전략을 선택할 것이다. 즉 우월전략이란 상대방이 어떤 전략을 선택하느냐에 관계없이 자신에게 언제나 더 유리한 결과를 가져다주는 전략을 말한다.

2. 우월전략균형

우월전략의 짝을 우월전략균형이라고 부른다. 우월전략균형이 최선의 결과는 아니다. 모두에게 이로운 결과가 있음을 알면서도 모두에게 불리한 결과를 초래하는 현실의 사례가 대부분 여기에 해당한다.
예 군비경쟁, 기업들 간 과다경쟁, 사교육열풍, 공유자원의 남용

3. 균형의 특징

두 경기자 모두의 보수를 증가시킬 수 있는 전략 조합이 존재하지만 두 경기자 모두의 보수를 감소시키는 전략을 선택한다.

02 용의자의 딜레마

1. 상황

두 명의 사건 용의자가 체포되어 서로 다른 취조실에 격리되어 검사에게 심문을 받고 있어, 용의자 간의 의사소통은 불가능하다. 그리고 검사는 두 사람의 자백 여부에 따라서 형량이 결정됨을 제시하고 있다.

2. 보수행렬

		죄수 B	
		부인	자백
죄수 A	부인	(1년형, 1년형)	(20년형, 방면)
	자백	(방면, 20년형)	(5년형, 5년형)

3. 분석

(1) 죄수 A와 죄수 B의 우월전략균형은 무엇인가?

죄수 A가 부인하였을 때 죄수 B가 가지는 최선의 선택은 자백하는 것이다. 죄수 A가 자백하였을 때 죄수 B가 가지는 최선의 선택 역시 자백하는 것이다. 따라서 두 경우 모두 죄수 B는 자백을 하는 것이 더 유리하므로 이때 죄수 B의 우월전략은 자백이다. 여기서 우월전략은 상대방이 어떠한 전략을 선택하는지와 관계없이 자신의 이익을 더욱 크게 만드는 전략을 말한다. 마찬가지로, 죄수 A의 우월전략 역시 자백을 하는 것이 될 것이다.

⇒ 우월전략균형은 양자 모두 자백하는 것이다.

(2) 죄수의 딜레마의 균형이 파레토 최적인가?

죄수의 딜레마의 균형은 파레토 비효율적이다. 파레토 최적이란, 하나의 자원배분 상태에서 다른 사람에게 손해가 가도록 하지 않고서는 어떤 한 사람에게 이득이 되는 변화를 만들어내는 것이 불가능한 상태를 말한다(이준구, 2008). 여기서는 죄수 A와 B 모두 부인하는 것이 파레토 최적이 된다. 이것은 내쉬 균형과 파레토 최적이 반드시 일치하는 것은 아니라는 점을 보여준다.

(3) 죄수의 딜레마 게임의 우월전략균형은 파레토 비효율적이지만 모든 우월전략균형이 파레토 비효율은 아니다.

4. 경기자 모두의 보수를 증가시키는 전략조합으로 가기 위한 방법은 무엇인가?

(1) 비협조적 게임을 협조적 게임으로 전환한다.

(2) 일회성 게임을 무한반복 게임 또는 게임의 종료 시를 경기자들이 모르게 해야 한다.

03 카르텔

카르텔은 서로 위반하는 것이 우월전략이 된다. 용의자 이론을 가지고 카르텔의 불완전성을 설명할 수 있다. 모두 우월전략을 채택하게 되면 카르텔 자체가 와해될 것이다.

		기업 B	
		협정 준수	협정 위반
기업 A	협정 준수	(80, 80)	(10, 100)
	협정 위반	(100, 10)	(40, 40)

04 공공재의 경우(공공재를 둘러싼 게임)

		주민 B	
		부담	부담 않음
주민 A	부담	(50, 50)	(−25, 75)
	부담 않음	(75, −20)	(0, 0)

제3절 내쉬균형

01 내쉬균형의 의미

1. 내쉬전략

상대방의 전략이 주어져 있을 때 자신의 입장에서 최적인 전략을 내쉬균형전략이라고 한다.

2. 내쉬균형

내쉬균형이란 각 과점기업이 상대방의 전략을 주어진 것으로 보고 자신에게 가장 유리한 전략을 선택하였을 때 도달하는 균형을 말한다.

02 내쉬균형의 특징

1. 우월전략균형은 내쉬균형에 포함된다.

우월전략균형은 내쉬균형이지만 내쉬균형이라고 해서 우월전략균형은 아니다. 즉 우월전략균형은 내쉬균형의 성격을 갖지만 그 역은 성립하지 않는다.

2. 내쉬균형은 안정적이다.

내쉬균형전략이란 상대방의 전략이 주어져 있을 때 자신의 입장에서 최적인 전략을 뜻하는데, 각 경기자가 내쉬균형전략을 채택할 때 내쉬균형이 이루어진다. 내쉬균형에 도달한 경우 전략을 바꾸면 손해가 나므로 누구도 전략을 변경하려 하지 않는다. 내쉬균형 상태하에서 각 경기자는 더 이상 자신의 전략을 변화시킬 유인이 없으므로 내쉬균형은 안정적이다.

3. 유한게임에서 내쉬균형은 항상 존재한다.

개념적 타당성과 더불어 내쉬균형이 중요성과 유용성을 갖는 것은 적어도 유한게임에 대해서는 항상 존재하기 때문이다. 내쉬균형이 적절하고 타당한 균형개념이라고 하더라도 존재하지 않는 경우가 많다면 균형개념으로서의 내쉬균형의 유용성은 제한적일 수밖에 없다.

4. 내쉬균형은 여러 개가 존재할 수도 있고, 존재하지 않을 수도 있다.

내쉬균형은 항상 하나만 존재하는 것이 아니라 여러 개 존재할 수도 있고, 존재하지 않을 수도 있다. 하나 이상의 내쉬균형이 존재할 수 있다. 모든 경기자가 순수전략만을 사용하도록 되어 있는 경우에는 내쉬균형이 존재하지 않을 수도 있다. 혼합전략을 허용하면 반드시 내쉬균형이 존재한다.

5. 내쉬균형이 항상 파레토 효율적인 결과를 보장하는 것은 아니다. 예 죄수의 딜레마

6. 꾸르노균형을 내쉬균형으로 설명할 수 있다.

내쉬균형은 복점의 꾸르노균형과 매우 밀접한 관련이 있다. 꾸르노 모형에서의 반응곡선은 주어진 상대방의 산출량에 대해 자신의 이윤을 극대화시키는 산출량이다. 따라서 꾸르노 모형에서의 반응곡선은 내쉬균형전략에 해당하는 것이다.

---

03 **내쉬균형의 실례**: 각자의 내쉬전략이 맞을 때, 우월전략균형이 존재하지 않는 상황

		B식당(억 단위)	
		김밥	라면
A식당 (억 단위)	순대	(80, 50)	(40, 40)
	어묵탕	(30, 70)	(50, 90)

1. 우월전략은 존재하지 않는다.

2. B식당의 김밥에 대해 A식당의 최적전략은 순대이다.

3. A식당의 어묵탕에 대해 B식당의 최적전략은 라면이다.

04 내쉬균형과 우월전략균형과의 관계

1. 우월전략균형이 존재하지 않아도 내쉬균형이 존재할 수 있는 이유는 무엇인가?

⇒ 내쉬균형을 충족시키는 요건이 상대적으로 더 약하기 때문이다.

2. 우월전략균형이 내쉬균형의 성격을 갖지만 그 역은 성립하지 않는다.

제 **5** 편

생산요소시장과
소득분배

제01장 생산요소의 가격과 고용량 : 생산요소시장의 이해

제1절 배경설명 : 생산요소시장에 대한 분석

01 생산요소시장이란 무엇인가?

1. 생산요소시장의 의미

생산요소시장은 생산요소 수요자와 공급자가 가격 신호에 따라 생산요소를 거래하는 시장, 즉 생산요소에 대한 수요량과 공급량이 결정되는 곳을 말한다. **예** 노동시장, 자본시장/대부시장, 토지시장

2. 생산요소 **예** 토지, 노동, 자본 등

3. 생산요소가격 : 시장임금(소득), 시장이자(율)/금리

4. 생산요소수요는 파생수요 : 생산량에 따라 생산요소의 수량이 결정된다.

5. 생산물시장과 생산요소시장의 연계성에 따른 유형

생산물시장	생산요소시장
완전경쟁	완전경쟁
독점	완전경쟁 : 공급독점적 착취
	불완전경쟁(독점) : 수요독점, 쌍방독점

6. 소득분배이론과 연결

생산요소의 가격은 공급한 사람의 소득이다.

7. 생산요소시장의 균형은 어떻게 결정되는가?

생산요소 가격에 따라 수요와 공급이 만나 균형이 결정된다. 이때 수요자와 공급자의 합리적인 선택은 기회비용에 대한 고려에서 시작된다. 예컨대 노동시장의 가격은 임금이다. 공급자인 노동자는 임금을 선택하면 여가를 포기해야 한다. 여기에서 여가의 가격이 기회비용이 되는 것이다.

02 생산요소의 수요

1. 생산요소에 대한 수요자는 누구인가?

⇒ 생산요소의 수요자는 기업이며 이윤극대화 원리에 따라 공급한다.

2. 생산요소에 대한 수요의 본질적 속성과 그 이유는 무엇인가?

⇒ 생산요소에 대한 수요는 파생수요라고 한다. 생산요소에 대한 수요는 최종재화의 생산량과 생산요소의 사용량에 따라 영향을 받기 때문이다.

3. 생산요소에 대한 수요의 크기는 어떻게 결정되는가?

⇒ 생산요소에 대한 수요의 크기는 생산물에 대한 수요의 크기에 달려있다. 즉, 생산요소는 재화를 생산하기 위해 필요한 것이기 때문에 재화에 대한 수요가 우선 정해지고, 2차적으로 생산요소에 대한 수요가 정해진다. 따라서 생산요소에 대한 수요를 파생수요(derived demand)라고 한다.

4. 생산요소 가격과 생산요소 수요량 사이에는 어떤 법칙이 성립하는가?

⇒ 생산요소 가격과 수요량 사이에는 수요법칙이 성립한다.

5. 생산요소의 가격 이외에 생산요소의 수요에 영향을 주는 요인으로는 무엇이 있는가?

⇒ 생산요소에 따라 달라진다.

03 생산요소의 공급

1. 생산요소의 공급자는 누구인가?

⇒ 생산요소의 공급자는 가계이며, 효용극대화 원리에 따라 공급한다.

2. 생산요소 가격과 공급량 사이에는 어떤 관계가 성립하는가?

⇒ 생산요소 가격과 공급량 사이에는 공급법칙이 성립한다.

3. 생산요소 가격 이외에 생산요소 공급에 영향을 주는 요인으로는 무엇이 있는가?

⇒ 생산요소에 따라 달라진다.

04 생산요소시장의 균형

1. 생산요소시장의 균형은 어떻게 달성되는가?

   ⇒ 생산요소의 수요와 공급이 만나는 점에서 생산요소시장의 균형은 달성된다.

2. 생산요소시장의 수요곡선은 어떻게 결정되는가?

   ⇒ 기업의 생산요소에 대한 합리적 선택에 따라 만들어진다. 기업의 생산요소에 대한 합리적 선택은 생산물시장과 생산요소시장의 형태에 따라 다르게 이뤄진다.

3. 생산요소시장의 공급곡선은 어떻게 결정되는가?

   ⇒ 생산요소의 성격 및 생산요소 공급자에 영향을 주는 요인에 따라 결정된다.

제2절 생산요소에 대한 수요 및 공급의 결정과정

01 생산요소에 대한 수요를 무엇이라고 부르는가?

⇒ 생산요소에 대한 수요는 상품에 대한 수요에서 파생되기 때문에 파생수요라고 부른다.

02 이윤극대화를 위해 기업은 생산요소 수요를 어떻게 결정하는가?

⇒ 편익－비용 분석에 의해 결정한다.

03 이윤극대화를 위해 기업의 생산요소 수요를 위한 의사결정에서 한계편익은 무엇인가?

⇒ MRP(한계수입생산), 마지막 생산으로 들어오는 수입

04 이윤극대화를 위해 기업의 생산요소 수요를 위한 의사결정에서 한계비용은 무엇인가?

⇒ MFC(한계요소비용), 마지막 생산에 나가는 생산비용

05 이윤극대화를 위해 기업의 생산요소 수요 결정의 조건은 무엇인가?

⇒ MRP(한계수입생산) $=$ MFC(한계요소비용)

06 생산요소시장에서 이윤극대화를 위한 기업의 행동원리(수요결정)

1. 이윤극대화를 위해 생산량을 결정하고, 생산량은 생산요소의 수요에 의해 결정된다.

생산요소에 대한 수요의 크기는 생산물에 대한 수요의 크기에 달려있다. 즉, 생산요소는 재화를 생산하기 위해 필요한 것이기 때문에 재화에 대한 수요가 우선 정해지고, 2차적으로 생산요소에 대한 수요가 정해진다. 따라서 생산요소에 대한 수요를 파생수요라고 한다. 이윤극대화를 위한 생산요소의 수요 역시 편익과 비용의 합리적인 선택의 관점에서 살펴보아야 한다. 따라서 생산요소의 수요나 공급 역시 수입(편익)과 비용을 고려하여 최적선택조건을 구할 수 있다.

2. 수입 : 기업의 수요곡선

⑴ **한계수입생산**(marginal revenue product : MRP)

① 의미 : 한계수입생산은 생산요소 1단위를 추가 고용할 경우 총수입의 증가분을 말한다.

② $MRP_L = \dfrac{\triangle TR}{\triangle Q} = \dfrac{\triangle TR}{\triangle L} \times \dfrac{\triangle Q}{\triangle L} = MR \times MP_L$

③ 한계수입생산물곡선의 형태

㉠ 한계수입은 생산물시장이 완전경쟁이면 일정, 생산물시장이 불완전경쟁이면 감소한다.

㉡ 한계생산체감의 법칙을 반영하여 한계수입생산물곡선은 우하향의 형태로 도출된다.

⑵ **한계생산물 가치**(value of marginal product of labor : VMP)

① 의미 : 어떤 생산요소 1단위를 추가로 고용함으로써 얻을 수 있는 수입 내지는 생산물의 시장가치 $\Rightarrow VMP$(한계생산가치) $= P \times MP$

② 수확체감의 법칙에 의해 VMP곡선도 우하향의 형태로 도출된다.

③ 생산물시장이 완전경쟁이면 $\Rightarrow P = MR \Rightarrow VMP = MRP$

④ 생산물시장이 불완전경쟁이면 $\Rightarrow P > MR \Rightarrow VMP > MRP$

3. 비용 : 기업이 직면하는 생산요소 공급곡선

⑴ **한계요소비용**(marginal factor cost : MFC)

① 의미 : 한계요소비용은 생산요소를 1단위 추가 고용 시 총비용의 증가분을 말한다.

② $MFC_L = \dfrac{\triangle TC}{\triangle L} = \dfrac{\triangle TC}{\triangle Q} \times \dfrac{\triangle Q}{\triangle L} = MP_L \times MC$

③ 한계요소비용곡선은 시장의 형태에 따라 달라진다.

㉠ 생산요소시장이 완전경쟁일 때 한계요소비용곡선(MFC)은 균형임금수준에서 수평선($MFC_L = w$)

㉡ 생산요소시장이 수요독점일 때 한계요소비용곡선은 우상향 형태이다($MFC_L > w$).

⑵ **평균요소비용(average factor cost : AFC)**

① 의미 : 평균요소비용은 노동 1단위당 총요소비용을 말한다.

> **예** 노동의 평균요소비용 $= \dfrac{TFC_L}{L} = \dfrac{w \times L}{L} = w$

② AFC_L는 항상 임금(생산요소가격)과 일치하므로 개별기업이 직면하는 노동공급곡선(S_L)은 AFC_L이다.

③ 생산요소시장이 완전경쟁이면 $\Rightarrow w = AFC_L = MFC_L$

4. 생산요소시장의 이윤극대화 조건

⑴ **생산물시장에서 이윤극대화를 실현하기 위한 생산요소 고용 방식**

① 전제 : 생산물시장이 완전경쟁, 생산요소시장이 완전경쟁시장인 경우

② MR(한계수입) $= MC$(한계비용) $= P$

③ 생산자균형(한계생산균등의 법칙에서 비용극소화의 조건 도출)

$$\dfrac{MP_L}{w}\,(1원어치의\ 노동생산량) = \dfrac{MP_K}{v}\,(1원어치의\ 자본생산량) \Rightarrow 역 : \dfrac{w}{MP_L} = \dfrac{v}{MP_K}$$

> **예** $w = 5$만 원, $v = 20$만 원, $MP_L = 2$통, $MP_k = 8 \Rightarrow \dfrac{50,000}{2} = \dfrac{200,000}{8}$

④ 이윤극대화 생산량의 조건에서 생산요소의 한계생산가치 도출

$$\dfrac{w}{MP_L} = \dfrac{v}{MP_K} = MC = P$$

$\Rightarrow w = MP_L \cdot P =$ 노동의 한계생산가치, $v = MP_K \cdot P =$ 노동의 한계생산가치

$\Rightarrow$ 노동의 가격이 노동의 한계생산가치와 같아지는 수준까지 노동을 고용해야 이윤이 극대화된다.

$\Rightarrow$ 자본의 가격이 자본의 한계생산가치와 같아지는 수준까지 노동을 고용해야 이윤이 극대화된다.

⑤ 임금($MP \times MC$) $=$ 한계생산물 가치($VMP = P \times MP$)

VMP(한계생산가치) $=$ 어떤 생산요소 1단위를 추가로 고용함으로써 얻을 수 있는 수입

⑵ **이윤극대화를 위한 생산요소 고용 조건**

① 생산요소 1단위를 추가로 고용할 때 얻는 수입(MRP)과 소요되는 비용(MFC)이 일치할 때 기업의 이윤이 극대화된다. $\Rightarrow MRP = MFC(MR \times MP_L = MP_L \times MC \rightarrow MR = MC)$

② MRP와 MFC가 불일치하면 고용량 조정을 통한 이윤 증가가 가능하다.

③ 이윤극대화를 위한 생산량의 조건과 생산요소 수요(구입량)의 조건은 동일하다.

생산물시장	생산요소시장
• 한계수입: 상품 1단위 추가 판매 시 총수입의 증가분 • $MR = \dfrac{\triangle TR}{\triangle Q}$	• 한계수입생산: 생산요소 1단위 추가 고용 시 총수입의 증가분 • $MRP_F = \dfrac{\triangle TR}{\triangle Q} = \dfrac{\triangle TR}{\triangle F} \times \dfrac{\triangle Q}{\triangle F} = MR \times MP$
• 한계비용: 상품 1단위 추가 생산 시 총비용의 증가분 • $MC = \dfrac{\triangle TC}{\triangle Q}$	• 한계요소비용: 생산요소 1단위 추가 고용 시 총비용의 증가분 • $MFC_F = \dfrac{\triangle TC}{\triangle F} = \dfrac{\triangle TC}{\triangle Q} \times \dfrac{\triangle Q}{\triangle F}$
이윤극대화 조건: $MR = MC$	이윤극대화 조건: $MRP_F = MFC_F$

5. 수요탄력성의 결정요인: 생산요소에 대한 수요량이 가격변화에 얼마나 민감한지 여부

(1) **한계생산이 체감하는 속도**

① 노동 투입 $\Rightarrow$ 한계생산 체감 $\Rightarrow$ 한계생산가치($MP_L \cdot P$) 감소

② 한계생산 체감속도가 클수록 탄력도는 작다(둔감하다).

(2) **다른 생산요소로 대체가 가능한 정도**: 대체가능성이 높을수록 탄력도가 민감하다.

(3) **총비용에서 차지하는 비중**: 비중이 클수록 탄력도가 민감하다(크다).

(4) **상품에 대한 수요의 가격탄력성**: 상품에 대한 수요가격탄력성이 클수록 생산요소에 대한 수요탄력

07 생산요소시장에서 효용극대화를 위한 가계의 행동원리(공급결정)

1. 가계는 효용극대화 원리에 따라 생산요소 공급을 결정한다.

2. 생산요소시장에서 생산요소를 공급할 때 가계의 편익은 무엇인가?

가계가 얻는 편익은 매우 다양하다. 측정 가능한 것으로 몇 가지 제시한다면 첫째, 노동시장에서는 임금이다. 또한 경제적 지대도 있다. 둘째, 자본시장에서는 이자 또는 미래소비다. 셋째, 토지시장에서는 지대다.

3. 생산요소시장에서 생산요소를 공급할 때 가계의 비용은 무엇인가?

가계가 치루는 비용 역시 매우 다양하다. 분석을 위해 대표적인 것 몇 가지를 들면 다음과 같다. 첫째, 노동공급의 경우는 여가다. 또는 다른 일이 될 수 있다. 둘째, 자본시장에서는 현재 소비다.

제02장 노동시장의 생산요소 수요와 공급

제1절 생산요소시장이 완전경쟁인 경우

01 생산물시장이 완전경쟁인 경우

1. 노동수요곡선

(1) 개별기업과 시장전체의 노동수요곡선

개별기업의 노동수요곡선은 우하향하는 형태의 VMP_L곡선이고, 시장전체의 노동수요곡선은 VMP_L곡선의 수평합이다.

(2) 생산물시장이 완전경쟁이면 $VMP_L = MRP_L$이 성립한다.

2. 기업이 직면하는 노동공급곡선

(1) 개별기업과 시장전체의 노동공급곡선

개별기업은 시장의 균형임금수준에서 수평선이 노동공급곡선이다. 시장전체는 개별노동자의 노동공급곡선의 수평합으로 우상향하는 형태이다.

(2) 개별기업은 가격수용자

완전경쟁 요소시장에서 개별기업은 시장에서 결정된 균형임금을 주어진 것으로 받아들이는 가격수용자이다.

3. 시장균형

(1) 시장균형의 의미

시장노동수요곡선과 시장노동공급곡선이 교차하는 점에서 시장균형이 달성되고 균형임금과 균형고용량이 결정된다.

(2) 개별기업

① 개별기업이 직면하는 노동공급곡선

개별기업은 가격수용자이다. 개별기업이 직면하는 노동공급곡선은 시장의 균형임금 W_0에서 수평선이다. $\Rightarrow W = AFC_L = MFC_L$

② 개별기업의 고용량 결정

개별기업은 노동공급곡선($MFC_L = AFC_L$)과 VMP_L곡선이 교차하는 점에서 고용량을 결정한다. $\Rightarrow W = MRP_L = VMP_L$

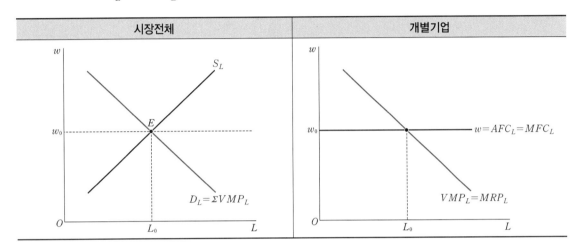

02 생산물시장이 불완전경쟁, 생산요소시장이 완전경쟁인 경우

1. 노동수요곡선

(1) 개별기업과 시장전체의 노동수요곡선

개별기업의 노동수요곡선은 우하향하는 형태의 VMP_L곡선이고, 시장전체의 노동수요곡선은 VMP_L곡선의 수평합이다.

(2) 생산물시장이 불완전경쟁이면 $VMP_L > MRP_L$이 성립한다.

2. 기업이 직면하는 노동공급곡선

(1) 개별기업과 시장전체의 노동공급곡선

개별기업은 시장의 균형임금수준에서 수평선이 노동공급곡선이다. 시장전체는 개별노동자의 노동공급곡선의 수평합으로 우상향하는 형태이다.

(2) 개별기업은 가격수용자

완전경쟁 요소시장에서 개별기업은 시장에서 결정된 균형임금을 주어진 것으로 받아들이는 가격수용자이다.

3. 시장균형

(1) 시장균형의 의미

시장노동수요곡선과 시장노동공급곡선이 교차하는 점에서 시장균형이 달성되고 균형임금과 균형고용량이 결정된다.

(2) 생산요소 수요의 감소

생산요소가 파생수요라는 점을 고려할 때 생산물시장이 불완전경쟁이 되면 완전경쟁일 때보다 생산량이 감소하므로 고용량도 감소한다.

(3) 개별기업

① 개별기업이 직면하는 노동공급곡선
개별기업은 가격수용자이다. 개별기업이 직면하는 노동공급곡선은 시장의 균형임금 W_1에서 수평선이다. $\Rightarrow W = AFC_L = MFC_L$

② 개별기업의 고용량 결정: 고용 감소
개별기업은 노동공급곡선($MFC_L = AFC_L$)과 MRP_L곡선이 교차하는 점에서 고용량을 결정한다.
$\Rightarrow W = MRP_L = VMP_L$

③ 임금 하락
생산물시장이 불완전경쟁(공급독점)이 되면 임금이 하락하고, 하락한 만큼의 공급독점적 착취가 발생한다.

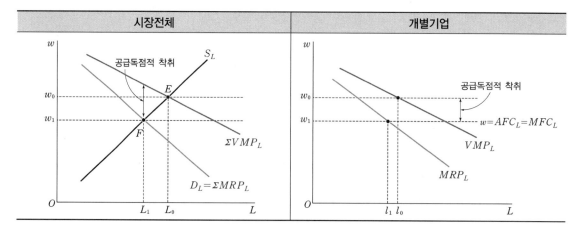

제2절 생산요소시장이 불완전경쟁인 경우 : 수요독점

01 생산요소시장의 수요독점이 발생하는 이유

지리적 여건과 전문화된 생산요소 및 제도적 여건으로 인해 수요독점이 발생한다. 예컨대 어떤 지역에 기업이 1개만 있고 노동자들이 다른 지역으로 이동하는 것이 어려운 상황에서 수요독점이 발생한다. 또한 생산요소가 매우 전문화되어 있어 특정기업에만 고용될 수 있는 경우에도 수요독점이 발생한다. 마지막으로 정부정책 혹은 제도에 의해 특정 생산요소 수요자가 제한되는 경우다.

02 노동수요곡선

노동수요곡선은 생산요소시장이 완전경쟁일 때만 존재한다. 수요독점에서는 노동수요곡선이 존재하지 않는다.

03 기업이 직면하는 노동공급곡선

1. 개별기업이 직면하는 노동공급곡선과 시장전체의 노동공급곡선은 일치한다.

2. 노동공급곡선은 우상향 형태다.

3. MFC_L곡선은 노동공급곡선(AFC_L)보다 상방에 위치한다. 증가형태라는 점에서 $MFC_L > AFC_L$곡선의 위치가 확인된다.

4. 시장형태와 무관하게 노동공급곡선은 AFC_L이다.

04 시장균형

1. MRP_L곡선과 MFC_L곡선이 교차하는 점에서 고용량이 결정된다.

2. 고용량이 결정되면 수요독점기업은 노동공급곡선상에서 임금을 결정하고 지급한다.
   $$\Rightarrow MRP_L = MFC_L > w = AFC_L$$

3. 평가

① 생산요소시장이 수요독점이 될 경우 완전경쟁일 때보다 임금이 하락하고, 고용량도 감소하므로 수요독점적 착취가 발생한다.

② 과소 고용에 따른 후생손실이 발생한다.

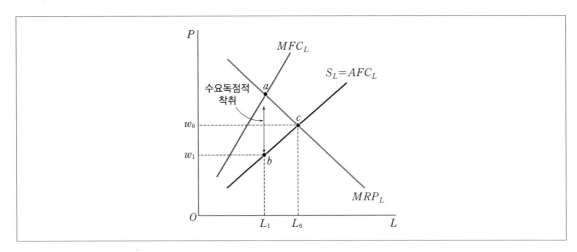

---

05 수요독점과 최저임금제

1. 완전경쟁 노동시장에서 예상되는 최저임금제의 효과

완전경쟁 노동시장에서 예상되는 최저임금제의 효과는 고용량이 줄어 실업(비자발적 실업)이 발생하고, 비효율을 초래한다. 또한 더 낮은 생산요소 가격으로 원하는 수요자들이 있는 경우 암시장이 형성될 수 있다.

2. 수요독점 노동시장에서 예상되는 최저임금제의 효과

(1) 이론적 배경

1995년 프린스턴대 출판부에서 발간한 카드(David Card)와 크루거(Alan B. Krueger)의 저서 『신화와 측정 : 최저임금에 대한 새로운 경제학(Myth and Measurement : The New Economics of the Minimum Wage)』은 최저임금의 부정적 효과가 잘 확인되지 않는다고 주장하고 있다. 그 이유는 무엇일까? 이들의 연구에 따르면 그 근거가 수요독점이다. 수요독점 기업은 자신의 이익을 극대화하는 수준에서 임금 수준을 책정할 것이다. 예컨대 현재 월 200만 원을 책정하고 10만 명을 고용하고 있는 기업이 있다. 만약 이 수요독점 기업이 이보다 더 많은 근로자를 고용하려 한다면 월급을 올려서 새로운 근로자들을 유인해야 한다. 그런데 이 경우 신규 근로자뿐만 아니라 기존 근로자들의 월급도 같이 올려줘야 한다. 카드와 크루거는 이와 같은 수요독점모델에서 나타날 수 있는 최저임금 인상의 고용 증가 가능성을 제시하였다. 이들의 주장에 따르면 노동수요가 비탄력적일 경우, 최저임금제 실시 이후에 총노동소득은 증가한다. 또한 수요독점모델에서 최저임금이 고용을 늘릴 수 있다고 주장한다.

⑵ 경제적 효과 $MRP_L = MFC_L > w = AFC_L$

① MRP_L곡선과 노동공급곡선($L^S = AFC_L$)이 만나는 수준에서 최저임금제를 실시하는 경우
⇒ 고용량이 증가하고 임금은 상승한다. ⇒ 고용량이 증가하여 실업이 감소하고, 비효율성이 줄어들 수 있다. 비자발적 실업이 발생하지 않는다.

② MRP_L곡선과 MFC_L곡선이 교차하는 수준에서 최저임금제를 실시하는 경우
⇒ 고용량은 불변, 임금상승은 가능하다.

③ MRP_L곡선과 MFC_L곡선이 교차하는 수준보다 최저임금을 더 높게 책정한 경우
⇒ 고용이 감소한다.

노동고용량이 증가하는 경우	노동고용량이 불변인 경우
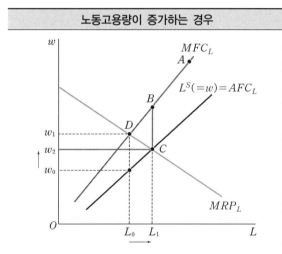	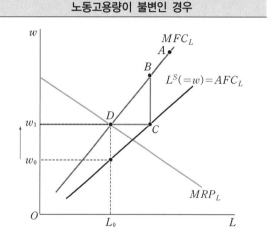
w_0에서 w_2수준으로 최저임금제를 시행할 경우 고용량은 L_0에서 L_1으로 증가하고, 임금이 w_2로 상승한다.	w_0에서 w_1수준으로 최저임금제를 시행할 경우 고용량은 L_0수준에서 불변이고, 임금만 w_1으로 상승한다.

제3절 생산요소에 따라 다른 공급의 결정과정 : 개별 노동자의 효용극대화

01 생산요소 공급자의 합리적인 선택방안

1. 생산요소 공급자의 공급이라는 선택의 편익과 비용은 무엇인가?

⇒ 비용은 여가를 포기하는 것이다. 편익은 임금(소득)이다.

2. 생산요소 공급자는 편익－비용 분석을 전제로 효용극대화의 관점에서 공급이라는 선택을 한다.

3. 효용극대화의 선택에 따른 편익과 비용을 '돈'으로 바꾼다.

4. 어떤 생산요소가 고려 대상이 되느냐에 따라 분석의 내용이 달라진다.

분석의 내용이 달라지는 이유는 생산요소마다 공급에 관한 결정이 다르기 때문이다. 노동의 경우에는 시간을 어떻게 쓸 것이냐?, 자본의 경우에는 현재 쓸 것이냐? 나중에 쓸 것이냐?

02 노동자의 효용극대화 원리에 따른 노동공급 선택 : 노동－여가 선택 모형

1. 효용함수

(1) 소비재(C)와 여가(L)의 함수로 표시된다. ⇒ $U = f(L, \ C)$

(2) 무차별곡선은 우하향하며 소비와 여가 사이에 trade-off가 존재한다. 무차별곡선은 서로 교차하지 않으며 높은 곳에 있을수록 높은 효용을 보여준다.

(3) 무차별곡선의 기울기 한계대체율(MRS) $= \dfrac{MU_L}{MU_C}$

⇒ 소비자의 선호에 따라 무차별곡선의 기울기가 상이하다.
⇒ MRS가 매우 가파르다면 여가를 소비에 비해 매우 좋아함을 보여준다.
⇒ MRS가 매우 평평하다면 개인의 소비에 대한 강한 선호를 보여준다.

2. 예산제약식

(1) 소비자는 자신이 일하는 시간에 따라 버는 근로소득(과 비근로소득)의 제약 아래서 소비의 양을 결정하게 된다.

⑵ **변수와 관계 가정**

$C = w \cdot h$, 여기서 w는 임금률(hourly wage rate), h는 근로시간

※ 예산제약식을 노동공급시간이 아닌 여가시간을 수평축으로 그리는 것에 주의해야 한다.

※ 가용시간 $T = h + L$, 여가시간 $h = T - L$

⑶ **소비자가 직면한 예산식**

$C = w \cdot h = w(T - L) = -w \cdot L + w \cdot T$

⇒ 여기서 예산식의 기울기는 여가시간을 수평축으로 본 경우 $-w$, 즉 시간당 임금률이 된다.

$w \cdot T$는 일종의 절편(intercept)값이다.

3. 효용극대화 조건

소비자이론에서 여가시간과 소비의 한계대체율이 예산선의 기울기인 임금률과 일치하는 점에서 효용이 극대화된다. ⇒ $MRS_{LC} = \dfrac{\triangle C}{\triangle L} = \dfrac{MU_L}{MU_C} = w$

4. 문제에 적용하기

Q 소비와 여가에 의해 결정되는 개별 근로자의 효용함수가 $U(C, L) = 2CL$이다. 이때 시간당 임금(w)이 10,000원이고 사용할 수 있는 총시간(T) 20시간은 일을 하거나 여가로만 사용된다. 이 사람의 근로시간을 구하시오. [단, C: 소비(소득), L: 여가, 소비의 가격은 1이다.]

정답 및 해설

⑴ 근로자 효용함수: $U(L, C) = 2CL$ [단, C: 소비(소득), L: 여가]

⑵ 예산제약

　① 가용시간 제약: T(총시간) = L(여가소비시간) + C(소비(소득)획득 소요시간)

　　⇒ $20 = L + (20 - L)$ (소비(소득)획득 소요시간 = $20 - L$ = 근로시간)

　② 예산제약(예산선): $C = w \cdot$ 근로시간 $= w(20 - L) = 20w - wL \Rightarrow C = (20 \cdot 10000 - 10000L)$

　　⇒ $20000 - 10000L$ [단, $20w$: 총가용시간 모두 근로했을 때 소득(소비), w: 예산선 기울기. 소득(소비)으로 표시한 여가의 상대가격]

⑶ 효용극대화 조건(접점조건): 무차별곡선과 예산선 접점에서 효용극대화

$\left| 무차별곡선\ 기울기 \right| = \left| 예산선\ 기울기 \right| = MRS_{LC} = \dfrac{MU_L}{MU_C} = w$

⇒ $\dfrac{2C}{2L} = \dfrac{C}{L} = 10000 \Rightarrow C = 10000L$

⑷ 근로자 효용극대화 여가소비시간 10시간, 근로시간 10시간

03 임금변화와 노동공급

1. 노동소비자가 주어진 시간을 어떻게 사용할 것인가?

⑴ **여가와 노동 합산 시간 = 가용시간 = 14시간**

    ① 하루 24시간 중 밥 먹고 잠자는 10시간을 제외하고, 소비자는 여가 및 노동 시간을 마음대로 정할 수 있다. 가용시간을 가지고 여가로 쓸 것인지, 일하는 시간으로 쓸 것인지에 따라 노동공급이 결정된다.

    ② 공급이라는 선택의 편익과 비용을 '돈'으로 바꾼다.

    ③ 노동의 선택으로 인한 비용은 여가이고, 소득은 편익이다. ⇒ $U = f($여가, 소득$)$

⑵ **임금률(w)에 따라 여가와 노동에 대한 시간을 결정**   《공급법칙

    임금이 올라가면 노동공급이 증가하고, 임금이 내려가면 노동공급은 감소한다.

2. 노동공급곡선: 임금률과 노동공급량 사이의 관계, 가격효과

⑴ **여가가 정상재일 때**

    ① **대체효과(−)**: 여가가격(임금) 상승 ⇒ 여가 상대가격(기회비용) 상승 ⇒ 여가소비량 감소(−)
      ⇒ 노동공급량 증가

    ② **소득효과(여가가 정상재일 때)**
      소득효과(+): 여가가격(임금) 상승 ⇒ 실질소득(근로소득) 증가 ⇒ 여가(정상재) 소비 증가(+)
      ⇒ 노동공급량 감소

    ③ **가격효과**
      ⇒ 대체효과(−) > 소득효과(+)
        임금 상승 시 여가의 총소비량 감소, 노동공급량 증가, 노동공급곡선 우상향(정의 기울기)
      ⇒ 대체효과(−) < 소득효과(+)
        임금 상승 시 여가의 총소비량 증가, 노동공급량 감소, 노동공급곡선 좌상향(부의 기울기)

④ 후방굴절노동공급곡선

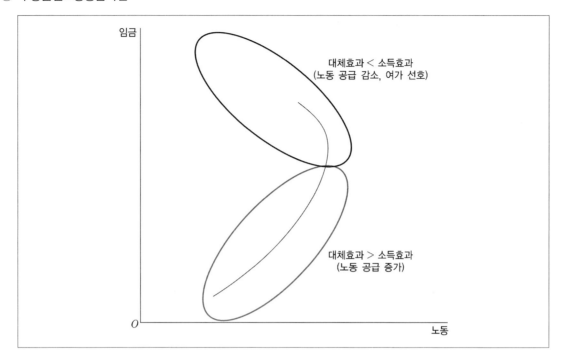

(2) **여가가 열등재일 때**: 노동공급곡선은 항상 우상향

① 대체효과: 여가의 가격(임금) 상승 ⇒ 여가의 상대가격 상승 ⇒ 여가소비 감소: 대체효과 부(−)
   ⇒ 노동공급량 증가

② 소득효과: 여가의 가격(임금) 상승 ⇒ 실질소득(근로소득) 증가 ⇒ 여가소비 감소: 소득효과 부(−)
   ⇒ 노동공급량 증가

(3) **후방굴절형 노동공급곡선이 발생하는 이유는 무엇인가?**

   ⇒ 여가가 정상재이고, 소득효과가 대체효과보다 크기 때문이다.

제 **03** 장 **자본시장과 기업의 자본 수요**

예비사회교사를
위한
경제학
다이제스트

제1절 자본시장이 함의하고 있는 맥락 : 자본의 순환과정

01 자본과 이자의 의미

1. 자본의 의미

사전적 의미로 자본은 상품을 생산하거나 가치를 높이는 데 들어가는 밑천을 말한다. 생산요소로서의 자본은 노동·토지 등과 결합하여 재생산을 가능하게 하는 생산재를 의미한다. 생산재로서의 자본에는 자본주의 발달의 핵심 요소인 실물자본과 화폐자본이 있다. 실물자본은 생산된 생산수단으로서 내구재 일반을 지칭하지만, 넓게는 공장설비·기계 등의 고정자본뿐만 아니라 재료와 중간생산물도 포함한다. 화폐자본은 수익을 목적으로 사용되는 화폐표시액으로서, 자본의 순환과정에서 구매력의 원본으로 처음 투입되어 실물자본을 구입하게 되고, 그것이 최종적으로 생산물이 되어 다시 화폐자본으로 표시된다. 이 과정에서 최종생산물의 소비되지 않은 부분은 다시 자본으로 형성되어, 즉 저축으로 자본의 축적이 이루어진다.

2. 자본의 순환과 이자

우리는 저축된 자금을 가지고 주식, 채권을 매입하거나 은행에 예금을 하는 등과 같은 경제활동을 금융 자산의 구입이라고 한다. 앞서 화폐자본이라고 보았던 것이 금융자산이다. 우리는 금융자산으로부터 이자를 받는다.

3. 이자와 이자율은 어디에서 오는 것일까?

예컨대 우리가 A라는 회사의 채권을 매입하면 우리의 저축은 A 기업으로 들어가고, 만약 은행에 집어넣었다면 대출을 통해 A 회사에 저축했던 돈이 흘러간다. 기업은 이렇게 마련된 돈을 가지고 생산기계와 같은 실물자본을 구입하거나 빌려 생산에 투입하고 수익을 만들어낸다. 여기서 자본재가 수익을 만들어내는 것이다. 이것을 '자본재에 대한 수익'이라고 한다. '자본재에 대한 수익'이 이자의 궁극적인 원천이다. 따라서 이자는 가계가 저축한 자금의 사용에 대해 지급하는 대가이며, 이자율 수준은 자본재가 만들어내는 수익률에 의하여 결정된다.

4. 이자율이란 무엇이며, 어떤 역할을 하는가?

이자율은 현재의 가치를 포기하고 미래가치를 택한 것에 대한 상대적 가치 또는 가격이다. 따라서 이자율은 현재가치와 미래가치의 교환비율이며, 현재 물건과 미래 물건의 교환비율이다.

02 자본시장을 어떻게 분석할 것인가?

앞서 위 자본의 순환과정에서 보듯이 화폐자본을 빌리는 시장이 있고, 빌린 화폐자본으로 생산재를 구입하는 시장이 있다. 이들 모두 자본시장이라고 할 수 있다. 하지만 화폐자본과 관련된 자본시장은 매우 다양하다. 생산재를 구입하는 실물자본시장도 단순하지는 않다. 일반적으로 미시경제학에서 의미하는 자본은 실물자본, 즉 자본재를 말한다. 미시경제학에서 말하는 자본의 가격은 자본서비스를 말한다. 따라서 미시경제학에서 의미하는 자본시장의 균형은 단순히 수요자와 공급자가 만난다는 것만 가지고 제대로 이해하기 어렵다. 본 교재에서는 가계의 노동공급부터 기업이 돈을 빌려 자본재를 구입해서 생산에 투입하여 이윤을 올린다는 시간적 흐름에 따라 자본시장을 분석하게 될 것이다.

제2절 자본의 공급

01 자본의 의미

1. 자본재

생산과정에서 사용되는 기계나 설비를 통틀어 가리키는 말이다.

2. 자본서비스

자본재를 일정 기간 동안 사용함으로써 얻을 수 있는 서비스를 말한다.

02 자본서비스와 임대료

1. 임대료가 높을수록 더 많은 이윤이 난다는 점에서 자본서비스의 공급량이 더 커질 것이다.

2. 우상향곡선의 모양을 갖는다.

03 본질적인 의미에서의 자본의 공급

1. 본질적인 의미에서의 자본은 저축에 근원을 둔다.

2. 자본의 공급자는 저축을 하는 가계이다. 자본의 공급은 효용극대화 원리에 따라 결정된다.

3. 본질적인 의미에서 자본이라는 개념의 핵심적 의미

   미래의 더 큰 소비가능성을 위해 현재의 소비를 희생한다. 즉 어떤 자원을 지금 당장 소비할 수 있는데도 소비하지 않고 미래를 위해 남겨두는 것, 즉 저축해 두는 것이 바로 자본의 본질이다.

4. 자본재는 소비자들의 저축에 의해 축적된 자본이 구체화된 형태를 갖게 된 것이다.

5. 불확실한 미래를 위해 현재를 포기한 소비자에게 주어지는 대가가 이자이다.

04 효용극대화 원리에 따라 자본을 공급하는 가계의 편익과 비용은 무엇인가?

자본을 공급하는 가계의 편익은 미래가치이며, 비용은 현재가치(현재소비)다.

05 효용극대화 원리에 따라 저축을 합리적으로 선택하도록 하는 가격은 무엇인가?

효용극대화 원리에 따라 저축을 합리적으로 선택하도록 하는 가격은 이자율이다. 이자율의 수준은 자본재에 대한 수익률에 의하여 결정된다. 즉 자본의 수익률이 이자율을 결정하고, 이자율은 가계가 저축을 할 것인지 현재 소비를 할 것인지 선택하는 데 중요한 기준이 되는 것이다.

06 소비와 저축의 선택(피셔의 2기간 모형)

1. 의미

소비와 저축의 선택은 현재(1기)와 미래(2기)라는 두 기간만 존재한다는 가정에서 어떤 기간을 선택할 것이냐는 것을 설명하는 소비이론이다.

2. 전제

(1) 현재소비와 미래소비 간의 선택의 문제

(2) 대부와 차입이 자유롭다.

(3) 예산제약이 존재한다.

3. 예산제약조건식 : $C1$을 선택할 것이냐? $C2$를 선택할 것이냐?

(1) 현재소득 $Y1$, 현재소비 $C1$, $S(Y1-C1)$는 저축

(2) 미래소득 $Y2$, 미래소비 $C2$[2기의 소비는 2기의 소득에다가 1기에 저축한 소득을 합친 금액. 1기에 저축한 S는 이자가 붙어 $(1+r)S$이다.]

(3) $C2 = Y2 + (1+r)S = (1+r)(Y1-C1) + Y2 = (1+r)Y1 - (1+r)C1 + Y2$

$\Rightarrow C2 + (1+r)C1 = (1+r)Y1 + Y2 \Rightarrow$ 양쪽 항을 $(1+r)$로 나누면 $C1 + \dfrac{C2}{1+r} = Y1 + \dfrac{Y2}{1+r}$

$\Rightarrow C2 + (1+r)C1 = (1+r)Y1 + Y2$, 예산선의 기울기 $= -(1+r) =$ 현재소비 1단위를 늘리기 위해 미래소비 $(1+r)$단위 포기(줄인다) $\Rightarrow$ 가격비율, 상대가격

4. 소비자균형 조건

$$MRS = \frac{C1의\ 한계효용}{C2의\ 한계효용} = -(1+r)$$

07 가격효과 분석 : $C1$과 $C2$는 모두 정상재, $r\uparrow$, 저축자

1. 채권자(저축자)

(1) **대체효과** : 현재소비 상대가격↑ $\Rightarrow$ 현재소비↓, 미래소비↑

(2) **소득효과** : 실질소득↑(실질소득↓) $\Rightarrow$ 현재, 미래소비 모두↑(현재, 미래소비 모두↓)

2. 채무자(차입자)

(1) **대체효과** : 현재소비 상대가격↑ $\Rightarrow$ 현재소비↓, 미래소비↑

(2) **소득효과** : 실질소득↓ $\Rightarrow$ 현재, 미래소비 모두↓

	채권자		차입자	
	현재소비	미래소비	현재소비	미래소비
대체효과	↓	↑	↓	↑
소득효과	↑	↑	↓	↓
가격(이자율)효과	불확실	↑	↓	불확실

제3절 자본의 수요와 이윤 : 생산요소로서의 자본재와 투자

1. 자본의 이중적 성격

본원적 생산요소이면서 생산된 생산요소이다.

2. 저축과의 관련성, 투자행위, 소비가능성

현재 소비할 수 있는 것을 소비하지 않고 저축해 둠으로써 자본이 축적된다. 자본재를 축적한다는 말은 자본재를 생산해 그 양을 늘려간다는 것을 말한다. 자본재를 생산하는 행위를 투자행위라고 부른다. 투자행위를 할지 여부는 현재와 미래의 소비가능성에 따라 달라진다. 투자행위는 미래의 소비가능성을 높이기 위한 목적으로 행해진다.

3. 자본재는 생산재인 내구재이다.

투입해서 없어지는 것이 아니다. 이런 점에서 자본재의 서비스를 이용하는 것이다.

4. 자본의 구체적 형태

⑴ **자본스톡**

자본스톡은 한 나라 안에 존재하는 자본재의 총량을 말한다.

⑵ **사례**

① 구조물 : 공장이나 집, 다리 등 정착물

② 설비 : 기계, 공구, 자동차, 컴퓨터 등

③ 재고 : 투입물이나 산출물의 재고, 자본재의 일종

⑶ **감가상각**

① 시간이 지남에 따라 자본재의 가치가 떨어지는 것을 의미한다.

② 자본재(내구재)의 서비스를 이용한다는 점에서 감가상각이 발생한다.

제4절 투자의 결정

01 전제

기업은 자본의 가격이 한계생산가치와 같아지는 수준까지 자본을 고용한다.

02 기업이 투자를 한다는 의미

기업이 투자를 한다는 것은 어떤 자본재를 구입해 생산과정에 투입하는 것을 말한다. 기업이 투자를 결정할 때의 기준은 자본재를 구입함으로써 이윤이 더 커질 것인지 여부에 대한 예상이다.

03 기업이 투자를 위한 선택과 할인의 의의

자본재의 가격과 미래에 예상되는 수익을 비교한다. 예상되는 수익이 자본재의 가격보다 클 때 투자를 결정한다. 미래에 예상되는 수익을 파악하기 위해 할인이라는 행위가 필요하다.

04 할인과 현재가치

1. 상황

어떤 기계의 가격은 25억 원인데, 생산과정에 사용되면 앞으로 15년 동안 매년 2억 원씩의 수익을 가져다준다고 한다. ⇒ 수익은 30억 원, 가격은 25억 원이므로 기계를 구입하겠다고 하면 잘한 결정일까?

2. 합리성 여부에 대한 평가
⑴ **예금을 할 경우**

연간 이자율이 10%라고 할 때 기계구입비용 25억 원을 은행에 예금할 경우 1년에 2억 5천만 원씩 이자수입을 얻으면서 15년 후에는 원금을 그대로 찾는다.

⑵ **기계를 구입할 경우**

1년에 2억 원씩 수익을 얻고 15년 후에는 쓸모없는 고철 덩어리를 부담한다.

⑶ **결론**

미래에 발생할 수익의 가치가 현재의 가치와 다르다는 점을 인식하지 못했다. 따라서 미래에 생길 수익은 할인과정을 거쳐 현재가치로 바꾸어야 그 진정한 가치를 알 수 있다.

3. 할인과 현재가치

(1) 현재가치

현재가치란 미래에 발생하는 수익이나 비용을 현재의 시점에서 평가한 가치를 말한다. 연간 이자율이 10%라고 하면 3년 후의 2억 원은 현재의 가치로 약 1억 5천만 원$\left(=\dfrac{20억\ 원}{(1+0.1)^3}\right)$ 밖에 되지 않는다.

(2) 할인율

할인율은 미래의 금액을 현재가치로 환산하는 기준이 되는 비율을 말한다. 할인율로 사용되는 것은 여러 가지가 가능하며, 대표적인 것이 이자율이다.

05 투자 여부의 결정기준

1. 가정

가격이 10억 원인 기계를 생산과정에 투입하면 1년 후에는 2억 원, 2년 후에는 3억 원, 3년 후에는 3억 원, 4년 후에는 3억 원, 5년 후에는 2억 원의 수익이 발생하고, 5년간 사용된 후 쓸모없는 고철덩어리가 된다. 연간 할인율은 10%이다.

2. 현재가치(PV)

$$PV = \frac{20억}{1+0.1} + \frac{30억}{(1+0.1)^2} + \frac{30억}{(1+0.1)^3} + \frac{30억}{(1+0.1)^4} + \frac{20억}{(1+0.1)^5} = 98.4억$$

따라서 10억 원의 기계 구입을 하지 않는다.

3. 결정 기준

$PV > C$: 투자, $PV < C$: 투자하지 않음

⇒ 현재가치가 자본재의 가격보다 크면 투자를 하고, 그 반대라면 투자를 하지 않는다.

※ 주의: 할인율이 올라가면 현재가치는 내려가고, 할인율이 떨어지면 현재가치가 올라간다.

06 투자수요와 이자율의 관계: 역의 관계

제5절 대부자금시장과 이자율

1. 이자율의 의미

이자율은 자금을 빌려주고 빌리는 것과 관련된 가격을 말한다. 자금의 주요한 공급원은 소비자들에 의한 저축(기업저축, 정부저축)이며, 자금의 주요 수요자는 기업(가계, 정부)이다.

2. 자금의 수요와 공급

(1) 대부가능자금과 기업의 투자수요

대부가능자금은 남에게 빌려줄 수 있는 자금을 말한다. 이 자금에 대한 수요의 대부분을 구성하는 것은 기업의 투자와 관련된 수요다.

(2) 자금수요와 이자율의 관계

투자 수요와 이자율은 역의 관계, 따라서 자금에 대한 기업의 수요 역시 이자율과 역의 관계를 가진다. 이자율이 올라가면 기업은 자금에 대한 수요를 줄이는 한편, 이자율이 떨어지면 자금에 대한 수요를 늘린다.

(3) 대부자금시장에서 이자율의 결정

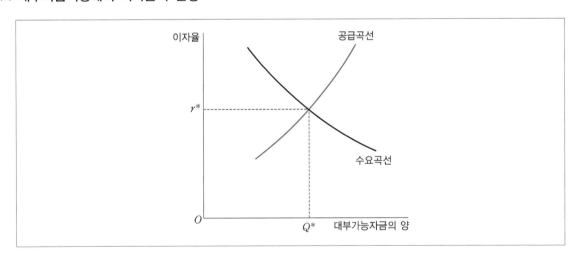

3. 이자율의 결정에 대한 이론

(1) **대부자금이론**: 대부가능자금에 대한 수요와 공급

(2) 유동성선호이론

단순히 대부 가능한 자금뿐 아니라 화폐 전체에 대한 수요와 공급에 의해 이자율이 결정된다고 설명하는 이론을 말한다.

4. 현실에서 이자율이 여러 가지인 이유

(1) 위험성의 차이

(2) 대부기간의 차이

(3) 행정비용의 차이

(4) 조세상 대우의 차이

제6절 이윤

1. 회계상 이윤과 경제적 이윤

경제적 이윤은 기회비용에 기초해 산출된 이윤으로 진정한 의미에서의 이윤이다.

2. 경제적 이윤의 원천

(1) 기업가적 노력

(2) 혁신

(3) 위험부담

제7절 금융시장에 관한 이론

01 배경설명

일반적으로 한 국민경제 안에는 수입이 지출보다 더 큰 경제주체가 있는가 하면, 그 반대로 지출이 수입보다 더 큰 경제주체도 있다. 기본적으로 가계는 저축을 통해 여유 자금을 남에게 빌려주는 흑자 경제주체인 반면, 기업과 정부는 이를 빌려 쓰는 적자 경제주체의 성격을 갖고 있다. 이들 사이에서 자금이 융통되는 과정을 금융이라 부르며, 그 거래가 이루어지는 시장을 금융시장이라고 부른다. 금융시장에서는 예금, 보험증서, 주식, 채권 등과 같은 다양한 금융자산이 거래되고 있다.

02 금융시장

1. 금융시장의 기능

금융시장은 자금의 수요자와 공급자를 효율적으로 연결시켜 주는 기능을 수행한다. 또한 금융자산과 관련된 위험을 분산시키는 기능을 수행하기도 한다. 뿐만 아니라 금융시장은 조성된 자금이 효율적으로 사용되도록 투자의 흐름을 조정하는 기능도 수행한다.

2. 금융시장의 분류

(1) 직접금융시장

직접금융시장은 자금을 필요로 하는 경제주체가 공급자로부터 자금을 직접 빌려 쓸 수 있는 시장을 뜻한다. 자금 수요자가 발행한 주식이나 채권을 거래 대상으로 삼는 주식시장이나 채권시장이 직접금융시장의 대표적 예라고 할 수 있다. 그런데 직접금융시장은 다시 발행시장과 유통시장으로 구분할 수 있다. 발행시장이란 자금 수요자가 발행한 증권이 자금 공급자에게 처음으로 판매되는 시장을 가리킨다. 발행된 증권이 처음으로 선을 보인다는 뜻에서 '일차적 시장'이라고 부르기도 한다. 이에 비해 유통시장은 이미 발행된 증권이 투자자들 사이에서 교환되는 시장을 뜻한다. 유통시장은 금융자산의 거래에서 매우 중요한 역할을 수행하는데, 투자자들이 보유자산을 쉽게 현금화할 수 있는 길을 열어준다는 것이 그 한 예가 된다.

(2) 간접금융시장

간접금융시장은 은행이나 보험회사 같은 금융 중개기관을 매개로 하여 자금이 오고가는 시장을 뜻한다. 자금 수요자가 금융 중개기관을 통해 간접적으로 자금을 조달한다는 뜻에서 간접금융시장이라고 부르는데, 이 시장에서는 예금증서나 보험증서가 거래대상이 된다.

03 채권과 주식

1. 채권

(1) 채권의 의미

채권(bond)은 채무자가 채권자에게 미래의 정해진 시점에 일정한 이자와 원금을 지급하기로 약속한 증서를 뜻한다. 따라서 모든 채권에는 대차계약의 만기일, 만기일 안에 지급될 이자, 그리고 만기일에 지급되는 금액이 명백히 밝혀져 있다. 만기일까지 매 기간 지급되는 이자를 표면이자라고 부르며, 만기일에 지급될 금액을 액면가라고 부른다. 예를 들어 '오백만 원'이라고 쓰여 있고 연간 3%의 이자를 지급한다고 약속한 채권이 있다면, 액면가가 5백만 원인 그 채권의 소유자에게 연간 15만 원의 표면이자가 지급된다.

(2) 채권 거래와 안정성

유통시장에서 채권의 가격은 수시로 변화하고, 이에 따라 채권투자에서 얻는 수익률도 달라진다. 예를 들어 싼 가격에 채권을 구입해 비싼 가격에 팔게 되면 높은 수익을 얻을 수 있다. 그런데 채권의 유통가격이 하락하더라도 만기까지 기다리면 최소한 표면이자와 액면가는 확보할 수 있다. 따라서 채권투자의 수익은 다른 금융상품의 경우에 비해 상대적으로 안정적인 경향이 있다.

$$\Rightarrow \ 채권수익률 = \frac{연간이자}{채권가격} \times 100 + \frac{액면가 - 채권가격}{채권가격} \times 100$$

2. 주식

(1) 주식의 의미

주식은 주식회사가 투자자에게 자금을 투자한 대가로 발행해준 증서를 뜻한다. 주식투자로부터 얻는 수익은 기업이 지급한 배당금과 주식가격 변화에 따른 자본이득을 더한 것이 된다.

(2) 채권투자 성향과 주식투자 성향

채권투자를 히는 사람은 기업의 성장 가능성보다 안정성에 더 큰 비중을 두어 투자 대상을 선택한다. 반면에 주식에 투자한 사람은 영업실적에 비례해 수익이 더 커지기 때문에 성장 가능성을 매우 중요하게 생각한다.

04 금융자산의 수익률

1. 금융자산의 특성

금융자산에는 다음과 같은 특성이 있어 여느 상품과는 약간 다른 틀에서 가격과 수익률이 결정되는 과정을 설명해야 한다.

첫째, 금융자산의 가치는 미래의 일에 영향을 받기 때문에 가격과 수익률이 매우 불안정하다.

둘째, 금융자산의 가격은 공급보다 수요측 상황에 더욱 민감하게 반응한다는 점에서도 차이를 갖고 있다. 발행시장에서 새로 공급되는 물량이 상대적으로 적기 때문에 공급량은 이미 유통되고 있는 물량의 수준에서 안정적인 반면, 이에 대한 수요는 주변 여건에 따라 크게 변화하는 것이 보통이기 때문이다.

셋째, 금융자산의 종류가 무척 많을 뿐 아니라 그들 사이의 대체성이 매우 크다.

2. 포트폴리오와 선택의 문제

투자자가 자산마다 수익성, 위험의 정도, 유동성이 각각 다른 것을 고려해 어떤 자산을 얼마만큼씩 보유할 것인지를 선택하는 문제를 말한다.

3. 효율시장가설과 예측불능가설

(1) 효율시장가설

금융자산의 가격과 기대수익률은 이에 관해 이미 공개된 모든 정보를 반영하고 있기 때문에 추가적인 위험을 부담하거나 유동성을 희생하지 않는 한 더 높은 기대수익률을 바랄 수 없다는 내용을 담고 있는 이론을 말한다.

(2) 예측불능가설

주식가격이 모든 정보를 반영해 신축적으로 조정되고 있는 상황에서는 앞날의 동향을 정확히 예측할 수 없다는 내용을 담고 있는 이론을 말한다.

05 파생금융상품

1. 선물

미래의 일정한 시점에 어떤 상품을 현재 합의된 가격으로 사거나 팔기로 약속한 것을 의미한다.

2. 옵션 : 선택권과 프리미엄

(1) 옵션의 의미

미래의 일정한 시점 또는 기간 동안 미리 정해진 가격으로 어떤 상품을 사거나 팔 수 있는 권리를 부여한 계약을 옵션이라고 부른다. 그러나 상품을 사고팔 수 있는 권리만 가질 뿐 반드시 이행해야 할 의무까지 갖는 것은 아니라는 점에서 선물과 차이를 갖는다.

(2) 콜옵션

① 의미

콜옵션은 일정한 시점 또는 기간 동안 미리 정해진 가격으로 어떤 상품을 살 수 있는 권리를 말한다.

② 내용

ㄱ 거래당사자인 콜옵션 소유자와 콜옵션 매수인은 지정된 행사 가격을 정하여 해당 선물계약 체결

ㄴ 가격 상승 시 매수할 권리 발생, 가격 하락 시 매수 의무 없음

ㄷ 매수할 권리를 행사할 경우에 콜옵션 소유자에게 프리미엄을 지급

(3) **풋옵션**: 매도할 권리, 약속가격 > 낮은 가격, 매도 권리 있고, 매도 의무 없음, 비용은 프리미엄

① 의미

풋옵션은 일정한 시점 또는 기간 동안 미리 정해진 가격으로 선물계약을 매도할 수 권리를 말한다.

② 내용

㉠ 거래당사자인 풋옵션 소유자와 풋옵션 매수인은 지정된 행사 가격을 정하여 해당 선물계약 체결

㉡ 가격 하락 시 매도할 권리 발생, 가격 상승 시 매도할 의무 없음

⇒ 풋옵션 매수인은 선물계약을 매도할 권리를 가진다.

㉢ 매도할 권리를 행사할 경우에 풋옵션 소유자에게 프리미엄을 지급

3. 파생금융상품과 투기

06 채권가격과 이자율 사이의 관계

1. 채권의 거래

채권이라면 주로 정부가 발행하는 국공채를 뜻하는데, 민간부문이 발행한 채권에도 지금 설명하는 논리가 그대로 적용될 수 있다. 우리가 우선 알아야 할 점은 채권의 실제거래가격이 보통 상품과 마찬가지로 수요와 공급에 의해 결정된다는 사실이다. 그렇기 때문에 시장에서의 (유통)가격이 액면가와 같아야 할 이유가 없으며 상황에 따라 수시로 변화하게 된다.

2. 이자율과 채권가격의 관계

(1) **사례**

연간 5%의 이자를 지급하기로 약속한 10년 만기 액면가 5백만 원의 채권이 있다고 하자. 만약 시중의 연간 이자율이 8%라면 사람들은 이 채권을 사려들지 않을 것이다. 시중의 이자, 즉 시장이자율이 8%나 되는데 구태여 5%의 이자밖에 주지 않는 채권을 살 이유가 없기 때문이다. 따라서 그 채권의 액면가는 5백만 원이지만 실제로 거래되는 가격은 그보다 훨씬 더 낮을 것이 분명하다. 만약 시장이자율이 11%로 올라가면 그 채권의 가격은 한층 더 떨어지게 된다. 반면에 시장이자율이 4%로 떨어지면 그 채권의 가격은 올라가 액면가 이상의 가격에 거래될 것이다.

(2) **이자율과 채권가격의 관계**

이자율이 올라가면 채권가격이 내려가고, 이자율이 떨어지면 채권가격이 올라가는 관계를 현실에서 발견할 수 있다. ⇔ 채권가격이 올라가면 이자율이 떨어지고, 채권가격이 내려가면 이자율이 올라가는 결과가 나타날 수 있는 것이다.

⑶ 채권가격과 수익률의 관계

수익률이 조정되는 과정 ⇒ 수익률과 이자율이 같아진다.

채권가격이 올라가면 그것에서 나오는 수익률이 떨어진다. 그런데 채권 수익률이 떨어진다는 것은 시장이자율이 떨어진다는 것을 뜻한다. 위험성이나 유동성의 측면을 생각하지 않는다면, 채권의 가격은 이를 보유한 사람이 시장이자율에 해당하는 수익률을 얻을 수 있는 수준에서 형성되기 때문이다.

⑷ 채권가격과 수익률, 시장이자율 사이의 관계

채권가격이 올라가면 수익률이 떨어지고 이자율도 함께 떨어지는 한편, 채권가격이 떨어지면 수익률과 이자율이 함께 올라가게 된다. 반대로 이자율이 올라가면 채권가격이 떨어지는 한편, 이자율이 떨어지면 채권가격이 올라간다. 결국 채권가격과 이자율 사이에 존재하는 역의 관계는 양쪽 방향으로 모두 성립한다는 결론이 나온다.

제 04 장 공급이 고정된 생산요소와 지대

제1절 토지와 지대

01 공급이 고정된 생산요소의 균형결정의 특수성

대표적으로 공급이 고정된 생산요소는 토지이다. 이 토지가 제공하는 서비스의 대가가 바로 지대이다. 즉 지대는 토지서비스에 대한 가격이다. 일반적으로 지대는 토지서비스에 대한 수요와 공급이 만나는 점에서 결정된다. 하지만 토지가 가지는 특수성으로 인해 지대의 결정에 대한 다양한 학설이 제기되었다.

02 지대의 결정에 관한 이론

1. 차액지대

리카도가 주장한 것으로 토지의 생산성에 따라 지대가 달라진다고 하였다. 생산성이 높은 토지가 희소하기 때문에 지대가 형성된다는 것이다.

2. 절대지대

마르크스가 주장한 것으로 어떤 토지도 무상으로 임대하지는 않는다는 것이다. 토지의 생산성이 가장 떨어지는 토지의 지주가 요구하는 지대를 절대지대라고 하였다.

3. 준지대

(1) 준지대는 마샬이 주장한 것으로 내구자본설비에 지대개념을 적용한 것이다. 내구자본설비가 주는 서비스에 대해 지불되는 대가를 준지대라고 했다. 장기적으로 자본이 가변적이라는 점에서 준지대는 단기에 고정요소로서의 성질을 가질 때를 전제로 한다.

(2) 준지대는 생산물시장에서 생산자잉여와 유사하다.

(3) 준지대 = 총수입 − 총가변비용 = 총고정비용 + 초과이윤(또는 −손실)

　① 준지대는 이윤보다 크다.

　② 초과이윤이 존재하면 준지대는 총고정비용보다 크고, 손실이 발생하면 총고정비용보다 작다.

　③ 손실이 총고정비용보다 크면 개별기업은 조업을 중단한다.

(4) 준지대는 단기에만 존재하고, 장기에는 존재하지 않는다.

제2절 지대와 경제적 지대

1. 경제적 지대

지대의 개념을 확장하여 적용한 개념이 경제적 지대이다. 어떤 생산요소의 공급이 비탄력적이기 때문에 추가로 지급되는 보수를 뜻하는 것이 경제적 지대이다. 경제적 지대는 생산요소에 지급되는 비용 중에서 그 생산요소가 공급되도록 유도하는 데 필요한 금액을 말한다. 예컨대 A가 현재 벌고 있는 돈에서 지금의 일 말고 다른 일을 해서 벌 수 있는 돈(즉, 노동의 기회비용)을 뺀 차를 '경제적 지대'라고 부른다.

2. 전용수입

어떤 생산요소를 현재의 용도에 사용하기 위해 지불해야 하는 최소한의 비용을 전용수입이라고 한다. 공급자의 입장에서 현재의 고용상태에 제공하는 것과 관련된 기회비용이다. 이 전용수입을 초과하여 지급하는 비용이 경제적 지대이다.

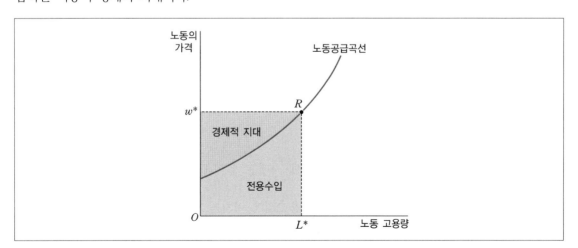

제 **05**장 소득분배의 현실

제1절 기능별 소득분배 : 생산요소의 대가, 기여도에 따라 크기가 정해진다

01 임금

1. 명목임금(w)

노동자가 노동서비스를 제공한 대가로 화폐량으로 표시되어 지불받는 임금이 명목임금이다.

2. 실질임금$\left(\dfrac{W}{P}\right)$

명목임금의 구매력, 즉 일정액의 화폐임금으로 구입할 수 있는 상품의 양으로 표시되는 임금을 실질임금이라고 한다.

3. 실질임금상승률[6] = 명목임금상승률 − 물가상승률

02 이자

이자는 자본서비스에 대한 대가를 말한다. 자세한 내용은 전술한 내용을 참고하기 바란다.

03 지대

1. 지대는 토지서비스 가격을 말한다.

2. 토지서비스의 공급은 완전비탄력적이기 때문에 지대는 오직 토지서비스 수요가 결정한다.

3. 노동공급의 임금탄력도가 경제적 지대 및 전용수입에 미치는 영향

(1) 노동공급의 임금탄력도가 클수록 경제적 지대는 작아지고, 전용수입은 커진다.

(2) 노동공급의 임금탄력도가 작을수록 경제적 지대는 커지고, 전용수입은 작아진다.

---

6) 실질이자율 = 명목이자율 − 인플레이션율

제2절 **계층별 소득분배이론 : 소득분배상태의 측정방법**

01 **10분위분배율**

1. 10분위분배율의 의미

한 나라 국민들의 소득 분포 형태를 알 수 있게 해주는 대표적인 지표가 10분위분배율이다. 10분위분배율은 전체 가구를 소득의 크기에 따라 정렬한 후 가구들을 10등분하고, 하위 소득 계층 40% 가구의 총소득을 상위 소득 계층 20% 가구의 총소득으로 나눈 값이다.

$$\Rightarrow \ 10분위분배율 = \frac{하위\ 40\%\ 소득점유율}{상위\ 20\%\ 소득점유율}$$

소득분위	소득점유율	누적비율
1분위	1.9	1.9
2분위	3.8	5.7
3분위	5.5	11.2
4분위	6.8	18.0
5분위	8.1	26.1
6분위	9.5	35.6
7분위	11.1	46.7
8분위	13.1	59.8
9분위	15.9	75.7
10분위	24.3	100.0

2. 10분위분배율 값의 범위

분자의 최하위 40% 소득 계층의 소득점유율이 커지면 10분위분배율이 커진다. 따라서 10분위분배율은 값이 클수록 균등한 분배상태를 나타낸다. 10분위분배율의 값의 범위는 극단적으로 가장 균등한 경우와 가장 불균등한 경우 사이에 존재한다. 우선 가장 균등한 경우는 최상위 계층에 속한 사람과 최하위 계층에 속한 사람의 소득이 같을 경우이며, 이는 모든 사람들의 소득이 동일하다는 것을 의미한다. 이 경우 최하위 40% 소득 계층의 소득점유율은 최상위 20% 소득 계층의 소득점유율의 2배가 되기 때문에 10분위분배율은 2보다 클 수 없다. 한편, 최하위 소득 계층의 소득점유율이 매우 작고 분모의 최상위 20%의 소득점유율이 매우 크다면 10분위분배율은 거의 0에 가까워진다. 따라서 10분위분배율은 가장 불균등한 경우 0의 값을 가지고, 가장 균등한 경우 2의 값을 가진다.

> (불균등) 0 ≤ 10분위분배율 ≤ 2 (균등)

3. 10분위분배율에 대한 평가

10분위분배율은 측정하기가 간단하면서도 소득분배 정책의 주대상이 되는 하위 40% 계층의 분배상태를 직접 나타낼 수 있고, 또 이를 상위 계층의 분배상태와 비교할 수 있다는 장점이 있다. 통상적으로 10분위분배율이 0.45 이상이면 분배상태가 양호하고, 0.35~0.45 사이는 중간수준이며, 0.35 미만이면 분배상태가 나쁘다고 말을 한다.

02 **5분위배율**

1. 5분위배율의 의미

5분위배율은 전체 가구를 소득의 크기에 따라 정렬한 후 가구들을 5등분하고, 소득수준이 가장 높은 5등급(상위 20%)의 평균소득을 가장 낮은 1등급(하위 20%)의 평균소득으로 나눈 비율을 말한다.

$$\Rightarrow \text{5분위배율} = \frac{\text{상위 20\% 소득점유율}}{\text{하위 20\% 소득점유율}}$$

2. 5분위배율 값의 범위

모든 사람의 소득이 동일한 경우 최상위 20%의 소득점유율과 최하위 20%의 소득점유율이 같을 것이고, 이때 5분위배율은 1이 된다. 5분위배율이 점차 커질수록 최하위 20% 계층의 소득대비 최상위 20% 계층의 소득이 높다는 것으로, 소득의 양극화가 심화 확대되는 것으로 볼 수 있다.

03 **로렌츠곡선**

1. 로렌츠곡선의 의미

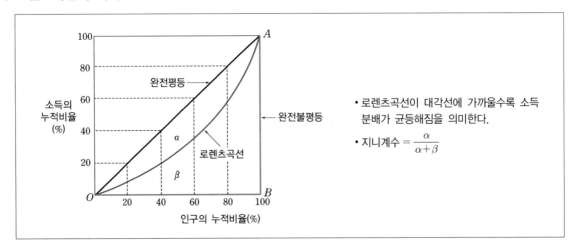

- 로렌츠곡선이 대각선에 가까울수록 소득 분배가 균등해짐을 의미한다.
- 지니계수 $= \dfrac{\alpha}{\alpha+\beta}$

로렌츠곡선은 가장 가난한 몇 퍼센트의 사람들이 전체 소득 중 몇 퍼센트를 차지하고 있는지를 나타내는 점들을 이어 만든 곡선을 말한다. 로렌츠곡선의 횡축은 원점을 기준으로 전 인구를 하위 소득을 차지하는 사람들로부터 소득액 순으로 배열하여 인구의 누적비율을 나타내고, 종축에는 그들이 차지하고 있는 소득의 누적 점유율을 표시한다. 즉, 로렌츠곡선은 인구의 누적비율과 소득의 누적비율 사이의 관계를 나타낸 곡선이다. 로렌츠곡선은 소득분배 상태를 서수적으로 평가한다.

2. 로렌츠곡선의 측정

로렌츠곡선이 대각선에 가까울수록 소득분배는 평등하며, 아래로 처질수록 소득분배는 불균등하다. 모든 사람의 소득이 동일하다면 로렌츠곡선은 대각선의 형태로 나타난다.

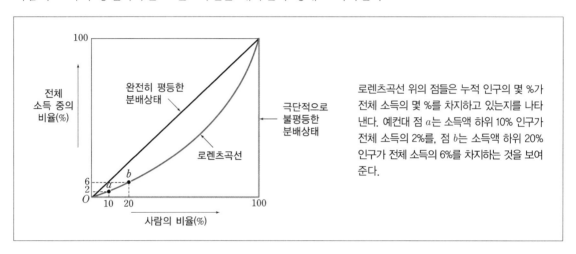

로렌츠곡선 위의 점들은 누적 인구의 몇 %가 전체 소득의 몇 %를 차지하고 있는지를 나타낸다. 예컨대 점 a는 소득액 하위 10% 인구가 전체 소득의 2%를, 점 b는 소득액 하위 20% 인구가 전체 소득의 6%를 차지하는 것을 보여준다.

04 지니계수

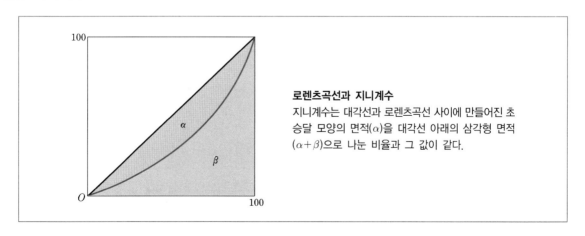

로렌츠곡선과 지니계수
지니계수는 대각선과 로렌츠곡선 사이에 만들어진 초승달 모양의 면적(α)을 대각선 아래의 삼각형 면적($\alpha+\beta$)으로 나눈 비율과 그 값이 같다.

1. 지니계수의 의의

로렌츠곡선은 특정의 숫자로 표시할 수 없기 때문에 여러 나라의 소득분배상태를 비교하기 쉽지 않다. 또한 로렌츠곡선이 교차하면 두 국가의 소득분배상태를 비교할 수 없다. 이러한 단점을 보완하기 위해 이탈리아 통계학자인 지니는 소득분배상태를 객관적으로 비교할 수 있는 지니계수를 고안했다.

2. 지니계수의 의미

지니계수는 대각선(균등분포선)과 로렌츠곡선 사이의 초승달 모양의 넓이를 대각선(균등분포선) 아래 삼각형의 넓이로 나눈 것과 그 값이 같다.

$$\Rightarrow 지니계수 = \frac{대각선과\ 로렌츠곡선\ 사이의\ 면적}{대각선\ 아래의\ 삼각형\ 면적} = \frac{\alpha}{\alpha + \beta},\ 값이\ 클수록\ 소득불평등도가\ 크다.$$

3. 지니계수 측정

로렌츠곡선이 대각선(균등분포선)과 같다면 로렌츠곡선이 만드는 면적이 없기 때문에 지니계수는 0이 되며, 소득분포가 불균등하게 된다면 로렌츠곡선이 아래쪽으로 처지면서 지니계수의 값이 커져 1에 가까워진다. 따라서 지니계수는 0이 가장 균등한 소득분포상태를 나타낸다.

(균등) 0 ≤ 지니계수 ≤ 1 (불균등)

지니계수가 어느 정도여야 한 사회의 소득분배가 균등한지에 대한 엄밀한 기준은 없다. 일반적으로 0.4 이상이면 불균등한 것으로 본다.

예비사회교사를 위한
경제학 다이제스트

제 **6** 편

시장실패와 정부개입

제 01 장 시장과 정부

제1절 시장은 스스로 효율성을 달성한다

01 파레토효율성을 검토해야 하는 이유

1. 부분균형분석의 한계

경제는 생산요소가 제공되고 투입되어 상품이 생산되고 소비되지만, 동시에 상품 판매수입이 생산요소 수입으로 돌아가는 화폐적 현상을 포함하는 종합적 현상이다. 하지만 지금까지는 소비자, 생산자, 시장을 나누어 학습하면서 이러한 순환과정이 내포하고 있는 상호 연관성을 고려하지 않았다. 가계의 소득은 요소시장에서의 가격결정에 영향을 받지만 이를 일정하다고 가정한 뒤 주어진 소득하에서 소비자가 효용을 극대화하기 위해 상품을 어떻게 구매하는지를 살펴보았다.

생산이론에서도 기술 수준과 요소가격이 주어졌다는 가정 아래에서 이윤을 극대화하기 위한 생산요소 투입 조합만을 다루었다. 여러 상품시장과 요소시장은 상호 영향을 주고받음에도 상호 연관성은 배제한 채 개별시장만을 분석했다. 특히 생산요소시장의 수요는 파생수요이지만 상품시장과의 연관성이나 다른 생산요소시장으로부터 오는 영향을 고려하지 않고 해당 요소시장의 특성만을 분석한 것이다. 이러한 분석은 특정 상품이나 시장의 수요와 공급의 특성에 대해서는 자세하게 볼 수 있지만, 경제 내에 존재하는 생산자원이 과부족 없이 그것도 가장 효과적으로 쓰이고 있는가를 판별하기는 어렵다.

2. 경제 전체를 일목요연하게 파악하기 위해 일반균형분석이 필요하다.

경제 전체를 일목요연하게 파악하여 소비자와 공급자, 노동과 자본, 그리고 이들 사이를 매개하고 있는 상품가격, 생산요소가격 등의 가격체계가 효율적으로 움직이고 있다고 판별할 수 있는 방법은 무엇인가? 모든 개별 시장을 하나의 방정식으로 정리하여 모든 경제현상이 유기적으로 균형에 도달하고 있는지 여부를 살펴보는 것이다. 따라서 일반균형을 알아보고자 하는 이유는 경제 내 모든 시장이 동시에 균형에 머무르게 하는 경우와 조건을 알아보고 싶기 때문이다.

02 파레토효율성의 의미와 한계

1. 파레토효율성의 의미

경제학자 파레토(V. Pareto)는 일반균형분석 차원에서 파레토효율성이란 의미를 제시하였다. 파레토효율성이란 소비자들 사이, 생산자들 사이 그리고 사회 전체에 있어서 재배분의 손해가 타인에게 가지 않으면서 어떤 사람에게 이득을 가져다주는 새로운 배분상태로, 이를 변화시키는 것이 불가능하면 그 배분상태를 말한다. 예컨대 A와 B의 배분상태를 보면 소비자이든, 생산자이든 어느 누구의 후생도 감소하지 않으면서 A의 배분상태가 B의 배분상태보다 우위에 있다. 이를 A는 파레토 우위의 상태, B는 파레토 열위의 상태라고 말한다. 이 상태를 개선해 나가는 것이 파레토 개선이다. 파레토 개선은 어느 한 사람에게도 손해를 끼치지 않으면서 최소한 한 사람 이상에게 이득을 가져다주는 배분상태로 변화하는 경우를 말한다. 즉 파레토 열위에 있는 B가 파레토 우위로 가는 경우를 말한다. 이런 파레토 개선은 파레토 효율에 도달할 때까지 계속된다. 경제적 효율성, 시장균형, 경제적 후생 내지는 잉여의 극대화, 순편익의 극대화, 파레토 최적은 파레토 효율의 다른 표현이다. 여기서 시장은 완전경쟁시장을 전제로 한다는 점에서는 의견의 차이가 없다.

2. 파레토효율성의 한계 및 취지

사회후생의 극대화는 효율성과 공평성이 모두 극대화되어야 한다. 이런 측면에서 파레토효율성에 따른 배분이 경제적 후생 측면에서 바람직한 것일까? 파레토효율성은 오직 효율성과 관련된 설명일 뿐 공평성을 포함하지 않는다. 배분을 어떻게 하는 것이 바람직한지에 대해서는 수학적 논리가 아니라 현실에서의 의견과 가치의 문제이기 때문에 모두를 만족시키는 사회적 만족을 크기로 잴 수 있다는 주장은 파레토효율성 이론의 한계이다. 다수결의 원리처럼 한 사람이나 소수보다 다수를 만족시킬 때 더 많은 경제적 참여로 효율성이 커질 수 있다는 생각을 반영한 것이 파레토효율성 이론이라고 할 수 있다.

제2절 시장의 실패와 정부개입

01 시장실패 발생: 정부개입의 근거

완전경쟁시장은 경제적 효율성과 파레토효율성이 자동으로 달성된다고 가정한다. 현실의 시장에서는 완전경쟁을 전제로 파레토효율성 조건을 충족하는 시장의 자원배분이 이뤄지지 않는 경우가 많다. 또한 완전경쟁시장이나 파레토효율성은 사회적 후생 중 하나인 공평성을 보장하지 않는다. 시장실패란 시장의 가격기구가 효율적인 자원배분 및 균등한 소득분배를 실현하지 못한 경우와 소득분배의 공평성이 달성되지 못한 상태를 말한다. 정부는 이런 비효율성과 공평성을 달성하기 위해 시장에 개입하게 된다.

02 발생원인

1. 미시적 시장실패 원인 : 비효율성의 문제

(1) **불완전경쟁** : 비효율적 배분 $\Leftarrow P > MC$

(2) **규모의 경제** : 비효율적 배분 $\Leftarrow P > MC$

(3) **정보경제학** : 위험과 불확실성, 정보의 비대칭성 $\Rightarrow$ 경제의 비효율성 초래

(4) **외부성** : 시장기구에 의해 재화가 과소 또는 과다 생산 $\Rightarrow$ 경제의 비효율성 초래

어떤 사람의 행동이 제3자에게 의도하지 않은 혜택이나 손해를 가져다주면서 대가를 받지도 지불하지도 않을 때 외부성 혹은 외부효과가 발생한다고 말한다. 이로 인해 사적인 비용(편익)과 사회적 비용(편익)이 불일치하게 된다. $\Rightarrow$ 외부비용(EMC), 외부편익(EME) $\Rightarrow$ 편익과 비용의 불일치 현상

(5) **공공재** : 무임승차로 인해 최적 생산이 이루어지지 않는다. $\Rightarrow$ 경제의 비효율성 초래

공공재란 국방서비스, 공원, 혹은 도로같이 여러 사람의 공동소비를 위해 생산된 재화나 서비스를 말한다. 공공재란 비경합성과 비배제성을 갖는 재화를 말한다. 비경합성이란 한 사람이 그것을 소비한다고 해서 다른 사람이 소비할 수 있는 기회가 줄어들지 않음을 뜻하고, 비배제성이란 대가를 치르지 않는 사람이라 할지라도 소비에서 배제할 수 없음을 뜻한다.

(6) **공유자원** : 시장에 맡길 경우 적정량보다 과다 소비 $\Rightarrow$ 경제의 비효율성 초래

2. 거시적 시장실패 원인

(1) **소득의 불균등한 분배** : 공평성의 문제

(2) **인플레이션과 실업 문제**

제3절 정부개입의 구체적 유형과 정부실패

01 정부개입의 유형

1. 직접적 행동 : 직접 생산 및 공급, 공기업 운영

> **OB** 공공재, 가치재(의무교육)

2. 유인의 제공 : 세금, 세액공제

국세는 국가가 행정 서비스 등 국가 업무를 수행하는 경비에 충당하기 위하여 국민에게 부과·징수하는 조세이며, 과세권 주체가 국가인 조세를 말한다. 따라서 지방자치단체가 과세권의 주체가 되는 지방세에 대응하는 개념이다. 국세의 종류는 내국세와 관세, 그리고 목적세로 대별된다. 「국세기본법」상 국세는 내국세만을 의미한다. 내국세는 나라살림을 관리하는 보통세이다. 내국세는 직접세와 간접세로 다시 구분되는데, 내국세 중 직접세는 소득세·법인세·상속세·증여세가 있으며, 간접세는 부가가치세·특별소비세·주세·인지세·증권거래세 등이 있다. 원칙적으로 세목마다 「소득세법」·「법인세법」·「부가가치세법」 등의 법률에 의하여 각각 납세의무자·과세물건·과세표준·세율 등 필요한 사항이 규정되어 있다. 이 외에 「국세기본법」·「국세징수법」·「조세특례제한법」·「조세범처벌법」 등에 의해 운영되고 있다. 관세는 통상적으로 국경을 통과하는 수출입 물품에 대하여 부과되는 조세이다. 관세의 종류는 주로 재정 수입의 증가를 목적으로 하는 재정 관세와 국내 산업의 보호·육성을 목적으로 하는 보호 관세가 있다. 목적세는 해당 조세의 용도를 세법에 명시하여 해당 목적에만 지출할 수 있도록 제한하고 있는 조세로 국세인 교육세·교통세·농어촌특별세가 있고, 지방세인 도시계획세·공동시설세·지역개발세와 사업 소득세 등이 있다.[7]

3. 민간부문의 행동을 규제

02 정부실패의 의미

시장실패를 교정하기 위한 정부개입이 오히려 시장과 가격기제를 교란하고, 민간의 경제적 선택을 왜곡시켜 자원배분의 비효율성을 악화시키는 것을 말한다.

---

7) 기획재정부 웹페이지 인용

03 정부실패의 원인

1. 제한된 정보와 지식

2. 민간부문 반응의 통제 불가능성

3. 정치적 과정에서의 제약

4. 관료조직의 문제

04 정부실패의 치유책

1. 제도 개혁

2. 적절한 유인의 제공

3. 경쟁의 도입

제 02 장 공공재의 문제

제1절 공공재의 특성

01 공공재가 사유재산과 다른 특성은 무엇인가?

1. 비경합성 : 공공소비가 가능, 추가 소비에 들어가는 한계비용이 0, 모두 동시에 혜택 가능

첫 번째 특성은 소비에서의 비경합성인데, 한 사람이 그것을 소비한다 해서 다른 사람이 소비할 수 있는 기회가 줄어들지 않는다는 말이다. 즉 소비가능성이 감소하지 않는 특징을 말한다.

예 한 경제주체가 국방서비스를 추가로 소비한다고 해서 국방서비스의 양이 변하지 않는다.

2. 비배제성 : 무임승차자 문제, 공공재가 시장실패를 가져오는 가장 직접적 원인

두 번째 특성은 배제불가능성(non-excludability)으로 대가를 치르지 않은 사람이라도 소비에서 배제할 수 없는 성격을 말한다. 공공재가 갖는 이 두 성격 때문에 이에 대해 양(+)의 가격을 매기는 것이 가능하지도 않고 바람직하지도 않게 된다.

예 방위비를 낸 사람과 그렇지 않은 사람을 구분해서 국방서비스를 제공할 수 없다.

02 공공재의 구분

	비배제성	배제성
비경합성	국방, 법률, 치안, 공중파, 일기예보	유료공원, 케이블 티비, 수영장, 한산한 유료 고속도로
경합성	공용지, 공유지	민간재

03 공공재의 특성은 어떤 문제를 야기하는가?

1. 과소생산

시장에게 공공재 생산을 맡길 경우에 생산되지 않거나 너무 적게 생산된다.

2. 비경합성의 문제

비경합성으로 인해 공공재 소비의 한계편익은 양(+)인 반면에 그 한계비용은 0이다. 공공재의 공급을 시장에 맡길 경우 수요자들은 자신이 실제로 필요한 공공재의 양보다 더 적게 필요한 것처럼 행동하면서 공공재 구입비용을 줄이려 한다. 그 결과 최적 수준에 비해 항상 과소생산이 이루어진다.

3. 무임승차자의 문제

사람들은 비경합성이 야기하는 사실을 인식하고 공공재 생산에 드는 비용을 부담하지 않으면서 타인의 소비에 편승하려는 경향을 보이게 된다. 이로 인해 무임승차자의 문제가 발생하는데, 이 때문에 공공재의 공급을 시장기능에 내맡기면 사회적으로 적절한 수준에 훨씬 못 미치는 결과가 나타날 가능성이 크고 극단적으로 공공재는 전혀 생산되지 않을 수 있다.

제2절 공공재에 대한 정부의 개입

01 공공재의 가격 설정의 어려움으로 인한 정부의 공공재 공급

공공재는 비경합성으로 추가적인 소비에 대한 한계비용이 0이라는 점에서 양(+)의 가격을 정하는 것이 바람직하지 않고, 비배제성으로 양(+)의 가격을 받을 수도 없다. 따라서 정부는 세금을 가지고 일정한 양의 공공재를 공급하고 있다.

02 공공재의 적정공급량

1. 공공재의 공급과 소비 양상

공공재는 정부가 공급하면 모든 경제주체들이 동시에 공급된 양을 동일하게 소비한다. 하지만 모든 경제주체들이 공공재의 소비로부터 동일한 효용을 누리고 있지 않다.

2. 공공재의 시장수요를 어떻게 구할 것인가?

사적 재화의 경우 주어진 가격에서 개별 소비자의 수요량을 합해서 구한다. 공공재의 경우에는 이와 반대로 각 수량에서 개별 소비자의 지불용의 가격을 더해서 구한다. 즉 공공재의 시장수요는 개별 소비자 수요의 수직 합이 된다. 공공재의 소비자들은 서로 다른 가격을 지불한다. 공공재에 대한 선호도가 높은 개인이 더 많은 비용을 부담하게 되는 것이다.

3. 공공재의 적정공급량

한계비용을 나타내는 공급곡선과 시장수요곡선이 만나는 수준에서 결정된다.

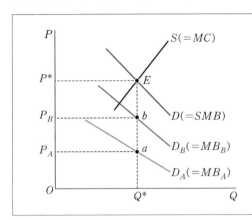

- 시장수요곡선 : 개별수요곡선을 수직으로 합하여 도출한다. 즉, P(가격)을 더한다.
- 한계비용의 공급곡선
- 적정공급조건 : 수요와 공급이 만날 때
  $MB_A + MB_B = MC$ 또는 $MRS1_{XY} + MBS2_{XY} = MRT_{XY}$

4. 문제에 적용하기

Q 어느 공공재에 대한 두 소비자 A와 B의 수요함수는 각각 $Pa = 250 - \dfrac{1}{2}Q$, $Pb = 100 - \dfrac{1}{3}Q$ 이다. 여기서 Pa는 A 소비자의 소비가격, Pb는 B 소비자의 소비가격, 그리고 Q는 수요량이다. 이 공공재의 한계비용은 200원으로 일정하다. 사회적으로 효율적인 공공재 공급량의 수준을 구하시오.

정답 및 해설

$P_A = 250 - \dfrac{1}{2}Q$와 $P_B = 100 - \dfrac{1}{3}Q$의 수직합인 $P = 350 - \dfrac{5}{6}Q$이므로 공급곡선인 $MC = 200$과의 교점을 구하면 $350 - \dfrac{5}{6}Q = 200 \Rightarrow Q = 180$이다.

제 03 장 외부성과 해결 방안 : 환경의 문제

제1절 **외부효과의 경제적 의의**

01 외부성의 개념적 특성

1. 시장을 통한 경제활동과 그렇지 않은 경제활동

경제주체들의 경제활동(생산, 유통, 소비)은 시장에서 거래되며 이는 수요와 공급을 통해 가격에 반영된다. 하지만 어떤 경제활동은 모든 비용과 편익이 가격기구를 통하지 않는 경우도 있다.

2. 가격기구를 통하지 않는 비용과 편익의 사례

(1) 철강 생산 ⇒ 오폐수로 하천 오염 ⇒ 악취, 주민들의 건강 훼손 ⇒ 정화작업 필요

⇒ 철강 가격에 추가적인 비용이 포함되지 않는다.

⇒ 철강 시장에 철강을 내놓을 때 사적인 비용보다 하천 오염으로 발생한 비용까지 고려한 사회적 비용이 더 크다.

(2) 트랜지스터 발명 ⇒ 컴퓨터, 전자교환장치, 디지털시계 등 부수적 기술 창출 ⇒ 소비자의 후생 증가

⇒ 트랜지스터 발명으로 인한 편익에 증가한 소비자의 편익이 반영되지 않는다.

(3) 위 두 사례를 지칭하는 용어는 무엇이고, 시장실패인 이유는 무엇인가?

증가한 비용과 편익이 수요·공급곡선에 반영되지 않아 결과적으로 자원이 효율적으로 활용되지 못하기 때문이다.

3. 좋은 일은 적게, 나쁜 일은 많이 한다.

02 외부효과의 의미

어떤 사람의 경제적 행위가 제3자에게 의도하지 않은 혜택이나 손해와 같은 영향을 미치지만 그에 따른 대가나 보상이 이루어지지 않는 현상을 말한다. 외부효과는 어떤 사람이 제3자의 경제적 후생에 영향을 미쳤다는 점을 거래가 이뤄진 것으로 간주하지만, 이에 대한 적절한 보상이 이루어지지 않아 거래가 제대로 이행되지 않는 것으로 취급된다. 즉 대가를 받지도 지불하지도 않을 때 외부성 혹은 외부효과가 발생한다고 말한다. 이로 인해 사적인 비용(편익)과 사회적 비용(편익)이 불일치하게 된다.
⇒ 외부비용(EMC), 외부편익(EMB)

03 용어정리

1. **사적인 한계편익(PMB)** : 재화를 소비하는 사람이 유발하는 한계편익

2. **사회적 한계편익(SMB)** : 사적인 한계편익 + 타인이 얻게 되는 편익

3. **사적인 한계비용(PMC)** : 재화를 생산하는 사람이 초래하는 한계비용

4. **사회적 한계비용(SMC)** : 사적인 한계비용 + 타인의 한계비용

04 시장실패가 없는 경우

사적인 것과 사회적인 것의 구별이 없다.

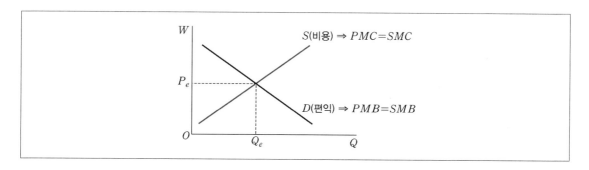

05 외부효과가 시장실패를 초래하는 이유가 무엇인가?

외부효과가 있을 때 시장실패가 초래되는 이유는 사회적 편익이 사적 편익과 일치하지 않거나 또는 사회적 비용이 사적 비용과 일치하지 않기 때문이다.

06 외부효과의 유형

1. 개관

(1) **외부경제(긍정적 외부효과)** : 과소 생산, 과소 소비 ⇒ 피구보조금 지급

(2) **외부비경제(부정적 외부효과)** : 과잉 생산(과잉 소비) ⇒ 피구세 부과

2. 생산 외부효과

(1) **의미**

사회적 비용과 사적 비용의 불일치 ⇒ 사회적 비용을 반영하는 공급곡선과 사적 비용을 반영하는 공급곡선의 불일치

(2) **개관**

생산 외부효과	편익과 비용의 관계	영향	대책
외부경제 (양봉업자, 과수원)	$PMC > SMC$ ⇒ 사회적 한계비용(SMC) = 사적한계비용(PMC) − 외부한계비용(EMC)	과소 생산	보조금 지급
외부비경제 (염색공장 상류, 농업)	$PMC < SMC$ ⇒ 사회적 한계비용(SMC) = 사적한계비용(PMC) + 외부한계비용(EMC)	과다 생산	피구세 부과

(3) **긍정적 외부효과** : 사회적 비용 < 사적 비용

경제가 어떤 상품을 생산하면 경제의 사적 비용은 증가하지만(＋), 제3자의 사적 비용은 오히려 감소한다(－). 경제의 생산활동이 초래한 사회적 비용은 경제의 사적 비용보다 작다.

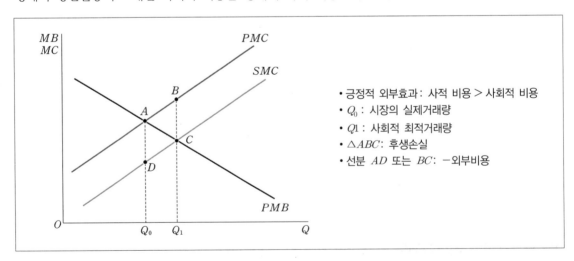

- 긍정적 외부효과 : 사적 비용 > 사회적 비용
- Q_0 : 시장의 실제거래량
- $Q1$: 사회적 최적거래량
- $\triangle ABC$: 후생손실
- 선분 AD 또는 BC : −외부비용

(4) **부정적 외부효과**: 사회적 비용 > 사적 비용

경제가 어떤 상품을 생산하면 경제의 사적 비용도 증가하지만(+), 제3자의 사적 비용도 증가한다(+).
경제의 생산활동이 초래한 사회적 비용은 경제의 사적 비용보다 크다.

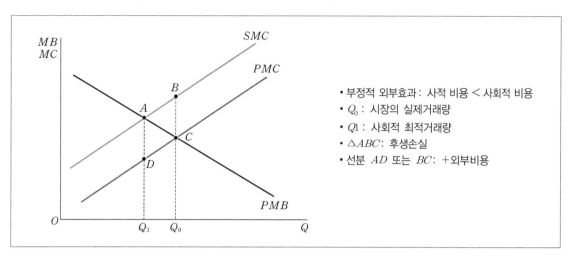

• 부정적 외부효과: 사적 비용 < 사회적 비용
• Q_0: 시장의 실제거래량
• Q_1: 사회적 최적거래량
• $\triangle ABC$: 후생손실
• 선분 AD 또는 BC: +외부비용

(5) **시장의 균형은 어떻게 되는가?**

균형은 수요곡선과 사적 비용이 반영된 공급곡선이 만나는 점에서 달성되고 이로부터 시장의 실제거래
량이 결정된다. 하지만 이 값과 사회적 최적거래량은 다르다. 사회적 최적거래량은 사회적 비용이 반영된
공급곡선이 만나는 점에서 구할 수 있다.

(6) **왜 시장실패인가?**

생산의 경제적 후생 극대화는 그 상품에 대해 높은 가치를 부여하는 사람에게 적절한 양의 상품이 할당
되어 생산되어야 한다. 그런데 외부효과가 있으면 적절한 사회적 최적거래량의 상품이 생산되지 못한다.
긍정적 외부효과가 있을 때는 너무 적게 생산되고, 부정적 외부효과가 있을 때에는 너무 많이 생산된다.

(7) **결론**

긍정적 외부효과가 있을 때에는 사회적 최적보다 과소하게 상품이 거래되고, 부정적 외부효과가 있을
때에는 사회적 최적보다 과다하게 상품이 거래된다. 즉 외부효과를 갖는 상품의 경우 시장에서 실제로
이루어지는 거래량은 사회적 최적이 되지 못한다.

3. 소비 외부효과

(1) 의미

사회적 편익을 반영하는 수요곡선과 사적 편익을 반영하는 수요곡선의 불일치

(2) 개관

소비 외부효과	편익과 비용의 관계	영향	대책
외부경제 (교육, 예방주사, 꽃)	사회적 한계편익(SMB) = 사적한계편익(PMB) + 외부한계편익(MEB)	과소 소비	보조금 지급
외부비경제 (술, 담배)	사회적 한계편익(SMB) = 사적한계편익(PMB) - 외부한계비용(MEC)	과다 소비	피구세 부과

(3) 긍정적 외부효과

A가 어떤 상품을 소비하면 A의 사적 편익도 증가하지만(+), B의 사적 편익도 증가한다(+). 사회적 편익을 의미하는 A와 B의 합은 당연히 A의 사적 편익보다 크다.

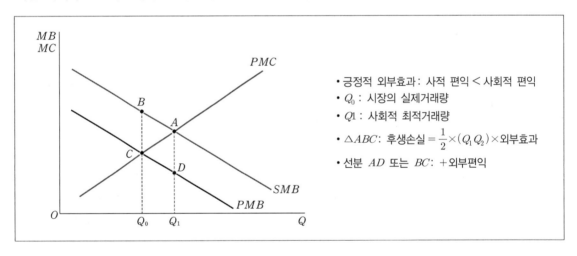

- 긍정적 외부효과: 사적 편익 < 사회적 편익
- Q_0 : 시장의 실제거래량
- $Q1$: 사회적 최적거래량
- $\triangle ABC$: 후생손실 = $\frac{1}{2} \times (Q_1 Q_2) \times$외부효과
- 선분 AD 또는 BC: +외부편익

(4) 부정적 외부효과

A가 어떤 상품을 소비하면 A의 사적 편익은 증가하지만(+), B의 사적 편익은 감소한다(−). 사회적 편익을 의미하는 A와 B의 합은 당연히 A의 사적 편익보다 작다.

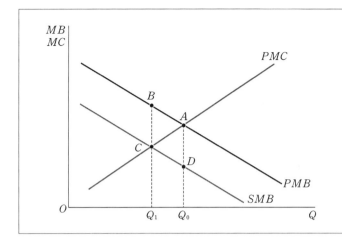

- 부정적 외부효과 : 사적 편익 > 사회적 편익
- Q_0 : 시장의 실제거래량
- $Q1$: 사회적 최적거래량
- $\triangle ABC$: 후생손실
- 선분 AD 또는 BC : −외부편익

⑸ **시장의 균형은 어떻게 되는가?**

소비자는 당연히 사적 편익이 반영된 수요곡선에 의해 행동하게 될 것이다. 따라서 균형은 사적 편익이 반영된 수요곡선과 공급곡선이 만나는 점에서 달성되고 이로부터 시장의 실제거래량이 결정된다. 하지만 이 값과 사회적 최적거래량은 다르다. 사회적 최적거래량은 사회적 편익이 반영된 수요곡선과 공급곡선이 만나는 점에서 구할 수 있다.

⑹ **왜 시장실패인가?**

소비의 경제적 후생 극대화는 그 상품에 대해 높은 가치를 부여하는 사람에게 적절한 양의 상품이 할당되어 소비되어야 한다. 그런데 외부효과가 있으면 적절한 사회적 최적거래량의 상품이 소비되지 못한다. 긍정적 외부효과가 있을 때는 너무 적게 소비되고, 부정적 외부효과가 있을 때에는 너무 많이 소비된다.

제2절 **외부효과의 해결 방안**

01 개관

1. 해결 주체 및 해결 방안

해결 주체	해결 방안
시장	외부성의 내부화 : 합병과 협상(코즈 정리)
정부와 시장	• 피구세(외부성의 내부화) • 오염배출권 제도(외부성의 내부화)
정부	직접규제

2. 외부성의 내부화

(1) 의미

외부효과의 해결을 외부효과의 내부화라고 부른다. 외부효과의 내부화는 사람들의 유인 구조를 바꾸어 외부효과를 의사결정에 반영하도록 만드는 과정이다.
데 합병, 협상, 피구세, 오염배출권제도

(2) 사례

오염물질을 배출하는 비용을 생산자가 부담하도록 한다.
⇒ 생산자는 오염물질 배출 비용을 고려하게 된다.

(3) 외부효과의 내부화 원리

사회적 편익이 사적 편익과 일치되도록 하고, 생산의 경우에는 사회적 비용과 사적 비용이 일치되도록 한다.

(4) 시장에 맡기는 방안: 정부 개입 ×

① 교육과 계몽 **데** 승용차 요일제, 금연 운동

② 기부 및 자선활동 **데** 장애우 돕기, 불우이웃 돕기, 빈곤층 돕기

③ 합병: 외부효과를 유발하는 사업과 영향을 받는 사업을 통합하는 것 **데** 목장과 농장의 합병

④ 협상

(5) 시장유인에 기초한 방법: 정부와 시장, 피구세와 오염배출권 제도

시장유인에 기초한 방법(market-based approach)인데, 환경세를 부과하는 제도와 시장에서 거래 가능한 배출권 제도가 그 주축을 이룬다. 이 두 제도는 오염물질로 인해 발생하는 사회적 비용을 오염발생자가 부담하게 함으로써 스스로 정화하게끔 유도하는 특징을 갖고 있다.

(6) 직접규제(통제)

① 의미: 직접통제방식으로 오염물질 배출량에 대한 직접적 규제, 특정한 정화장치 사용의 의무화, 오염물질 배출량이 적은 생산기술의 채택을 요구하는 등의 방식으로 수행된다. 그런데 이 직접통제 방식은 그 본질상 경직성을 띨 수밖에 없어 정해진 목표를 달성하는 데 많은 비용이 소요된다는 문제점을 갖고 있다.

② 오염물질 배출량을 정하여 규제, 배출농도 등을 직접규제한다.

③ 기업의 오염감소 비용이 크게 발생할 수 있다.

02 코즈 정리

1. 의미

명확한 소유권(재산권) 설정을 통해서 재산권이 누구에게 귀속되는지 여부와 상관없이 당사자 간 협상으로 효율적 자원배분을 달성하고자 하는 방법을 제시하는 것을 코즈 정리라고 한다. 재산권은 외부비경제 시 발생하는 가해자나 피해자 누구에게 부여해도 상관이 없다. 다만 협상비용이 무시 가능할 정도로 작고, 재산권 설정이 명확하게 설정된 경우 소유권이 어느 경제주체에게 귀속되는지에 상관없이 당사자 간의 자발적 협상을 통해 자원배분의 효율성을 달성할 수 있다. 다만 소유권 부여와 관련된 소득효과가 없어야 한다.

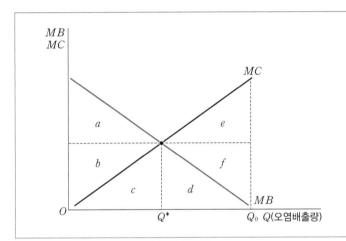

코즈 정리로 오염배출량을 Q^*의 수준으로 정하는 방법
- 강 상류의 화학공장이 재산권을 갖는 경우 협상을 통해 $(e+f)$만큼을 나누어 갖는다면 오염배출량을 Q^*의 수준으로 감소시키는 것이 가능하다.
- 강 하류의 농장주가 재산권을 갖는 경우 협상을 통하여 $(a+b)$만큼을 나누어 갖는다면 오염배출량을 Q^*의 수준으로 증가시키는 것이 가능하다.

2. 특징

(1) 소유권을 누구에게 부여할 것인지 여부는 자원배분의 효율성에 영향을 미치지 않는다. 다만 소득분배 측면에서 차이는 발생한다.

(2) 당사자 중 가해자와 피해자를 명확하게 구분하지 않더라도 코즈 정리를 적용할 수 있다.

(3) 정부의 비개입을 강조하고 당사자 간의 자발적 협상에 의한 문제 해결이 효율적이라고 주장한다.

(4) 효율성을 고려하고 있을 뿐 형평성은 고려하지 않는다.

3. 문제점

⑴ 거래비용이 클 경우에 협상 자체가 힘들다.

⑵ 환경문제에서 이해당사자를 찾기 어렵고, 이해당사자가 많은 경우에는 활용할 수 없다.

⑶ 협상이 공정하지 못하다.
   ⓔ 대기업과 일반서민 간의 환경분쟁

⑷ 경제주체 간 환경오염에 대한 정보가 비대칭적이다.

⑸ 환경오염의 피해정도를 정확하게 측정하기 어렵다.

03 피구세 원리

1. 의미

피구세 원리는 정부가 세금과 보조금을 통해 사적 유인과 사회적 최적을 일치시키는 방안을 말한다. 이 방법은 사적인 의사결정에 외부비용이나 편익을 고려하도록 함으로써 효율적 자원배분이 가능해질 것으로 예상한다. 피구세 원리는 외부편익 또는 외부비용을 반영하여 사회적 편익(사적 비용)과 사적 편익(또는 사적 비용)이 일치하도록 하는 것을 말한다. 따라서 단위당 피구세는 한계이윤과 한계편익이 일치하는 점에서 결정된다.

2. 기업의 이윤극대화를 위한 합리적 선택 방안

⇒ 최소비용극대화의 원칙(환경오염 저감비용 대 피구세 또는 오염배출권 가격)

3. 외부불경제의 경우 : 외부한계비용만큼 조세 부과

생산에 있어 외부불경제가 발생하는 경우에는 과잉생산이 이루어지게 되는데, 사회적인 최적생산이 이루어지도록 하려면 기업의 PMC에 EMC을 합한 SMC가 수요곡선과 일치하는 점에서 생산이 이루어지도록 해야 한다. 그러기 위해서는 최적생산량 수준에서 SMC과 PMC의 차이에 해당하는 조세를 부과해야 한다.
   ⓔ 혼잡통행료, 오염물질 배출부과금(오염물질 배출에 대해 세금을 부과하는 것)

4. 외부경제의 경우 : 외부한계편익만큼 보조금 지급

보조금 지급은 오염물질을 줄이는 데 대한 보상이다.

5. 피구세 구하는 방법 : 최적생산량에서 외부효과 길이

최적생산량 수준에서 SMC과 PMC의 차이에 해당하는 조세를 부과해야 한다.

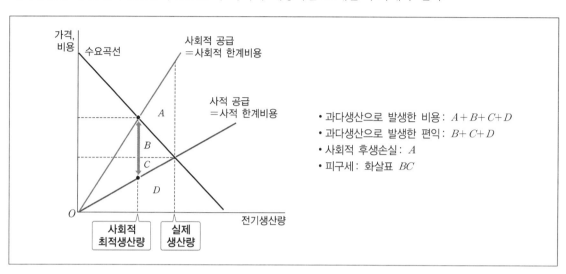

• 과다생산으로 발생한 비용 : $A+B+C+D$
• 과다생산으로 발생한 편익 : $B+C+D$
• 사회적 후생손실 : A
• 피구세 : 화살표 BC

04 오염배출권 제도

1. 의미

오염배출권 제도는 정부가 최적 오염배출량을 결정하여 각 기업에 오염배출권을 배부하면서 시장거래를 허용하는 제도를 말한다. 정부와 시장의 공적 해결 방안이다. 정부는 오염물질 배출의 총량을 미리 정하고, 오염물질 배출의 총량만큼의 오염배출권을 발행한 다음 개별기업이 오염배출권을 가진 한도 내에서만 오염물질을 배출할 수 있도록 하는 제도를 말한다. 오염배출권 시장은 최초의 배출권 배분과는 무관하게 경제적 효율성을 달성한다.

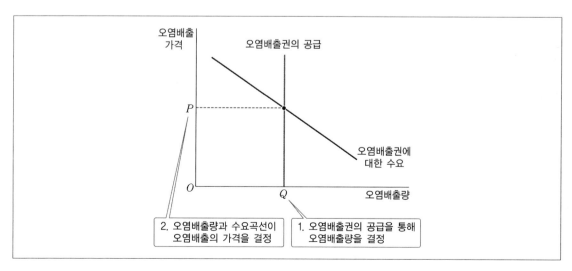

2. 오염배출권 거래는 어떻게 이뤄지는가?

(1) 오염배출권 공급자/판매자

오염물질을 낮은 비용으로, 효과적으로 줄일 수 있는 기업은 배출권을 시장에서 판매할 것이다.

(2) 오염배출권 수요자

오염물질 감소에 높은 비용을 치러야 하는 기업은 차라리 배출권을 시장에서 구입할 것이다.

3. 오염배출권 가격과 거래 결정 방법

(1) 각 기업은 오염배출권의 가격과 오염물질 저감비용을 비교하여 오염배출권 매매 여부를 결정한다.

　① 오염배출권 가격 > 오염물질 저감비용: 오염배출권 매각

　② 오염배출권 가격 < 오염물질 저감비용: 오염배출권 매입

　③ 오염배출권 매각과 매입 조건에 따라 오염배출권의 가격이 결정된다.

(2) 직접규제 방식에 비해 효율적이다.

4. 기업의 이윤극대화를 위한 합리적 선택 방안

　⇒ 최소비용극대화의 원칙(환경오염 저감비용 대 피구세 또는 오염배출권 가격)

05 오염방지의 일반모형

1. 사회적으로 효율적인 수준의 배출량 결정 조건

(1) 오염방지정책은 '총피해 − 총저감비용'을 극소화시키는 것이다.

(2) 극소화는 '한계피해함수 = 한계저감비용함수'가 되는 배출량을 구하는 것이다.

2. 한계피해함수(MD)

(1) 한계피해함수는 농도 및 배출량 등으로 표현된다.

(2) 증가함수

3. 한계저감비용함수(MAC)

⑴ 저감비용은 환경으로 배출되는 잔여물의 양을 줄이거나 주변부 농도를 낮추기 위하여 발생하는 비용을 말한다.

⑵ 감소함수

4. 사회적으로 효율적인 배출량 수준

한계저감비용이 한계피해비용과 일치하는 배출량 수준에서 사회적 효율을 달성한다.

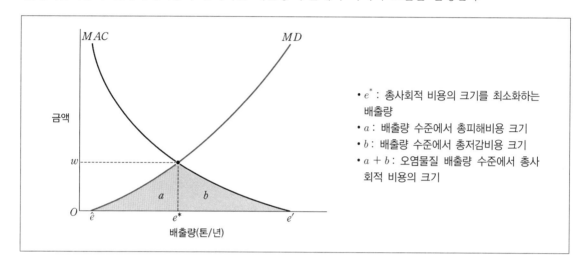

- e^{*} : 총사회적 비용의 크기를 최소화하는 배출량
- a : 배출량 수준에서 총피해비용 크기
- b : 배출량 수준에서 총저감비용 크기
- $a + b$: 오염물질 배출량 수준에서 총사회적 비용의 크기

제 04 장 정보경제이론

제1절 정보의 경제적 의미

01 비대칭적 정보의 경제학적 의의 : 기존의 경제이론의 한계

기존의 경제이론은 경제주체들이 필요로 하는 모든 정보를 보유하고 있다고 가정하였다. 현실은 의사결정자들이 비대칭적 정보를 보유하고 있다. 따라서 기존의 경제이론은 의사결정에 필요로 하는 정보에 대해 고려하지 않았다.

02 비대칭적 정보의 상황 : 비대칭적 정보의 유형, 상품의 품질과 상품의 품질 선택

1. 감추어진 특성 ⇒ 역선택(이미 정해진 경제적 특성)

(1) 거래 당사자나 거래 상품의 특성을 한 쪽만 알고 있는 경우

(2) 계약체결 이전 발생 문제

2. 감추어진 행동 ⇒ 도덕적 해이, 주인-대리인 문제

(1) 어느 한 당사자의 행동을 다른 쪽에서 관찰할 수 없는 경우

(2) 계약 체결 이후 발생 문제

제2절 개살구시장과 역선택

01 역선택이란 무엇인가?

역선택이란 거래 상대방에 대한 정보가 부족한 상황(정보의 비대칭성이나 불확실성)에서 막상 바람직하지 않은 상대방과 거래할 가능성이 높은 현상을 말한다.
예 상품시장, 개살구시장, 중고차시장, 보험시장, 금융시장, 노동시장 등

02 역선택의 문제점

역선택으로 인해 시장이 축소되거나 사라질 수 있다.

03 역선택의 해결 방안

1. 신호발송 : 보증서, 광고, 가격

2. 선별 : 특/보통, 다양한 보험상품, 담보

3. 평판 : 반복적인 거래 ⇒ 상표, 프랜차이즈, 체인점

4. 정부규제

⑴ 정부의 규제에 의해 모든 당사자들이 강제적 가입과 거래 예 사회보험

⑵ 정보공개 활성화

5. 신용할당(금융시장)

정보 비대칭성으로 인해 자금수요자가 더 높은 이자를 부담하고자 함에도 불구하고 차입자들이 원하는 자금을 다 얻지 못하도록 금융기관이 신용을 제한하는 것을 말한다. 이는 중소기업에 대한 금융지원 정책의 주요 근거 중의 하나이다.

6. 노동시장

효율성임금(시장의 일반임금 수준보다 상대적으로 높은 임금으로 유능한 인력을 흡수하고자 하는 것이다. 노동시장의 역선택을 예방하기 위한 방안이다.)

제3절 도덕적 해이와 본인-대리인 문제

01 도덕적 해이

1. 의미

도덕적 해이는 감추어진 행동의 상황에서 어떤 계약이나 거래가 이루어진 이후에 정보를 가진 측이 바람직하지 않은 행동을 하는 경우를 의미한다.

2. 보험시장에서 도덕적 해이와 해결 방안

보험가입 이후에 보험가입자의 태도가 바뀌어 사고 발생 확률이 높아지는 현상을 의미한다.
⇒ 공동보험제도, 기초공제제도

3. 노동시장에서의 도덕적 해이와 해결 방안

실적에 비례한 보수 지급, 효율임금 지급[8], 작업감독제

4. 금융시장에서의 도덕적 해이와 해결 방안

담보설정, 감시 등

02 본인-대리인 문제

1. 개념

본인-대리인 문제는 거래가 이루어진 후에 주인이 대리인의 입장에서 볼 때 바람직하지 않은 행동을 하는 현상을 말한다. 이 문제는 넓은 의미의 도덕적 해이에 포함된다.

2. 예

주주-경영자, 국민-정치가, 의뢰인-변호사

3. 해결 방안

승진, 포상, 징계, 성과급, 스톡옵션

---

8) 효율성 임금은 역선택과 도덕적 해이의 동시 해결 방안이다.

제 **3** 부

거시경제

제 **7** 편

거시경제에 대한
기본적 이해

제01장 거시경제이론의 기초

제1절 거시경제학의 기원과 특징

01 거시경제학은 언제 어떻게 시작되었는가?

1. 자본주의의 위기 : 자동조정기능의 한계

"영국이 국가부도를 경험했다, 한국은 외환위기를 맞이했다, 미국에서 금융위기가 발생했다, 그리스 경제가 심각하다, 일본이 장기 침체에 빠졌다"는 등 한 국가의 경제사정에 대한 기사와 뉴스가 있었다. 지금도 뉴스에는 우리나라 정부가 경제성장률을 높게 또는 낮게 목표를 설정하고 대책을 세운다는 보도가 빈번하다. 이런 보도들을 보면 국가 전체의 경제와 관련된 상황과 통계치들이다. 예컨대 경제성장률, 물가상승률, 실업률, 경상수지 규모 등이다. 그리고 각국 정부가 국가 전체의 경제와 관련된 문제를 해결하기 위해 노력한다는 것이 공통된 내용이다. 거시경제학의 탄생은 자본주의의 위기 상황에서 시작되었다. 소수의 지배계층이 정치와 경제를 독점했던 중세와 절대왕정시대는 시민혁명 이후로 심각한 도전을 맞이하게 된다. 그 도전은 경제를 독립시키고자 하는 정치적 세력의 등장이었다. 경제적 독립은 시민혁명, 정치개혁, 헌법적 질서 수립을 통해 이뤄졌다. 이 경제적 독립의 주체가 부르주아, 시민계급이며 자본주의를 탄생시킨 주역들이다. 이들이 운영하는 자본주의는 큰 문제없이 전개되었고, 경제적 규모도 성장을 해나갔다. 그 과정에서 불황과 같은 문제들이 있었지만 시장의 자율에 의해 극복해 나갔다. 그러나 1930년대 시장의 자율적 기능으로 해결할 수 없는 대공황이 발생하게 된다.

2. 케인스의 등장과 영향

자본주의의 모순과 위기를 경험하면서 이를 해결하고자 하는 방안을 모색하는 가운데 등장한 것이 케인스의 이론이었다. 케인스는 『고용, 이자, 화폐에 대한 일반이론』이라는 책을 통해 대공황을 극복하기 위한 방안을 제시하였다. 그 방안은 정부가 적극적으로 나서서 재정을 지출하고, 금융을 완화하여 경제를 활성화시켜야 한다는 것이었다. 제2차 세계대전 이후 세계 많은 국가들은 케인스 이론을 도입하여 소득증대 정책과 복지정책 등을 통해 지구의 역사에서 가장 눈부신 성장의 시간들을 경험하게 된다. 케인스의 주장은 다른 경제학자들 및 후학들의 분석과 검토의 대상이 되었고, 논쟁의 과정을 통해서 거시경제이론들로 변형 발전되어 온 것이다. 따라서 거시경제학은 정부 개입을 통한 거시경제의 위기 탈출과 안정적인 성장을 목적으로 시작되었다는 점을 기억할 필요가 있을 것이다.

02 **거시경제학의 의미 및 특성** : 국민경제 또는 거시경제 위기 탈출과 안정적 성장의 경제학

1. 거시경제학의 의미

거시경제이론은 국민경제를 하나의 분석단위로 삼아 여러 거시경제 변수 사이에 존재하는 상호 연관관계를 분석하는 것을 주요 내용으로 하고 있다.

2. 거시경제학의 주요 관심

거시경제이론에서 가장 큰 관심의 대상이 되는 것으로는 국민소득, 물가, 국제수지 세 가지를 들 수 있다.

3. 거시경제학의 개념적 특성 : 장기적인 경제성장의 추세상에서 단기적인 경기변동을 연구

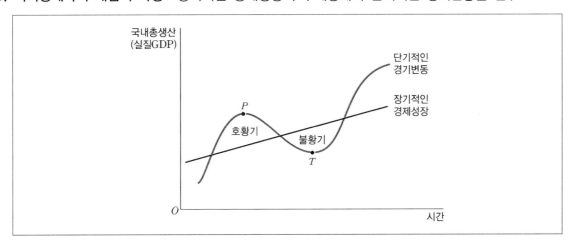

가장 추상적 수준에서 거시경제학을 정의하면 '장기적인 경제성장(long-run economic growth)'과 '단기적인 경기변동(short-run business cycle)'을 연구하는 학문이다. 좀 더 구체적으로 살펴보면 경제성장과 경기변동을 판단하는 변수와 변수에 영향을 주는 또는 주고받는 변수들을 연구하는 학문이다. 예컨대 경제성장 여부와 경기변동을 판단할 때 국민소득 규모의 측정을 통해 판단하고, 국민소득의 크기에 영향을 주는 변수와 영향을 주고받는 변수들로는 물가, 인플레이션과 실업, 통화량, 이자율, 환율, 국제수지 등과 같은 실물과 화폐를 다룬다. 거시경제 내지는 국민경제가 위기라고 한다면 국민소득 규모가 작아질 것이다. 국민경제가 좋은 상황이라고 한다면 국민소득 규모가 커질 것이다. 이처럼 국민소득 규모가 작아질 때와 국민소득 규모가 커질 때의 징후와 그 이유를 연구하는 것이 거시경제학이다. 좀 더 구체적으로 거시경제학을 정의해 보면 국민소득의 성장과 변동, 이 성장과 변동에 나타나는 징후들과 영향을 주는 변수들을 분석하고 탐구함으로써 거시경제의 안정과 성장을 도모하는 것이 거시경제학이다.

4. 미시경제학 분석의 한계와 거시경제학 분석의 유용성

미시경제학은 개별 경제주체의 합리적 선택과 행동, 즉 시장 수요와 공급의 상호작용에 대한 분석이 핵심이다. 이 분석은 개인과 기업의 경제행위를 통해 상품시장의 변화를 이해하고자 하는 경우에는 매우 유용하다. 하지만 경기변동, 실업, 인플레이션과 같은 국민경제 전체의 변화와 문제에 대해서는 설명할 수 없다. 인플레이션, 실업, 경제성장 등과 같이 경제 전체의 변화와 문제에 대한 분석과 이해를 제공하는 것이 거시경제학이다.

제2절 거시경제의 주요 변수

01 국민소득

1. 국내총생산(GDP)의 의의

(1) **국내총생산은 국민 총체적 소득이다.**

① 국내총생산(gross domestic product : GDP)은 일반적으로 국민 총체적 소득을 말한다. 기업이 생산한 상품을 팔아 얻은 수입은 생산과정에 참여한 사람들에게 임금, 이자, 이윤 등의 소득으로 분배된다. 따라서 한 나라 안에서 생산된 상품의 총가치는 그 나라 안에서 활동하는 경제주체들의 소득을 모두 합친 것과 똑같게 된다. 따라서 국내총생산은 국민의 총체적 소득을 뜻한다고 말할 수 있다. 또한 국내총생산은 거시경제의 순환과정을 담고 있다.

② 국내총생산을 통해 '총생산 = 총소득'이 같아진다는 것을 보여준다. 구체적인 순환과정을 보면 다음과 같다.
'생산 ⇒ 공급 ⇒ 소득 ⇒ 지출(수요) ⇒ ……'

(2) **국내총생산은 경제성장의 규모와 경기변동을 파악할 수 있게 한다.**

2. 거시경제에서 일반적으로 국내총생산이라고 말할 때 국내총생산은 실질적 변수다.

(1) **명목과 실질은 무엇인가?**

일정한 소득이나 용돈의 변화 없이 물가가 상승할 경우에 구매력은 줄어든다. 예컨대 만약 용돈 중 10만 원을 가지고 피자를 사먹는데 피자 가격이 2만 원에서 2만 5천원으로 상승할 경우 구매량은 5개에서 4개로 줄어든다. 명목은 소득이나 용돈과 같이 화폐단위로 표현한 개념이고, 실질이란 명목가치에서 물가변동 요인을 제거해 실물단위로 표현한 것이다. 명목은 변동이 없어도 물가가 오를 경우 실질적인 용돈이나 소득의 구매력은 줄어들었다.

(2) GDP : 국민소득을 측정하는 대표적 지표

① GDP의 의미

일정 기간 동안 한 나라 안에서 생산되어 최종적인 용도로 사용되는 재화와 서비스의 가치를 모두 더한 것이 국내총생산이다.

② 명목GDP

명목GDP는 해당 연도(비교연도) 생산량에 해당 연도 시장가격을 곱하여 산출한 것을 말한다. 물가가 상승하면 명목GDP는 증가한다. 명목GDP는 국내총생산을 과장하여 정확하게 경제성장을 파악하기 어렵다. 예컨대 2023년도에 가격이 100만 원이고 스마트폰 생산량이 10대라면 명목GDP는 1,000만 원이다.

③ 실질GDP

실질GDP는 해당 연도(비교연도) 생산량에 기준연도 가격을 곱하여 산출한 것을 말한다. 실질GDP는 물가가 상승해도 그 값은 불변이다. 실질GDP는 물가변동의 효과를 제거하고, 생산량의 변화 추이만 반영할 수 있다. 실질GDP는 경제의 전반적 생산활동 수준을 나타내는 지표로서 적합하다. 일반적으로 GDP라고 할 때 실질GDP를 말한다. 예컨대 2023년도 실질GDP는 100 × 8대이다.

④ GDP디플레이터

GDP디플레이터는 명목GDP를 실질GDP로 나눈 값을 말한다. 이를 식으로 표현하면 '$\frac{\text{명목GDP}}{\text{실질GDP}} \times 100$'이다. 기준연도에는 명목GDP와 실질GDP가 동일하므로 GDP디플레이터는 항상 100이다.

(3) **명목과 실질을 왜 구별해야 할까?**

명목과 실질을 구별하는 이유는 생산량을 정확하게 파악하기 위해서다. 생산량을 정확하게 파악한다는 것은 거시경제를 정확하게 진단한다는 의의를 가진다. 다음 표를 보자.

	단위가격	스마트폰 생산량	명목GDP(A)	실질GDP(B)	GDP디플레이터 (A/B × 100)
2020년	100만 원	10대	1,000만 원	1,000만 원	100
2022년	120만 원	9대	1,080만 원	900만 원	120
2023년	150만 원	8대	1,200만 원	800만 원	150

위 표에 따르면 가격은 오르고, 생산량은 줄어들고 있다. 명목GDP는 상승하고, 실질GDP는 감소한다. 살펴본 바와 같이 물가 상승을 제거하지 않고 GDP를 측정하면 경제성과를 과대(물가 상승) 혹은 과소(물가 하락) 평가하게 된다. 실질GDP로 경제성과를 측정해야 하는 이유가 여기에 있다.

02 거시경제의 장기적 추세 : 경제성장

1. 경제성장의 의미

경제성장이란 일정 기간 동안 국내총생산 규모가 증가하는 것을 말한다. 경제성장은 거시경제학의 1차적 관심이다. 경제성장은 국내총생산이 증가하여 경제규모가 커지는 현상으로 국민소득의 증가를 가져온다. 경제성장은 국민들에게 일자리 제공과 생활수준 향상이라는 경제적 과제를 해결하는 기초가 된다. 이런 경제성장은 기술진보, 자본의 증가, 노동의 양과 질의 증가, 자원의 증대와 같은 요인에 의해 이루어진다.

2. 경제성장을 어떻게 측정하는가?

(1) **경제성장률**

경제가 그 전해보다 얼마나 성장했는지 구체적인 수치로 나타낼 경우에는 국내총생산이 전년도보다 얼마나 증가하였는지를 백분율로 나타낸 경제성장률을 계산하게 된다.

$$\Rightarrow 경제성장률(\%) = \frac{금년도(실질)GDP - 전년도(실질)GDP}{전년도(실질)GDP} \times 100$$

(2) **1인당 국내총생산**

국내총생산을 인구로 나눈 것을 1인당 국내총생산이라고 한다. 1인당 국내총생산을 통해 국민 개개인의 경제적 후생 측면을 살펴볼 수 있다.

03 단기적 동향 : 경기변동(경기순환)

1. 경기순환(경기변동)의 의미

경기변동(business fluctuations) 또는 경기순환(business cycle)은 경제가 활발한 움직임을 보일 때와 침체된 상태에 있을 때가 주기적으로 반복되고 있음을 말한다. 경기변동은 실제의 국내총생산이 장기 추세치 주위에서 더 높아지기도 하고, 더 낮아지기도 하는 일이 반복되는 현상을 말한다.

2. 국내총생산의 단기적 동향

우리나라는 빠른 시간에 지속적인 경제성장을 해왔다. 국내총생산이 매년 똑같은 비율로 성장해 온 것이 아니라, 해마다 조금씩 다른 비율로 성장했다. 즉 단기적으로는 성장률이 상당한 변동성을 보인다. 이것이 경기변동이다. 경기변동은 경제의 침체(불황)와 호황이 되풀이되는 현상을 말하며, 경기순환이라고도 한다.

3. 경기변동의 여러 국면

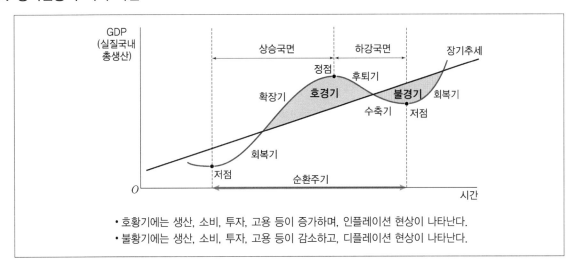

- 호황기에는 생산, 소비, 투자, 고용 등이 증가하며, 인플레이션 현상이 나타난다.
- 불황기에는 생산, 소비, 투자, 고용 등이 감소하고, 디플레이션 현상이 나타난다.

4. GDP갭을 통해 경기변동을 파악한다.

⑴ **잠재GDP**: 장기추세치

잠재GDP는 현재 주어진 자원을 완전히 고용하였을 때 도달할 수 있는 GDP수준으로 자연산출량 또는 완전고용 산출량과 비슷한 개념이다. 즉 잠재GDP는 한 나라의 생산요소인 노동과 자본을 모두 사용하여 인플레이션을 가속하지 않으면서 달성할 수 있는 최대 수준의 GDP이다.

⑵ **실제GDP**: 실제 생산량, 단기의 실제 움직임

⑶ **GDP갭**: 잠재GDP와 실제GDP와의 비교를 통해 현재의 경기가 과열인가 침체인가를 판단한다.

GDP갭은 장기추세와 국내총생산의 실제 움직임 사이의 차이를 뜻하며, 일반적으로 GDP갭은 실제GDP와 잠재GDP의 차이를 의미한다. 즉 'GDP갭 = 실제GDP − 잠재GDP'[9]이다. 이 값이 양이 되면 경기호황기, 이 값이 음이 되면 경기침체기가 된다. 경기침체기에는 생산 활동이 저조해져 인플레이션율이 낮아지면서 GDP갭이 음(−)이 되는 반면, 경기호황기에는 생산 활동이 활발해져 인플레이션율이 높아지면서 GDP 갭은 양(+)이 된다.

⑷ **GDP갭(실제GDP − 잠재GDP)의 양상 및 대책**

① GDP갭 > 0이면 인플레이션, 경기과열 상태: 총수요(AD) 억제 필요
생산 과잉 ⇒ 소득 증가 ⇒ 소비 과열

② GDP갭 < 0이면 경기침체, 실업상태: 총수요(AD) 증대 필요
생산 부족 ⇒ 소득 감소 ⇒ 소득 증가 ⇒ 소비 증가

---

9) 실제GDP − 잠재GDP로 변수를 반대로 놓고 해석을 해도 무방하다.

5. 경기변동에서 나타난 중요한 특징으로서 공행성

(1) 공행성의 의미

공행성은 변동의 과정에서 여러 경제변수들이 일정한 관련을 갖고 함께 움직이는 것을 말한다.

(2) 국내총생산과 실업률 : 음의 상관관계

국내총생산이 늘어나는 시기에는 실업률이 줄어들고, 국내총생산이 줄어드는 시기에는 실업률이 늘어나는 양상을 보인다. 실업률갭이란 실제의 실업률이 완전고용 상태에서의 실업률과 얼마나 차이를 갖는지를 나타내는 수치다.

(3) 국내총생산과 다른 변수들과의 관계 : 상관관계

국내총생산과 실업률 사이의 상관관계는 소비, 투자, 수출, 물가, 임금 등 여러 경제변수들 사이에서도 관찰된다. 예컨대 불황기에는 생산 활동이 부진해짐에 따라 고용과 임금소득이 떨어지고, 소비와 투자가 둔화되며, 주식 가격이 떨어지고 실업률이 상승하는 등 여러 가지 문제가 한꺼번에 몰려 나타날 수 있다.

04 물가와 인플레이션, 그리고 디플레이션

1. 물가의 의미

거시경제이론에서 말하는 물가는 모든 상품 가격의 평균적인 수준을 말한다. 이것이 변화하는 비율을 물가상승률이라고 부른다.

2. 인플레이션이란 무엇인가?

(1) 의미

인플레이션은 일정 기간 동안 물가가 지속적이고 비례적으로 오르는 현상, 혹은 화폐가치가 지속적이고 비례적으로 떨어지는 현상을 말한다.

(2) 원인

① 수요견인 인플레이션 : 통화증발, 가계·정부 등 경제주체의 지출 증대

② 비용인상 인플레이션 : 원자재 가격 상승, 과도한 임금 인상, 장기적 관점에서 볼 때 인플레이션은 통화증발에 의한 화폐적 현상

(3) 인플레이션의 부정적인 현상 : 가계의 고통, 기업의 부담

가계는 각종 물가의 상승으로 고통을 겪게 된다. 기업의 경우에는 상품 판매량이 줄어들게 된다.

3. 디플레이션이란 무엇인가?

(1) 의미

디플레이션은 상품이나 서비스 가격이 지속적으로 하락하는 현상을 말한다. 디플레이션하에서는 연간 인플레이션율이 마이너스($-$)가 되며 실물자산 가격이 하락하는 현상이 나타난다.

(2) 원인: 생산성 및 기술의 향상, 수요 감소 및 잠재성장률 하락

---

05 물가지수

1. 물가지수의 의미

물가는 모든 상품 가격의 평균적인 수준을 말한다. 즉 각양각색으로 움직이는 개별 상품의 가격을 종합해 평균적인 가격수준을 물가라고 부른다. 물가의 움직임은 물가지수(price index)라는 지표를 통해 파악한다. 물가지수란 기준이 되는 시점의 물가를 100으로 잡고 다른 시점의 물가를 이의 백분비로 표시한 지수를 뜻한다. 예를 들어 2015년을 기준연도로 삼았을 때 2020년의 물가지수가 124인 것으로 나타났다고 하자. 이는 2015년의 평균적인 가격을 100원이라고 할 때 2020년에는 이것이 124원 수준으로 올랐다는 것을 뜻한다. 바꾸어 표현하면 이 5년 동안의 기간에 물가가 24%만큼 올라갔다고 말할 수 있다.

2. 물가지수 작성방법[10]

(1) 라스파이레스 방식

라스파이레스 방식은 1864년 독일의 통계학자인 라스파이레스(E. Laspeyres)가 창안한 방식으로 기준연도(P_O)의 거래량(Q_O)을 기준으로 작성한다. 우리나라의 물가지수는 라스파이레스식을 사용하고 있다.

$$\Rightarrow \text{라스파이레스 물가지수} = \frac{\sum \text{해당연도(비교연도) 가격} \times \text{기준연도 생산량}}{\sum \text{기준연도 가격} \times \text{기준연도 생산량}} \times 100$$

(2) 파쉐 방식

파쉐 방식은 1874년 독일의 통계학자인 파쉐(H. Paasche)가 창안한 방식으로 해당연도(비교연도, P_1)의 거래량(Q_1)을 기준으로 작성한다. 라스파이레스식과는 반대로 해당연도(비교연도)의 구입수량이 가중치가 되어 현실의 물가동향을 비교적 정확히 반영할 수 있는 장점이 있다. 그러나 해당연도(비교연도)의 대상품목과 가중치를 매번 조사해야 하는 등 실용성이 낮다. 따라서 파쉐식은 구입수량의 구성이 시간의 변화에 따라 크게 변화되고 있을 때만 제한적으로 사용된다.

$$\Rightarrow \text{파쉐 물가지수} = \frac{\sum \text{해당연도(비교연도)} \times \text{해당연도(비교연도) 생산량}}{\sum \text{기준연도 가격} \times \text{해당연도(비교연도) 생산량}} \times 100$$

---

10) 피셔방식도 있지만 원론수준에서 제외한다.

(3) **가중치**

① 산출한 물가지수가 의미를 가지기 위해서 특정 상품에 그 상품이 국민경제 전체에서 차지하는 중요성에 따라 일정한 값을 부여하는 것을 가중치라고 한다.

$$\Rightarrow 가중치 = \frac{품목별\ 소비지출액}{월평균\ 소비지출액}$$

② 가중치는 시대적 맥락에 따라 변동한다.

(4) **라스파이레스 방식과 파쉐 방식 비교**

	라스파이레스 방식	파쉐 방식
산출방식	$\dfrac{\sum P_1 \times Q_0}{\sum P_0 \times Q_0} \times 100$	$\dfrac{\sum P_1 \times Q_1}{\sum P_0 \times Q_1} \times 100$
가중치	기준연도 거래량	해당연도 거래량
종류	소비자 물가지수, 생산자 물가지수	GDP디플레이터
특징	물가변화를 과대평가	물가변화를 과소평가

3. 물가지수의 종류 : 소비자 물가지수, 생산자 물가지수, GDP디플레이터

	소비자 물가지수(CPI)	생산자 물가지수(PPI)	GDP디플레이터
작성기관	통계청	한국은행	한국은행
작성목적	가계에서 소비하는 재화와 가격변동을 측정하는 물가지수	기업 사이에 거래되는 모든 국산품의 가격변동을 측정하는 물가지수	명목GDP를 실질GDP로 환산할 때 사용하는 물가지수
포괄범위	원자재, 자본재 제외	원자재, 자본재, 소비재	GDP에 포함되는 것 모두
	수입품가격 포함	수입품가격 제외	수입품가격 제외
	주택임대료 포함	주택임대료 제외	주택임대료 포함
	주택가격 제외	주택가격 제외	신규주택가격만 포함
품목 수	약 500개 품목	약 900개 품목	모든 최종생산물
기준연도	5년마다 변경	5년마다 변경	지수작성 연도 기준
조사가격	소비자 구입가격	생산자 판매가격	직접조사가 아님
이용범위	• 생계비변동 파악 • 임금 조정의 기초자료	• 시장동향분석 • 구매 및 판매계약	실질GDP 계산

4. 물가지수의 한계

(1) 지수물가와 피부물가의 차이

① 개인 및 가계마다 소비하는 품목들이 다르기 때문이다.

② 생활수준의 향상 또는 가구구성원의 변동에 따른 소비지출의 증가를 물가가 상승한 것으로 착각하는 경우가 있다.

③ 소비자의 자기중심적 심리도 주요 요인이 된다.

(2) 소비자 물가지수가 물가변화를 과대평가하는 이유

① 소비자의 변화 및 반응을 고려하지 않고 품목이 선정되고 작성된다. ▣ 상품에 대한 만족도

② 소비자의 상품 대체 가능성을 무시한다.

③ 제품의 품질 변화가 반영되지 않는다.
   기술진보가 소비자의 행동에 미치는 영향을 고려하지 않는다.

(3) 소비자 물가지수를 과소평가하는 경우

물가가 상승할 때 소비자가 가격이 상승한 상품 소비를 늘리는 경우에 물가변화는 과소평가하게 된다.

5. 물가상승률

(1) 의미

일정한 기간 동안 물가지수가 증가한 비율을 물가상승률 혹은 인플레이션율이라고 부른다.

(2) 계산방식

$$\pi \frac{CPI_1 - CPI_0}{CPI_0} = \frac{(2023년도\ 물가지수 - 2022년도\ 물가지수)}{2022년도\ 물가지수}$$

(3) 핵심과제

물가의 안정적인 관리가 중요하다.

06 국제수지와 환율

1. 국제수지와 환율의 의미

(1) 국제수지란 무엇인가?

한 나라에 들어오고 나가는 화폐의 흐름을 함께 모아 정리해 놓은 것을 국제수지라고 한다. 국제수지의 경우도 균형이 바람직하다.

(2) 국제수지에 영향을 주는 주요 변수로서 환율이란 무엇인가?

환율이란 한 나라의 화폐가 다른 나라의 화폐로 교환되는 비율을 의미한다. 환율은 국제수지의 불균형을 조정하여 균형을 이루게 하는 기제이다.

2. 경제적 세계화로 인한 상호의존성의 심화

경제적 세계화로 인해 국제교역의 규모가 커졌다. 특히 우리나라는 대외의존도가 높은 편이다.

대외의존도는 '$\dfrac{\text{총수출액} + \text{총수입액}}{\text{국제교역}}$'로 구할 수 있다.

3. 국제교역의 범주

(1) 상품 교환

(2) 금융자산의 이동

4. 국제수지와 환율의 관계

국제교역의 양상을 크게 나눠보면 상품 교환이 이뤄지는 국제무역, 금융자산의 이동과 같은 국제금융으로 구분할 수 있다. 이와 같은 국제교역의 양상과정에서 한 나라에 들어오고 나가는 화폐의 흐름을 정리해 놓은 것을 국제수지라고 한다. 국제수지에 영향을 주는 주요 변수가 환율이다. 환율이란 한 나라의 화폐가 다른 나라의 화폐로 교환되는 비율을 의미한다. 환율은 국제수지의 불균형을 조정한다. 국제수지가 초과공급이면 환율이 내리고, 초과수요가 되면 환율이 오른다.

07 총수요와 총공급

1. 균형국민소득 결정 일반이론

총수요와 총공급에 의해 균형국민소득이 결정된다.

2. 미시경제 분석틀과 거시경제 분석틀은 동일하다.

거시경제 문제를 분석하는 방법은 미시경제이론과 마찬가지로 수요와 공급의 상호작용을 통해 분석한다.

3. 미시경제에서는 개별상품에 대한 수요와 공급을, 거시경제에서는 대표상품에 대한 전체 수요와 공급을 가정하고 분석한다.

4. 대표상품에 대한 전체 수요를 나타내는 곡선은 총수요곡선, 그것의 공급을 나타내는 곡선은 총공급곡선이다.

5. 총수요곡선과 총공급곡선을 이용한 분석을 통해 균형국내총생산과 균형물가가 어느 수준에서 결정되는지 파악할 수 있다.

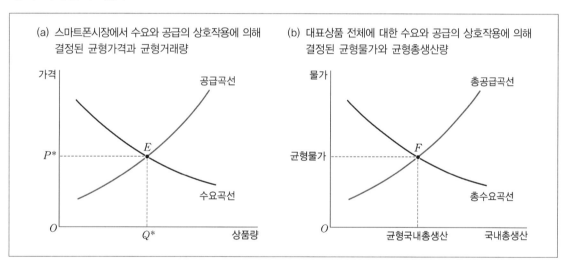

(a) 스마트폰시장에서 수요와 공급의 상호작용에 의해 결정된 균형가격과 균형거래량

(b) 대표상품 전체에 대한 수요와 공급의 상호작용에 의해 결정된 균형물가와 균형총생산량

6. 총수요 및 총공급의 변화

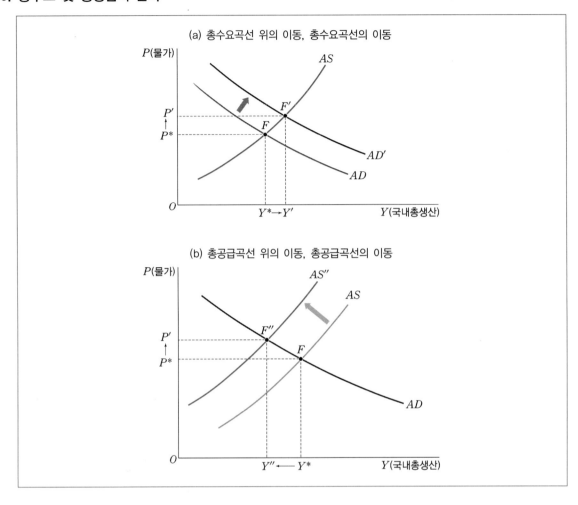

(a) 총수요곡선 위의 이동, 총수요곡선의 이동

(b) 총공급곡선 위의 이동, 총공급곡선의 이동

제 **02** 장 거시경제 순환에 대한 이해

제1절 거시경제의 생산 · 소득 · 지출 순환

01 국내총생산(GDP)과 거시경제의 순환

1. 생산은 생산요소와 시장기구를 통해 계속 이뤄진다.

생산은 한 경제의 인적 · 물적 생산요소들이 시장기구를 통해 결합되어 지속적으로 이뤄진다.

2. 생산요소의 결합을 통해 생산물이 산출된다.

3. 생산물은 다시 소비되거나 투자되어 생산요소를 재생산한다.

4. 생산은 소득의 분배로, 소득의 분배는 다시 주입과 누출을 통해 생산의 순환을 만들어낸다.

한 나라의 소득은 생산으로 이뤄진다. 그래서 한 나라 국민의 총체적 소득은 일반적으로 국내총생산(gross domestic product : GDP)이라는 변수로 대표된다. 기업이 생산한 상품을 판매하여 얻은 수입은 생산과정에 참여한 사람들에게 임금, 이자, 이윤 등의 소득으로 분배된다(생산요소의 소득). 따라서 한 나라 안에서 생산된 상품의 총가치는 그 나라 안에서 활동하는 경제주체들의 소득을 모두 합친 것과 동일하다는 결론에 이르게 된다. 따라서 국내총생산은 국민의 총체적 소득을 뜻한다고 말할 수 있다. 국내총생산을 '국민소득'이라고 부르기도 하는 이유가 바로 여기에 있다. 이런 과정은 경제의 순환을 통해서 알 수 있다. 순환의 과정에서 들어오는 것을 주입이라고 하고, 나가는 것을 누출이라고 한다.

02 생산물과 생산요소의 순환관계

1. 상품(생산물)과 생산요소의 순환적 생산관계

상품은 계속 생산되고 있다. 이런 생산은 생산요소시장을 통한 생산요소들의 결합에 의해 이뤄진다. 노동, 자본, 자원 등과 같은 생산요소의 결함은 상품을 생산하고, 이 상품은 다시 소비되거나 투자되어 생산요소를 재생산한다(파생수요). 생산과정을 거친 생산물은 크게 소비되는 소비재와 투자되는 자본재로 나눌 수 있다.

> **예** 정치가 만들어내는 음식(소비재)과 정치가 음식을 만들기 위해 구입하여 주방에 둔 각종 주방기계 및 기구(자본재)
> 노동자는 밥과 야식을 먹고 충분한 휴식과 같은 소비를 한 후 아침에 출근한다.
> 쉬고 있는 연예인은 몸을 만들어 작품을 생산하기 위한 준비를 한다.
> 기업도 기계를 쇼핑하고 물건을 생산한다.

2. 생산물 : 소비되는 생산물과 소비되지 않는 생산물

(1) **소비재** : 소비되는 생산물

생산물 중 가장 많은 부분을 차지하는 것은 소비재다.

(2) **자본재** : 소비되지 않는 생산물

생산된 것 중 소비되지 않는 부분도 있다. 이 부분은 생산물을 생산하는 데 사용된다. 이런 재화를 자본재라고 한다. 자본재는 생산물 중 다른 상품을 생산하기 위해 투입되는 생산물을 말한다.

① 기업 입장에서 자본재는 생산요소이다.
   자본재의 운명은 '구입이나 대체 ⇒ 소진 또는 마모 ⇒ 폐기'의 과정이다. 예컨대 자동차를 생산하는 공장의 각종 기계와 설비를 생각해 보자.

② 생산능력을 위해 기업은 자본재를 구입 내지는 보완한다.
   생산능력을 유지하거나 늘려서 이윤을 목표로 하는 기업은 새로운 기술을 품은 자본재를 구입하거나 기존의 자본재를 고치거나 보완해서 쓰는 것이 당연하다. 즉 감가상각된 부분을 대체하기 위한 투자를 대체투자라고 한다. 신기술을 포함한 새로운 기계나 설비를 구입하는 것처럼 자본재를 증가시키는 투자를 순투자(신투자)라고 한다. 순투자(신투자)가 생산능력을 늘리는 것이라고 한다면, 대체투자는 생산능력을 유지하는 측면의 투자라고 할 것이다.

③ 자본재는 중간재가 아니다.
   자본재는 중간재와 다르다. 중간재는 최종생산재(소비재와 자본재)를 생산하는 과정에서 연료나 부속품과 같이 중간에 소용되는 재화를 말한다. 예컨대 노트북 생산에 필요한 메모리 등은 중간재이다.

3. 생산물과 생산요소의 화폐적 순환

(1) 생산요소에 대한 대가는 화폐로 이뤄진다.

생산물에 대한 화폐의 지출 ⇒ 기업의 판매수입 ⇒ 생산요소에 대한 대가를 화폐로 지출 ⇒ 가계의 소득

(2) 대가는 소득이다.

4. 생산물과 생산요소의 순환과정 요약

생산물과 생산요소의 순환관계는 '생산을 위한 생산요소 구입 ⇒ 생산과정 ⇒ 생산물 ⇒ 생산물 판매 ⇒ 소득 지급 ⇒ 소비와 투자 ⇒ 생산을 위한 생산요소 구입 ……(순환)……'이다. 이 흐름 속에는 생산물과 생산요소, 화폐의 흐름이 계속되고 있다. 이상의 내용을 그림으로 정리하면 아래와 같다.

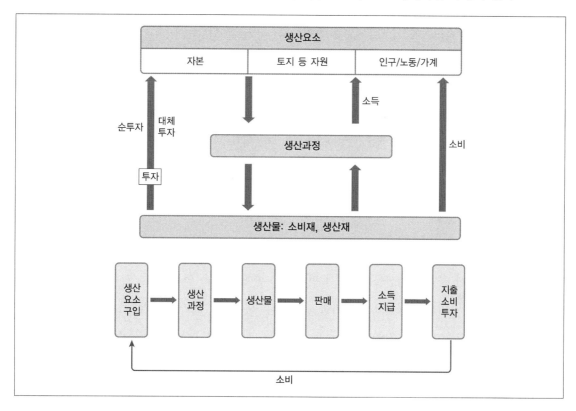

5. 거시경제의 순환과정의 시사점

(1) 소비와 투자 중 선택의 문제를 발생시킨다.

(2) 국가경제를 유지하고 성장시키는 순환적 성격에 대한 이해를 제공한다.

(3) 생산물과 생산요소 순환의 반대방향으로 화폐와 지출의 순환이 나타난다.

제2절 경제주체와 거시경제 순환

01 2부문 거시경제 순환 : 민간부문(가계와 기업)의 거시경제 순환

1. 생산요소시장 및 생산물시장에서의 순환

(1) 가계부문과 기업부문의 거래

가계는 생산요소를 판매하고, 기업은 생산요소를 구입하여 생산한 상품을 가계에 판매한다. 기업은 상품의 판매수입으로 가계의 생산요소를 구입하는 비용인 임금·이자·지대·이윤을 지불한다. 가계는 생산요소를 판매해서 얻는 소득(임금, 이자)으로 기업이 생산한 상품을 구매한다.

(2) 가계부문

① 가계는 생산요소시장에서 생산요소를 판매하고 소득을 번다.

② 가계는 소득으로 생산물시장에서 생산물을 구입한다.

③ 가계는 소비하고 남은 소득을 저축한다.

④ 가계의 소비는 주입이고, 저축은 누출이다. 주입은 국민소득 순환과정으로 유입되는 것을 말하고, 누출은 국민소득 순환과정에서 외부로 빠져나가는 것을 말한다.

⑤ 가계의 저축은 그 크기만큼 기업의 판매수입의 감소를 초래하고, 기업의 입장에서 생산요소 구매 감소로 이어진다.

(3) 기업부문

① 기업은 생산요소시장에서 대가를 지불하고 생산요소를 구입하여 생산한다.

② 기업이 생산한 물건을 생산물시장에서 판매하고 판매 수입을 얻는다.

③ 기업은 판매 수입으로 생산요소 대가를 지불한다. 생산요소 대가는 가계의 소득이다.

④ 기업은 생산요소 대가를 지불하고 난 후 나머지를 사내유보 방식으로 저축한다.

⑤ 기업의 사내유보분은 투자(생산설비 및 기계구입 등)할 경우 소득순환으로 들어오는 주입이 되지만, 그렇지 않을 경우 소득순환에서 빠져나가는 누출이 된다.

2. 금융시장에서 화폐의 흐름 : 주입과 누출

(1) 저축과 투자는 일반적으로 금융기관의 중개를 통해 연결된다.

(2) 저축은 금융시장에서 은행대출, 주식 및 채권 등을 통해 기업에 제공된다.

(3) 기업은 금융시장을 통해 조달한 자금으로 자본재를 구입하고 생산활동을 한다.

(4) 현대사회에서 저축과 투자는 일반적으로 불일치한다.

3. 2부문 국민소득 순환 그림

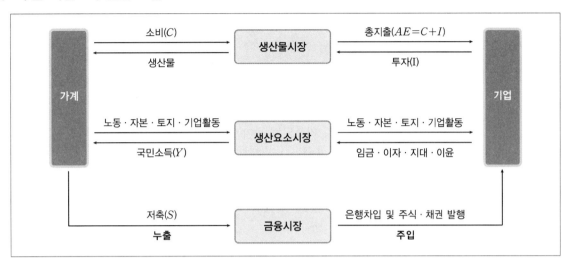

---

02 **현실적 4부문 경제순환** : 정부부문과 해외부문을 포함한 거시경제 순환

1. 정부부문이 거시경제 순환에 미치는 영향

⑴ **정부는 조세와 정부지출을 통해 거시경제 순환에 영향을 끼친다.**

현대 사회의 현실경제에서 정부의 경제적 역할은 매우 크다. 정부는 시장실패를 교정하기 위해 공기업을 만들어 공공재 등을 제공하고, 소득과 부를 재분배하고, 거시경제의 안정을 위한 각종 조치를 한다. 이런 정부의 활동은 조세와 지출에 의해 이뤄진다.

⑵ **정부의 조세 수입**

① 거시경제 순환과 관련되는 조세는 대체로 소득으로 결정된다.

② 소득에 영향을 미치는 조세로는 근로자가 소득으로 내는 근로소득세, 기업이 판매수입으로 내는 법인세가 있다.

③ 세금부과는 소비와 기업의 판매수입을 감소시킨다.

④ 가계와 기업이 내는 조세는 누출이다.

(3) 정부지출

① 정부지출은 생산요소 구입에 사용됨으로써 가계의 소득을 창출하고, 기업의 생산물을 구입함으로써 기업의 소득을 창출한다.

② 정부지출은 거시경제 순환에서 주입이다.

③ 정부는 공공재(정부재) 생산을 통해 경제활동에 직접 참여한다.

④ 정부의 지출은 생산활동에 대한 대가로 지불되는 것이 아닌 이전지출도 포함한다. 이전지출의 예로는 사회보장을 위한 지출, 각종 보조금, 재해보상금 등으로 재정의 자동안정장치이다.

⑤ 이전지출은 순환을 증가시키기도 하지만, 저축할 경우는 순환 증가 크기를 낮아지게 한다.

⑥ 정부지출은 조세수입으로 이뤄지지만, 동일 기간의 정부지출과 조세수입에 비례하지 않는다.

2. 해외부문이 거시경제 순환에 미치는 영향: 수입과 수출

(1) 수입

① 국내의 가계 또는 기업은 소득으로 외국의 상품을 구입한다. 수입이 증가하면 국내에서 생산되는 상품에 대한 소비, 투자, 정부지출은 감소하게 된다.

② 수입은 소득 순환과정에서 누출이다.

(2) 수출

① 수출은 외국의 가계나 기업이 국내 생산물을 구매하는 것이다.

② 수출은 순환과정에서 주입이다.

3. 4부문 모형의 주입과 누출: 금융시장의 순환

(1) 주입과 누출

4개(가계, 기업, 정부, 해외)의 경제부문으로 구성된 소득 순환과정에서 주입은 투자(I), 정부지출(G), 수출(X)로 이루어지고, 누출은 저축(S), 조세(T), 수입(IM)으로 이뤄진다.

(2) 주입과 누출의 연결

가계의 잉여자금인 저축이 기업의 투자로 연결된다. 또한 해외 및 정부부문의 도입으로 순해외차입(해외차입-해외대출), 정부부문의 정부차입이 추가된다. 금융시장에서 가계의 저축, 순해외차입은 은행차입, 주식 및 채권 발행, 정부차입으로 연결되어 국민소득 순환과정에 참여하게 된다.

(3) 국민소득 순환과정에서 주입과 누출

	주입	누출
개념	주입은 국민소득 순환과정에서 외부로부터 유입되어 새로운 소득을 창출하는 지출을 말하고, 국민소득의 순환 규모를 증가시킨다.	누출은 국민소득 순환과정에서 외부로 유출되어 빠져나가는 부분을 말하며, 국민소득의 순환 규모를 감소시킨다.
종류	투자(I), 정부지출(G), 수출(X)	저축(S), 조세(T), 수입(IM)

4. 4부문 모형 순환과정 및 국민소득 삼면등가의 법칙

(1) 4부문 모형 순환과정 그림

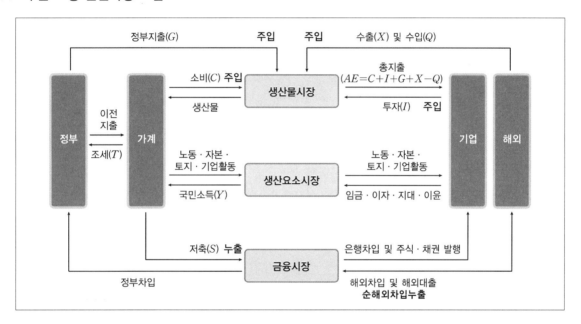

(2) 국민소득 순환과 삼면등가의 법칙

① 생산국민소득과 지출국민소득의 크기가 일치한다.

국가경제가 생산한 모든 상품(생산국민소득)은 가계의 소비, 기업의 투자, 정부지출, 해외지출(수출)을 통해서 모두 구입된다(지출국민소득). 이때 일정 기간 동안 국가경제가 생산한 모든 생산물의 총가치를 측정한 것이 생산국민소득이다. 또한 경제주체가 구입하여 사용한 생산물의 총가치를 측정한 것이 지출국민소득이다. 경제주체들이 지출한 금액의 합계는 국가경제가 생산한 생산물의 총가치와 그 크기가 같다.

② 분배국민소득과 생산국민소득의 크기가 일치한다.

가계가 생산과정에 참여하여 벌어들인 요소소득(임금, 지대, 이자, 이윤)의 총합을 분배국민소득이라고 한다. 분배국민소득은 생산과정에서 지불한 생산요소비용이다. 따라서 생산국민소득과 분배국민소득의 크기와 같다.

제 **03** 장 **거시경제균형 탐구 안내**

제1절 일반적인 거시경제균형 개요 : $AD-AS$모형

01 총수요와 총공급에 의한 균형국민소득 결정 : 거시경제균형 일반모형

1. 생산물시장의 총공급과 총수요의 상호작용

거시경제 문제를 분석하는 방법은 미시경제이론과 마찬가지로 수요와 공급의 상호작용을 통해 분석한다는 점에서 분석틀은 동일하다. 거시경제에서 최종 재화와 서비스에 대한 생산 결정은 기업에 의해 이뤄진다. 반면에 상품에 대한 지출 결정은 소비, 투자, 정부지출 등에 의해 결정된다. 이런 생산물의 총공급과 총수요가 상호작용을 통하여 국민소득을 결정한다.

2. 균형물가와 균형수급량의 결정

거시경제이론에서는 하나의 대표적 상품을 설정하고 이것이 한 국민경제에서 생산되는 모든 상품을 대표한다고 가정한다. 이 대표상품에 대한 수요를 나타내는 곡선을 총수요곡선, 그것의 공급을 나타내는 곡선을 총공급곡선이라고 부른다. 총수요곡선과 총공급곡선이 교차하는 곳에서 균형물가와 균형수급량이 결정된다.

02 생산물시장의 총공급 : 총생산의 가치 = 총소득

1. 생산을 통해 얻어진 국민소득

생산을 통해 얻어진 국민소득은 각 생산요소의 공급자에게 분배되고 그 소득은 다시 여러 가지 방식으로 처분된다. 소득 가운데 일부는 소비(C)되고 그 나머지는 저축(S)된다. 개방경제라면 소비에는 해외상품의 소비도 포함된다. 또한 정부도 포함된다면 소득 가운데 일부는 조세(T)로 정부에 귀속된다. 따라서 국민소득을 소득처분의 관점에서 식을 정리하면 '$Y=C+S+T$'이다.

2. 공급된 국민소득 : $Y = C + S + T$

⑴ Y는 생산을 통해 얻어진(또는 공급된) 국민소득을 나타낸다. 이 식은 국민소득이 어떠한 형태로 나뉘어 처분되는가를 나타내는 단순한 항등식에 불과하다.

⑵ 국가경제의 총공급 수준을 나타낸다. 즉 총공급에 의해 창출된 국민소득은 소비·저축·세금의 형태로 처분된다.

03 생산물시장의 총수요

1. 미시경제 분석에서 본 바와 같이 기업의 생산활동은 수요 분석을 통해 이뤄진다.

총수요가 증가하면 생산이 증가하고, 생산이 증가하면 국민소득이 증가할 것이다.

2. 생산물은 어떻게 팔리는가?

생산물은 소비를 목적으로 하는 가계, 투자를 목적으로 하는 기업에게 팔린다(단순경제). 정부와 해외부문을 포함한다는 것은 정부의 소비와 투자, 소비를 원하는 해외에 상품을 수출하는 것을 말한다.

⇒ 2부문 총수요 = 소비지출(C) + 투자지출(I)

⇒ 4부문 총수요 = 소비지출(C) + 투자지출(I) + 정부지출(G) + 순수출($X - IM$)

3. 총수요 = 소비지출(C) + 투자지출(I) + 정부지출(G) + 순수출($X - IM$)

04 총수요 및 총공급의 변화, 총수요곡선과 총공급곡선의 이동

1. 물가가 변할 때 ⇒ 수요곡선 위, 공급곡선 위 이동

2. 물가 이외의 변수가 변할 때 ⇒ 총수요곡선과 총공급곡선의 이동

05 국민소득의 균형 : 불균형에서 물가의 조정 ⇒ 총수요 = 총공급

미시경제학에서 본 바와 같이 수요와 공급이 불일치하면 조정을 통해 시장균형을 이룬다. 만일 총수요가 총공급보다 크다면 기업은 생산을 증가시키고 이에 따라 국민소득이 증가할 것이다. 반대로 총수요가 총공급에 부족할 때는 기업이 생산을 감소시키고 이에 따라 국민소득이 감소하게 된다. 결국 국민소득의 균형은 다음과 같이 총수요와 총공급이 일치할 때 이루어진다.

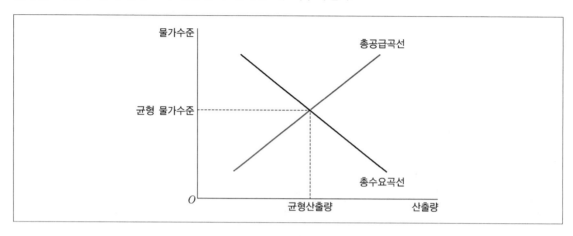

제2절 거시경제균형 탐구 순서

01 생산물시장(실물시장)의 균형

생산물시장(실물시장)을 중심으로 국민소득결정이론을 검토한다.

1. 국민소득

2. 소비이론

3. 투자이론

4. 정부지출과 순수출

5. 케인스 유효수요이론

⑴ 고전학파의 국민소득결정이론의 한계극복

⑵ 총지출에 의해 결정되는 균형국민소득

6. $AD - AS$모형

제 **3** 부

02 생산물시장에 영향을 주는 화폐시장을 탐구한다.

03 생산물시장과 화폐시장을 고려한 거시경제균형을 탐구한다.

04 대외경제를 반영한 거시경제균형을 탐구한다.

05 거시경제균형 탐구 요약

위 내용을 정리해 보면 우선 생산물시장의 균형(총수요 − 총공급), 화폐시장의 균형, 외환시장의 균형, 종합적 분석이 거시경제 분석의 전체 흐름이다.

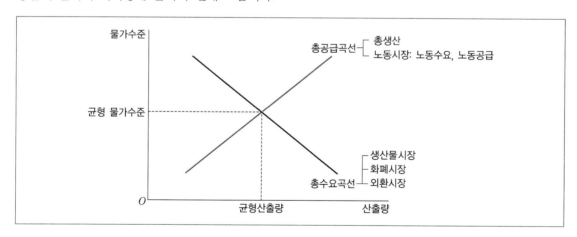

법학

정치학

경제학 다이제스트

일반사회교육론

제 **8** 편

국민소득의 결정

제 01 장 국민소득의 정의와 측정

제1절 국내총생산(GDP)

01 국민소득과 국내총생산(GDP)의 의의

1. 국민소득의 의미

국민소득은 한 국가경제의 생산·소득·지출 수준을 나타내는 지표를 말한다.

2. 국민소득계정

국민소득을 경제주체 및 경제활동의 형태별로 정리하고, 그 결과를 수입과 지출로 나타낸 통계표를 국민소득계정이라고 한다. 국민계정상의 국민소득은 '생산 → 분배 → 지출'이라는 국민소득 순환이론에 근거하여 일국의 경제주체가 생산하여 나누어 쓰는 양이 같다는 국민소득 삼면등가의 원칙에 따라 생산물접근법, 소득접근법 및 지출접근법 등의 세 가지 추계방법에 의해 측정되고 있다.

3. 국민소득의 대표적인 지표가 GDP이다.

GDP는 최종생산물의 가치를 합해서 구할 수도 있지만, 가계, 기업, 정부, 해외가 국내 생산물을 구입하기 위해 지출한 금액의 총합을 통해서도 구할 수 있다.

02 GDP 개념 분석

1. GDP의 의미

일정 기간 동안 한 나라 안에서 생산되어 최종적인 용도로 사용되는 재화와 서비스의 가치를 모두 더한 것이 국내총생산이다.

2. 개념 분석

⑴ **일정 기간 동안**

유량개념으로 통상적으로 1년 정도가 된다.

⑵ **한 나라 국경 안에서**

속지주의 개념으로 국내생산을 의미한다. 생산주체와 무관하다.

① 우리나라의 노동과 자본이 외국에서 생산 : 포함 ✕

② 외국의 노동과 자본이 우리나라에서 생산 : 포함 ○

⑶ **생산된**

해당 연도에 생산되지 않는 것은 제외된다.

🔲 중고생산물, 금융자산의 매매차익 등은 제외된다.

⑷ **최종재(최종생산물)** : 중간 생산물을 제외한 생산물

① 최종재의 의미

최종재란 다른 상품을 생산하는 과정에서 중간 투입물로 사용되는 것이 아니라 최종적인 용도로 사용되는 재화와 서비스를 의미한다.

② GDP는 최종재 가치의 합

최종재 가치의 합 = 각 생산단계에서 창출된 부가가치의 합이다.

⑸ **시장가치의 합**

원칙적으로 시장에서 거래되는 것만 GDP에 포함된다.

🔲 농부의 자가소비 농산물, 귀속임대료 등은 포함된다.

⑹ **총생산 = 부가가치의 합 = 생산요소의 소득 = 국민소득**

국내총생산은 한 나라 국민이 얻는 총체적 소득의 지표로 자주 사용된다.

■ 국민계정 주요지표[11]

	단위	2019	2020	2021	2022
경제규모 및 국민소득(명목)					
국내총생산(GDP)	조 원	1,924.5	1,940.7	2,080.2	2,161.8
	억 달러	16,510	16,446	18,177	16,733
1인당 국민총소득(GNI)	천 원	37,539	37,766	40,654	42,487
	달러	32,204	32,004	35,523	32,886
1인당 가계총처분가능소득(PGDI)	천 원	20,474	21,185	22,007	23,506
	달러	17,565	17,953	19,230	18,194
생산 및 지출항목별 실질증감률					
국내총생산(GDP)	%	2.2	−0.7	4.3	2.6
제조업	〃	1.1	−1.1	7.1	1.5
건설업	〃	−2.6	−1.3	−1.9	0.7
서비스업	〃	3.4	−0.8	3.8	4.2
최종소비지출	〃	3.2	−2.2	4.1	4.1
민간	〃	2.1	−4.8	3.6	4.1
정부	〃	6.4	5.1	5.5	4.0
총고정자본 형성	〃	−2.1	3.5	3.2	−0.5
┌ 건설투자	〃	−1.7	1.5	−1.6	−2.8
├ 설비투자	〃	−6.6	7.2	9.3	−0.9
└ 지식재산생산물투자	〃	3.1	3.4	6.1	5.0
┌ 민간	〃	−4.5	3.6	4.9	0.4
└ 정부	〃	11.4	3.4	−4.9	−5.1
재화와 서비스의 수출	〃	0.2	−1.7	11.1	3.4
재화와 서비스의 수입	〃	−1.9	−3.1	10.1	3.5
국민총소득(GNI)	〃	0.4	0.1	3.5	−0.7
GDP디플레이터 등락률	%	−0.8	1.6	2.8	1.3
피용자보수비율	%	66.4	68.4	67.5	68.7
저축률과 투자율(명목)					
총저축률	%	34.7	36.0	36.5	34.1
가계순저축률	〃	6.9	12.4	10.6	9.1
국내총투자율	〃	31.3	31.7	32.0	32.7

주 : 1. 도소매 및 숙박음식업, 운수업, 금융 및 보험업, 부동산업, 정보통신업, 사업서비스업, 공공행정 국방 및 사회보장, 교육서비스업, 의료보건 및 사회복지서비스업, 문화 및 기타서비스업 포함

---

11) 한국은행 경제통계시스템(ECOS, http://ecos.bok.or.kr)

03 국민소득 삼면등가의 법칙 : 생산 = 지출 = 분배

1. 생산국민소득 : 생산 측면에서 파악

생산국민소득 = 최종생산물의 시장가치의 합 = 부가가치 + 고정자본 소모(감각상각분)

2. 분배국민소득

생산요소 투입의 대가로 받은 임금 + 이자 + 임료 + 이윤을 모두 합한 것이 '분배국민소득'이다.

분배국민소득 = 임금 + 이자 + 임료 + 이윤 + 고정자본소모(감가상각) + 순간접세

　　　　　 = 요소소득 + 고정자본소모(감가상각) + 순간접세

3. 지출국민소득 : 지출(사용) 측면에서 파악, 지출을 모두 합친 것

지출국민소득 = 민간소비지출 + 투자지출(건설 및 설비투자, 재고투자) + 정부지출 + 순수출

4. 국민소득 삼면등가의 법칙 : 생산국민소득 = 분배국민소득 = 지출국민소득

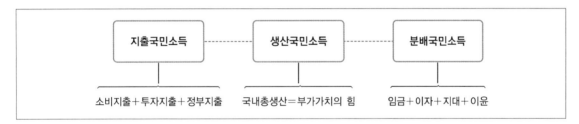

제2절 다양한 측면의 국민소득 계정

01 지출국민소득으로 정리(해외부문 포함)

폐쇄경제일 때 $GDP = C + I + G$가 된다. 여기에서 해외부문을 도입할 경우
'$GDP = (C - C_m) + (I - I_m) + (G - G_m) + X$'과 같이 된다. 가계뿐만 아니라 기업, 정부도 수입에 지출을 하기 때문이다. 이를 다시 수입과 수출로 정리하면 국민소득은
'$GDP + C + I + G + (X - M) = C + I + F + X_n$(순수출/경상수지)'가 된다.

02 국민소득의 다양한 지표

1. 국내총생산(gross national product)과 국민총생산(gross national product)

⑴ GDP와 GNP의 관계

국민총생산 = 국내총생산 + 대외순수취 요소소득(국외수취 요소소득 − 국외지불 요소소득)

⑵ GDP의 의의

GDP는 국내생산활동의 활성화 정도를 반영하는 데 적당한 지수이다.

2. 국민총소득(gross national income : GNI)

⑴ 의의

GNI는 국내의 체감 경기를 반영하는 데 적당한 지수이다.

⑵ 의미

GNI는 일정 기간 동안 국민이 소유하고 있는 생산요소를 국내외에 제공하고 벌어들인 소득을 의미한다. 식으로 정리하면 '국민총소득 = 국민총생산 + 교역조건 변화에 따른 무역손익 = GNP + 교역조건 변화에 따른 실질무역손익 = GDP + 국외순수취 요소소득 + 교역조건 변화에 따른 실질무역손익'이다.

⑶ 폐쇄경제하에서 GNP와 GNI, GDP의 관계

① 명목GNP = 명목GNI = 명목GDP

② 실질GNP = 실질GNI = 실질GDP

⑷ 개방경제하에서 GNP와 GNI의 관계

여기서도 명목지표는 양자가 동일하다. 그 이유는 생산액은 소득액과 같기 때문이다. 문제는 실질지표인데 개방경제하에서 실질GNP로는 실제 구매력을 제대로 반영할 수 있는 실질 국민소득을 나타내기가 어렵다. 즉 실질GNP는 명목GNP를 국내의 물가로 조절한 것이므로 수출품이나 수입품의 가격변동으로 인해 실질소득이 달라지는 점을 제대로 반영하지 못한다는 것이다. 관계를 식으로 정리해 보면 다음과 같다.

> ▪ 국민총소득 = 국내총생산 + 대외순수취 요소소득 + 교역조건 변화에 따른 무역손익
> ⇒ 실질GNI = 실질GNP + 교역조건의 변화에 따른 실질무역손익
> ⇒ 실질GNP + 교역조건의 변화를 반영한 실질무역손익 − 기준연도의 교역조건이 변하지 않았을 때의 실질무역손익
> ⇒ 실질GNP + 현년도 명목무역수지의 실질가치 − 기준연도 물가로 환산한 현년도 무역손익
> ⇒ 실질GNP + 현년도 명목무역수지의 실질가치 − (기준연도 물가로 환산한 현년도의 수출액 − 기준연도 물가로 환산한 현년도의 수입액)
> ⇒ 실질GNP + (현년도 명목무역수지/환가지수) − (현년도의 실질수출액 − 현년도의 실질수입액)

(5) **구매력평가 환율 국민총소득(PPP GNI)**

① **국민총소득의 한계점과 구매력평가 환율 국민총소득의 필요성**

공식통계상의 국민총소득은 일단 자기 나라 화폐단위로 측정한 다음 공식적 환율, 즉 명목환율에 기초해 달러 표시 국민총소득으로 전환된 수치라는 점이다. 이런 이유로 화폐의 구매력을 반영하는 구매력평가 환율에 기초해 국민총소득을 달리 계산해볼 필요성이 있는 것이다.

② **구매력평가 환율 국민총소득**

한 나라 국민의 구매력을 더욱 충실하게 반영하는 지표이다. 화폐의 구매력을 반영하는 구매력평가 환율에 기초해 계산된 국민총소득을 구매력평가 환율 국민총소득(PPP GNI)이라고 부른다.

3. 처분가능소득(DI)

(1) **처분가능소득의 필요성**

국민이 실제로 쓸 수 있는 소득, 즉 처분가능소득(disposable income : DI)이 얼마인지 알아내기 위해서는 국민총소득에 어떤 것은 더하고 어떤 것은 빼는 몇 가지 조정을 거쳐야 한다.

(2) **처분가능소득**

처분가능소득은 가계가 마음대로 쓸 수 있는 소득을 말한다. 식으로는 'DI = 국민총소득(GNI) − 감가상각 − 사내유보이윤 − 각종 세금 + 이전지출'이다.

4. 주요 국민소득지표 암기법

(1) **N(national) = D(domestic) + 해외순수취 요소소득**

N(national)변수와 D(domestic)변수 차이는 해외순수취 요소소득이다.
예컨대 'GNP = GDP + 해외순수취 요소소득'이다.

(2) **I(income) = P(product) + 교역조건 변화**

I(income)변수와 P(product)변수의 차이는 교역조건 변화에 따른 실질무역손익이다.
예를 들어 GNI = (GDP + 해외순수취 요소소득) + 교역조건 변화

(3) **기타지표**

① 국민순소득(NNI) = 국민총소득(GNI) − 감가상각

② 처분가능소득(DI) = 국민순소득(NNI) − 사내유보이윤 − 각종 세금 + 이전지출

이전지출	보조금	임금, 이자, 지대, 이윤	소득세	사내유보	법인세	간접세	감가상각
		GNI					
		NNI					
		NI					
	PI						
	DI						

03 GDP개념의 한계

1. 국내총생산이 복지수준의 지표로 적절한지 여부에 대해 논쟁이 있다.

2. 한계점 : 복지수준을 과소평가하거나 과대평가하는 문제점

⑴ 시장에서 거래된 상품의 가치만을 포함하고 있다는 점

⑵ 시장경제화가 덜 된 나라들의 경우 국내총생산 수치가 과소평가되는 경향이 있음

⑶ 여가의 소비시간은 반영되지 않음

⑷ 지하경제의 거래 역시 반영되지 않음

⑸ 시장가격이 상품의 진정한 가치를 제대로 반영하지 못할 경우 ⇒ 시장가격의 왜곡

⑹ 생산활동과 더불어 일어나는 부작용을 전혀 고려치 않는다는 점

3. 새로운 경제지표

⑴ **MEW(NEW, 순경제후생)**

① MEW(NEW) = GDP + 가정주부서비스 + 여가가치 − 외부불경제비용

② 문제점 : 측정 시에 객관적인 수량화가 어려움

⑵ **그린GNP** = GNP + 환경후생가치 − 자원고갈비용 − 환경정화비용

⑶ **EDP(환경요인조정 국내순생산)**

EDP = NDP(국내순생산) − 자연자산감모(채굴, 벌채) − 환경오염 등에 따른 환경자산 질적 악화

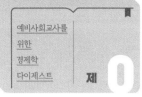

제02장 총지출(총수요)의 구성요소

제1절 소비이론

01 국민경제의 총수요를 구성하는 요소

총수요를 구성하는 요소로는 소비지출(C), 기업의 투자지출(I), 정부지출(G), 순수출(X_n)이 있다. 이중 총수요의 50%를 넘는 비중을 소비지출이 차지하고 있다.

02 소비지출의 성격

소비지출은 한 해에 생산된 최종재 중 가계가 구입하는 소비재의 총시장가치를 말한다. 소비란 가계가 재화와 서비스를 구입해 사용하는 행위를 뜻한다. 소비와 소비지출을 구분하지 않고 쓰는 것이 일반적인 관례다.

03 소비에 영향을 주는 요인들

1. 처분가능소득

소비의 결정 요인 중 가장 중요한 것은 소득의 크기, 조세를 납부한 후의 처분가능소득이다.

2. 소비를 결정하는 다른 요인들

⑴ **재산**: 재산효과(wealth effect)

주식이나 주택 가격 상승으로 인해 재산이 불어나면 사람들은 소비지출을 늘린다.

⑵ **물가수준**: 실질자산효과

물가가 올라가면 화폐가치가 떨어지게 되므로, 명목자산의 실질가치도 자연히 떨어지게 된다. 물가가 변동함에 따라 가계가 보유한 재산의 실질자산효과라고 부른다.

(3) 이자율

이자율이 높아지면 사람들은 소비를 줄이고 저축을 늘리는 반응을 보일 것이라고 짐작할 수 있다. 그러나 이자율이 높아짐에 따라 사람들이 소비를 줄일 것이라는 분명한 이론적 근거는 없다.

(4) **미래소득**: 항상소득이론, 생애주기이론

04 케인스(Keynes)의 절대소득가설

1. 절대소득가설의 의미

(1) 돈을 구하기 어려운 사람에게 10만 원을 주면 어떻게 할까?

(2) 현재의 소비는 현재소득의 절대적 크기에 의존한다고 주장하는 것이 절대소득가설이다.

① 지속적 불경기의 가설이다.

② 처분가능소득의 절대적 크기가 소비의 가장 중요한 결정요인이 된다고 보는 이론이다.

③ 소비의 결정적인 요소는 소득이며, 이자율이 소비에 미치는 영향은 그리 크지 않다.

④ 케인스의 절대소득가설은 횡단분석[12]을 통한 것이었다.

2. 절대소득가설의 가정

(1) 소비의 독립성

소비는 타인의 소비행위에 영향을 받지 않고, 자신의 소득에 의해서만 결정된다.

(2) 소비의 가역성

소득이 증가하면 소비가 증가하고, 소득이 감소하면 소비가 감소한다.

3. 케인스의 소비함수

(1) $C = a + b \cdot Y_d$

$(a :$ 기초소비, $b = \dfrac{dC}{dY} = MPC = $ 한계소비성향, $0 < b < 1,\ Y_d :$ 가처분소득 $= Y - T)$

① 한계소비성향의 의미 : 처분가능소득이 1원 증가할 때 소비가 얼마나 증가하는지의 비율

$\Rightarrow$ 한계소비성향(MPC)식 $= \dfrac{dC}{dY} = b = $ 소비곡선의 기울기$(0 < b < 1)$[13]

---

12) 동일한 시점에서 여러 대상을 조사하여 정리한 자료를 횡단면 자료라고 한다.

13) 한계저축성향$(MPS) = \dfrac{dS}{dY}$, 소득이 증가하면 저축이 증가한다. 한계소비성향과는 상반관계를 보인다.

② 평균소비성향의 의미 : 전체 소득 중에 소비가 차지하는 비중

평균소비성향(APC) $= \dfrac{C}{Y}$, 소득이 1원일 때 소비량, 소득이 증가하면 APC는 감소한다.[14]

③ 평균소비성향과 한계소비성향의 관계 : 평균소비성향이 한계소비성향보다 항상 크다.

$Y\uparrow$면 APC는 감소, 항상 $APC > MPC$

⑵ 소비는 현재의 가처분소득에 의해서만 결정되고, 임시소득이 증가하더라도 소비가 증가한다.

⑶ **소비곡선**

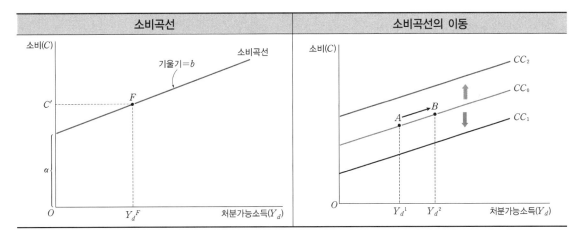

4. 절대소득소비가설의 시사점 및 한계

⑴ 일시적 조세정책은 매우 효과적이다.

세율↓ $\Rightarrow$ Y_d(가처분 소득)↑ $\Rightarrow$ C(소비) $\Rightarrow$ AE(총지출)↑ $\Rightarrow$ Y(균형국민소득)↑

⑵ 현실과의 불일치

① 소득이 증가함에 따라 평균소비성향이 점점 감소하지 않았다.

② 소득이 증가함에 따라 저축률이 증가하지 않았다.

⑶ 장기의 소비 변화를 설명하기에는 미흡하다.

(근거) 자산이 증가하면 자산효과를 통하여 소비가 증가하였다.

⑷ 장기에는 평균소비성향이 안정적이다. $\Rightarrow$ 장기소비함수

---

14) 평균저축성향 $= \dfrac{S}{Y}$

05 쿠즈네츠의 실증분석

1. 실증분석의 의의

쿠즈네츠는 실증분석을 통해 케인스의 소비이론이 장기적 소비 현상을 설명하지 못하는 것을 밝혔다. 그 결과 케인스의 소비이론을 대체하기 위한 여러 이론이 등장하는 계기를 마련하였다.

2. 케인스 이론과 일치하는 부분

(1) 횡단면 분석

횡단면 분석에서는 케인스의 절대소득가설과 일치한다는 사실을 입증하였다. 즉 소득수준이 높을수록 APC가 감소한다($APC > MPC$).

(2) 단기시계열 분석

① 호황기(고소득층)의 경우에는 APC가 낮고, 불황기(저소득층)의 경우에는 APC가 높다.

② 단기소비곡선은 소비축을 지나는 직선이다.

③ $APC > MPC$가 성립한다.

3. 케인스 이론과 불일치하는 부분 : 장기시계열 분석

(1) 장기간에 걸쳐서 평균소비성향은 매우 안정적이다.

(2) 소득이 증가하는 경우 저축률이 상승하여 지속적인 불경기에 빠질 것이라는 주장은 비현실적이다.

(3) 장기소비곡선(LRC)은 원점을 지나는 직선이다. $\Rightarrow APC = MPC$

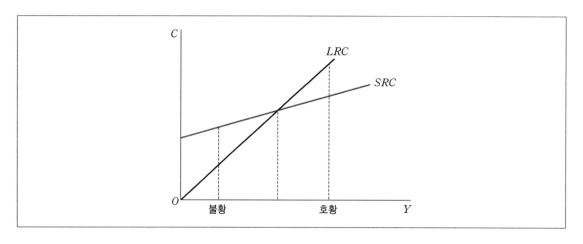

4. 맥락의 변화

절대소득가설과는 다른 상황이 전개되었다. 전쟁은 끝났고, 임금은 오르고 소득이 증가하였다. 사람들은 과연 어떻게 소비를 할까?

06 항상소득이론(Friedman)

1. 항상소득이론의 의미

장기적 기대소득인 항상소득에 의해 소비가 이뤄진다고 주장하는 것이 항상소득이론이다.

2. 항상소득이론의 가정 : 소득 = 항상소득 + 일시소득

(1) 항상소득

일생에 걸친 평균적 소득, 정상적인 상태에서 취득이 기대되는 장기적 평균소득

(2) 일시(임시)소득

일시적인 여건의 변화로 인해 생긴 소득, 비정상적이고 예측 불가능한 소득으로 양(+), 음(−) 상태가 나타나는 소득

3. 소비성향

(1) 사람들은 소비를 비교적 일정한 수준에서 유지하고 싶어한다.

(2) **불황기와 호황기의 소비** : 불황기를 위해 호황기 때 임시소득 저축

소비자는 불황기에 일시적으로 소득이 감소하게 되면 미래에 얻을 소득을 기대하고 돈을 빌려 종전과 비슷한 소비수준을 유지한다. 반면에 호황기에 일시적으로 소득이 증가하면 그것을 전부 소비하지 않고 일부를 떼어 저축해 놓는다. 다시 말해 사람들은 소비를 일정한 수준으로 유지하려는 태도를 갖고 있기 때문에 일시소득의 변동에 따라 소비를 크게 늘리거나 줄이려 하지 않는다는 것이다.

(3) 한계소비성향

항상소득과 관련된 한계소비성향이 상당히 큰 반면 일시소득과 관련된 한계소비성향은 그보다 훨씬 더 작다.

4. 함수의 형태 : 소비는 항상소득의 함수

$$C = KY_{항상} = K(Y - Y_{임시}) \Rightarrow APC = \frac{C}{Y} = K\left(1 - \frac{Y_{임시}}{Y}\right) = K\left(\frac{항상소득}{임시소득 + 항상소득}\right)$$

$\Rightarrow$ 단기 : $Y_{임시} > 0$이면 $APC\downarrow$, $Y_{임시} < 0$이면 $APC\uparrow$

$\Rightarrow$ 장기 : $Y_{임시}$의 평균값 $= 0$, $APC = K$ 일정

$\Rightarrow$ 임시소득의 증감은 소비와 상관없이 저축에만 영향을 준다.

5. 항상소득이론의 주요 특징 및 시사점

⑴ 소비는 미래에 얻을 것으로 예상되는 평균적 소득에 의해 결정된다.

⑵ 항상소득과 임시소득, 항상소득과 임시소비, 임시소득과 임시소비 사이에는 아무런 상관관계가 없다.

⑶ 일시적 소득변화는 대부분 저축되고, 소비의 변동이 소득의 변동보다 더 작다.

⑷ 소득의 유형에 따라 한계소비성향이 다를 수 있다.

항상소득의 한계소비성향이 임시소득의 한계소비성향보다 더 크다.

⑸ 평균소비성향은 현재소득에 대한 항상소득의 비율에 의존한다.

$$APC(평균소비성향) = \frac{C}{Y} = K\left(\frac{항상소득}{임시소득 + 항상소득}\right)$$

⇒ 장기의 소득변화는 대부분 항상소득에서 비롯하므로 APC는 일정하다.

⑹ 일시적인 조세정책은 항상소득에 영향을 미치지 못하므로 거의 효과가 없다.

07 생애주기이론

1. 생애주기이론의 의미

평생에 걸친 총소득에 의해 소비가 결정된다고 주장하는 것이 생애주기가설이다. 생애주기가설은 평생 소득가설로 불리기도 한다.

2. 생애주기이론의 가정 및 전제

⑴ 소비자들은 소비를 일정한 수준에서 유지하려고 노력하는 태도를 가졌다.

⑵ 소비자의 일생에 걸친 소득과 소비의 변화 양상에 주목하고 있다.

⑶ 소비는 남은 평생 동안의 총소득에 의해서 결정된다.

3. 함수의 형태

⑴ **소득 = 노동소득 + 자산소득**

⑵ $C_t = aY_t + bA_t$

① Y_t : 노동소득, a : 노동소득의 한계소비성향

② A_t : 자산소득, b : 자산소득의 한계소비성향

⑶ **단기 소비**

① 자산소득이 고정된 가운데 소득이 증가할수록 APC가 감소한다.

② 단기소비곡선(SRC)은 소비축을 지나는 직선이다. $\Rightarrow APC > MPC$

⑷ **장기 소비**

① 노동소득과 자산규모가 거의 같은 비율로 증가하기 때문에 APC는 일정하다.

② 장기소비곡선(LRC)은 원점을 지나는 직선이다. $\Rightarrow APC = MPC$

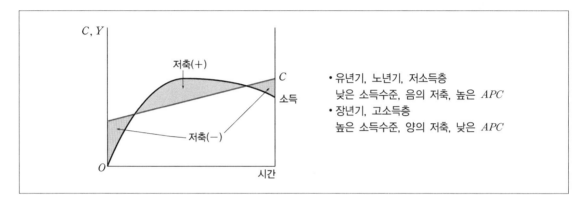

4. 생애주기이론의 특징

⑴ 생애주기에 따라 소득과 소비의 성향이 달라진다.

소비자는 현재소득 또는 매 기간 소득보다는 일생 동안의 소득을 염두에 두고 적절한 소비수준을 결정한다. 전 생애에 걸쳐 이 소비수준을 유지하게 되므로, 소비는 그때그때의 소득 변화에 민감하게 반응하지 않는다.

⑵ 소비는 소득뿐만 아니라 자산(부)의 규모에 의해서도 영향을 받는다.

⑶ 생애주기에 따라 저축률이 달라진다.

개인의 저축성향(및 소비성향)은 그 사람이 생애의 어떤 단계에 있는지에 따라 달라질 수 있으며, 사회의 저축성향은 인구의 연령별 구성의 변화에 따라 달라질 수 있다. 장년기의 저축률이 가장 높다. 총인구에서 노인층이 차지하는 비중이 커지면 국민저축률은 낮아진다.

5. 생애주기이론에 대한 평가

⑴ 항상소득이 무엇인지를 명료하게 하였다.

⑵ 자산을 소비함수로 설명하였다.

⑶ 단기적 조세정책은 평생소득에 영향을 주지 않으며, 정책 효과도 없다.

제2절 투자지출

01 투자의 거시경제적 의의

1. 경기변동의 주요 요인 : 소득창출효과

⑴ 소비지출은 투자지출보다 총수요의 더 큰 부분을 차지하고, 더 안정적이다.

투자가 총수요에서 차지하는 비중은 20~30% 정도이다. 하지만 변동성이 매우 크기 때문에 경기변동의 가장 중요한 요인이 된다.

⑵ 투자지출은 경제의 상황에 따라 변동성이 크다.

⑶ 투자의 움직임은 단기적인 경기를 좌우한다.

2. 경제성장의 주요 요인 : 생산능력증대효과

투자는 자본량 증가를 통해 경제의 생산능력을 증대시키므로 경제성장의 주요 요인이 된다. 투자를 통해 자본이 축적되고, 이렇게 축적된 자본이 경제성장의 밑바탕이 된다.

02 투자지출의 의미

1. 거시경제이론에서 투자의 의미

거시경제이론에서의 투자는 어떤 나라에서 한 해 동안 생산된 최종재 중 기업이 구입하는 자본재(capital goods)의 총가치를 뜻한다.

2. 투자의 의의

투자해서 자본재를 구입하면 자본재는 수년간 사용하고 감가상각이 일어난다. 투자란 새로 만들어진 자본재를 구입하는 것을 뜻하기 때문에 투자가 늘어난 만큼 국민경제의 총자본량이 더 커지게 된다. 어떤 기간(t)에 이루어진 투자를 I_t, 감가상각을 D_t라고 할 때 이들과 총자본량(K_t) 사이에는 다음과 같은 관계가 성립한다. ⇒ $K_{t+1} = K_t + I_t - D_t$

03 **투자의 종류** : 고정투자, 재고투자

1. 고정투자

기계, 공구, 자동차 등의 설비, 공장, 도로, 다리, 주택 등
비교 신투자, 대체투자

2. 재고투자

(1) 판매되지 않은 부분

기업이 생산한 것 중 판매되지 않은 부분이다. 이 부분은 기업이 스스로 만든 상품을 사들이는 것으로 간주하게 되는데, 이는 투자 목적으로 자본재를 사들이는 것과 비슷한 행동으로 본다.

(2) 생산 측면의 소득과 지출 측면의 소득을 일치하게 만드는 투자

생산 측면에는 포함되지만 지출 측면에는 포함되지 않으면, 생산 측면에서 평가한 국내총생산과 지출 측면에서 평가한 국내총생산이 달라지는 문제가 생기게 된다. 이 문제를 해결하기 위해 국민계정에서는 팔리지 않은 부분을 기업이 스스로 사들인 것으로 간주하는 편법을 쓴다. 그 결과 생산 측면의 국내총생산과 지출 측면의 국내총생산이 언제나 같은 값을 갖게 만든다.

04 **투자의 결정요인**

1. **이자율** : 투자에 영향을 주는 주된 변수, 이자율과 투자지출 사이에 '역($-$)'의 관계

(1) 투자는 이자율의 감소함수이다.

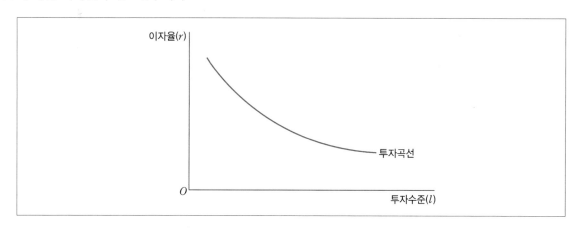

(2) 투자는 이자율에 민감하게 반응한다.

2. 예상수익/내부수익률(내부수익률법) : 장래에 대한 기대, 동물적 감각, 투자의 이자율탄력성이 작다

(1) 예상수익과 투자지출의 관계는 정(+)의 관계이다.

(2) 관계의 기울기(경향)는 매우 크다.

3. 자금 조달의 용이성

자금 조달이 용이할수록 투자지출이 활발해질 수 있다.

4. 정부의 정책(외적 요인)

5. 가속도 원리

투자는 소비변화로부터 유발되며, 소비는 소득변화에서 발생한다.

05 투자함수와 투자곡선의 주요 특징

1. 투자함수 : $I = f\{$이자율/예상수익, 자금조달의 용이성, 정부정책$\}$

2. 투자는 이자율의 감소함수

3. 투자의 이자율탄력성 : 고전학파 $\Rightarrow$ 탄력적, 케인스 학파 $\Rightarrow$ 비탄력적

4. 투자곡선, 이자율 이외의 나머지 변수는 불변으로 가정(아래위로 이동)

06 투자의 현재가치법 : 고전학파

1. 투자의 현재가치(기대수익의 현재가치)의 의의

(1) 투자 비용과 투자로부터 얻을 수 있는 수입의 현재가치를 비교하여 투자 여부를 결정하는 이론이다.

(2) P_0 : 1000만 원, 이자율 10% $\Rightarrow$ 1년 후 기대가치 $P_1 = P_0(1+r)$ $\Rightarrow$ 2년 후 기대가치

$P_2 = P_1(1+r) = P_0(1+r)(1+r)$ $\Rightarrow$ $P_3 = P_0(1+r)^3 \cdots$ $\Rightarrow$ $P_n = P_0(1+r)^n$

(3) 현재가치 $= \dfrac{P_1}{1+r}$

(4) $PV = \dfrac{R_1}{1+r} + \dfrac{R_2}{(1+r)^2} + \cdots\cdots + \dfrac{R_n}{(1+r)^n}$

2. 투자결정원리

(1) **기대수익의 현재가치(PV) > 투자비용(C)** : 투자 증가

(2) **기대수익의 현재가치(PV) = 투자비용(C)** : 투자 불변, 최적투자 수준

(3) **기대수익의 현재가치(PV) < 투자비용(C)** : 투자 감소

3. 이자율이 상승하면 현재가치는 감소한다.

4. 투자는 이자율의 감소함수이다.

5. 투자의 이자율탄력성이 매우 크다.

07 내부수익률법(John Maynard Keynes)

1. 의미

내부수익률과 이자율을 비교하여 투자 여부를 결정하는 것이 내부수익률법이다.

2. 내부수익률(투자의 한계효율)의 의미

내부수익률은 투자로부터 얻을 것으로 예상되는 기대수익의 현재가치와 현재의 투자비용을 일치시키는 할인율을 말한다. 내부수익률은 기업가가 미래의 예상수익을 스스로 판단하여 순현재가치를 'zero'로 만드는 할인율이다. 따라서 내부수익률은 기업의 주관적 예상수익률이다.

3. 투자결정원리 : 내부수익률과 이자율을 비교하여 결정한다.

(1) 내부수익률 > 이자율 ⇒ 투자 증가

(2) 내부수익률 = 이자율 ⇒ 투자 불변

(3) 내부수익률 < 이자율 ⇒ 투자 감소

4. 이자율과 투자의 관계

(1) 투자는 이자율의 감소함수이다.

(2) 투자의 이자율탄력성이 매우 작다.

(3) 투자는 이자율보다 기업가의 기대와 동물적 감각에 의해 결정된다.

제3절 정부지출

01 정부지출의 의미

정부지출은 다양한 기능을 수행하기 위해 정부가 구입하는 재화와 서비스의 총가치를 말한다.

02 정부지출과 구별 개념

1. 재정지출

재정지출은 그 성격이 무엇이든 정부가 행한 모든 지출을 포함하는 것으로 쉽게 말해 정부가 쓴 돈 전체를 말한다. 반면에 정부지출은 어떤 한 해에 생산된 최종재에 지출한 것에 한정된다는 점에서 차이가 난다.

2. 이전지출

정부가 지급한 실업수당, 각종 보조금 같은 이전지출이 재정지출에 포함되지만 정부지출에는 포함되지 않는다.

제4절 순수출

01 순수출의 의미

수출에서 수입을 뺀 것을 순수출이라고 한다. 순수출은 경상수지다.

02 순수출의 결정요인

1. 국민소득과 순수출

국내의 소득수준, 외국의 소득수준 ⇒ 국민소득과 순수출은 정(+)의 관계가 있다.

(1) 한국 국민소득이 증가하면 한국의 수출과 수입은?

소득 증가로 수요 증가 ⇒ 수입 증가, 수출변동 거의 없음, 순수출 감소

(2) 외국 국민소득이 증가하면 한국의 수입과 수출은?

소득 증가로 수요 증가 ⇒ 한국의 수출 증가, 수입변동 거의 없음, 순수출 증가

2. 물가수준과 순수출

(1) 한국 물가수준이 외국보다 높으면 한국의 수출과 수입은?

한국 물건의 상대가격 높음 ⇒ 수출 감소, 수입 증가, 순수출 감소

(2) 외국 물가수준이 한국보다 높으면 한국의 수출과 수입은?

한국 물건의 상대가격 낮음 ⇒ 수출 증가, 수입 감소, 순수출 증가

3. 환율과 순수출

(1) 환율이 상승(평가절하)하면 한국의 수출과 수입은?

외국의 화폐구매력 상승 ⇒ 수출 증가, 수입 감소, 순수출 증가

(2) 환율이 하락(평가절상)하면 한국의 수출과 수입은?

한국의 화폐구매력 상승 ⇒ 수출 감소, 수입 증가, 순수출 감소

제 **03** 장 케인스의 국민소득결정이론 개요

제1절 고전학파의 국민소득결정이론의 핵심 내용

01 총생산이 국민소득을 결정한다.

1. 노동시장에서는 수요와 공급의 상호작용에 의해 균형고용량과 균형실질임금이 결정된다.

2. 균형고용량을 생산에 투입하여 총생산물을 산출한다.

3. 균형고용량에 의해 균형국민소득이 결정된다.

4. 균형국민소득은 완전고용에 의해 실현된 완전고용국민소득이다.

⑴ 완전고용의 근거는 무엇인가?

  ① 노동시장은 완전경쟁시장으로 시차로 인한 정보의 변화를 정확하게 예측할 수 있다(완전예견).

  ② 노동수요자인 기업뿐만 아니라 노동자들도 물가 상승으로 인한 실질임금을 합리적으로 결정할 수 있다(화폐환상의 부존재).

  ③ 노동시장에서 발생하는 초과수요나 초과공급의 경우 노동시장의 가격(명목임금)에 의해 신축적으로 조정되어 항상 균형, 즉 완전고용을 달성한다.

  ④ 노동시장에서 자발적 실업만이 발생한다.

⑵ 완전고용국민소득이 되는 근거는 무엇인가?

완전고용에 의한 총생산이 국민소득이므로, 이 소득은 완전고용국민소득이다.

02 '총생산이 만들어낸 소득은 반드시 모두 지출된다.'는 주장과 근거

1. 세이의 법칙에 따르면 공급이 스스로 수요를 창출한다.

⑴ 세이의 법칙의 가정에 따르면 모든 사람들은 생산자인 동시에 소비자의 성격을 가진다. 따라서 생산을 통해 벌어들인 소득은 모두 다른 상품의 구입에 지출된다.

⑵ **균형**

① 수요와 공급은 항상 일치한다.

② 초과수요와 초과공급은 일시적 현상이다. ⇒ 물가와 임금이 '신축성'을 갖고 있기 때문에 이런 불균형은 곧바로 해소된다.

③ 초과수요 발생 시

수요 증가 ⇒ 가격 상승 ⇒ 실질자산/임금 감소 ⇒ 수요 감소 ⇒ 균형

④ 초과공급 발생 시

공급 증가 ⇒ 가격 하락 ⇒ 실질자산/임금 증가 ⇒ 수요 증가 ⇒ 가격 상승 ⇒ 균형

⑶ 만성적인 수요 부족현상은 나타날 수 없다.

2. 화폐수요의 탄력성은 무한대이다.

화폐는 가치저장기능이 없고, 교환의 매개수단이기 때문이다(화폐수량설, $MV = PY$).

3. 화폐시장의 이자율은 생산물시장(균형국민소득)에 영향을 주지 않는다.

03 '저축과 투자는 항상 일치한다.'는 주장과 근거: 실물적 이자율결정이론

1. 투자는 재고투자를 포함하지 않는다.

2. 총저축과 총투자는 이자율에 의해 항상 일치한다(대부자금설, 실물적 이자율).

3. 총생산을 증가시키기 위해서는 투자가 증가해야 하고, 투자가 증가하기 위해서는 저축이 증가해야 한다(저축의 미덕).

제2절 생산중심 고전파 이론의 한계와 케인스의 주장

01 생산중심 경제학인 고전파 이론의 한계

1. 1930년대 극심한 경기침체 상태가 발생하였다.

2. 재고가 증가하였다.

3. 소비와 투자가 줄어들었다.

4. 임금은 신축적이지 않고 하방경직성이 발생하였다.

5. 실업이 증가하였다.

6. 주입과 누출이 불일치하였다.

02 케인스의 주장과 대책 : 생산량결정이론

1. 핵심적인 주장

(1) 극심한 경기침체의 문제 원인은 수요의 부족에 있다.

(2) 물가와 임금은 여러 가지 제도적 요인으로 경직성을 갖는다. 예컨대 독점, 장기계약의 존재, 그리고 노동조합의 영향력 등으로 인해 임금은 경직적이다.

(3) 가격의 경직성을 고려할 경우에 가격변수만으로 거시경제문제를 해결할 수 없다.

2. 대책 : 정부의 개입

케인스의 말대로 가격변수(물가, 임금, 이자율)가 신축적으로 움직이지 못한다면 총수요가 부족한 상황이 장기간 지속될 수 있으며, 이에 따라 만성적인 경기침체가 나타날 가능성이 있다. 이 문제를 해결하기 위해서는 정부지출을 늘리거나 조세를 감면해주는 등의 인위적인 수요확장정책이 필요하다. 수요확장정책은 경제 전체의 총수요를 크게 만들려는 정책이다.

03 케인스의 국민소득결정이론(유효수요이론) 개요

1. 총지출이 균형국민소득을 결정한다.

2. 총지출이 증가하면 소득(유효수요) 및 소비가 증가하여 승수효과에 의해 국민소득이 몇 배로 증가한다.

3. 케인스의 국민소득결정이론에서 균형국민소득은 '총수요'를 의미한다.

4. 균형국민소득(총수요)은 화폐시장에서 결정되는 이자율에 영향을 받는다.

5. 경기침체 상황에서는 정부의 경기확장정책이 필요하다.

제 04 장 케인스의 국민소득결정이론 : 유효수요이론

제1절 총지출 : 소득 – 지출 분석, 지출이 증가하면 소득이 증가한다.

01 가정

1. 물가가 일정한 수준으로 주어졌다.

2. 가계의 소비지출이 처분가능소득(disposable income)의 크기만에 의해 결정된다.

3. 기업의 투자지출, 정부의 조세수입과 지출 그리고 순수출이 모두 일정한 값으로 주어졌다.

02 총지출곡선

1. 총지출의 의미

한 국민경제의 총수요는 소비지출(C), 투자지출(I), 정부지출(G), 순수출(X_n)로 구성되어 있다. 소비지출, 투자지출, 정부지출, 그리고 순수출은 모두 주어진 물가수준을 전제로 하고 그 크기를 재게 된다. 이 사실을 강조하기 위해 이들의 합을 총지출(aggregate expenditure : AE)이라고 부르기로 한다. 다시 말해 주어진 물가수준하에서의 총수요를 뜻하는 것으로 총지출이라는 표현을 사용하려는 것이다.

2. 총지출의 식

(1) $AE = C + I + G + X_n$, 소비지출(C), 투자지출(I), 정부지출(G), 순수출(X_n)

(2) 소비지출

① 소비함수

$$C = a + b \cdot Y_d \ (a : 기초소비, \ b = \frac{dC}{dY} = MPC = 한계소비성향, \ Y_d : 가처분소득)$$

② $b = \dfrac{dC}{dY} = MPC = $ 한계소비성향, $0 < MPC < 1$

소득이 1단위 증가할 때 소비가 증가하는 비중

③ 소비지출과 처분가능소득과의 관계

$$C = a + b \cdot Y_d = a + b(Y - \overline{T}), \ 단 \ a(기초소비) > 0, \ 0 < b(한계소비성향) < 1$$

④ 처분가능소득(가처분소득)

소비지출은 처분가능소득의 크기에 의해 결정된다고 가정하는데, 처분가능소득이란 소득에서 조세 납부액을 뺀 나머지를 뜻한다. 또한 조세는 정액세(iump-sum tax)의 형태로 징수되고 있기 때문에, 납부액이 소득수준과 관계없이 일정한 크기로 주어져 있다고 가정하기로 한다.

$\Rightarrow Y_d = Y - \overline{T}$

$\Rightarrow T$의 종류 : T_O(정액세), tY(비례소득세, t : 조세율)

비교 현실은 누진세

$\Rightarrow$ 이전지출이 있는 경우 : $Y_d = Y - T$(조세) $+ TR$(이전소득)

(3) **투자지출** : $\overline{I}$ (독립투자)

투자지출은 외생적으로 주어졌다.

(4) **정부지출** : $\overline{G}$

정부지출은 외생적으로 주어졌다.

(5) **순수출** : $\overline{X_n}$

순수출은 외생적으로 주어졌다.

(6) **총지출의 식 도출**

$$AE = a + b(Y - \overline{T}) + \overline{I} + \overline{G} + \overline{X_n} = bY + a - b\overline{T} + \overline{I} + \overline{G} + \overline{X_n}$$

(7) **총지출곡선**

국민소득이 증가하면 소비지출이 증가하고 그 결과 총지출도 따라서 증가하기 때문에 총지출곡선은 우상향한다. 이때 총지출곡선의 기울기는 b(한계소비성향)이다.

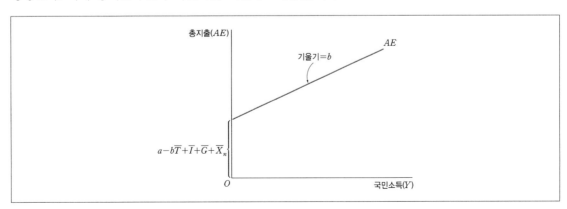

03 국민경제의 균형조건

총지출 = 총공급(총지출이 총공급과 같아야 한다)

1. 총공급

국내총생산(Y)이 바로 국민경제의 총공급을 뜻한다. 국내총생산은 일정한 기간 동안 어떤 나라에서 생산된 상품, 좀 더 정확하게 말하면 최종재의 총가치를 뜻한다. 따라서 한 국민경제에서 공급되는 상품의 총체적 공급, 즉 총공급을 뜻한다고 할 수 있다.

2. 국민경제의 균형조건

⇒ Y(국내총생산, 총공급) = AE(총지출)

3. 균형과 불균형 : 생산량결정이론

총공급과 총지출이 항상 동일한 것은 아니다. 즉 균형과 불균형이 모두 가능하다. 예컨대 총지출이 총공급보다 작으면, 재고의 증가로 총생산량이 줄어들어 불균형이 된다(초과공급). 하지만 가정에서 밝힌 바와 같이 물가는 비신축적이기 때문에 불균형을 조절할 수 없다. 그렇다면 자연스럽게 생산을 줄여야 균형이 달성된다. 하지만 생산을 줄일 경우에 실업이 증가하고, 실업의 증가는 소득 및 소비의 감소를 가져와 경기침체는 심화될 수밖에 없다. 따라서 총공급은 총지출에 의해 좌우된다.

상황	재고	총생산량	균형 여부
총지출 < 총공급	증가	감소	불균형
총지출 = 총공급	변화 없음	변화 없음	균형
총지출 > 총공급	감소	증가	불균형

04 시사점

생산이 증가하려면, 즉 소득이 증가하려면 총지출이 증가해야 한다.

제2절 균형국민소득의 도출 : 총지출이 균형국민소득을 결정한다.

01 그림과 수식을 통한 균형 도출

1. 기본적 논리

(1) 총생산

총생산이 총지출과 같을 수도 있고 그렇지 않을 수도 있다.

(2) 균형국민소득의 결정

① 45도 쇄선

45도 쇄선은 총지출이 국민소득(총생산)과 일치하는 경우를 연결한 선이다. 그런데 현실은 국민소득
(총생산)과 총지출이 일치할 수도 있고 그렇지 않을 수도 있다. 그렇다면 국민소득은 총생산이 아닌
다른 힘(총지출)이 결정할 수 있다는 것이다. 즉, 다른 힘과 국민소득이 일치하는 경우들을 모두 모아
연결한 선이 45도 쇄선이다.

② 케인스 법칙

모든 거시경제균형은 다음 그래프의 45도 쇄선상에서 이루어진다. 이 선은 케인스의 법칙을 뜻한다.
케인스 법칙은 수요 증가만큼 곧바로 공급이 증가한다는 의미이다. 다음 그래프는 총지출이 국민소
득을 결정하고, 현실적으로 총지출이 국민소득과 불일치하는 경우를 보여준다.

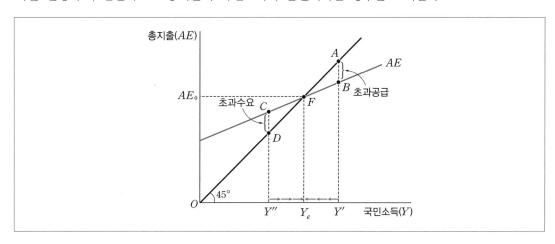

(3) 그래프에 대한 해설

① **국민경제의 균형**: 45도선과 총지출곡선이 교차하는 F점에서 국민경제의 균형이 달성되는데, 이 점이 의미하는 국민소득 수준을 균형국민소득이라고 부른다.

② **초과공급**: 재고 증가 ⟹ 생산 감소

③ **초과수요**: 재고 감소 ⟹ 생산 증가

2. 수식을 통한 균형 도출: $Y = AE$

(1) $AE = a + b(Y - \overline{T}) + \overline{I} + \overline{G} + \overline{X_n} = bY + a - b\overline{T} + \overline{I} + \overline{G} + \overline{X_n}$

(2) $Y = bY + a - b\overline{T} + \overline{I} + \overline{G} + \overline{X_n}$

(3) $(1 - b)Y = a - b\overline{T} + \overline{I} + \overline{G} + \overline{X_n}$

(4) $Y_E = \dfrac{1}{1 - b}(a - b\overline{T} + \overline{I} + \overline{G} + \overline{X_n})$

02 소득 – 지출 분석에서 균형국민소득의 개념: 수요측면만을 고려한 분석

1. 균형의 의미

균형은 주어진 물가수준에서 경제주체들이 의도하는 총지출과 총공급이 일치해 기업들이 생산량을 변화시킬 유인이 없는 상태를 뜻한다. 국민소득이 Y_E의 수준에 있을 때 총지출이 총공급과 일치하게 된다는 것은 물가가 일정한 수준으로 주어져 있음을 전제로 하고 있다.

2. 공급에 대한 고려 없이 구한 균형

주어진 물가수준에서 기업들이 실제로 이 수준의 상품을 공급할 의사가 있는지 또는 공급할 능력이 있는지는 알 수 없다. Y_E는 수요가 존재하기만 하면 공급은 언제나 이에 맞춰 조정될 수 있다는 가정하에서 얻어진, 제한된 의미에서의 균형국민소득이라고 볼 수 있다. 만일 기업들이 실제로 공급하려고 하는 상품의 양, 즉 총공급이 Y_E를 초과하거나 이에 미치지 못할 경우에는 어떤 일이 일어날까? 그렇게 되면 주어진 것으로 가정했던 물가는 변화하게 되고, 이에 따라 국민소득은 새로운 조정과정을 거치게 된다.

3. 수요측면만을 고려한 균형국민소득

소득 – 지출 분석을 통해 구한 균형국민소득이 수요와 공급의 측면을 모두 고려해 도출한 것이 아니라, 오직 수요측면만을 고려해 도출한 제한된 의미에서의 균형국민소득이다.

제3절 승수효과

01 승수효과의 의의

1. 승수효과의 의미

독립지출(독립투자, 정부지출, 절대소비 등)이 증가하면 국민소득은 단지 독립지출의 증가분만큼 증가하는 것이 아니라 그 이상 몇 배로 증가하게 되는 것을 승수효과라고 한다. 즉 어떤 이유로 인해 소비지출, 투자지출, 혹은 정부지출이 증가하게 되면 국민소득은 그 증가분의 몇 배에 이르는 크기로 증가하게 된다. 이와 같이 지출의 증가가 국민소득을 몇 배나 더 큰 폭으로 증가시키는 결과를 가져오는 것을 가리켜 승수효과라고 부른다.

2. 승수의 의미

$$승수 = \frac{균형국민소득\ 증가분}{독립지출\ 증가분}$$

3. 승수효과의 경로

승수효과의 경로는 '독립지출 증가 ⇒ 소득 증가 ⇒ 소비 증가 ⇒ 소득 증가 ⇒ 소비 증가…'의 무한 순환을 거쳐 독립지출의 크기보다 훨씬 더 큰 국민소득을 만들어내는 것을 보여준다. 여기서 '소득 증가 ⇒ 소비 증가 ⇒ 소득 증가 ⇒ 소비 증가'가 무한 순환을 한다.

4. 승수효과 발생과정

⑴ 정부가 댐 건설을 위해서 1억 원을 지출하였다.

⑵ 정부가 댐 건설에 1억 원을 지출하게 되면, 댐 건설에 참여한 사람들의 소득이 1억 원 증가한다.

⑶ 1단계

소득이 1억 증가할 경우 한계소비성향이 0.8이라고 한다면 소비지출은 8,000만 원 증가한다.

⑷ 2단계

판매수입 8,000만 원은 다시 경제주체의 소득이 되고, 소비성향만큼 6,400만 원을 다른 재화 구입에 지출하게 된다.

⑸ 1단계 및 2단계의 무한반복이 이뤄지면서 국민소득은 증가한다.

⑹ 국민소득 증가분을 계산하면 다음과 같다(무한등비급수의 합을 활용하여 구한다).

$$\triangle Y = 1억 + 8,000 + 6,400 + 512 + \cdots\cdots$$

$$= 1억 + (0.8 \times 1억) + (0.8^2 \times 1억) + (0.8^3 \times 1억) + \cdots$$

$$= \frac{1}{1-0.8} \times 1억 = 5억$$

⑺ 정부지출이 $\triangle G$만큼 증가할 때의 국민소득 증가분 $\triangle Y$ 구하는 방법

$$\triangle Y = \triangle G + c\triangle G + c^2 G + c^3 \triangle G + \cdots\cdots$$

$$= (1 + c + c^2 + c^3 + \cdots\cdots)\triangle G$$

$$= \frac{1}{1-c}\triangle G$$

▣ 무한등비급수의 합을 구하는 방법

① 초항: $\triangle G$

② 등비: $C \, (-1 < C < 1)$

③ $S = \dfrac{초항}{1-등비} = \dfrac{\triangle G}{1-c}$

④ 예: $1 + \dfrac{1}{2} + \dfrac{1}{4} + \dfrac{1}{8} + \cdots\cdots$의 합 $= \dfrac{1}{1-\dfrac{1}{2}} = 2$

---

02 승수의 종류[15]

1. 정부지출승수

소득－지출 분석에 따르면, 정부지출이 일정한 크기로 늘어날 때 균형국민소득은 그 몇 배나 되는 크기로 커지는 결과가 나타난다. '$Y_E = \dfrac{1}{1-b}(a - b\overline{T} + \overline{I} + \overline{G} + \overline{X_n})$'라는 식을 보면 우변 괄호 안의 정부지출이 1원 늘어날 때 좌변의 균형국민소득은 $\dfrac{1}{1-b}$ 원만큼 늘어나는 것으로 나타난다. b는 한계소비성향을 뜻한다. 예를 들어 이것의 값이 0.8이라면 $\dfrac{1}{1-b}$ 은 5의 값을 갖게 된다. 다시 말해 정부지출이 10억 원만큼 늘어나면 승수 5로 인해 균형국민소득은 50억 원이나 되는 크기로 늘어난다.

---

15) $Y_E = \dfrac{1}{1-b}(a - b\overline{T} + \overline{I} + \overline{G} + \overline{X_n})$ 에서 각 총지출의 요소들을 개별 변수로 두고 편미분을 하게 되면, 각 지출 변수의 승수를 구할 수 있다.

2. 균형재정승수

(1) 재정

① 재정의 개념 : 정부의 세입과 세출활동을 의미한다.

② 세입 : 조세수입, 세외수입(각종 수수료), 자본수입(정부의 자산관리에 의한 수입)

③ 세출 : 소비지출, 투자지출, 이전지출 ⇒ 정부지출(소비지출, 투자지출)

④ 재정과 국민소득

ㄱ 재정적자 : 세입 < 세출(국민소득 증가)

ㄴ 재정흑자 : 세입 > 세출(국민소득 감소)

ㄷ 균형재정 : 세입 = 세출(국민소득 불변)

(2) 균형재정과 국민소득

① 균형재정의 의미

일반적으로 정부는 지출에 필요한 재정수입을 조세 징수, 국공채나 외채 발행, 통화 발행 등의 방법을 통해 얻는다. 정부지출(G)이 조세로 충당되어 정부지출(세출)과 조세수입(세입)의 크기가 서로 같을 때 우리는 균형재정(balanced budget)을 이루었다고 말한다.

② 균형재정을 유지하면서 정부지출을 늘린다면 국민소득은 얼마나 증가할 것인지 생각해 보자. 정부지출의 증가를 $\triangle G$, 그리고 조세수입의 증가를 $\triangle T$라고 할 때, $\triangle G = \triangle T$의 관계를 유지하면서 정부지출을 그만큼 증가시켰다고 해보자. 정부지출의 증가는 균형국민소득을 $\frac{1}{1-b}\triangle G$만큼 증가시키는 효과를, 조세 징수액의 증가는 균형국민소득을 $\frac{-b}{1-b}\triangle T$만큼 감소시키는 효과를 낸다. 따라서 이 둘을 합쳤을 때의 효과, 즉 균형국민소득의 변화폭은 '$\triangle Y = \frac{1}{1-b}\triangle G + \frac{-b}{1-b}\triangle T = \frac{1-b}{1-b} = \triangle G$'와 같은 결론에 이른다. 정부지출과 조세 징수액을 똑같은 크기($\triangle G = \triangle T$)로 증가시키면 국민소득이 바로 그 크기로 증가한다.

③ 균형재정승수

ㄱ 의미 : 균형재정이 유지되면서 국민소득이 1원 증가했을 때 국민소득이 증가하는 폭을 균형재정 승수라고 부르는데 이것이 1의 값을 갖는 것이다. 정부지출과 조세 징수액을 똑같은 크기로 늘릴 때 국민소득이 더 커지는 것은 절대적 크기에서 정부지출 증가의 효과가 조세 징수액 증가의 효과보다 더 크기 때문이다.

ㄴ 균형재정승수(정액세만 있는 경우) : $\frac{1}{1-b} + \frac{-b}{1-b} = \frac{1-b}{1-b} = 1$

03 현실에서의 승수효과

1. 현실에서의 승수효과는 더 작아진다.

(1) 비례세, 해외수입성향이 반영되기 때문이다.

현실 경제에서 보게 되는 정부지출승수는 $\dfrac{1}{1-b}$ 보다 상당히 작을 수 있다. 소득이 늘면서 외국 상품의 수입이 더 커진다는 사실도 고려해야 한다. 앞에서 정부지출승수를 구할 때 1원의 소득 증가는 b원의 소비지출 증가를 가져온다고 설명했는데, 사실 이것에는 수입품에 대한 지출 증가도 포함되어 있다. 하지만 수입품에 대한 지출 증가를 반영하지 않았다. 반영하지 않은 부분을 반영할 경우 국내에서 생산된 상품에 대한 지출은 b원보다 더 작은 폭으로 증가하고, 이에 따라 승수효과도 더 작아질 수밖에 없다.

(2) 현실적으로 독립 지출의 증가는 물가와 이자율을 상승시키기 때문이다(구축효과).

정부지출의 증가로 인해 소득이 늘어나면 물가와 이자율이 올라가게 된다. 물가와 이자율의 상승은 승수효과의 크기를 작게 만드는 결과를 가져온다(구축효과).

2. 현실적 승수

(1) $Y = C + I + G + F(X - M)$에 비례소득세를 전제로 한계조세율이 반영되는 경우와 한계수입성향이 반영되는 경우의 변수들을 각각 대입시킨다.

(2) '$Y = a + b(1-t)Y + I + G + X + mY$'에서 승수 도출

① 우변을 Y에 대해서 정리하면 $Y = a + < b(1-t) - m > Y + I + G + X$

② 다시 식을 Y에 대해서 정리하면
$$Y - < b(1-t) - m Y = a + I + G + X$$
$$\Rightarrow < 1 - b(1-t) + m > Y = a + I + G + X$$
$$\Rightarrow Y = \frac{1}{1 - b(1-t) + m}(a + I + G + X)$$

(3) 정부지출승수는 $\dfrac{\triangle Y}{\triangle G} = \dfrac{1}{1 - b(1-t) + m}$ 가 된다.

① $\dfrac{1}{1-b}$ 의 승수를 사용하는 경우, 한계소비성향이 0.8이라면 $\dfrac{1}{1-0.8} = 5$가 된다.

② 그러나 한계조세율(0.25)과 한계수입성향(0.1)을 반영한 승수를 사용한다면
$$\Rightarrow \frac{1}{1 - b(1-t) + m} = \frac{1}{1 - 0.8(1 - 0.25) + 0.1} = 2\text{가 된다.}$$

(4) 조세승수 $= \dfrac{-b}{1 - b(1-t) + m}$

3. 승수의 결정요인

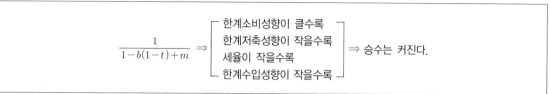

$$\frac{1}{1-b(1-t)+m} \Rightarrow \begin{array}{l} \text{한계소비성향이 클수록} \\ \text{한계저축성향이 작을수록} \\ \text{세율이 작을수록} \\ \text{한계수입성향이 작을수록} \end{array} \Rightarrow \text{승수는 커진다.}$$

제3부

04 승수의 유형

1. 2부문 승수, 3부문 정액세 승수

⑴ 소비, 투자, 정부지출 승수 : $\dfrac{1}{1-b}$

⑵ 조세(정액세)승수 : $\dfrac{-b}{1-b}$

⑶ 균형재정승수 : $\dfrac{1}{1-b} + \dfrac{-b}{1-b} = \dfrac{1-b}{1-b} = 1$

2. 3부분 정액세 · 비례세 승수

⑴ 소비, 투자, 정부지출 승수 : $\dfrac{1}{1-b+bt}$

⑵ 조세승수 : $\dfrac{-b}{1-b+bt}$

⑶ 균형재정승수 : $\dfrac{1}{1-b+bt} + \dfrac{-b}{1-b+bt} = \dfrac{1-b}{1-b+bt}$

3. 개방경제

⑴ 소비, 투자, 정부지출, 순수출 승수 : $\dfrac{1}{1-b(1-t)+m}$

⑵ 조세승수 : $\dfrac{-b}{1-b(1-t)+m}$

제4절 수요 부족 및 수요 과열이 나타나는 경우

01 완전고용국민소득의 의미 《소득−지출 분석 이론의 의미를 좀 더 완벽하게 이해하기 위해 필요한 개념

한 경제 내에 존재하는 모든 생산자원이 모두 정상적으로 생산과정에 투입되었을 때 산출되는 국민소득의 수준을 말한다. 주의할 것은 완전고용국민소득이 최대한의 생산량을 말하는 것은 아니며, 초과 노동 등이 없이 정상적인 노동시간으로 생산되는 산출량을 말하는 것이라는 점이다. 이런 완전고용국민소득을 잠재국민소득(장기추세치)이라고 부르기도 한다.

02 완전고용국민소득(Y_F)과 균형국민소득(Y_E)의 일치 및 불일치 ⇒ 유효수요 갭

1. 가정

(1) 단기에서 완전고용국민소득은 일정한 수준에서 주어져 있다.

(2) 완전고용국민소득(Y_F)과 균형국민소득(Y_E)은 일치할 수 있고, 불일치할 수도 있다.

2. $Y_F < Y_E$ ⇒ 총지출이 과다한 경우

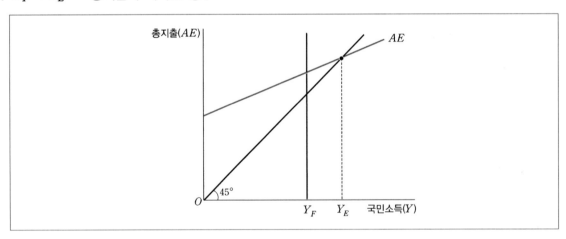

(1) **인플레이션 갭**: 경기과열 상태

(2) **인플레이션 갭의 구체적 내용**

초과작업, 호황 국면, 물가불안, 인플레이션의 위협 ⇒ ($Y_F < Y_E$)의 차이가 클수록 경기과열의 압력은 더욱 커진다.

3. $Y_F > Y_E \Rightarrow$ 총지출이 과소한 경우

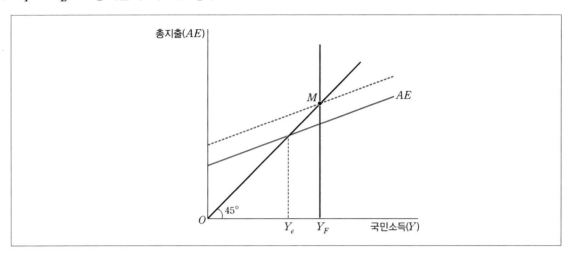

(1) **디플레이션 갭**: 경기침체

(2) **디플레이션 갭의 구체적 내용**

실업, 가동되지 않는 자본재 존재, 경기침체 국면 $\Rightarrow (Y_F > Y_E)$의 차이가 클수록 더 심각한 경기침체다.

(3) **고전학파의 주장**

① 물가의 신축적인 조정으로 자동 해소(경기가 침체되면 팔리지 못한 상품들이 쌓이면서 물가가 떨어지기 시작할 것이고, 물가가 떨어지면 실질자산효과에 의해 소비지출이 늘어나게 된다. 그 결과 총지출의 증가로 이어진다. 그 결과 AE곡선의 상방으로 이동한다.

② 물가가 충분히 떨어져 총지출의 증가로 인한 균형국민소득은 완전고용국민소득 수준과 같아진다.

(4) **케인스의 반론**

① 물가의 신축성은 실제로 그리 크지 않다.

② 물가의 신축적 조정은 언제 이뤄질지 알 수 없다.

③ 따라서 침체 상황을 해결할 수 있는 유일한 방법은 수요확장정책이다.
총수요 증가 $\Rightarrow$ 상품의 재고 감소 $\Rightarrow$ 생산 증가

④ 수요확장정책은 물가 상승을 유발하지 않는다.
경기침체의 정도가 심할 때 생산이 늘어나고 고용수준이 높아지더라도 임금이 상승할 가능성이 적고 따라서 물가도 별로 상승하지 않게 된다.

⑤ 수요가 공급을 창출한다.

수요확장정책은 물가 상승을 유발하지 않고 생산, 즉 공급의 증가를 가져올 수 있다. 공급이 수요를 창출한다는 세이의 법칙과 달리 케인스의 유효수요이론에 따르면 수요가 공급을 창출하는 역할을 한다. 바로 이 특성 때문에 유효수요이론을 '국민소득의 수요결정이론'이라고 부르기도 한다.

제5절 수요 부족 현상이 나타나는 이유

01 고전학파의 주장에 따르면 누출과 주입은 일치한다. : 실물적 이자율결정론

1. 누출된 저축은 금융시장을 통해 기업의 투자지출로 주입된다.

⑴ 가계는 벌어들인 소득 전부를 즉각 소비하지 않는다. 일부는 저축을 한다.

⑵ **누출 / 저축**

저축에 의해 소비가 줄어들면 국민소득이 줄어들게 되므로 저축된 부분만큼 국민소득의 흐름에서 빠져 나간다는 뜻에서 누출이라고 부른다.

⑶ **주입 / 투자**

저축은 다시 투자지출로 연결될 수 있다. 그 결과 국민소득을 증가시킨다. 이와 같이 투자된 부분만큼 국민소득의 흐름에 새로이 흘러 들어오는 것으로 볼 수 있다는 의미에서 주입이다. 따라서 투자는 주입이다.

2. '총저축 = 총투자' 도출

⑴ 총생산 = 총소득 = 총지출(총수요)

$C(소비) + S(저축) + T(세금) = C(소비) + I^D(투자수요) + G(정부지출) + (X - IM)(순수출)$

⑵ $C + S + T = C + I^D + G + (X - IM)$

⑶ $I^D = S + T - G - X - IM \Rightarrow I^D = S + (T - G) + (IM - X)$

⑷ 총저축과 총투자를 매개하는 변수는 이자율이다.

3. 실물적 이자율

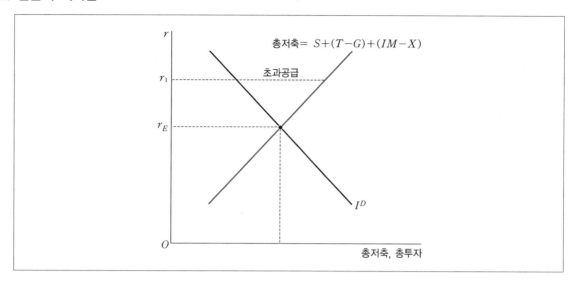

02 현실과 케인스의 주장

1. 생산자와 소비자의 분화

⇒ 저축과 투자는 언제나 똑같은 수준에서 유지될 수 없다.

⇒ 저축 > 투자 or 저축 < 투자

2. 투자에 영향을 주는 주된 변수는 이자율인가?

투자는 합리적 계산보다 미래의 경기, 정치상황, 기술 개발 등에 대한 기업의 예상 등에 더욱 민감하게 반응한다.

03 저축의 역설

1. 저축은 저축의 감소를 초래할 수 있다.

사람들이 저축을 늘리려고 시도하면 사후적으로는 오히려 저축이 줄어드는 결과가 나타나는 것을 의미한다.

《 저축 ⇒ 누출 ⇒ 〈소득 감소〉 ⇒ 저축 감소

2. 장기적 관점에서 저축은 미덕이 된다.

저축 ⇒ 자본축적 ⇒ 생산성 향상

제6절 승수효과와 재정정책 : GDP갭 해결 방안

01 GDP갭과 승수

1. 균형

현재의 유효수요(총지출, 균형국민소득) = 완전고용국민소득

2. GDP갭

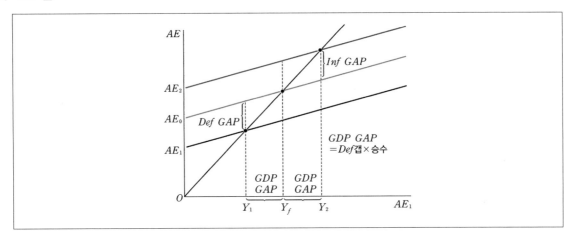

3. 디플레이션 갭

(1) 현재의 유효수요, 균형국민소득 < 완전고용국민소득 ⇒ 부족한 유효수요는 디플레이션 갭

(2) 경기침체의 상황을 늘리기 위해 총지출 혹은 총수요를 어떻게 늘릴 수 있을까?

⇒ 승수효과를 최대한 이용한 지출 전략

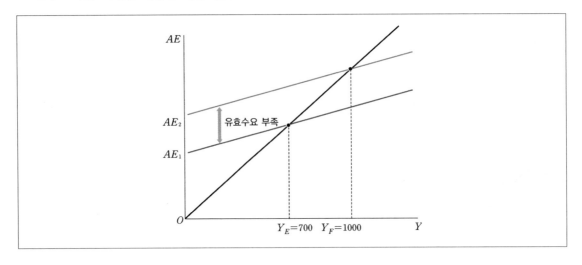

4. 인플레이션 갭

현재의 유효수요, 균형국민소득 > 완전고용국민소득 ⇒ 물가 상승 국면, 초과 유효수요는 인플레이션 갭

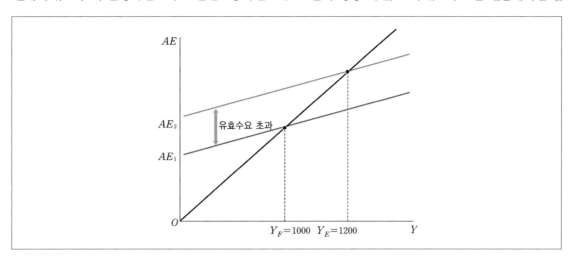

---

02 재정과 재정정책 개관

1. 재정정책

(1) 개념

정부가 경기변동에 따라 세입과 세출을 변화시켜 경제안정과 성장을 이루려는 단기정책을 의미한다. 즉 정부지출이나 조세 징수액을 변화시킴으로써 총수요에 영향을 주려는 정책을 말한다.

(2) 수단 : 세입 또는/그리고 세출

(3) 목표 및 성격

재정정책은 경제안정(물가, 실업률 등)을 목표로 하고, 이 성격은 단기 수요관리정책이다.

2. 정부의 예산제약과 재정조달 방법

(1) 정부의 예산제약

① 조세를 부과하고 거둬 정부지출을 한다.

② 중앙은행으로부터 차입(통화공급 증가), 국공채 발행(국민으로부터 차입) + 해외차입

(2) 재정정책 구분

① 엄밀한 의미의 재정정책 : 조세증가 또는 국공채 발행으로 정부지출 조달

② 정책혼합 : 통화공급량 증가를 통한 정부지출 조달

3. 재정정책의 종류

(1) 확대재정정책

① 의미 : 총수요를 늘리는 정책

② 방법 및 결과 : 세입(조세감면) 감소 또는/그리고 세출(정부지출) 증가 ⇒ Y^D 증가 ⇒ 재정적자

③ 재정적자 보전방법

재정정책에서는 채권발행을 통해 국민으로부터 차입하는 것을 전제로 한다.

(2) 긴축재정정책

① 의미 : 총수요를 감소시키는 정책

② 방법 및 결과 : 조세증가 또는/그리고 정부지출 감소 ⇒ Y^D 감소 ⇒ 재정흑자

③ 재정흑자 해결 : 채무이행, 세입 축소

03 재정정책 사용의 실례

1. 상황

① 어떤 국민경제의 한계소비성향 0.6, 균형국민소득이 완전고용국민소득보다 2천억이 적은 상황

② 총수요 확장정책으로서 재정정책 사용

2. 정책 집행 시 예상

① 조세 징수액을 그대로 놓아둔 채 정부지출만 증가시키는 방법 : 국공채 발행 재원으로 정부지출
⇒ 정부지출 승수는 2.5, 2.5 × 정부지출 = 2천억, 따라서 정부지출 금액은 8백억

② 정부지출을 그대로 놓아둔 채 조세감면
⇒ 조세승수는 −1.5, −1.5 × 조세 감면액 = 2천억, 따라서 조세 감면액은 1,333억 원

③ 균형재정을 유지하면서 정부지출
⇒ 정부지출과 조세 징수액을 동시에 2천억 늘림

3. 각 정책에 대한 평가

① 정부지출은 비교적 신속하게 실행에 옮길 수 있다(재정적자 발생원인).

② 조세감면은 조세법 개정 등을 한다는 점에서 시간이 많이 소요된다(재정적자 발생원인).

③ 정부지출과 조세 징수액을 동시에 늘리는 방법이 상대적으로 안전한 정책 수단이다.

④ 정부지출의 효과는 직접적인 데 반해 조세의 효과는 간접적이다.

제 05 장 총수요 – 총공급모형과 경기변동

제1절 총수요곡선의 도출

01 물가의 변화와 총수요의 관계

1. 케인스 분석과 설명 : 수요측 균형국민소득

⑴ 물가수준 고정하에서 총지출 ⇒ 균형국민소득

⑵ 물가수준의 변화 ⇒ 총지출의 변화(총지출곡선의 이동) ⇒ 균형국민소득의 변화

2. 수요측 균형국민소득이라는 점에서 변화는 결국 총수요의 변화를 의미함

⑴ **이자율 효과(케인스효과)** : $P\downarrow \Rightarrow r\downarrow \Rightarrow C\uparrow, I\uparrow \Rightarrow AD\uparrow$

⑵ **부의 효과(피구효과)** : $P\downarrow \Rightarrow$ 실질자산$\uparrow \Rightarrow C\uparrow \Rightarrow AD\uparrow$

⑶ **경상수지 효과** : $P\downarrow \Rightarrow X\uparrow, M \Rightarrow C\uparrow\downarrow \Rightarrow AD\uparrow$

02 물가의 변화와 총지출 그리고 균형국민소득(총수요)

1. 물가의 상승

물가의 상승 ⇒ 실질자산효과(소비지출 감소), 이자율 상승/투자지출 감소, 수출 감소/순수출 감소 ⇒ 총지출 감소(총지출곡선 하방이동) ⇒ 균형국민소득 감소

2. 물가의 하락

물가의 하락 ⇒ 실질자산효과(소비지출 증가), 이자율 하락/투자지출 증가, 수출 증가/순수출 감소 ⇒ 총지출 증가(총지출곡선 상방이동) ⇒ 균형국민소득 증가

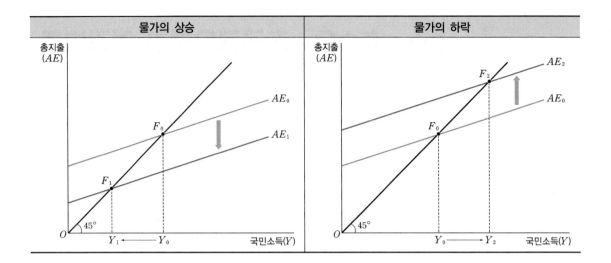

3. 물가와 총지출이 결정하는 균형국민소득은 서로 역의 관계 ⇒ 총수요곡선은 우하향한다.

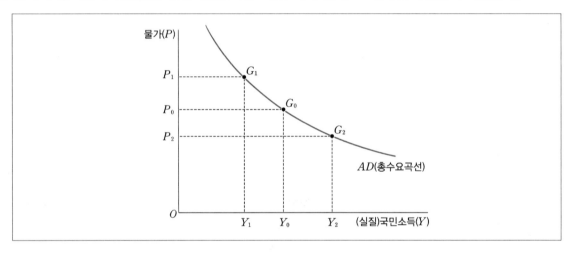

제2절 총수요곡선의 성격

01 총수요곡선의 모양

1. 총수요곡선은 우하향한다.

(1) 물가와 총지출이 결정하는 균형국민소득은 물가와 서로 역의 관계 ⇒ 총수요곡선은 우하향한다.

(2) 물가의 변화 ⇒ 소비지출, 투자지출, 순수출의 변화

2. 총지출에서 총수요곡선 도출 과정 ⇒ 물가변동과 총수요곡선의 변화 : 서로 역의 관계

⑴ 물가 고정, 소비지출의 변화 ⇒ 총지출의 변화 ⇒ 총수요의 변화

⑵ 물가 변동(상승) ⇒ 소비지출(감소), 투자지출(감소), 순수출(감소) 변화 ⇒ 총수요 변화(감소)

3. 총수요곡선의 기울기

⑴ 물가 상승의 결과 각 유형의 지출이 더 큰 폭으로 하락할수록 총수요곡선의 기울기는 한층 더 완만해진다.

⑵ 소비지출, 순수출, 투자지출의 물가에 대한 탄력성이 크면 클수록 총수요곡선의 기울기는 더욱 완만해진다.

02 **총수요곡선의 이동** : 총수요곡선을 이동시키는 요인

1. 물가변동과 무관한 총지출 요소의 변화

물가변동과 관련 없이 소비지출, 투자지출, 순수출 중 어느 하나가 늘어나는 경우에도 총수요곡선은 오른쪽으로 이동한다. 그 반대가 되면 총수요곡선은 왼쪽으로 이동한다.

2. 소비지출의 변화 : 기초소비, 한계소비성향, 소득, 이자율의 영향

3. 투자지출의 변화 : 독립투자, 이자율 등의 영향

4. 재정정책의 변화 : 조세 감면 또는 증가, 정부지출 축소 또는 확대

5. 통화량

6. 적용 : 소비지출 증가 ⇒ 총지출곡선 상방이동 ⇒ AD 우측이동

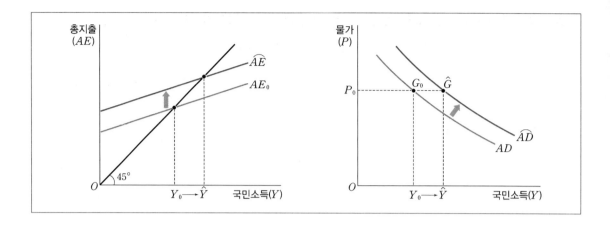

03 승수효과와 총수요곡선의 이동

1. 전제

(1) 물가의 수준이 일정한 수준으로 고정되어 있다.

(2) 균형국민소득은 수요측 균형국민소득을 말한다.

2. 사례 : 정부지출의 증가(국공채 발행)

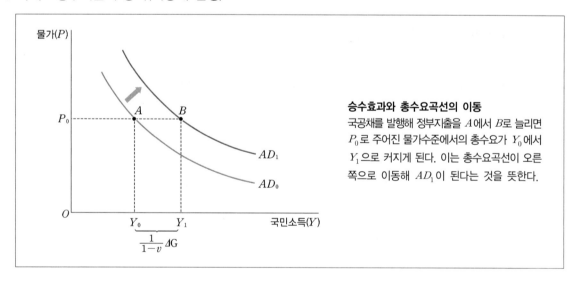

승수효과와 총수요곡선의 이동
국공채를 발행해 정부지출을 A에서 B로 늘리면 P_0로 주어진 물가수준에서의 총수요가 Y_0에서 Y_1으로 커지게 된다. 이는 총수요곡선이 오른쪽으로 이동해 AD_1이 된다는 것을 뜻한다.

제3절 총공급곡선

01 총공급곡선의 도출

1. 총공급곡선의 의미

총공급곡선은 각 물가수준에서 기업들이 생산하는 대표상품의 총공급량, 즉 국내총생산이 얼마인지를 보여주는 곡선이다. 다른 요인들에 아무 변화가 없다고 가정할 때, 각 물가수준에서 기업들이 생산하는 상품의 총공급량을 나타내는 곡선을 총공급곡선이라고 부른다.

2. 총공급곡선은 노동시장과 총생산함수로부터 도출된다.

총공급곡선은 물가수준이 변함에 따라 노동시장과 총생산함수의 균형을 나타내는 물가수준과 국민소득의 조합을 나타내는 곡선이다. 따라서 노동시장의 형태를 어떻게 분석하는지에 따라 다양한 형태의 총공급 곡선이 도출된다. 하지만 일반모형의 총공급곡선은 우상향하는 모양이다.

3. 총공급곡선은 우상향한다(물가와 정의 관계).

물가가 상승하면 기업들이 상품 생산량을 늘릴 것이므로 총공급곡선은 우상향하는 모양을 가진다. 국민 소득이 낮은 수준에 있을 경우에는 매우 완만한 기울기를 갖다가 국민소득 수준이 올라갈수록 점차 가 파른 기울기를 가진다.

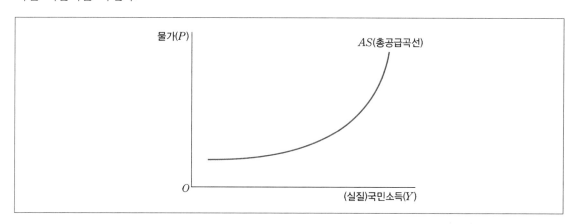

02 총공급곡선의 특징

1. 우상향하는 모양: 물가가 올라가면 기업들이 상품 생산량을 늘린다?

⑴ 상품 한 단위를 추가로 생산하기 위해 필요한 비용이 항상 일정한 수준에 머물러 있다.

  ① 완전경쟁시장에서 추가 이윤

    상품 한 단위를 더 생산해 얻는 이윤 = 상품 가격 − 추가 생산에 필요한 비용

  ② 다른 요인들에 아무 변화가 없다.: 임금, 지대, 원자재 가격, 기술 수준 등에 아무 변화가 없다.

⑵ 비용이 상승하지 않고 상품 가격이 오를 경우에 기업은 공급을 늘린다.

  상품 가격이 올라가면 상품 한 단위를 더 생산함으로써 이윤이 더욱 커지고, 이는 기업으로 하여금 상품 생산량을 늘리게 만드는 유인이 된다.

⑶ 물가 상승이 일어날 때 기업들은 생산량을 증가시키는 반응을 보일 것이므로 총공급곡선은 우상향하는 모양을 갖게 된다.

  ① 상품 가격이 올라갈 때 생산요소 가격은 '종전의 수준'에 그대로 머물러 있어야만 총공급곡선이 우상향하는 모양을 갖게 된다.

  ② 만약 상품의 가격이 올라갈 때 생산요소 가격도 따라서 올라간다면 이윤에 아무 변화가 없을 것이고, 따라서 기업은 생산을 증가시키려 하지 않을 것이다. 이를 보면 상품 가격이 올라갈 때 생산요소 가격은 종전의 수준에 그대로 머물러 있어야만 총공급곡선이 우상향하는 모양을 갖게 된다는 것을 알 수 있다. 이 상품 가격이 올라간 것만큼 생산비용도 늘어나 이윤에 아무 변화가 없다면 기업들은 굳이 공급량을 늘릴 필요를 느끼지 않을 것이고, 이 경우 총공급곡선은 수직선의 모양을 갖게 된다.

2. 소득수준이 낮을 때 완만하다가 ⇒ 소득수준이 높아지면 가파르다가 ⇒ 수직선

⑴ **국민소득이 낮은 수준일 때의 경제 상황**: 완만한 기울기

  국민소득이 낮은 수준에 있을 때 상당한 양의 잉여설비와 유휴노동력이 존재하기 마련이다. 따라서 물가가 조금만 올라도 공급량이 크게 늘어날 수 있는데, 바로 이 때문에 낮은 국민소득 수준에서 총공급곡선은 완만한 기울기를 갖는다.

⑵ **국민소득이 높은 수준으로 올라갈 때의 경제 상황**: 가팔라지다가 수직선 모양

  국민소득이 완전고용국민소득 수준이나 완전고용국민소득 이상까지 올라가면서 생산요소의 추가적 고용이 점차 더 어려워지는 현상이 나타날 것이다. 이와 같은 물리적 한계에 도달하면 기업들은 물가가 아무리 높은 수준으로 올라간다 하더라도 더 이상 생산량을 늘리지 못한다. 이는 국민소득이 바로 이 수준에 이르면 국민경제의 공급량이 더 이상 늘어날 수 없다는 뜻으로 따라서 총공급곡선은 수직선의 모양을 갖는다.

3. 경제학파별 총공급곡선 형태 비교

(1) 고전학파

① 노동자와 기업 모두 완전예견을 하는 합리적 경제주체이다.

② 노동수요와 노동공급은 모두 실질임금의 함수이다.

③ 만약 물가가 상승하면 실질임금이 상승하고 노동시장에서 초과공급이 발생한다.

④ 초과공급은 명목임금 하락으로 균형을 회복한다.

⑤ 균형을 회복한 결과 실질임금은 불변이고, 고용량도 불변이다.

⑥ 고용량이 불변이면 생산량도 불변이다.

⑦ 이때의 생산량은 완전고용생산량이 된다.

⑧ 따라서 고전학파의 공급곡선은 수직선이다.

(2) 케인스 총공급곡선

① 물가수준과 명목임금수준은 경직적이다(고정, 정태적 기대).

② 유휴생산설비가 존재한다.

③ 주어진 물가수준에서 초과설비가 존재하므로 유효수요가 발생할 경우 언제든지 공급(생산)이 가능하기 때문에 총공급곡선은 수평형태가 된다.

④ 총공급곡선은 완전고용국민소득수준(수직선)에 이를 때까지 수평선이다.

(3) 일반적인 총공급곡선(케인스 학파와 통화주의)

① 노동수요(기업)는 실질임금의 감소함수이다.

② 노동공급(노동자)은 예상실질임금의 증가함수이다(적응적 기대).

③ 물가수준이 상승하면 실질임금 하락으로 노동수요가 증가한다(노동수요곡선 우측이동).

④ 명목임금이 상승하고 고용량이 증가한다.

⑤ 고용량이 증가하면 총생산함수를 통해 생산량이 증가한다.

⑥ 단기에 총공급곡선은 우상향 형태이다.

⑦ 장기에는 수직선의 형태가 된다.

(4) 합리적 기대이론

① 노동수요(기업)는 실질임금의 감소함수이다.

② 노동공급(노동자)은 예상실질임금의 증가함수이다(합리적 기대).

③ 합리적 기대로 물가가 상승해도 노동시장은 균형을 유지한다.

④ 고용량은 불변이고, 이에 공급(생산량)도 불변이다.

⑤ 단기와 장기 모두 총공급곡선은 수직선이다.

03 총공급곡선의 이동 : 물가는 주어진 상태, 좌우로 이동

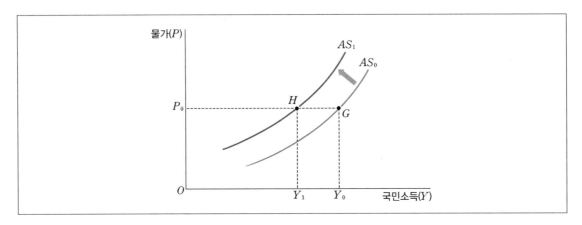

1. 변동 요인(노동수요와 노동공급의 변화)

(1) **임금의 상승, 원자재 가격의 상승** : 좌로 이동

(2) **생산성의 향상** : 우로 이동

(3) **기술 진보** : 우로 이동

(4) **생산요소 투입량의 증가** : 우로 이동

2. 총공급곡선이 우측으로 이동하는 것은 일반이론에 따르면 장기적 변화를 의미한다.

자본 축적, 생산성의 향상 ⇒ 총공급곡선의 우측이동

제4절 국민경제의 균형과 경기변동

01 단기균형국민소득과 균형물가의 의미 및 특징 : 국민경제의 균형의 의의

1. 총수요(곡선)와 총공급(곡선)의 교차점

2. 총수요와 총공급의 크기가 같다.

3. 진정한 의미의 균형국민소득과 균형물가를 말한다.

02 국민경제의 불균형 상태 : 물가가 균형수준에서 벗어난 경우, 초과공급과 초과수요

1. **초과공급, 총공급 > 총수요**

   재고 증가, 가격을 낮춤과 동시에 생산량을 줄인다.

2. **초과수요, 총공급 < 총수요**

   재고 감소, 가격을 올림과 동시에 생산량을 늘린다.

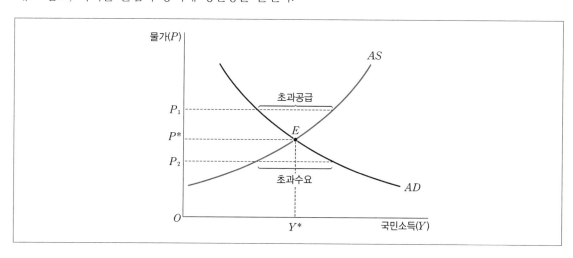

03 단기균형에서 중요한 가정과 장기로의 변화

1. 단기에 생산요소 가격 고정(경직적)

생산요소의 가격, 특히 임금이 단기적으로 고정되어 있다.

2. 장기에 생산요소 가격 변화

장기에는 생산요소 가격이 변화할 수 있다. 총공급곡선이 이동해 균형국민소득과 균형물가에 변화가 생긴다. 단기균형국민소득이 완전고용국민소득과 다를 경우에 그와 같은 변화가 나타나게 된다.

04 장기균형국민소득과 균형물가

1. 균형국민소득과 완전고용국민소득의 관계

균형국민소득과 완전고용국민소득은 경제 상황에 따라 일치할 수도 있고, 불일치할 수도 있다.

2. 장기균형국민소득의 의미

단기균형이 장기균형으로 수렴하는 경우를 말한다. 즉 균형국민소득이 완전고용국민소득과 일치하게 되는 경우를 말하는 것이다.

3. 인플레이션 갭 ⇒ 물가 상승의 압력 ⇒ 장기균형

(1) 의미 및 특징

① 의미 : 균형국민소득 > 완전고용국민소득
   균형국민소득이 완전고용국민소득보다 더 높은 수준에 있을 때 양자 사이의 차이를 인플레이션 갭이라고 부른다.

② 총수요가 과다해 경제가 불안정한 상태

③ 물가 상승의 압력

④ 생산활동이 아주 활발해지고 이에 따라 실업의 문제도 발생하지 않는다.

(2) **인플레이션 갭이 존재할 경우에 국민경제의 변화(장기균형)** : 조정과정

① 총수요가 과다해 기업들이 정상 이상으로 조업하고 있다.
   기업들은 근로자들에게 초과근무 요구 및 새로운 근로자가 추가 고용되는 상황

② 생산비용 지속적 상승 : 임금 및 다른 생산요소의 가격 상승

③ 총공급의 감소 ⇒ 총공급곡선의 왼쪽 이동 ⇒ 균형국민소득 감소, 물가 상승

④ 총공급곡선의 지속적인 좌측이동

　　균형국민소득이 완전고용국민소득보다 더 높은 수준에 있는 한 임금과 다른 생산요소의 가격은 계속 오르고 이에 따라 총공급곡선의 좌측이동도 계속된다.

⑤ 균형국민소득이 완전고용국민소득에 수렴 ⇒ 장기균형

　　균형국민소득과 완전고용국민소득이 일치하게 되어 더 이상의 임금상승과 총공급곡선의 이동이 일어나지 않는데, 이것이 바로 장기균형의 상태라고 할 수 있다.

⑶ 인플레이션 갭이 존재하는 경우 단기균형이 장기균형으로 수렴하는 과정에서 핵심적 역할을 수행하는 것은 무엇인가?

　　임금의 상승이 총공급곡선을 왼쪽으로 이동시켜 인플레이션 갭을 점차 줄여나가는 것이 조정과정의 핵심을 이루고 있다.

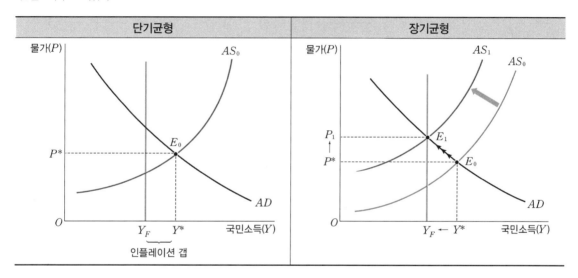

4. 경기침체 갭 ⇒ 생산비용의 감소 ⇒ 장기균형

⑴ **의미 및 특징**

① 의미 : 균형국민소득이 완전고용국민소득보다 더 낮은 수준에 있을 때 양자 사이의 차이를 경기침체 갭이라고 부른다.

② 총수요가 부족한 상황으로 경기가 침체되고 실업률이 높아지는 현상

③ 물가 안정 : 물가 불안에 대한 염려는 없음

⑵ **디플레이션 갭이 존재할 경우에 국민경제의 변화(장기균형)** : 조정과정

① 생산요소 중 일부가 생산활동에 투입되지 못하고 실업상태에 빠져 있다.

② 지속적 생산비용 하락

　실업률이 높아지고 생산활동이 둔화되면서 임금과 다른 생산요소의 가격은 점차 낮아진다.

③ 총공급의 증가 ⇒ 총공급곡선의 우측이동

④ 총공급곡선의 지속적인 우측이동

　균형국민소득이 완전고용국민소득보다 더 작은 한 계속될 것이다.

⑤ 총공급곡선의 우측이동의 멈춤

　균형국민소득이 완전고용국민소득과 같아지는 경우

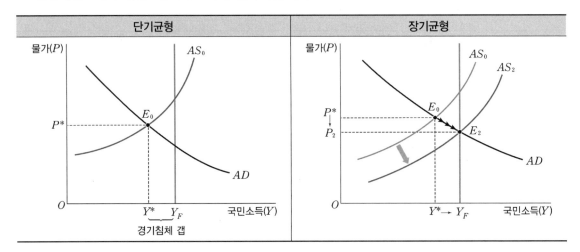

단기균형	장기균형

05 경제의 자동조정기능

1. 경제는 자동조정기능을 갖고 있다.

경기침체 갭이나 인플레이션 갭이 발생했을 때 충분한 시간이 흐른 후에는 경제가 안정된 모습을 되찾을 수 있게 된다.

2. 자동조정기능의 의미

경제가 완전고용 상태에 있지 못할 때 임금과 다른 생산요소 가격의 조정을 통해 완전고용 상태로 회귀하는 움직임이 나타나는데 이를 경제의 자동조정기능이라고 부른다. 여기에서 조정의 핵심적 역할을 하는 것은 임금과 다른 생산요소들의 가격이다. 앞에서 경기침체 갭이 존재할 때는 임금과 다른 생산요소들의 가격이 떨어진다. 경기침체갭이 없어질 때까지 완전히 총공급곡선이 오른쪽으로 이동한다. 결국 총공급곡선은 균형국민소득이 완전고용국민소득과 같아지는 지점까지 이동해 간다. 한편 인플레이션 갭이 존

재할 때는 임금과 다른 생산요소들의 가격이 점차 올라가고, 이에 따라 인플레이션 갭이 완전히 없어질 때까지 총공급곡선이 왼쪽으로 이동해 간다. 총공급곡선은 이번에도 균형국민소득과 완전고용국민소득이 같아지는 지점까지 이동해 인플레이션 갭이 완전히 없어진다.

3. 결론 : 자동조정기능이 있으나 현실에 이 기능이 효과적으로 발휘될지 여부는 의문이 든다.

이상의 논의를 통해 경제가 완전고용 상태에 있지 못할 때는 임금과 다른 생산요소 가격의 조정을 통해 완전고용 상태로 회귀하는 자동조정기능을 갖고 있다는 사실을 알 수 있다. 하지만 이 기능이 제대로 발휘되기 위해서는 경제의 상황에 따라 임금이 신축적으로 조정될 수 있어야 하는데 정말로 그렇게 될 수 있을지는 아무도 자신 있게 말하기 어렵다. 뿐만 아니라 장기에서 완전고용 상태로 회귀한다고 하지만, 실제로 '장기'란 것이 얼마나 긴 시간을 의미하는 것인지도 분명하지 않다.

4. 시카고 경제학자들과 케인스 경제학자들 간의 논쟁

시카고 경제학자들은 경기변동이 생기더라도 경제가 자동조정기능을 통해 스스로 안정상태를 회복할 수 있도록 놓아두어야 한다고 주장한다. 반면에 케인스 경제학자들은 자동조정기능이 불완전할뿐더러 이것이 효과를 발휘하는 데 많은 시간이 소요된다고 본다. 이들은 경제가 스스로 안정상태를 회복하기 까지 기다리는 과정에서 발생하는 경제적 비용이 너무나 크기 때문에 정부가 경기안정을 위해 적극적으로 개입해야 한다고 주장한다. 하지만 두 경제학파의 자동조정기능에 대한 견해차가 큰 것은 아니다. 양자 간의 견해 차이는 단지 자동조정기능에 대한 기대수준이라고 할 수 있다.

제5절 재정정책의 효과에 대한 단기 및 장기 분석

01 재정정책의 효과 분석을 위한 전제

1. 물가가 일정한 수준에 주어진 것으로 가정한 것에서 내생적 변수인 경우를 전제로 분석

2. 재정정책의 의미

경기안정화를 위한 재정정책 중 전통적으로 가장 널리 사용해 온 것은 정부지출과 조세 징수액의 크기를 변화시켜 총수요를 조절하는 방법이다.

3. 재정정책의 시사점

정부지출을 똑같은 크기로 변화시킨다 하더라도 이것이 어떻게 조달되었는지에 따라 정책의 효과가 달라질 수 있다.

02 정부지출 증가가 국채로 조달된 경우

1. 단기효과 분석

(1) **균형상태**

완전고용국민소득과 일치하는 균형국민소득과 균형물가 상태

(2) **정부가 국채를 발행해 정부지출 증가**

(3) **총수요곡선의 오른쪽 이동**

$\frac{1}{1-b} \triangle G$만큼 이동 ⇒ 초과수요가 발생 ⇒ 물가 상승 ⇒ 총수요의 크기는 줄어들고 기업들의 상품 생산량이 증가 ⇒ 새로운 균형(종전과 비교할 때 국민소득이 커지고, 물가는 올라간다.)

(4) **국민소득 증가의 폭이 정부지출 증가의 폭보다 작다.**

① 이런 결과를 야기한 이유는 물가 상승이 정부지출 증가의 총수요 확장효과를 부분적으로 상쇄하는 역할을 하기 때문이다(구축효과).

② **구축효과**
물가 상승 ⇒ 실질자산효과로 소비지출 감소, 이자율 상승으로 투자지출 감소, 물가 상승으로 순수출 감소 ⇒ 정부지출 확장 효과 부분적으로 상쇄

2. 장기효과 분석

(1) **상황**

① 인플레이션 갭이 존재

② **장기에서 경제의 자동조정기능 발휘**
장기에서는 균형국민소득이 완전고용국민소득을 초과하는 상황이 그대로 지속될 수 없다.

(2) **조정과정**

임금과 다른 생산요소의 가격 상승 ⇒ 총공급의 계속적 감소(총공급곡선의 좌측이동 계속) ⇒ 장기균형(물가 상승, 완전고용국민소득 수준으로 수렴)

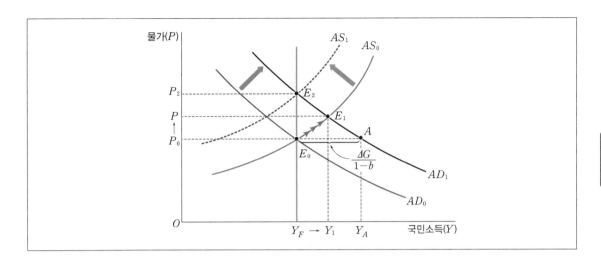

(3) 장기에서 정부지출 승수의 크기는 0이 된다.

03 조세수입으로 조달된 경우(균형재정정책)

1. 단기

(1) **총수요의 변화**

△G만큼 변화 ⇒ 이만큼 총수요곡선의 이동(정부지출을 늘리는 경우보다 이동폭이 적음) ⇒ 국민소득 증가폭과 물가 상승폭이 상대적으로 더 작을 것이다.

(2) **결론**

조세 징수액의 증가로 조달된 정부지출의 증가가 단기적으로 경기확장의 효과를 갖는다는 점에서는 국채 발행을 통해 조달된 경우와 다를 바 없으나, 그 효과의 크기는 더 작을 것이다.

2. 장기

단기균형이 장기균형으로 수렴하는 과정은 국채 발행의 경우와 기본적으로 같다고 말할 수 있다. 즉 조세 징수액의 증가를 통한 정부지출 증가의 경우에도 총공급곡선의 좌측이동이 생겨 장기에서는 국민소득에 아무 영향을 주지 못하고 물가만 올리는 결과가 나타난다는 말이다.

04 조세정책보다 국채발행이 더 효과적일까?

1. 전제

정부지출을 종전의 수준에 그대로 유지하면서 조세 징수액을 줄이고, 국채를 그만큼 더 발행해 재원을 충당한 경우 ⇒ 재정적자

2. 전통적 견해(케인지언) : 조세 징수액 감소

(1) 처분가능소득 증가 ⇒ 소비지출 증가 ⇒ 총수요 증가

(2) $\dfrac{-b}{1-b}\triangle T$만큼 총수요 증가 ⇒ 총수요곡선 오른쪽 이동 ⇒ 단기 : 국민소득 증가, 물가 상승

(3) 단기적으로 경기가 활성화되는 결과가 나타난다.

정부지출 재원을 마련함에 있어 국채발행은 소비감소를 유발하지 않는다. 하지만 조세증가를 통한 재원 마련은 총수요를 감소시키고, 소비지출을 감소시킨다. 따라서 국채발행을 통한 재원마련이 국민소득 증 대에 더 효과적이다.

(4) 장기적으로는 다시 완전고용국민소득 수준으로 돌아온다.

3. 리카도의 대등정리 : 국공채중립성

(1) **의미**

재정적자는 장기뿐 아니라 단기에서조차 아무런 경기팽창효과를 내지 못한다. 재정정책의 두 재원조달 방식의 경제적 효과가 같다(⇒ 국채를 발행하는 경우에도 향후 조세 증가를 예상하는 사람들은 미리 저 축을 늘려 나가므로 소비가 줄어든다. 따라서 조세증가든 국채발행이든 모두 소비감소를 가져온다).

(2) **전제조건**

① 가계는 미래의 상황을 고려해 소비지출을 결정한다.
   케인스의 절대소득가설이 아니라 항상소득이론이나 생애주기이론에서 설명하는 소비자를 전제로 한다.
② 미래 조세부담 상황을 완전히 이해하고 있다.

(3) **가설**

조세 납부액이 줄어들어 처분가능소득이 늘어나도 소비지출은 늘어나지 않는다. 정부가 조세를 국채로 대체해 재정적자를 늘리더라도 소비지출이 늘어나지 않는다면 총수요는 종전의 수준에서 변화가 없을 것이다.

(4) **결론**

재정적자의 증가는 장기뿐 아니라 단기에서도 국민소득과 물가에 아무런 영향을 주지 못한다.
⇒ 정부지출의 재원이 조세든 국채든 간에 경제에 미치는 영향에는 아무 차이가 없다.

(5) **반론**

① 현실 설명력이 약하다. 현실적으로 유동성 제약에 직면하는 경우가 많다는 사실에 주목할 필요가 있다.

② 조세감면의 혜택을 받은 사람과 미래에 조세를 부담해야 하는 사람이 동일하지 않다.
미래의 조세부담 증가가 수반되지 않는 조세감면의 혜택을 받은 소비자의 경우에는 처분가능소득이
소비지출을 더 크게 만드는 데 쓰일 가능성이 있다.

제6절 AS의 좌측이동 : 석유가격 상승의 효과

01 공급충격의 의미

공급충격은 임금이나 원자재 가격의 변화, 기술적 진보, 노사분규, 기후 변동 등 총공급에 영향을 주는 갖
가지 변화를 말한다.

02 공급충격의 사례 : 석유가격 상승

1. 전개과정

균형 상태 ⇒ 석유가격 상승 ⇒ 총공급 감소 ⇒ 총공급곡선 왼쪽 이동 ⇒ 새로운 균형 발생(균형국민소득
감소, 물가 상승) ⇒ 경기침체와 인플레이션 상황 발생(스태그플레이션)

2. 스태그플레이션

(1) 공급충격이 주요 원인

(2) 물가 상승, 소득 감소 **비교** 총수요곡선 왼쪽 이동은 물가 하락, 균형국민소득 감소

(3) 경기변동의 주요 원인 중 하나

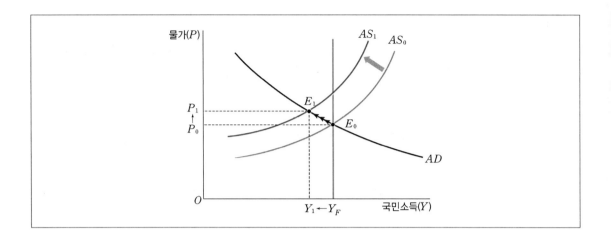

03 경제의 자동조정기능에 의한 해결 기대

현실에서 자동조정기능이 과연 제대로 효과를 발휘할 수 있을지는 장담하기 어렵다.

제 **9** 편

화폐와 국민경제

국민경제의 자금 순환 및 중앙은행의 역할

제1절 국민경제의 자금 흐름

01 자금 순환의 의의

1. 금융(자금의 융통)의 의미

금융은 사전적 의미로 돈이 오고 가는 것, 돈의 흐름을 말한다. 즉 금융은 자금, 즉 화폐나 통화의 융통을 가리키는 말이다. 화폐는 교환수단과 가치저장수단으로 기능한다. 화폐가 가치저장적 기능을 가지고 어떤 경제행위의 수단으로 이용될 때 자금이라고 한다.

2. 국민경제에서 자금 역할의 중요성

국민경제에서 자금의 역할은 흔히 사람 인체의 혈액에 비유된다. 사람이 건강하기 위해서는 혈액순환이 원활하게 이뤄져야 하는 것처럼, 경제가 잘 돌아가기 위해서는 자금이 원활하게 순환되어야 한다. 한국은행은 매년 자금순환계정을 만들어 발표하고 있다.

02 자금 흐름의 물리적 법칙(자연법칙) : 자금은 어떻게 흘러갈까?

1. 화폐 및 금융시장을 통한다.

2. 자금은 금융시장을 통해 흑자부문에서 적자부문으로 이전한다.

⑴ 가계는 소득보다 소비가 적다. 그래서 저축이 생성된다.

⑵ 가계의 저축은 금융시장으로 흘러간다.

⑶ 금융시장에 흘러간 저축은 정부, 기업, 해외로 흘러간다.

3. 기업

기업은 금융시장에서 차입 및 주식, 채권 발행 등을 통해 자금을 조달한다.

4. 정부

정부는 조세를 통해 저축을 하지만, 적자가 발생할 경우 정부는 금융시장에서 차입을 한다.

5. 해외

해외는 금융시장을 통해 차입을 하기도 하고, 대출을 하기도 한다.

03 자금 유통의 유형

1. 산업적 유통

산업적 유통은 재화 및 서비스를 사고팔 때 이루어지는 돈의 흐름, 즉 실물의 흐름에 수반되어 이루어지는 자금의 흐름을 말한다.

2. 금융적 유통

화폐가 교환의 매개로서가 아니라 금융의 목적으로 유통되는 일을 말한다. 즉 실물의 흐름과는 상관없이 은행에 예금을 하거나 주식을 매매하는 등 금융자산을 거래할 때 나타나는 돈의 흐름을 말한다.

3. 산업적 유통과 금융적 유통의 관계

⑴ 산업적 유통과 금융적 유통은 서로 독립적 관계가 아니라 상호 간에 영향을 주는 관계이다.

⑵ 산업적 유통이 잘 이뤄지지 않으면 금융적 유통이 어려워 소비와 생산활동이 위축된다.

① 자금의 산업적 유통이 잘 이뤄지지 않을 경우 소비와 생산활동은 위축되고 저축이 줄어든다.

② 저축이 줄어들면 금융적 유통이 제대로 이뤄지지 않는다.

③ 금융적 유통이 어려울 경우 소비 및 생산활동이 어려워 산업적 유통이 어렵게 된다.

4. 산업적 유통과 금융적 유통을 연결시켜 실물거래와 금융거래를 동시에 파악하는 것이 필요하다.

실물거래와 관련되어 일어나는 자금의 산업적 유통과 금융거래의 결과로 나타나는 금융적 유통은 서로 밀접하게 관련되어 있을 뿐만 아니라 실물부문의 변화가 금융부문에 대하여 중요한 영향을 미치고 금융부문의 변화도 실물부문에 대하여 중요한 영향을 미친다. 따라서 경제활동을 올바르게 분석하기 위해서는 실물거래와 금융거래를 연결시켜 동시에 파악하여야 한다.

제2절 중앙은행의 역할

01 중앙은행의 기능

중앙은행이 통화정책을 통해 화폐가치 안정과 경기 안정을 도모하는 것을 거시경제적 기능이라 하며, 금융기관의 건전성과 금융제도의 안정성을 위한 역할을 수행하는 것을 미시경제적 기능이라고 부른다. 중앙은행의 거시경제적 기능은 최근에 부각되기 시작했고, 전통적으로는 미시경제적 기능이 더욱 중시되어 왔다.

1. 발권은행기능

2. 은행의 은행기능

3. 통화조절기능

4. 정부의 은행기능

5. 외환관리업무기능

02 중앙은행의 독립성과 투명성

중앙은행이 정부나 정치권의 간섭을 받지 않고 독립적인 지위를 갖는 것이 바람직한지의 문제도 많은 논란을 빚어 왔다. 한 실증연구 결과에 따르면 중앙은행의 독립성과 투명성이 클수록 물가상승률의 변동성이 작은 경향을 보인다고 한다.

제 02 장 화폐의 성격과 통화량

제1절 화폐의 성격 및 역사

01 화폐의 세 가지 기능

1. 교환매개의 기능

거래과정에서 화폐가 일반적인 지불수단으로 사용되는 것을 말한다.

2. 가치척도의 기능

각 상품의 가치가 화폐의 단위로 측정될 수 있다는 것을 말한다.

3. 가치저장의 기능

한 시점에서 다른 시점까지 구매력을 보관해주는 역할을 하는 것을 말한다.

02 화폐의 역사

상품화폐 ⇒ 태환지폐 ⇒ 불(태)환지폐, 법화, 수표 ⇒ 신용카드 ⇒ 전자화폐, 가상화폐, 암호화폐

제2절 **통화량의 측정**

01 통화량 측정의 중요성

어떤 것까지 화폐의 범주 안에 포함시켜야 하는지는 화폐의 양, 즉 통화량 조절을 주요한 수단으로 삼는 통화정책의 측면에서도 매우 큰 중요성을 갖는다.

02 주요 통화지표

1. 통화지표의 의미

통화지표는 한 경제에 유통되는 화폐의 양을 나타내는 지표를 말한다. 통화지표는 통화발행주체(금융기관)가 발행한 금융상품을 통화보유주체가 얼마나 보유하고 있는지를 측정하여 나타낸 통화총량을 말한다.

2. 우리나라의 통화지표

구분	구성내역	총량(조원)	GDP 대비(%)
현금통화	민간이 보유하는 지폐와 주화	104.6	5.9
$M1$ (협의의 통화)	현금통화 + 요구불예금 + 수시입출식 저축성예금	853.3	47.8
$M2$ (광의의 통화)	$M1$ + 정기예적금 및 부금* + 실적배당형 상품* + 금융채* 및 기타 (* 만기 2년 이상은 제외)	2,712.2	152.2
Lf (금융기관유동성)	$M2$ + 만기 2년 이상 정기예적금 및 금융채 + 한국증권금융의 예수금 + 생명보험회사의 보험계약준비금 및 기타	3,815.7	214.1
L (광의유동성)	Lf + 정부와 기업 등이 발행한 유동성 시장금융상품(국채, 지방채, 기업어음, 회사채 등)	4,839.5	271.5

자료 : 한국은행, 「경제통계시스템」, 2019

(1) 현금통화

민간이 보유하고 있는 지폐와 주화의 합을 말한다.

(2) 통화

① 통화의 일반적 의미

통화는 일반적으로 유통화폐의 준말로 유통 수단이나 지불 수단으로서 기능하는 화폐다. 국가가 공식적으로 지정하여 쓰는 돈, 다시 말해 지불 및 상업적 유통 단위를 뜻한다.

② 협의통화($M1$)

협의통화라고 하는 것은 민간이 보유하고 있는 현금과 언제라도 현금화를 할 수 있는 은행예금이 더해진 결제성예금을 뜻한다. 시중에 현금이나 즉시 현금화를 할 수 있는 통화가 얼마나 되는지를 알려주는 단기자금의 지표로써 사용이 된다.

③ 광의통화($M2$)

광의통화는 $M1$ 이외에 유동성이 높으면서 거래비용 등이 거의 수반되지 않는 금융상품을 포괄(통상 만기 2년 이상의 금융상품은 제외)한다. 광의통화란 현금통화와 요구불예금, 수시입출식 저축성예금을 의미하는 협의통화($M1$)에다가 만기 2년 미만의 예적금 및 금융채, 시장형 상품과 실적배당형 상품 등을 모두 포함한 통화지표를 의미한다. 주로 2년 미만의 금융상품을 다루고 있기 때문에 준결제성 예금이라고도 부른다.

⑶ **어느 정도의 유동성을 가진 금융자산을 화폐의 범주 안에 포함시키는가?**

일반적으로 자산의 유동성이란 그것을 얼마나 쉽고 빠르게 현금으로 전환할 수 있는가의 정도를 뜻한다.
⇒ 현금 > 요구불예금 > 정기예금 > 채권이나 주식

03 통화지표 선택의 기준

1. 실물경제와 얼마나 밀접한 관련을 가지는가?

2. 통화지표를 통제할 수 있는가?

제03장 화폐공급과 통화제도

제1절 은행제도의 발전

01 은행의 기원 : 금세공업자에서 은행가로의 변신

금을 보관하기 어려운 사람들이 금세공업자에게 금을 맡김 ⇒ 금세공업자(은행가)는 금을 보관하고 보관증(지폐나 수표) 발급 ⇒ 금 보관을 맡긴 사람은 거래시에 보관증을 양도하면서 거래 ⇒ 금을 필요로 하는 사람(자금 수요자)에게 금세공업자는 보관하고 있는 금을 대차(대출)하고 수수료(대출이자) 챙김. 단 금을 찾아갈 사람을 고려하여 적절한 양의 금을 지급할 준비를 함(지급준비금)

02 은행의 기능

1. 금융중개기능 : 자금의 수요자와 공급자 연결

2. 예금창조기능(신용창조)

은행조직 밖에서 처음 은행에 유입된 돈을 본원적 예금이라고 한다. 본원적 예금이 유입되면 은행은 그 중 일부를 대출할 것이고, 대출된 돈의 일부는 다시 은행에 예금되는 과정을 거쳐 총예금액(예금통화)이 본원적 예금액보다 훨씬 크게 증가하게 되는데, 이를 신용창조(혹은 예금창조)라고 한다. 이와 같은 신용창조를 통해 은행은 통화량에 영향을 미치게 된다. 중앙은행이 민간보유 국채를 매입하면 신용창조가 이루어지는 것이 아니라 본원통화가 증가한다. 본원통화가 예금은행으로 유입되면 예금은행조직을 통해 신용창조가 일어나게 되고, 통화량은 애초의 본원통화 증가분보다 훨씬 크게 증가한다. 신용창조는 중앙은행의 기능이 아니라 예금은행의 기능이다.

[제2절] 예금창조와 통화승수

01 **예금창조** : 예금창조과정의 사례

1. 가정

은행은 법으로 정한 최소한의 지급준비금, 즉 법정지급준비금만을 보유하고 나머지는 모두 대출해 준다고 가정하기로 한다. 요구불예금에 대한 법정지급준비율이 20%라고 하자.

2. 법정지급준비금

법으로 정한 최소한의 지급준비금

3. 사례

수출업자 최씨가 수출대금 달러를 원화로 요구 ⇒ 한국은행은 최씨에게 1억을 새로 찍어내 지급
⇒ 최씨는 거래은행(A 은행)의 요구불예금 구좌에 입금, A 은행의 보유현금이 1억 원만큼 증가, 지급준비금 증가
⇒ A 은행은 1억 전부를 지급준비금으로 보유하려 하지 않고 대출이나 투자를 통해 수익을 얻으려고 함
⇒ A 은행은 예금액 1억 원의 20%에 해당하는 2천만 원을 지급준비금으로 남기고 나머지 8천만 원을 박씨에게 대출
⇒ 박씨는 8천만 원의 대출을 받아 필요한 데 쓰거나 나중에 꺼내 쓰기 위해 B 은행에 예금
⇒ B 은행은 예금액 8천만 원 중 20%에 해당하는 1천6백만 원은 지급준비금으로 남겨 두고, 나머지 6천4백만 원을 또 정씨에게 대출
⇒ 정씨는 대출받은 6천4백만 원을 자신의 C 은행에 예금
⇒ 지금까지 보아왔던 예금과 대출의 과정이 반복된다.

4. 결론

애당초 1억 원의 예금으로 시작했는데, 은행들에 의해 예금이 눈덩이처럼 불어나는 결과가 발생하였다. 바로 이와 같은 은행의 역할을 가리켜 예금창초 기능이라고 부른다. 이렇게 예금창조가 일어난다는 것은 통화량이 바로 그만큼 늘어난다는 뜻이다.

02 통화승수

1. 총예금액 증가분과 통화승수

총예금액 증가분 = 1억 원 + 8,000만 원 + 6,400만 원 + 5,120만 원 + ················

$$= 1억\ 원 \times [1 + 0.8 + (0.8)^2 + (0.8)^3 + ················]$$

$$= 1억\ 원 \times \frac{1}{0.8} = 5억\ 원$$

⇒ 한국은행이 화폐 공급량을 1억 원만큼 늘렸는데, 예금창조의 결과 통화량은 궁극적으로 그 다섯 배인 5억 원만큼 더 커진 것이다. 우리는 이 배율을 통화승수(money multiplier)라고 부른다.

⇒ 총예금창조액 = 본원적 예금 × $\dfrac{1}{z(법정지급준비율)}$ (통화승수)

2. 통화승수

중앙은행이 애당초 늘려 공급한 화폐의 양과 은행의 예금창조 과정을 거쳐 궁극적으로 증가한 통화량 사이의 비율을 통화승수라고 부른다.

03 본원통화와 통화량

1. 본원통화의 의미 : 본원통화(H) = C(민간보유현금) + R(지불준비금)

중앙은행의 창구를 통해 풀려나가는 일차적인 화폐공급을 뜻하는 것으로 민간이 보유하는 현금과 은행의 지급준비금을 합친 것과 같다.

사례) 수출업자 최씨가 수출대금 달러를 원화로 요구 ⇒ 한국은행은 최씨에게 1억 원을 새로 찍어내 지급

2. 본원통화의 의의

본원통화는 한 경제의 통화량을 결정하는 데 매우 중요한 역할을 한다. 일반적으로 중앙은행이 통화량에 결정적인 영향을 미칠 수 있는 것은 바로 이 본원통화의 공급량을 조절할 수 있는 능력을 갖기 때문이다.

3. 본원통화와 예금창조과정(통화승수) 그리고 통화량의 관계

중앙은행은 본원통화의 공급량을 조절함으로써 통화량을 원하는 방향으로 이끌어 나갈 수 있다. 중앙은행이 본원통화를 일정한 크기로 증가시키면 예금창조 과정을 거쳐 통화량은 그 몇 배나 되는 크기로 늘어나게 된다. 즉 본원통화 공급량의 변화는 통화승수에 의해 증폭되어 통화량에 더 큰 폭의 영향을 미치게 된다.

04 현실적 통화공급 방정식 도출

1. 통화량($M1$) = C(현금통화) + D(요구불예금)

2. 본원통화(H) = C(민간보유현금) + R(지불준비금)

3. 기호 정리

(1) 현금예금비율(currency ratio) : $cr = C/D$

(2) 지급준비율(reserve ratio) : $rr = R/D$

4. 통화승수의 도출

$$m = \frac{M(통화량)}{H(본원통화)} = \frac{현금통화(C) + 예금통화}{현금통화 + 지급준비금} = \frac{C/D + 1}{C/D + R/D} = \frac{현금예금비율 + 1}{현금예금비율 + 지급준비율}$$

5. 통화공급 방정식

(1) $M^S = \dfrac{현금예금비율 + 1}{현금예금비율 + 지급준비율} \times H(본원통화)$

⇒ 통화량은 본원통화의 승수배이다.

(2) $\triangle M^S = \dfrac{현금예금비율 + 1}{현금예금비율 + 지급준비율} \times \triangle H(본원통화)$

⇒ 본원통화가 변화하면 이의 몇 배에 해당하는 통화량의 변화를 유발한다.

제3절 화폐공급의 내생성

01 화폐공급의 내생성의 의미

화폐공급량이 경제 여건의 변화에 영향을 받는다는 점을 말한다.

02 현실적 측면의 화폐공급의 내생성

현실에서 통화승수의 크기가 법정지급준비율에 의해서만 결정되는 것은 아니다. 은행들이 지급준비금을 더 많이 보유하려 할수록, 그리고 대출을 받은 개인과 기업들이 더 많은 현금을 보유하려 할수록 통화승수의 크기가 더 작아지는 결과가 나타난다. 반면에 은행들이 더 적은 지급준비금을 보유하려 하거나 개인과 기업들이 더 적은 현금을 보유하려 하면 통화승수의 크기가 더 커진다. 다시 말해 은행, 개인, 기업의 선택에 따라 통화승수의 크기가 달라진다는 뜻에서 내생성이 존재하고 있는 것이다.

03 화폐공급의 내생성에 영향을 미치는 주요 변수는 무엇일까?

변수 중 가장 중요한 것은 이자율이고, 따라서 이자율과 통화승수의 크기 사이에는 밀접한 관련이 있다. 이자율이 오르면 은행은 가능한 한 대출을 늘리려 할 것이고, 이에 따라 보유하는 지급준비금이 자연히 줄어들게 된다. 또한 이자율이 올라가면 현금 보유의 기회비용이 증가하므로 대출을 받은 개인과 기업이 현금으로 보유하려는 비율이 내려가게 된다. 그러므로 이자율이 높을수록 통화승수의 크기가 더 커질 것이고, 이에 따라 화폐공급량도 더 커지게 된다.

제4절 중앙은행의 통화관리방식 : 전통적 통화정책(확장, 긴축)

01 재할인율정책

1. 의미

중앙은행이 시중은행에 빌려주는 자금에 적용되는 금리인 재할인율을 높이거나 낮춤으로써 통화량을 조절하는 정책을 말한다. 재할인율(rediscount rate)은 일반은행이 중앙은행으로부터 현금을 차입할 때 지불하는 이자율이다. 재할인율이 높을수록 민간은행은 중앙은행으로부터의 차입을 꺼리게 된다. 재할인율은 중앙은행의 재량에 의하여 결정된다.

2. 재할인율 인하 ⇒ 예금은행 차입 증가 ⇒ 본원통화 증가 ⇒ 통화량 증가 ⇒ 이자율 감소

3. 재할인율 인상 ⇒ 예금은행 차입 감소 ⇒ 본원통화 감소 ⇒ 통화량 감소 ⇒ 이자율 증가

4. 예금은행의 유동성 보유 정도에 따라서 재할인율정책의 효과가 결정된다.

02 지급준비율정책

1. 의미

지급준비율정책은 법정지급준비율을 올리거나 낮춤으로써 통화승수의 크기에 변화를 가져오는 것을 통해 통화량을 조절하는 정책을 말한다. 법정지급준비제도란 은행이 (요구불 및 저축성)예금의 일정 비율을 현금자산, 즉 시재금(vault cash)으로 보유하거나 중앙은행에 예치하도록 법령으로 규정하는 제도를 말한다. 거의 모든 나라에서 법정지급준비율 수준을 결정할 수 있는 권한이 중앙은행에 있고, 중앙은행은 화폐의 공급량을 통제하는 데 법정지급준비제도를 이용한다. 중앙은행은 통화량을 늘리고 싶을 때는 법정지급준비율을 인하하고 통화량을 줄이고 싶을 때는 법정지급준비율을 인상한다.

2. 법정지준율 인하 ⇒ 통화승수 상승 ⇒ 통화량 증가 ⇒ 이자율 하락

3. 법정지준율 인상 ⇒ 통화승수 하락 ⇒ 통화량 감소 ⇒ 이자율 상승

4. 본원통화의 양은 불변이다.

03 공개시장조작정책

1. 의미

공개시장운영(open market operation)이란 중앙은행이 공개시장에서 유가증권을 매입 또는 매각하는 것을 말한다. 구체적으로 중앙은행이 매매하기에 가장 알맞은 유가증권은 국채이다. 즉 중앙은행이 공개시장에서 국공채나 기타 유가증권을 매입 또는 매각함으로써 통화량을 조절하는 정책을 말한다. 공개시장조작정책은 통화량뿐만 아니라 이자율에 직접 영향을 주는 정책으로 가장 일반적인 통화정책이다.

2. 국공채 매입 ⇒ 본원통화 증가 ⇒ 통화량 증가 ⇒ 이자율 증가

3. 국공채 매각 ⇒ 본원통화 감소 ⇒ 통화량 감소 ⇒ 이자율 감소

4. 통화량 조절수단 중 가장 자주 사용되는 정책수단이다.

04 직접규제방식

직접규제방식은 통화량을 바람직한 수준에 유지하기 위해 중앙은행이 시중은행의 행동에 직접 제약을 가하는 것을 통틀어 일컫는 것이다. ⇒ 여신한도제, 대출제한

제5절 통화정책 : 통화량과 이자율

01 최종목표, 중간목표, 그리고 정책수단

1. 최종목표 : 물가안정, 완전고용

2. 중간목표 : 통화량 또는 이자율의 조정 ⇒ 통화량과 이자율은 두 마리의 토끼

⑴ 화폐수요가 늘었음에도 통화량을 일정한 수준에 유지하려면 반드시 이자율에 변화가 생긴다.

⑵ 화폐수요가 늘었을 때 이자율을 일정한 수준에 유지하려면 반드시 화폐공급을 변화시켜야 한다.

3. 정책수단 : 지급준비율정책, 재할인율정책, 공개시장운영, 직접규제

02 물가안정목표제

1. 물가안정목표제의 의의

물가안정목표제란 중앙은행이 다양한 목표를 추구하지 않고 물가상승률만을 통화정책의 유일한 목표로 채택하는 제도를 뜻한다. 오직 물가상승률을 일정한 수준에 유지시키는 데 모든 노력을 집중한다.

2. 물가안정목표제가 실제로 물가 안정에 효과를 발휘할 수 있기 위한 조건

⑴ 중앙은행의 독립성이 보장되어야 한다.

⑵ 중앙은행의 물가예측 능력이 뛰어나야 한다.

제 04 장 화폐시장과 이자율

제1절 화폐시장이론의 전개

01 고전학파의 화폐수량설

1. 화폐수량설의 의의

(1) 화폐공급과 물가수준의 관계 설명

화폐공급의 변화는 거시경제변수에 영향을 미친다. 그중에서도 화폐공급과 물가수준 사이의 관계는 수백 년 전부터 경제학자들의 주요 관심사였다. 이런 관심은 고전학파의 화폐수량설에서 시작되었다.

(2) 통화량은 물가를 변화시킨다.

고전적 화폐수량설에 의하면 통화량의 변화는 경제 내의 총명목지출을 같은 비율로 변화시키고, 이러한 총명목지출의 변화와 같은 비율로 물가도 변한다. 따라서 통화량은 같은 비율로 물가를 변화시킨다. 이제 화폐수량설을 대표하는 수량방정식부터 살펴보자. 화폐수량설은 피셔에 의해 정립된 수량방정식으로 표현된다.

(3) 화폐는 교환적, 거래적 수단이다.

2. 화폐의 수요와 공급의 일치

(1) 화폐의 수요와 공급은 무엇이 조정되어 균형을 이룰까? ⇒ 화폐의 가치 cf) 실질자산효과

화폐의 수요와 공급을 일치시키는 것은 화폐의 가치이다. 화폐가치는 화폐 1단위로 재화와 서비스를 구매할 수 있는 수량, 즉 구매력을 의미한다. 물가가 상승하면 구매력이 떨어지므로 화폐가치가 하락하고, 물가가 하락하면 구매력이 높아지므로 화폐가치가 상승한다.

(2) 화폐시장의 균형 : 물가의 조정이 화폐의 수요와 공급을 일치시킨다.

① 초과수요, 화폐수요 > 화폐공급 : 화폐가치 상승(물가 하락)

② 초과공급, 화폐수요 < 화폐공급 : 화폐가치 하락(물가 상승)

3. **피셔의 교환방정식** : $M \times V = P \times Y \Rightarrow M(화폐공급) = \dfrac{1}{V} \times P \times Y(화폐수요)$

⑴ 화폐공급은 고정

⑵ 거래적 동기에 의한 화폐수요

⑶ 유통속도 V는 안정적, 실질생산량 Y는 완전고용수준에서 일정하다.

4. 변수와의 상관성

⑴ 화폐수요는 물가와 비례

⑵ 화폐수요와 화폐공급을 같도록 조정하는 것은 물가이다.

　초과수요이면 물가가 하락하고, 초과공급이면 물가가 상승한다.

02 케인스의 화폐수요이론

1. 유동성선호이론
⑴ **화폐시장의 일반이론이다.**

⑵ **유동성 선호는 화폐수요를 의미한다.**

　케인스의 화폐수요이론은 '유동성선호이론'이다. 유동성이란 일반적으로 어떤 자산이 그 가치의 감소 없이 즉시 화폐와 교환될 수 있는 가능성을 말한다. 모든 자산은 어느 정도의 유동성을 지니고 있다. 유동성 선호는 유동성을 선호하는 것, 다시 말하면 화폐수요를 의미한다. 케인스는 화폐를 보유하면 이자를 받을 수 없을 뿐만 아니라 다른 수익자산을 보유할 때 획득할 수 있는 수익을 포기해야 하는데도 왜 개인이나 기업이 화폐를 보유하는가 하는 문제에 대해 고민했다. 이런 고민을 통해 케인스는 사람들의 화폐보유 동기를 거래적·예비적 동기와 투기적 동기로 나누어 설명한다.

2. 화폐보유의 구체적인 동기
⑴ **거래적 동기** : 교환수단으로서의 화폐

　① 의미 : 지출을 위한 동기
　　거래적 동기는 일상생활에 필요한 거래를 위하여 화폐를 보유하고자 하는 동기를 말한다.

　② 거래적 동기에 의한 화폐수요는 주로 소득수준에 의해 결정된다.
　　소득이 커질수록, 물가가 오를수록 거래적 동기에 의한 화폐수요는 커진다.

　③ 이자율의 영향은 미미하다.

(2) **예비적 동기**: 교환수단으로서의 화폐

① 의미: 지출을 위한 동기

예비적 동기는 장래 예측하지 못한 용도에 대비하기 위한 동기를 말한다.

② 예비적 동기에 의한 화폐수요는 주로 소득수준에 의해 결정된다.

소득이 높을수록 화폐수요가 증가한다.

③ 이자율의 영향은 미미하다.

(3) **투기적 동기**: 가치저장수단으로서의 화폐

① 의미: 자산으로 보유하고자 하는 동기

투기적 동기는 자산의 보유형태로서 다른 자산보다 더 낫다는 생각에서 화폐를 보유하는 경우를 말한다. 케인스는 보유자산이 화폐와 채권만 존재한다고 가정한다. 여기서 화폐는 현금, 요구불예금과 같이 아무런 이자도 얻을 수 없는 금융자산인 반면, 채권은 매기마다 일정한 금액의 이자가 붙는 금융자산으로서 기타 금융자산과 완전한 대체성이 있다고 가정한다. 자본이득과 자본손실은 이자율의 변동에 따른 채권가격 변동 때문에 발생한다. 즉, 채권을 샀을 때의 가격보다 채권가격이 오르면 자본이득이 발생하고, 원래 샀던 가격보다 채권가격이 떨어지면 자본손실이 발생하는 것이다.

② 채권가격과 이자율은 역의 관계

이자율 하락(상승) ⇒ 채권의 현재가치 상승(하락) ⇒ 채권수요 증가(감소) ⇒ 채권가격 상승(하락)

③ 이자율과 투기적 화폐수요

높은 이자율 수준 ⇒ 채권가격 상승 예상 ⇒ 투기적 화폐수요 감소 또는 낮은 이자율 수준 ⇒ 채권가격 하락 예상 ⇒ 투기적 화폐수요 증가

3. 화폐수요는 이자율에 민감하다.

고전학파와 달리 단기에는 물가가 경직적이어서 물가에 의한 화폐시장의 균형은 어렵다고 본다. 그리고 단기적으로 물가가 경직적이면 인플레이션율이 '0'이므로 명목이자율과 실질이자율이 같다. 따라서 단기에는 화폐수요가 물가보다는 이자율에 더 민감하게 반응한다. 그러나 장기에는 고전학파와 동일하게 물가에 의해 화폐시장이 균형을 이룬다고 인정한다.

4. 화폐시장 균형: $M \times V = P \times Y \Rightarrow M$(화폐공급) $= \dfrac{1}{V} \times P \times Y$(화폐수요)

(1) **화폐유통속도의 불안정성**

고전학파는 통화량이 교환의 매개수단으로서만 이용되어 화폐의 유통속도가 안정적이라 가정한다. 하지만 케인스는 통화량이 거래적 동기에만 사용되는 것이 아니라 투기적 동기에도 사용된다고 지적하여 화폐의 유통속도가 불안정적이라 본다.

(2) 화폐수요와 화폐공급의 불일치와 조정

① 초과공급인 경우

채권의 매입이 증가할 것이고, 채권가격이 상승할 것이고, 이자율이 하락한다. 따라서 이자율의 하락으로 화폐수요량이 증가해서 화폐시장이 균형을 이룬다.

② 초과수요인 경우

채권의 매각이 증가할 것이고, 채권가격이 하락할 것이고, 이자율이 상승한다. 따라서 이자율의 상승으로 화폐수요량이 감소해서 화폐시장이 균형을 이룬다.

③ 결론

단기에 이자율의 조정이 화폐의 수요와 공급을 일치시킨다는 것이 유동성선호설이다.

5. 유동성 함정과 재정정책

(1) 유동성 함정

이자율이 낮아짐에 따라 화폐수요곡선이 우하향하다가 최저이자율에서 화폐수요곡선은 수평선이 된다. 이처럼 화폐수요의 이자율탄력성이 무한대인 구간을 유동성 함정이라 한다. 일반적으로 통화량이 증가하면 화폐의 초과공급으로 이자율이 하락하는 유동성 효과가 나타난다. 그러나 대공황과 같은 불경기에는 유동성 함정이 존재하여 통화량을 아무리 늘려도 무한대의 화폐수요가 통화량을 모두 흡수한다. 따라서 화폐의 초과공급이 발생하지 않음으로 이자율이 하락하지 않는다.

(2) 재정정책의 유용성

케인스에 따르면 이자율은 화폐수요와는 반비례하고, 화폐의 유통속도와는 비례한다. 즉 화폐의 유통속도는 이자율에 민감하게 반응하므로 불안정적이다. 불경기에 유동성 함정이 있으면 최저이자율에서 화폐수요가 무한대이고 화폐의 유통속도도 매우 낮다. 통화량이 아무리 증가해도 화폐의 유통속도가 매우 낮아 통화량의 증가효과가 상쇄된다. 단기에 물가는 경직적이고 통화량의 증가는 실질생산량에 영향을 주지 못한다. 결국 통화량의 증가는 명목GDP를 변화시키지 못한다. 그래서 케인스에 의하면 불경기에 정부가 통화량을 증가시키기보다는 실질생산량의 구성요소인 정부지출을 직접적으로 증가시켜야 경기를 부양할 수 있다.

03 현금잔고방정식과 통화주의의 신화폐수량설

1. 기본전제

사람들은 월급과 같은 소득이 생기면 지출에 대비하여 월급의 일정비율을 화폐로 보유하고자 한다. 그래서 화폐수요는 명목국민소득의 일정비율에 해당한다. 이때의 일정비율을 마샬의 K라 한다.

2. 현금잔고방정식의 도출 : $M = kPY$

(1) 명시적으로 화폐수요 표시

교환방정식에서는 현재와 미래 사이에 화폐의 구매력 이전을 설명하지 않고, 통화량의 크기에 초점을 두어 화폐수요가 암묵적으로 결정된다. 반면에 현금잔고방정식에서는 화폐의 구매력 이전으로 화폐의 가치저장기능을 강조하며, 화폐수요를 명시적으로 규명한다.

(2) 마샬의 K는 안정적

고전학파는 마샬의 K가 화폐의 유통속도의 역수이므로 화폐의 유통속도가 안정적이어서 마샬의 K도 안정적이라 본다.

(3) 케인스의 일부 견해 수용

통화주의도 마샬의 K가 안정적이라 본다. 그러나 고전학파와는 달리 케인스의 견해를 일부 수용하여 화폐수요의 거래적 동기뿐만 아니라 투기적 동기를 고려한다. 그래서 마샬의 K가 예상주식수익률, 예상채권수익률 그리고 예상인플레이션율에 영향을 받는다.

(4) 화폐수요는 항상소득에 비례하고, 이자율 등의 영향은 미비하다.

케인스는 물가가 경직적이라고 전제하지만 통화주의는 물가가 비경직적이라 가정한다. 그래서 통화주의는 명목화폐수요에 물가를 감안한 실질화폐수요를 중시한다. 예상수익률과 예상채권수익률이 높아지면 화폐보유의 기회비용이 상승하고, 예상인플레이션율이 상승하면 화폐가치가 하락한다. 통화주의에 따르면 이러한 요소들이 화폐수요와 반비례하지만 그 영향은 미미하다. 대신에 화폐수요는 항상소득에 비례하고, 항상소득에 매우 크게 영향을 받는다.

(5) 통화량의 장기와 단기 영향력

통화주의는 장기적으로 화폐수량설을 수용하여 통화량의 변화는 물가만을 변화시킨다고 본다. 그리고 단기적으로 화폐수요의 이자율탄력성이 작아서 이자율 등이 화폐수요에 미치는 영향을 작게 본다. 그러나 통화량의 변화가 물가뿐만 아니라 실질GDP에도 영향을 미칠 수 있다고 본다.

제2절 화폐의 수요와 공급

01 의의 및 가정

1. 의의

화폐시장이 생산물시장에 미친 영향을 말한다.

2. 가정

(1) 화폐는 협의의 화폐, 즉 $M1$을 의미한다.

(2) 이자가 전혀 붙지 않는다.

02 화폐수요곡선

1. 화폐수요(유동성선호설)

화폐에 대한 수요는 화폐를 보유하려는 이유, 즉 화폐를 가지려 하는 구체적인 동기를 말한다.

2. 화폐수요량의 결정요인 : 물가수준, 물가상승률, 이자율, 국민소득

(1) **물가수준과 물가상승률**

물가의 수준과 상승률은 화폐수요량에 상반된 방향으로 영향을 준다.

① 물가수준 그 자체가 높을수록 화폐수요량이 더 커지는 반면, 물가상승률의 경우에는 물가상승률이 클수록 화폐수요량이 더 작아지는 것이다.

② 물가수준이 높아지면 거래적 동기에 의한 수요가 그만큼 더 커져 화폐수요량이 늘어난다. 그렇지만 물가가 빨리 오르는 상황에서는 화폐가 상대적으로 더 나쁜 가치저장의 수단이 되기 때문에, 물가상승률이 커지면 화폐수요량이 줄어들게 되는 것이다.

(2) **이자율과 화폐수요** : 투기적 동기는 이자율의 감소함수

이자율이 오르게 되면 투기적 동기의 화폐수요는 감소한다. 다른 금융자산과 달리 현금에는 이자가 붙지 않기 때문에 이자율이 올라간다는 것은 현금 보유의 기회비용이 더 커진다는 것을 뜻한다. 따라서 이자율이 높을수록 화폐가 상대적으로 더 나쁜 가치저장의 수단이 되고, 이에 따라 투기적 동기에 의한 수요가 줄어드는 것이다.

(3) **국민소득과 화폐수요**: 거래적·예비적 동기는 Y의 증가함수

마지막으로 국민소득의 증가는 거래적 동기에 의한 수요를 늘려 화폐수요량이 더욱 커지는 결과를 가져오게 된다.

(4) **화폐수요함수**: 화폐수요의 소득탄력성 $X(Y)$ – 화폐수요의 이자율탄력성 $X(r)$

3. 화폐수요곡선

(1) **이자율과 화폐수요량(M^d) 사이의 관계**

① 화폐에 대한 수요에 영향을 미치는 여러 요인들 중 가장 큰 관심의 대상이 되는 것은 이자율이다.

② 가정: 이자율을 제외한 다른 모든 변수들은 현재 상태에서 변화하지 않는다.

③ 이자율과 화폐수요량 사이의 관계 ⇒ 역의 관계

④ 이자율 상승 ⇒ 화폐수요 감소

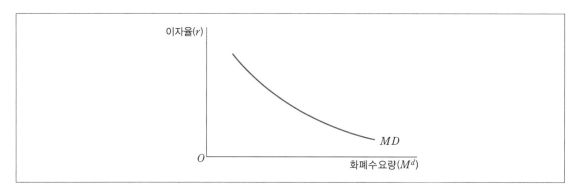

(2) **화폐수요곡선의 이동**

국민소득의 증가 ⇒ 거래적 동기에 의한 화폐수요 증가 ⇒ 화폐수요곡선 오른쪽으로 이동

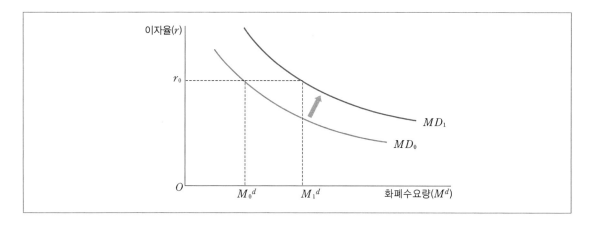

03 화폐공급곡선

1. 화폐공급에 영향을 주는 요인

현실적으로 중앙은행이 화폐의 공급을 독점적으로 결정할 수는 없다. ⇒ 중앙은행, 개인, 일반 금융기관

2. 가정

중앙은행이 다양한 정책을 통해 화폐공급량을 완벽하게 조절할 수 있다.

3. 화폐공급곡선

(1) **수직선 모양의 화폐공급곡선**

화폐공급곡선이 수직선의 모양을 갖는 것은 화폐공급량이 이자율과 관계없이 중앙은행의 정책에 의해 결정된다는 가정을 반영하고 있다.

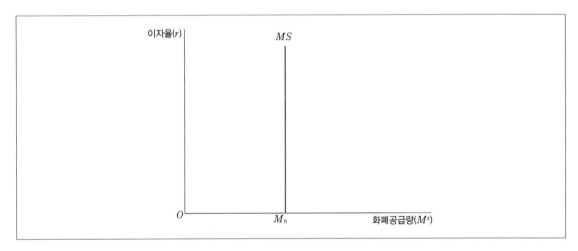

(2) **화폐공급곡선의 좌·우 이동**: 중앙은행의 화폐공급량 증가 또는 감소

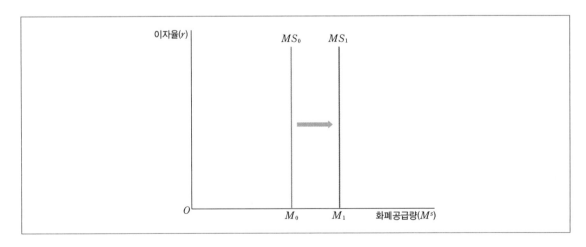

제3절 화폐시장의 균형 : 화폐시장 일반이론

01 화폐시장의 균형 : 화폐수요와 화폐공급이 일치하는 점에서 균형

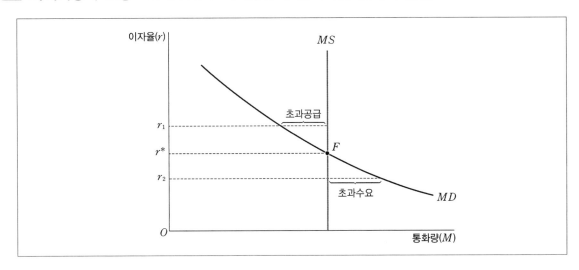

1. 유동성선호이론

(1) 의미

화폐의 수요와 공급에 의해 이자율이 결정된다고 보는 이론이다. 유동성 선호라는 것은 화폐수요와 같은 의미로 해석된다. 화폐를 얼마나 수요하고 있는지가 이자율 결정에 중요한 영향을 주는 것으로 본다는 의미에서 유동성선호이론이라고 부른다.

(2) 초과공급 : 이자율 > 균형이자율, 화폐의 초과공급, 원하는 화폐량 < 화폐공급량

채권에 대한 수요의 증가 ⇒ 채권가격의 상승 ⇒ 이자율의 하락 ⇒ 균형이자율 회복

(3) 초과수요 : 이자율 < 균형이자율, 화폐의 초과수요, 원하는 화폐량 > 화폐공급량

채권에 대한 공급 증가(채권 판매량 증가) ⇒ 채권가격의 하락 ⇒ 이자율의 상승 ⇒ 균형이자율 회복

(4) 균형이자율, 균형수급량 도달

2. 유동성선호이론(화폐시장이론)과 대부자금시장이론(금융시장이론)의 관계

(1) 대부자금의 수요와 공급 ⇒ 이자율 결정

대부자금시장이론은 이자율이 실물부문의 저축과 투자에 의하여 결정된다는 것이다.

(2) 화폐수요와 공급 ⇒ 이자율 결정

이자율이 화폐시장에서 유동성 선호(화폐수요)와 유동성 공급(화폐공급)에 의하여 결정된다는 이론이 유동성선호설이다.

(3) 상충되기보다 상호보완적 이론

---

02 통화정책과 이자율 : 통화정책의 기본적인 경로

1. 통화정책의 의미

통화정책은 화폐시장의 균형을 통해 화폐공급량을 조절함으로써 경제를 바람직한 방향으로 이끌어 나가려는 정책을 말한다.

2. 통화정책이 이자율에 어떤 영향을 미칠까?

(1) 화폐공급량 증가 ⇒ 이자율 하락

(2) 화폐공급량 감소 ⇒ 이자율 상승

---

03 화폐시장의 균형이자율이 생산물시장에 영향을 준다.

1. 화폐시장에서 이자율의 변화를 도출하였으므로 명목이자율이었음을 알 수 있다.

2. 유동성선호이론에 따르면 생산물시장에 직접 영향을 주는 것은 통화량이 아니라 이자율이다.

3. 실물시장과 화폐시장 간 매개변수는 이자율이다.

실물시장과 화폐시장 간 매개변수는 바로 이자율이다. 그리고 단기에 화폐시장에서 이자율의 변화가 투자수요를 변화시켜 실물시장에 영향을 미친다. 하지만 장기에는 자연산출량수준에서 장기총공급곡선이 수직이므로, 총수요곡선의 오른쪽 이동은 물가만을 상승시킬 뿐이다. 물가의 상승은 화폐수요를 증가시켜 화폐시장에서 명목이자율을 상승시킨다.

제4절 이자율과 총수요

01 케인스의 유동성 이론

케인스 효과란 통화량 변화가 이자율의 변화를 통해 투자에 영향을 미치는 효과를 말한다. 즉, 통화량이 증가하면 이자율이 하락하고, 이자율이 하락하면 투자가 증가하므로 국민소득이 증가하는 것이 케인스 효과이다. 케인스 효과는 통화량의 변동이 실물부문에 영향을 미치는 대표적인 경로이다. 통화량이 증가할 때 국민소득이 대폭 증가하기 위해서는 통화량이 증가할 때 이자율이 크게 하락해야 하고, 이자율이 하락할 때 투자가 많이 증가해야 하고, 투자가 증가할 때 국민소득이 크게 증가해야 한다. 통화량이 증가할 때 이자율이 크게 하락하기 위해서는 화폐수요의 이자율탄력도가 작아야 하고, 이자율이 하락할 때 투자가 크게 증가하려면 투자수요의 이자율탄력도가 커야 한다. 그리고 투자가 증가할 때 국민소득이 대폭 증가하려면 투자승수가 커야 한다. 하지만 케인스는 경기침체기에 통화정책이 효과적이지 못하다고 생각한다.

요컨대 케인스의 유동성선호이론에 의하면 통화량의 변화는 재화나 서비스에 대한 지출에 직접 영향을 미치지 않는다. 이런 점을 고려할 때 이자율의 변화는 투자지출에 영향을 미치고 이것이 다시 승수효과를 통해 총수요에 영향을 미친다. 예컨대 '통화량 감소 ⇒ 이자율 상승 ⇒ 소비, 투자, 순수출 감소 ⇒ 총수요곡선 좌측이동'이다. 즉 이자율은 총수요의 구성요소인 소비, 투자, 순수출에 영향을 준다.

02 이자율이 총수요에 미치는 영향

1. 이자율이 투자에 미치는 영향

통화량 감소 ⇒ 이자율 상승 ⇒ 투자 감소 ⇒ 총수요곡선 좌측이동

2. 이자율이 소비에 미치는 영향

통화량 감소 ⇒ 이자율 상승 ⇒ 소비 감소(내구재에 대한 소비지출) ⇒ 총수요곡선 좌측이동

3. 이자율이 순수출에 미치는 영향

통화량 감소 ⇒ 이자율 상승 ⇒ 환율 하락 ⇒ 순수출 감소 ⇒ 총수요곡선 좌측이동

03 통화정책의 효과 개관(단기효과) : 확장적 통화정책, 긴축적 통화정책

통화량 증가(감소) ⇒ 이자율 하락(상승) ⇒ 소비, 투자, 순수출 증가(감소) ⇒ 총수요 증가(감소) ⇒ GDP 증가(감소), 물가수준 상승(하락)

경제학 다이제스트

예비사회교사를 위한

총수요 - 총공급모형과
경기안정화 정책

제 01 장 총수요 – 총공급모형과 통화정책

제1절 통화정책의 단기효과

01 통화정책이 GDP에 미치는 영향

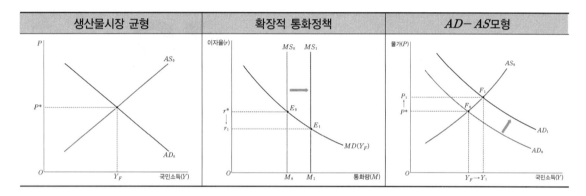

생산물시장 균형	확장적 통화정책	$AD-AS$모형

1. 균형상태

(1) 국민소득은 완전고용국민소득, 균형물가, 균형이자율 상태

(2) **화폐시장과 상품시장의 균형상태**

① 화폐수요곡선과 화폐공급곡선 : $MD(Y_F)$와 MS_0, 균형점(E_0)

화폐수요곡선은 국민소득이 Y_F로 주어져 있을 때의 화폐수요를 의미한다.

② 총수요와 총공급 : AD_0와 AS_0, 이는 화폐공급량이 늘어나기 전의 상황, 균형점(F_0)

2. 확장적 통화정책 : 화폐공급량 증가

화폐공급곡선 오른쪽으로 이동, 균형점 이동, 균형이자율 하락

3. GDP의 변화

균형이자율 하락 ⇒ 기업들의 투자지출 증가 + 승수효과 ⇒ 총수요 증가(총수요곡선 오른쪽으로 이동)
⇒ 상품시장의 새로운 균형(소득 증가, 물가 상승)

4. 결론

화폐공급량의 증가 ⇒ 국민소득의 증가(경기부양효과)

---

02 유동성 함정과 통화정책의 유효성

통화정책이 상품시장에 효과적으로 영향을 미치기 위한 조건

1. 통화정책의 전달경로

(1) **제1단계**: 화폐보유의 민감성

(2) **제2단계**: 투자수요의 이자율탄력성

(3) **제3단계**: 승수효과의 크기

2. 통화정책이 효과를 내기 위한 조건

(1) 화폐수요의 이자율탄력도가 작아야 한다.

화폐공급량의 변화에 대해 이자율이 민감하게 반응해야 한다. 화폐공급량이 변화할 때 이자율이 어느 정도로 민감하게 반응하는지는 화폐수요의 이자율탄력성의 크기에 달려 있다. 화폐수요의 이자율탄력성이 더 크면 화폐공급량이 같은 크기로 늘어나도 이자율은 한층 더 작은 폭으로 떨어진다. 따라서 화폐수요의 이자율탄력성이 클수록 이자율이 더 작은 폭으로 떨어진다.

(2) 투자수요의 이자율탄력도가 커야 한다.

(3) 승수효과가 크게 나타나야 한다.

3. 유동성 함정

(1) 개요

화폐수요의 이자율탄력성이 무한히 큰 극단적인 경우 화폐공급량이 크게 늘어나도 이자율이 전혀 떨어지지 않는 현상이 나타날 수 있다. 이와 같은 현상이 나타날 때 경제가 유동성 함정에 빠졌다고 말한다. 경제가 유동성 함정에 빠져 있는 경우에는 통화정책 전달경로의 제1단계에서부터 문제가 생기게 된다. 즉 화폐공급량을 아무리 변화시켜도 이자율에 어떤 변화도 생기지 않으므로 투자지출, 나아가 총수요에 전혀 영향을 주지 못하는 결과가 빚어지는 것이다.

(2) 의미

유동성 함정이란 이자율이 매우 낮아 사람들이 이자율이 오르기만을 기다리는 상황, 즉 채권가격이 너무 비싸 투기적 동기로 화폐를 보유하고 있는 사람들이 채권가격이 떨어지기를 기다리는 상황을 말한다.

(3) 특징

① 화폐수요의 이자율탄력성이 무한대이다. 그래프가 수평선의 형태이다.

② 경기침체 시에 돈을 풀면 투기적 화폐수요로 흡수되어 이자율은 불변이다.

4. 투자지출의 이자율탄력성이 민감하게 반응해야 한다. : 투자승수가 커야 한다.

투자지출의 이자율탄력성이 통화정책의 유효성을 좌우하게 된다. 화폐공급량을 늘린 결과 이자율이 큰 폭으로 하락한다 해도 투자지출이 이에 민감하게 반응하지 않으면 총수요는 그리 크게 늘어날 수 없다. 즉 투자지출이 이자율에 탄력적인 반응을 보여야만 통화정책이 총수요에 미치는 영향이 클 수 있는 것이다.

5. 결론

화폐공급량을 늘렸을 때 이자율이 큰 폭으로 떨어지고, 이에 따라 투자가 큰 폭으로 늘어나는 한편 투자승수도 큰 값을 가지면 통화정책은 경제를 안정시키는 데 효과를 발휘할 수 있다. 그러나 유동성 함정 구간에서는 통화정책의 유효성에 대해 의문이 제기된다. 그 결과 유동성 함정 구간에서는 재정정책의 유효성이 더 큰 것으로 알려져 있다.

제2절 통화정책의 장기효과 : 화폐의 장기중립성

01 가설

화폐공급량의 증가가 단기적으로 경기를 활성화시킨다. 그러나 이와 같은 경기부양효과는 단기에서만 발생하며 장기적으로 지속될 수 없다.

02 전개과정

1. 화폐공급량 증가 ⇒ 이자율 하락 ⇒ 균형 $F_0(P^*)$에서 F_1으로 새로운 균형 성립

2. 장기조정과정

(1) 인플레이션 갭 발생(Y_1, P_1)

(2) 임금과 다른 생산요소가격 상승

(3) 총공급곡선 좌측이동

(4) 총공급곡선 좌측이동 계속

(5) 균형국민소득은 완전고용국민소득 수준으로 수렴, 물가는 상승($P_1 \Rightarrow P_2$)

(6) 장기조정과정에서 화폐시장 안의 변화

  화폐에 대한 수요 증가(물가 상승은 거래적 동기에 의한 화폐수요 증가) ⇒ 하락한 이자율 다시 상승

3. 결론 : 화폐의 장기중립성

(1) 단기균형상태에서 떨어졌던 이자율은 장기균형상태에서 본래 이자율로 되돌아온다. ⇒ 투자지출 본래 수준으로 회귀 ⇒ 장기균형에서 균형국민소득이 완전고용국민소득 수준으로 되돌아오게 됨

(2) 화폐의 장기중립성

  장기에서 화폐공급량의 증가는 경기를 활성화시키지 못하고 물가만 상승시키는 결과를 가져온다. 이와 같이 화폐공급량의 변화가 장기에서 물가의 변화만을 가져올 뿐 투자지출이나 국민소득 같은 실물변수에는 아무런 영향을 주지 못하는 현상을 가리켜 화폐의 장기중립성이라고 부른다.

⑶ 화폐의 장기중립성은 실물경제의 움직임이 통화량과 관련을 갖지 않는다는 뜻을 내포한다.

⑷ 화폐의 장기중립성에 대한 경제학파들의 견해

① 고전파 경제학자들의 믿음

고전학파는 화폐의 단기와 장기 모두 화폐의 중립적 입장이다. 통화정책을 통해 실물경기를 조절할 수 없다.

② 총수요-총공급 일반 모형

단기에서 임금이 경직성을 갖는다는 것을 전제하고 있는 총수요-총공급모형에서는 오직 장기에서만 화폐의 중립성이 나타난다.

③ 새고전파 경제학자들

화폐가 장기에서뿐 아니라 단기에서도 중립성을 갖는다고 믿는다. 그들은 빠른 시간 내에 임금이 신축적으로 조정되어 경제가 항상 완전고용 상태를 유지한다고 보았기 때문에 화폐가 단기에서도 중립성을 갖는다고 생각하는 것이다.

제3절 재정정책의 장 · 단기효과

01 재정정책의 효과 경로

균형 $\Rightarrow$ 확대재정정책 $\Rightarrow$ 승수효과, AD 우측이동 $\Rightarrow$ 화폐시장 이자율 상승 $\Rightarrow$ AD 좌측이동

02 정부지출의 단기효과

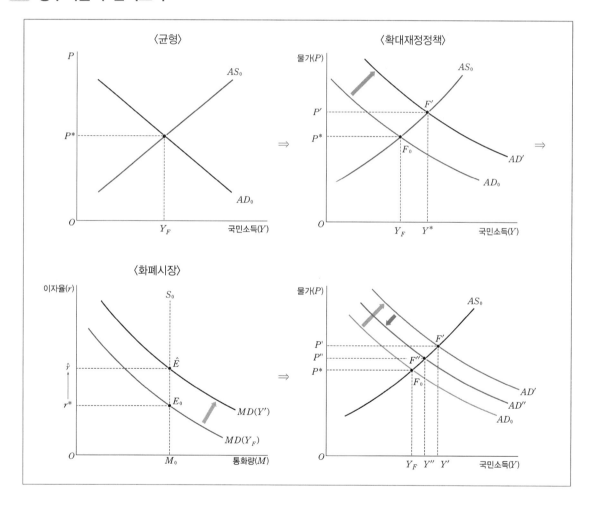

1. 전제조건

(1) 정부지출의 증가가 국채발행을 통해 충당된 경우

(2) 균형 : 완전고용상태

국민소득(Y^*), 물가(P^*), 이자율(r^*), 화폐공급량(MS^*), 화폐시장의 균형(E_0) 및 상품시장 균형(F_0)

2. 전개과정

(1) 확대재정정책

정부지출 증가 ⇒ 수요 증가, 수요곡선 오른쪽 이동 ⇒ 균형 $F_0(P^*)$에서 F'로 새로운 균형 성립

(2) 화폐시장에 미치는 영향

국민소득 증가, 물가 상승, Y', P' ⇒ 거래적 동기에 의한 화폐수요 증가, 화폐수요곡선 오른쪽으로 이동 $MD(Y')$, 화폐시장에서 이자율 상승 ⇒ 기업들의 투자지출 감소 ⇒ 총수요 감소 ⇒ F'', Y'', P''

3. 구축효과 : 정부지출 효과 상쇄

(1) 의미

국채 발행을 통해 정부지출을 증가시킨 결과 이자율이 올라가고 투자지출이 줄어드는 현상이 나타났다. 말하자면 정부지출이 투자지출을 구축한 결과가 빚어진 것인데 이런 뜻에서 구축효과가 발생했다고 말한다. 이렇게 투자지출이 줄어들어 애초의 총수요 증가 효과를 부분적으로 상쇄함에 따라 국민소득의 증가폭은 상품시장만을 고려했을 때 예상되는 국민소득 증가폭보다 더 작아진다. 따라서 화폐시장까지 고려 대상으로 삼은 모형을 통해 정부지출승수의 크기를 구해보면 상품시장만을 고려해 구한 것보다 더 작은 것으로 나타난다.

(2) 넓은 의미의 구축효과와 재정정책의 구축효과

구축효과를 넓은 의미로 해석하는 경우 정부지출의 증가는 물가 상승을 가져와 소비지출과 순수출을 감소시키는 결과를 가져오는 경우를 포함할 수 있다. 그러나 정부지출의 증가가 소비지출 및 순수출을 감소시키는 효과보다는 투자지출을 감소시키는 효과가 더 중요하기 때문에, 재정정책의 구축효과라고 말할 때 투자지출 감소로 인한 총수요의 감소를 의미하는 것이 보통이다.

4. 결론

단기적으로는 정부지출의 증가가 국민소득의 증가와 물가의 상승을 가져오는 경기부양효과가 있다.

02 정부지출 증가의 장기효과

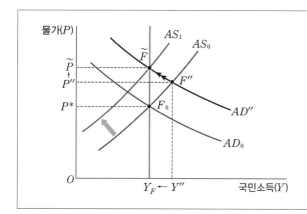

정부지출의 증가는 단기적으로 국민소득을 Y''의 수준으로 올리는 결과를 가져온다. 이것은 완전고용국민소득(Y_F)보다 더 크므로 임금과 다른 생산요소의 가격이 올라가 총공급곡선이 왼쪽으로 이동하기 시작한다. 결국 총공급곡선이 AS_1의 위치에 오면 장기균형이 이루어지는데, 정부지출이 늘어나기 전의 상태와 비교해 보면 물가만 $\tilde{P}$로 더 올라갔을 뿐 국민소득은 원래의 수준(Y_F)으로 되돌아온 것을 알 수 있다.

1. 장기조정과정

⑴ F''에서 단기균형, 인플레이션 갭 상태

⑵ 임금과 다른 생산요소가격 상승

⑶ 총공급곡선의 좌측이동 계속

⑷ 균형국민소득은 완전고용국민소득 수준으로 수렴, 물가는 상승

⑸ 장기조정과정 중 화폐시장 변화

화폐에 대한 수요 증가(물가 상승은 거래적 동기에 의한 화폐수요 증가) ⇒ 이자율 상승

2. 결론 : 재정정책의 장기중립성은 성립하지 않는다.

정부지출 증가가 장기적으로 국민소득 수준에 아무런 영향을 미치지 못하지만 재정정책의 경우에도 장기중립성이 성립하지 않는다. 장기조정 과정에서 물가가 계속 올라가 화폐수요가 더 커지기 때문에 이자율은 한층 더 높은 수준으로 올라간다. 정부지출의 증가는 장기에서도 투자지출이 줄어들도록 만드는 형태로 실물경제에 영향을 주게 되는 것이다. 이 점에서 장기에는 실물경제에 아무런 영향을 미치지 않는 통화정책과 차이가 있다.

제4절 재정정책과 통화정책의 비교

01 전제조건

케인지언(재정정책 선호) 대 통화주의(통화정책 더 선호)

02 통화정책의 전달경로에 대한 견해차

1. 케인스 경제학자의 견해

(1) 통화정책의 전달경로는 너무나도 길고 불확실해 믿을 수 없다.

(2) 화폐공급량을 늘려도 이자율이 큰 폭으로 떨어지기 힘들고 설사 이자율이 떨어진다 해도 기업의 투자지출이 쉽게 늘어나지 않는다.

(3) 재정정책은 곧바로 총수요의 증가로 이어진다.

2. 통화주의자의 견해

(1) 화폐가 교환의 매개수단으로 사용되기 때문에 화폐공급량의 변화는 이자율의 변화없이 실물경제에 직접적인 영향을 미친다.

(2) 재정정책은 구축효과 때문에 별 효과를 거두지 못한다.

03 정책시차에 대한 견해차

1. 내부시차

(1) **인식시차**: 정부가 경제상태를 인식하는 데 소용되는 시차 ⇒ 재정, 금융정책 모두 인식시차에서는 차이가 없다.

(2) **실행시차**: 정부가 경제정책을 수립, 실시하는 데 소요되는 시차를 말한다.

2. 외부시차

경제정책이 실제로 효과를 나타낼 때까지의 시차를 말한다.

3. 재정정책과 시차

내부시차(실행시차)는 길고 외부시차는 짧다.

4. 금융정책

내부시차(실행시차)는 짧고 외부시차는 길다.

	케인지언	통화주의자
통화정책의 효과	• 통화정책의 효과가 약하다. • 통화정책은 이자율을 통해 간접적으로 상품시장(실물부문)에 영향을 준다. 화폐시장에 유동성 함정이 존재하거나 투자가 이자율 변화에 대해 비탄력적이면 경기조절 효과가 없다.	• 통화정책의 효과가 크다. • 통화정책으로 인한 통화량 변동은 이자율의 변화를 통하지 않고서도 상품(실물부문)시장에 직접적으로 영향을 줄 수 있으므로 상품시장에 미치는 효과가 상당히 크다.
재정정책의 효과	재정정책은 상품시장에 직접적 영향을 미치기 때문에 효과가 크다.	재정정책은 정부지출이 증가할 때 이자율 상승으로 인한 구축효과가 발생해 경기조절효과가 상쇄된다. 따라서 효과가 약하다.
정책시차	통화정책의 외부시차가 길다.	재정정책의 내부시차가 길다.

---

04 정책혼합

1. 재정정책과 통화정책이 모두 단기적으로 경제를 안정시키는 수단이라는 점에서는 인정

2. 정책혼합에 대한 믿음 공유

재정정책과 통화정책의 장·단점을 고려해 이 둘을 적절히 혼합해 사용함으로써 바람직한 결과를 얻으려는 시도를 말한다.

---

05 자동안정장치

1. 자동안정장치의 의미

자동안정장치란 재정제도 그 자체가 갖는 특성 때문에 경제의 상황에 따라 재정지출이나 조세 징수액이 자동적으로 조절되어 경기가 안정되는 효과를 가져오는 것을 말한다. 경제가 불황에 빠져 있을 때는 자동적으로 재정지출을 늘리고 조세 징수액을 줄여 경기확장 효과를 내는 한편, 호황기에는 그 반대의 움직임을 보여 경기를 진정시키는 효과를 내는 장치를 말한다. **예** 누진적 소득세제, 실업보험제도

2. 자동안정장치의 장점

누진소득세제와 실업보험제도를 중심으로 한 자동안정장치는 일일이 경제의 상황을 평가해 정책을 결정해야 하는 번거로움에서 벗어날 수 있게 만들어 준다. 이에 따라 자동안정장치는 경제안정정책 수립과 집행에 필요한 '내부시차'를 없애주는 역할을 한다.

3. 자동안정장치의 단점

경기가 불황에서 벗어나 회복국면에 들어서 있을 때 오히려 경기회복을 더디게 만들 수도 있다는 단점을 갖고 있다. 경제가 회복기에 들어갔을 때는 총수요가 빠른 속도로 커져야 짧은 기간 안에 정상적인 상태로 돌아올 수 있다. 그럼에도 불구하고 이 상황에서 자동안정장치는 조세 징수액을 늘리고 재정지출을 줄이는 작용을 함으로써 총수요 증가를 더디게 만드는 역할을 한다. 말하자면 자동안정장치가 이 회복과정에 불필요한 제동을 가하는 셈이 되는 것이다.

⇒ 재정적 견인: 완전고용국민소득 달성을 위한 총수요의 증가가 조세증가 때문에 억제되어 완전고용에 이르지 못하는 현상을 말한다(자동안정화장치의 부작용).

비교 정책함정: 경기가 불황일 때 균형재정을 추구함으로써 적자재정을 실시할 때에 비해 총수요가 감소하여 경기가 더욱 더 불황에 빠지는 현상을 말한다.

제5절 비전통적 통화정책

01 등장배경

1. 글로벌 금융위기

(1) 2008년도에 리먼 브라더스의 금융투자, 국제투자 은행이 도산되면서 금융위기가 시작되었다.

(2) **금융위기가 왜 발생했는가?**

① 저물가, 저금리 상황이 장기간 지속됨으로 인해 유동성이 풍부해지고 투자 심리가 확산되었다. 저물가가 지속된 이유 중 하나는 중국이 공산품을 값싸게 전 세계에 수출한 결과로 거론되고 있다. 물가가 오르지 않아 미국 연준은 금리를 올리지 않았고, 그 결과 유동성이 풍부해지고 그게 주택가격 상승으로 이어졌다.

② 금융의 증권화 내지는 구조화로 금융상품이 복잡해지면서 제대로 된 위험평가가 이뤄지지 않았다.

③ 통화정책이 물가안정에만 집중하고 금융안정에 소홀했다. 물가의 안정 속에 계속 가계부채는 누적되고, 주택가격이 상승하고 금융불안정이 축적되었다.

④ 경제의 세계화

⑤ 위기의 증상으로 급격한 자본유출과 환율 상승

⑥ 실물경제의 부진

⑦ 명목금리가 최저수준까지 하락

2. 금융위기에 대한 각국의 대응

(1) 확대재정정책 수단을 제외한 방법이 크게 없었다.

대규모 구제금융, 확장적 재정정책 ⇒ 국가 부채 크게 상승

(2) 평가절하(환율인상)를 통한 수출 증가, 보호무역 **예** 트럼프, 아베 노믹스 등

3. 전통적 통화정책

(1) 의미

전통적 통화정책이라는 것은 단기금리를 이용해서 경기변동을 조정하는 것을 말한다. 예컨대 중앙은행이 단기금리를 상승시키면, 장기금리가 올라간다. 장기금리가 올라가면 금리가 올라가니까 소비자들은 소비 (내구재)를 줄이고 대신 저축을 늘리며, 기업들은 투자를 줄인다. 이런 식으로 금리를 올리면 수요가 줄게 되고, 수요가 줄어들면 물가는 하락한다. 반면 금리를 내리면 반대현상이 일어난다. 금리를 내리면 소비와 투자가 늘고, 물가가 상승한다. 이런 방식으로 경기변동을 조정하는 것을 전통적 통화정책이라고 한다.

(2) 글로벌 금융위기 상황에서 전통적 통화정책을 사용할 수 없었다.

금리가 제로수준까지 떨어졌으니까 더 이상 내릴 수 없었다. 그렇다고 중앙은행이 경기조정을 포기할 수는 없다. 그래서 비전통적 통화정책 같은 것을 사용하게 되었다.

02 비전통적 통화정책의 의미

비전통적 통화정책이란 금리 이외의 다른 수단을 이용해서 경기변동을 조정하는 것을 의미한다. 대표적인 것으로 양적완화, 선제적 지침 이 두 가지를 들 수 있다.

03 비전통적 통화정책의 목표

제로금리하에서 확장적 통화정책 유지를 통해 장기금리의 하락을 유도하는 것이 목표이다. 전통적인 통화정책의 경우 단기금리가 올라가면 장기금리가 올라간다. 하지만 비전통적 통화정책의 경우에는 제로금리하에서는 단기금리를 더 이상 조정 못하니까 장기금리만 하락할 수 있게 유도하는 것이 목표가 된다.

04 양적완화(quantitative easing)

1. 양적완화의 의미

중앙은행이 금리조절을 할 때, 보통 국채만 사고팔고 하면서 금리를 조정하게 되는데, 양적완화라는 것은 이제는 그 범위를 넓혀 국채뿐만 아니라 민간에 있는 금융자산까지 매입하는 것을 의미한다. 이런 양적완화를 하기 위해서는 중앙은행이 돈을 찍어내야 된다. 통화발행을 통해서 금융자산을 매입해야 되기 때문이다.

2. 양적완화의 사례

양적완화는 사실 1990년대 일본의 자산매입 프로그램에서 시작했다. 일본은 1980년대 자산가격과 부동산이 대폭락하면서 1990년대 들어와서 거의 제로금리 수준까지 금리를 하락시켰다. 그렇기 때문에 일찍이 양적완화를 도입해서 장기금리하락을 유도했었다. 그러나 글로벌 금융위기 이후에는 미국의 FRB나 유럽중앙은행, 영란은행 등 주요 중앙은행에서도 양적완화를 도입하였다.

3. 양적완화의 목적

양적완화는 기간스프레드와 위험스프레드를 낮춰 장기금리를 하락시키고 이를 통해 소비와 투자를 촉진시키는 것이 주요 목적이다. 정부가 국채를 사주게 되면 기간스프레드가 줄어들고, 민간 채권을 사주게 되면 위험스프레드가 줄어든다. 그 결과 장기금리가 하락하게 된다.

4. 양적완화로 인한 효과

(1) 정책신호

양적완화라는 정책을 시행하는 자체가 경제주체에게 완화적 통화정책이 상당기간 지속될 것이라는 정책신호를 전달하는 것이다. 그러면 미래에도 금리가 상당히 낮을 것이다라는 생각을 경제주체가 갖게 되면, 미래에 경제가 좋아질 것이라는 생각을 가지게 될 것이고, 지금 현재 소비나 투자를 늘리게 된다. 그러면서 경제가 활성화되는 경로를 정책신호 효과라고 한다.

(2) 포트폴리오 조정

양적완화가 시행됨으로 인해서 민간 금융기관의 자산을 살 경우 금융기관으로 돈이 들어온다. 그러면 금융기관이 그 돈을 가지고 자신들의 포트폴리오를 재조정한다. 만약 그 돈으로 장기채권 같은 장기 금융자산을 많이 사게 되면 장기금리가 하락함으로써 경제주체들이 소비나 투자를 늘려서 경제가 활성화될 수 있다.

(3) 유동성 프리미엄효과

유동성 프리미엄효과는 이제 양적완화가 시행되면서 중앙은행이 현금을 발행해 민간 경제에다가 그 돈을 투입시키는 것이다. 그러니까 기존보다 돈의 통화량이 늘어난다. 그럼 유동성이 풍부해지면 어떻게 될까? 사람들이 그 돈을 가지고 비유동성 자산을 사게 된다. 비유동성 자산을 대량으로 매입하게 되면 자산가격이 상승하고 소비 및 투자 증가 등을 가져올 수 있다.

(4) 심리효과

장기금리 하락을 통해서 수요를 진작시키는 그러한 경로인데, 들어가는 경로가 한곳은 은행으로 들어가고 하나는 비유동성 자산으로 들어가고 그렇게 구분될 뿐이다.

5. 양적완화의 부정적 영향

(1) 이자소득과 연금가치의 감소

(2) 물가 상승의 위험

(3) 중앙은행의 신뢰성 손상 문제

05 선제적 조치(forward guidance)

1. 선제적 조치의 의미

중앙은행이 미래 통화정책 운용 방향에 대한 정보를 제공하는 중앙은행 커뮤니케이션 방법 중의 하나이다. 즉 중앙은행이 미래에 대한 통화정책 방향을 미리 알려줘 경제주체의 기대를 형성하게 하는 것이다. 글로벌 금융위기 이전에도 존재했지만 주목받지 못하다가 금융위기 이후 중앙은행에서 적극적으로 도입한 방법이다.

> **예** 지금 우리의 경제가 안 좋다. 경제가 좋아질 때까지는 우리가 양적완화 정책을 계속하겠다. 시장에서 자산을 계속해서 매입하겠다.

2. 선제적 조치의 목표

선제적 조치의 목표도 양적완화와 같이 장기금리의 하락이다.

3. 선제적 조치의 효과

(1) 기대 형성과 기대 형성 여부 파악의 어려움

선제적 지침은 결국에는 경제주체의 기대를 형성할 경우에만 효과가 있는 것인데, 경제주체들이 선제적 지침을 받아들여 미래에 대한 기대를 어느 정도까지 형성하는지 파악하기가 쉽지 않다.

(2) 중앙은행의 신뢰성 훼손 **예** 시장 혼란

(3) 정보의존도 심화

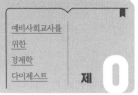

제 02 장 경기안정정책과 경기변동에 관한 논쟁

제1절 케인스 경제이론

01 고전파 경제학의 공백을 메우다. : 고전파 이론의 설득력 상실

극심한 불황이 장기간 계속되는 당시의 상황에서 물가와 임금의 조정에 의해 경기가 곧 회복될 것이라고 믿는 사람은 아무도 없었다.

02 케인스 일반이론에 대한 합의

1. 단기는 케인스 이론으로, 장기는 고전학파 이론으로 설명한다는 각 모형의 역할을 인정

2. **고전학파적인 접근(이자율 조정에 의한 균형)** : 애덤 스미스, 리카도, 마셜

장기에 가격이 신축적인 경제를 설명하는 모형으로서, 공급 측면에서 산출량이 결정되면 이자율의 변화에 의해 생산물시장이 균형을 이룬다.

3. **케인스 학파적 접근(산출량 조정에 의한 균형)** : 새뮤엘슨, 힉스, 솔로우

단기에 가격이 경직적인 경제를 설명하는 모형으로서, 이자율에 의해 결정된 총수요가 산출량을 변화시켜서 생산물시장의 균형이 달성된다.

03 신고전파 이론체계

총수요-총공급모형은 신고전파 종합이라는 이론체계의 핵심을 이루고 있다. 이 모형에서 임금이 고정되었다는 가정하에 진행된 단기분석에는 케인스 이론이 반영되어 있는 반면, 임금의 변화를 통해 장기에서 완전고용국민소득으로 수렴되는 과정은 고전파 이론을 그대로 답습하고 있다.

04 고전학파와 케인스 학파의 비교

1. 노동시장

고전학파	케인스 학파
• 임금의 신축성: 노동수요는 실질임금의 감소함수, 노동공급은 실질임금의 증가함수 • 완전고용상태	• 임금의 하방경직성, 화폐환상이 존재 • 노동수요는 실질임금의 감소함수, 노동공급은 예상실질임금의 증가함수 • 불완전고용이 일반적

2. 생산물시장

고전학파	케인스 학파
• 세이의 법칙 • 이자율에 의한 투자(r)와 저축(r) 균형 • 투자가 이자율에 탄력적 • 저축이 미덕	• 유효수요의 원리 • 투자수요의 이자율이 비탄력적 • 소비가 미덕

3. 화폐시장

고전학파	케인스 학파
• 교환의 매개수단 • 화폐수요: $MV = PY$ • 이자율은 실물적 이자율 • 화폐의 중립성	• 가치저장수단 중시 • 화폐수요: 거래적 동기(Y) + 투기적 동기(r) • 이자율은 화폐수요와 화폐공급이 일치하는 점에서 결정 • 유동성 함정

4. AD곡선

고전학파	케인스 학파
• $MV = PY = P = M \times \dfrac{V}{Y}$, 직각쌍곡선 • AD곡선의 이동: 통화량의 변화	• 물가와 지출의 관계에서 도출 • 우하향 • 이동요인: 독립소비, 독립투자, 정부지출, 순수출 등

5. AS곡선

고전학파	케인스 학파
수직선(완전예견)	• 케인스: 수평선(화폐환상, 정태적 기대) • 케인스 학파: 우상향(적응적 기대)

05 미세조정정책

1. 케인스의 주장 ⇒ 총수요 조절정책

(1) 경기변동 상황에서 정부의 역할 강조

케인스가 보기에 만성적인 불황 속에서 경기가 스스로 회복될 것을 믿고 정부가 아무런 조치도 취하지 않는다는 것은 무책임하기 짝이 없는 일이었다.

(2) 경기의 미세조정을 위한 총수요 조절정책 강조(긴축, 확장)

케인스는 총수요 조절정책을 통해 경제를 안정시킬 수 있다고 역설했다. 이처럼 통화정책이나 재정정책의 방향과 강도를 조절함으로써 경제를 안정된 상태에 유지시키려는 정책을 경기의 미세조정이라고 부른다.

2. 총수요 조절정책의 효과는 총공급곡선의 기울기에 따라 달라진다.

총공급곡선의 기울기가 완만할수록 확장정책은 더 작은 폭의 물가 상승을 유발하면서 경기를 효과적으로 활성화시킬 수 있게 된다.

3. 고전학파와 케인스 학파의 미세조정정책에 대한 견해 차이

고전학파	케인스 학파
• 재정정책: 완전한 구축효과 발생 • 금융정책: 화폐의 중립성으로 인해 실물시장에는 영향 없이 물가만 상승	• 재정정책: 매우 효과적 • 금융정책: 효과가 미약

4. 미세조정정책을 어떻게 쓸 것인가?

케인스의 미세조정정책의 필요성은 일반적으로 수용되었지만, 미세조정정책을 언제, 어떻게 쓸 것이냐 하는 것이 남은 과제가 되었다. 이 과제를 해결해준 것이 필립스곡선의 발견이었다. 인플레이션과 실업은 여러 가지 폐해를 불러오기 때문에 어느 국가에서나 골칫거리이고, 이 둘의 정도를 나타내는 물가상승률과 실업률은 정책담당자들이 언제나 신경을 쓰는 중요한 경제지표이다. 하지만 필립스 이전에는 인플레이션과 실업에 대한 연구가 따로 이루어짐으로써 적절한 경제적 처방을 내리지 못했다.

06 **필립스곡선** : 인플레이션과 실업 사이의 (단기) 상충관계를 보여주는 곡선

1. 필립스곡선의 발견

필립스는 1861~1957년 사이의 영국의 명목임금 상승률과 실업률을 살펴본 결과 실업률이 낮은 해에는 명목임금 상승률이 높고, 실업률이 높은 해에는 명목임금 상승률이 낮다는 사실을 발견했다. 후에 미국의 솔로우 등이 명목임금 상승률을 물가상승률로 대체하여 필립스의 연구결과에 이론적 가치를 부여하였고, 인플레이션과 실업 사이의 역관계를 그래프상에 나타낸 곡선은 그의 이름을 따서 필립스곡선(Phillips curve)이라 부르게 되었다. 필립스곡선은 인플레이션과 실업 사이에 역관계가 존재한다는 것을 의미한다.

2. 필립스곡선의 의의

⑴ **필립스곡선의 의미**

필립스곡선(Phillips curve)은 단기적으로 인플레이션율과 실업률 간에 상반관계(역의 상관관계)가 있음을 나타내는 곡선으로 우하향하는 형태이다. 예컨대 아래 그림에서 *A* 점은 물가상승률이 낮지만 실업률이 높은 것을 보여주고, *B* 점은 물가상승률은 높지만 실업률이 낮은 것을 보여준다.

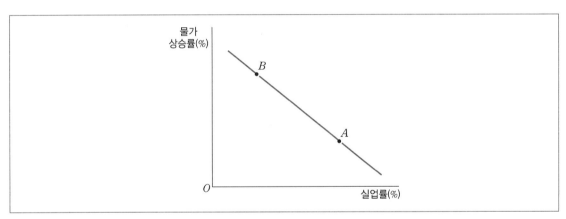

⑵ **필립스곡선의 의의**

① 미세조정정책의 제약

A 점과 같이 실업률이 높은 상황에 있을 때 정부가 미세조정정책을 사용하여 실업률을 *B*점 수준으로 낮추고자 한다. *B*점에서는 실업률이 낮지만 대신 물가상승률이 *A*점에 비해 높게 나타난다. 정부가 실업문제를 해결하려 하면 물가상승률이 높아지고, 물가안정을 추구하면 실업률이 높아진다. 이는 결국 두 가지 목표를 동시에 추구하는 것의 어려움을 의미한다.

② 한 가지 목표의 명확한 달성

물가상승률과 실업률 사이에 뚜렷한 역의 관계가 성립한다면 정부가 필립스곡선상의 조합 중 하나를 선택하여 둘 중 한 가지 목표를 달성할 수 있음을 의미하기도 한다. 만약 물가안정을 목표로 한다면 어느 정도의 실업률 상승을 감수해야 할 것이다. 반대로 정부가 실업문제 해결을 목표로 한다면 어느 정도의 인플레이션을 감수함으로써 실업률을 낮출 수가 있다. 케인스는 인플레이션보다 실업문제를 더 중시하였다. 그 결과 케인스 경제학의 영향으로 1960년대까지는 안정적인 상충관계에서 실업문제를 해결하는 확장적 정책이 주를 이루었다.

③ 미세조정정책의 선택과 실행을 위한 매뉴얼로서의 역할

3. 수요충격의 필립스곡선

(1) 미국의 필립스곡선(1960~1969년)

① 필립스곡선의 모양

인플레이션과 실업 사이에 상충관계를 보여주는 우하향 형태의 곡선이다.

② 발견된 일반화 : 단기적으로 인플레이션과 실업 사이에 상충관계가 존재한다.

⇒ 실업률이 낮을 때는 물가상승률이 비교적 높고, 실업률이 높을 때는 물가상승률이 비교적 낮은 경향이 있음을 발견했다.

(2) 우하향 형태의 필립스곡선의 시사점

① 위 기간 동안 발생한 경기변동의 원인 ⇒ 수요충격

수요충격이란 투자지출, 소비지출 혹은 순수출의 변화처럼 총수요곡선을 이동시키는 원인이 되는 것들을 뜻한다.

② 주요 변화

수요충격(우측이동) ⇒ 국민소득 증가, 물가 상승, 실업 감소 ⇒ 물가상승률 > 실업률 하락

(3) 우하향하는 모양의 필립스곡선 : 미세조정정책의 제약

① 총수요 확장정책 ⇒ 실업 감소 ⇒ 물가상승률 상승 감수

② 총수요 긴축정책 ⇒ 물가 안정 ⇒ 실업률 상승 증가

정부가 총수요를 확대하면 실업을 낮출 수 있지만 인플레이션은 반드시 높아진다. 또한 정부가 총수요를 감축하면 인플레이션율을 낮출 수 있지만 실업률의 상승이라는 대가를 치러야 한다.

⑷ 총공급곡선과 필립스곡선

① 총공급곡선에서 필립스곡선의 도출

단기 총공급곡선하에서 총수요가 증가하면 인플레이션율이 상승하고, 생산량이 증가한다. 생산량이 증가하면 실업률이 감소한다. 이런 상황에서 단기 필립스곡선은 우상향하는 형태가 된다.

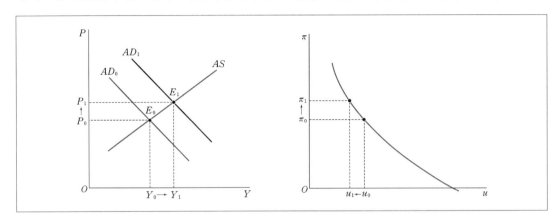

② 우하향하는 모양의 필립스곡선의 기울기

총공급곡선의 기울기가 가파르면 수요충격이 일어날 때 실업률에는 별 변화가 없고 물가만 큰 폭으로 변동할 것이라는 뜻이다.

07 단기 필립스곡선에 대한 비판

1. 배경

⑴ 불안정해진 필립스곡선과 스태그플레이션의 발생

1960년대까지는 인플레이션과 실업 사이의 상충관계(trade-off)가 안정적으로 유지되었기 때문에 필립스곡선은 미세조정정책의 매뉴얼 역할을 수행하였다. 1970년대에 물가 상승과 실업률 상승이 함께 나타나는 스태그플레이션(stagflation)이 발생하면서 필립스곡선 이론에 대한 비판이 제기되었다. 물가상승률이 계속 높아져도 실업률은 낮아지지 않는 스태그플레이션 상황은 기존의 필립스곡선으로 설명할 수 없었기 때문이다.

⑵ 공급충격

① 기술변화, 노사분규, 원자재 가격의 변화 등과 같이 총공급곡선을 이동시키는 원인이 되는 것들은 공급충격이라고 부른다. 공급충격이 경기변동의 주요한 원인일 경우 실업률과 물가상승률 사이에 양(+)의 상관관계가 나타나게 된다.

② 우상향하는 모양의 필립스곡선

2. 통화주의자들의 주장

(1) 안정적인 상충관계의 필립스곡선은 단기에만 가능한 것이다.

밀턴 프리드먼(Miltion Friedman)과 에드먼드 펠프스(Edmund Phelps)를 비롯한 경제학자들은 인플레이션과 실업률 사이에 존재하는 상충관계는 단기에만 가능한 것이라고 주장하였다.

(2) 장기에는 자연실업률에 수렴하는 수직선의 장기 필립스곡선이 된다.

① 현재 경제의 실업률 수준이 5%이며 물가상승률은 3%인 상황으로 가정하자.

② 현재 상황에서 정부가 확장적 재정(또는 통화)정책으로 수요를 늘려 실업률을 3%까지 낮추었지만 명목임금이 상승하여 물가상승률은 6%로 높아졌다.

③ 단기에는 인플레이션과 실업 사이에 분명 상충관계가 존재한다.

④ 시간이 경과하면서(장기로 가면서) 노동자들은 자신들의 명목임금은 상승하였지만 물가 상승을 감안하면 실제로 소득이 늘어난 것이 없음을 알게 되어 더 높은 임금을 요구하게 된다(적응적 기대).

⑤ 임금 상승은 기업들의 임금 부담을 늘려 고용을 줄이는 효과가 있기 때문에 실업률은 종전의 5% 수준까지 다시 상승하게 된다.

⑥ 실업률은 다시 증가하고, 정부의 총수요 확대정책은 물가만 높인다.

(3) 결론

정부가 지속적으로 총수요 확대정책을 쓴다면 단기적으로는 실업률이 감소하겠지만 또다시 물가가 높아져 실업률은 5% 이하로 낮추지 못하면서 물가만 상승시킨다.

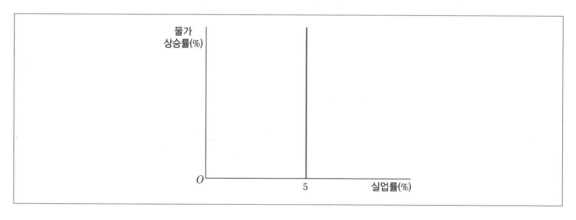

제2절 통화주의자의 등장

01 필립스곡선 식

1. 단기

$\pi = \pi^e - a(U - u_n) + \nu$(부정적 충격) $\Rightarrow U = u_n - \beta - (\pi - \pi^e) + \mu$(부정적 충격)

$\Rightarrow (u_n, \ \pi^e + \nu)$를 지나며 기울기 $-\beta$로 우하향하는 곡선(상충관계 존재)

[π : 실제물가상승률, π^e : 예상물가상승률/물가기대, $\pi - \pi^e$: 예상치 못한 인플레이션을 의미하며, 만약에 이 값이 0이 되면 예상된 인플레이션이 된다. a/β : 반응계수, 기울기, U : 실업률, u_n : 자연실업률]

$\Rightarrow$ 단기 필립스곡선은 u_n, π^e, ν의 변동에 의해 이동한다.

2. 장기(기대부가 필립스곡선)

$U = u_n$, 자연실업률 수준에서 수직(상충관계 소멸)선이다.

$\Rightarrow$ 장기 필립스곡선은 자연실업률의 변동에 의해 이동한다.

02 장기 필립스곡선 : 자연실업률가설

1. 기대부가 필립스곡선 식 $\Rightarrow \pi = \pi^e - a(U - U_n)$

2. 장기 필립스곡선의 도출

⑴ **총공급곡선과 필립스곡선**

장기 총공급곡선하에서 총수요가 증가하면 인플레이션율은 상승하고, 생산량은 불변한다. 생산량이 불변이기 때문에 실업률도 불변이다. 따라서 도출되는 필립스곡선은 수직이다.

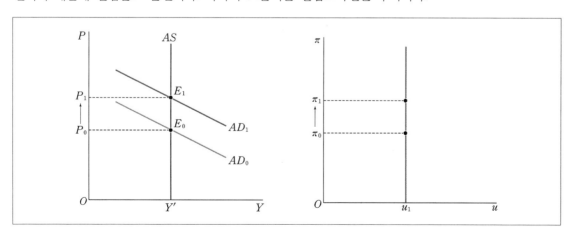

⑵ 필립스곡선이 우하향하는 모양을 갖는 것은 단기적인 현상이며, 장기에서는 수직선의 모양을 갖는다.

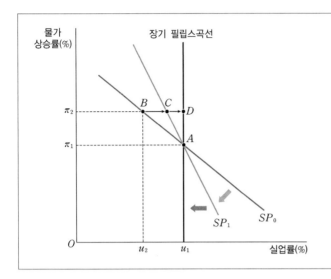

장기 필립스곡선

A점이 국민경제의 초기상태를 나타내고 있는데, 이 U_1의 실업률이 너무 높다고 판단한 정부가 총수요 확장정책을 쓰면 단기에서는 B점으로 이동해 실업률이 U_2로 낮아지는 결과가 나타난다. 그런데 이 과정에서 물가상승률이 π_2로 높아지고, 이에 따라 근로자들이 명목임금 인상을 요구하면 떨어졌던 실질임금이 다시 올라가기 시작한다. 이 과정에서 실업률이 점차 올라가고 경제는 결국 D점에 이르게 되는데, 이 점과 A점을 잇는 수직선이 장기적인 관점에서 본 필립스곡선이라고 말할 수 있다.

① 국민경제 초기 상태 : A점

② 정부가 실업률을 줄이기 위해 총수요 확대정책 실시

　　A점에서 B점으로 이동, 실업률 하락

③ 물가상승률 상승 ⇒ 명목임금 인상 요구 ⇒ 실질임금 상승 ⇒ 실업률 점차 상승

　　A점이 D점에 도달

3. 자연실업률 가설

⑴ **의미**

자연실업률 가설은 장기 필립스곡선이 수직선의 모양을 갖기 때문에 경제안정정책이 장기에서는 실업률을 낮추는 데 아무 도움도 주지 못한다는 내용의 이론을 말한다.

⑵ **경로**

총수요 확장정책 ⇒ 실업률 감소, 물가 상승 ⇒ 명목임금 인상 요구, 실질임금 상승 ⇒ 노동 수요 감소 ⇒ 실업률 상승

⑶ **단기** : 물가상승률이 더 커지면서(확장정책) 실업률이 줄어드는 현상이 나타나는 이유

실질임금 하락문제의 핵심은 물가상승률이 예전보다 더 커져 π_2가 되었는데도 (단기에서) 경직성을 갖는 명목임금은 이보다 더 작은 폭으로 오른다는 데 있다. 그렇기 때문에 물가상승률이 더 커지는 과정에서 실질임금이 하락하는 결과가 나오게 되는 것이다. 실질임금이 하락하면 고용이 늘어나고 이에 따라 실업률은 줄어들게 된다. 고용주는 근로자에게 지급해야 할 실질임금을 고려해 얼마만큼의 노동을 고용할 것인지를 결정한다.

⑷ **장기** : 실질임금 상승

명목임금보다 물가가 더 빠르게 상승하는 것을 경험한 근로자들은 이제 더 큰 폭의 명목임금 인상을 요구하리라는 것이 프리드먼의 지적이다. 이에 따라 떨어졌던 실질임금이 다시 올라가기 시작하면 고용이 줄고 실업률은 더 높아지기 시작한다.

⑸ **그렇다면 명목임금이 즉시 상승해 실질임금이 초기수준으로 즉시 돌아오지 못하는 이유는?**

근로자들이 현실의 물가상승률을 정확하게 인지하는 데 상당한 시간이 걸린다는 데서 찾을 수 있다.

⑹ **물가가 상승할 때 근로자들의 명목임금 인상폭과 이에 따른 실업률** : 적응적 기대

근로자들이 요구하는 명목임금 인상폭은 그들이 앞으로 물가가 얼마나 오를 것으로 예상하느냐에 의해 결정된다. 근로자들은 일반적으로 과거의 물가상승률에 기초해 미래의 물가상승률에 대한 예상을 한다. 따라서 총수요 확장정책의 결과 물가상승률이 π_2로 높아졌는데도 과거의 낮은 물가상승률에 익숙해져 있는 근로자들은 한동안 물가상승률이 π_2보다 낮을 것이라고 기대한다. 그 결과 실질임금의 하락을 경험한 근로자들은 물가상승률에 대한 자신의 예상이 틀렸음을 자각하고 좀 더 현실에 가까운 수준으로 예상치를 수정해 나간다. 예상하는 물가상승률이 실제의 물가상승률 π_2에 충분히 가까워지면 실질임금이 초기수준으로 돌아와 실업률은 원래의 상태, 즉 U_1의 수준으로 되돌아오게 된다.

4. 자연실업률 가설의 시사점

장기적으로 실업률은 위 그림 U_1의 수준 부근에서 맴돌게 되는데, 바로 이 실업률을 자연실업률이라고 부른다. 이 이론에 따르면 장기에서 경제안정정책은 물가에만 영향을 줄 뿐 실업률에는 아무런 영향을 주지 못한다. 이는 경제를 미세조정해 갈 수 있다는 케인스 경제학자들의 주장을 정면으로 반박하는 것이다.

03 수평의 필립스곡선

1. 필립스곡선 형태의 비정형성이 나타났다.

하나는 1970년부터 글로벌 금융위기 발생 직전까지 실업률과 물가상승률 사이에 어떤 체계적인 관계가 존재한다고 말하기 어렵다는 사실이다. 이를 보면 그즈음 프리드먼이 예측했던 것처럼 우하향하는 모양을 갖는 필립스곡선이 점차 사라져 가기 시작했다는 것을 알 수 있다. 2009년의 글로벌 금융위기 발생 이후 실업률의 변화와 관계없이 물가상승률이 2% 이하의 매우 낮은 수준으로 계속 유지되고 있다는 사실이다. 이로 인해 필립스곡선이 거의 수평선에 가까운 평평한 모양을 갖게 되었다.

2. 시사점

그 이유가 무엇이든 만일 필립스곡선이 수평선 모양을 계속 유지한다면, 정부는 물가 상승을 걱정하지 않고 적극적인 경기부양정책을 통해 실업률을 낮추려고 노력할 수 있을 것이다.

04 **통화정책이 재정정책보다 경기안정에 더 효과적이라는 통화주의자들의 이유는 무엇일까?**

1. 통화주의는 실업보다 인플레이션 문제를 중시하였다.

2. 인플레이션의 원인은 통화량이다.

3. 실물에 영향을 주지 않고 물가만 신속하게 조절할 수 있는 것은 통화량 조정이 효과적이다.

4. 이런 주장의 근거는 화폐수량설이다.

05 **준칙에 의한 경제정책**

1. 케인지언과 통화주의자들의 경제안정정책에 대한 태도

경제안정정책의 단기효과에 관한 한 통화주의자와 케인스 경제학자 사이에 큰 견해차가 존재하지 않는다. 이들은 모두 경제안정정책이 단기적으로 실물경제에 영향을 미칠 수 있다는 데 동의하고 있으며, 다만 통화정책과 재정정책 중 어느 쪽이 더욱 효과적인지에 대해서만 생각이 다를 뿐이다. 그렇다고 해서 통화주의자들이 통화정책을 통한 미세조정을 지지한 것은 결코 아니라는 점에 주의해야 한다. 이들은 통화정책의 효과가 상당히 크기 때문에 정부는 이를 조심스럽게 그리고 미리 정해 놓은 규칙에 따라 사용해야 한다고 주장했다.

2. 경제안정정책과 경제학파

재량적 정책은 정책당국이 경제 상황에 따라 적절한 정책을 선택해 대응하는 방식을 뜻한다. 이와 대조적으로 준칙의 경우에는 사전에 정책운영방식을 정해 놓고 상황이 변화하더라도 그 방식을 고수하는 특징을 갖고 있다. 케인스 경제학자들이 지지하는 미세조정정책은 적극적인 동시에 재량적인 정책의 성격을 갖고 있다. 통화주의자들은 미세조정정책이 오히려 경제를 더 불안정하게 만들 수 있음을 지적하고, 소극적이며 준칙에 의거한 정책을 사용하는 것이 바람직하다고 주장했다.

제3절 새고전파 경제학

01 등장배경

케인스 경제학에 대한 비판은 필립스곡선에서 끝나지 않았다. 케인스 경제학은 스태그플레이션에 대한 설명과 처방을 제대로 내놓지 못했다. 이에 대한 대응으로 등장한 것이 새고전파 경제학이다.

02 새고전파 경제학의 의미

임금과 물가의 신축적 조정을 통해 시장이 항상 균형상태를 유지한다는 가정에 기초한 이론체계로 그 뿌리를 고전파 경제학에서 찾을 수 있다는 뜻에서 이 이름이 붙었다.

03 합리적 기대이론

1. 물가상승률에 대한 사람들의 미래적 기대

(1) 적응적 기대

예측 대상이 되는 변수에 관한 현재와 과거의 정보에 기초해 미래에 대한 기대를 형성하는 방식을 적응적 기대라고 부른다.

(2) 합리적 기대

합리적인 사람이라면 사용할 수 있는 모든 정보를 적절한 방법으로 활용해 미래에 대한 기대를 형성할 것이라고 짐작할 수 있다. 이와 같은 방식으로 미래에 대한 기대를 형성하는 것을 가리켜 합리적 기대라고 부른다. 주의할 것은 합리적 기대가 완전예견과 일치하는 것은 아니다. 평균적인 오류가 0이라는 것이다.

2. 합리적 기대의 특징

합리적 기대이론을 지지하는 경제학자들은 사람들이 실수를 통해 배우는 존재라는 점을 강조한다. 바꾸어 말하면 사람들이 똑같은 실수를 체계적으로 반복하지 않는다고 보는 데 합리적 기대의 특징이 있다.

3. 결론

경제안정정책이 실물경제에 아무런 효과를 가져다주지 못한다.

04 정책무력성의 명제

1. 주장

통화주의자들은 장기 필립스곡선이 수직선의 모양을 갖는다는 점을 들어 경제안정정책이 장기적으로 실물경제에 아무 영향을 미치지 못한다고 주장했다. 새고전파 경제학자들은 이에서 한 걸음 더 나아가 장기뿐 아니라 단기에서도 아무런 영향을 미치지 못한다고 말한다.

2. 가정

(1) 근로자들이 합리적 기대를 통해 미래의 물가상승률을 예측한다.

(2) 정부가 확장정책을 시용하는 것을 근로자들이 모두 알고 있다.

3. 정책무력성 명제

미래의 물가상승률을 정확하게 예상하는 근로자들은 당연히 이 수준으로 임금을 올려주기를 요구한다. 그 결과 (명목)임금이 실제의 물가상승률만큼 올라가면 실질임금에는 아무런 변화가 생기지 않고, 따라서 실업률도 전혀 줄어들지 않는다. 총수요 확장정책이 단기에서도 물가만 상승시킬 뿐 실업률에는 아무런 영향을 주지 못한다고 보는 견해를 정책무력성의 명제라고 부른다. ⇐ 사람들이 합리적으로 기대를 형성한다 해도 예상하지 못한 정책은 단기적으로 실업률에 영향을 줄 수 있다. 그렇지만 정부가 이 점을 이용해 계속적으로 경기를 미세조정해 나갈 수 있는 것은 아니다.

제4절 실물경기변동이론

01 등장배경

1980년대에 들어 프레스콧을 중심으로 한 새고전파 경제학자들은 실물경기변동이론을 제기해 경제학계의 주목을 받았다. 이 이론은 기술변화, 석유파동 혹은 노동쟁의 같은 실물적 요인이 통화량의 변화 같은 통화적 요인보다 경기변동을 설명하는 데 더 중요한 역할을 한다고 보는 데 그 특징이 있다.

02 실물경기변동이론의 특징

1. 공급측 요인: 실물적 요인

기후변화, 새로운 경영기법의 도입, 노동과 자본의 질적 변화, 생산성 충격

2. 비자발적 실업은 존재하지 않는다.

03 비자발적 실업과 경기변동

1. 비자발적 실업이 존재하지 않는 상황에서 경기변동이 발생한다.

2. 생산성의 변화

실물경기변동이론에서는 경기변동의 국면에서 고용과 생산이 변화하는 이유를 설명한다. 어떤 이유로 인해 임금이 일시적으로 상승하면 사람들은 더 많은 노동을 공급하고 이에 따라 고용이 늘어남과 동시에 총생산량, 즉 국민소득이 더 커지게 된다는 것이다. 그렇다면 무엇 때문에 임금이 일시적으로 오르게 될까? 실물경기변동이론은 기술진보에 따른 생산성의 향상에서 그 원인을 찾고 있다. 기술진보로 인해 생산성이 향상되면 임금이 상승하고, 앞에서 설명한 이유로 인해 노동공급이 늘어 고용과 국민소득이 증가하게 된다. 반대로 기술적 퇴보로 인해 생산성이 떨어지면 노동공급이 줄어들고, 이에 따라 고용과 국민소득이 감소하게 된다.

04 통화량의 변화와 경기변동이론

1. 통화량의 변화는 경기변동을 일으키는 원인이 아니다.

통화량 변화가 경기변동을 초래한다고 보는 케인스 이론과 대조적으로 실물경기변동이론은 통화량의 변화가 경기변동을 일으키는 원인이 아니라고 본다. 그런데 현실 경제의 통계자료를 살펴보면 호황기에는 통화량 증가율이 높아지는 반면, 불황기에는 통화량 증가율이 낮아지는 경향이 있음을 알 수 있다. 이는 경기변동과 통화량이 양(+)의 상관관계를 갖는다는 말이다.

2. 그렇다면 통화량의 변화가 경기변동을 일으키는 원인이 아니라고 보는 실물경기변동이론에서는 이 상관관계를 어떻게 설명하고 있을까?

이 이론은 호황기에 통화량 증가율이 높은 경향이 있는 것은 화폐에 대한 수요가 커지기 때문이라고 설명한다. 즉 국민소득이 커지면 화폐에 대한 수요가 늘어나고, 이에 대응해 중앙은행이 화폐 공급량을 늘리기 때문에 통화량 증가율이 높아지는 것이라는 말이다. 이를 보면 국민소득과 통화량이 영향을 주고받는 경로에 관해 케인스 이론과 반대 방향으로 생각하고 있음을 알 수 있다.

05 케인스 경제학자들의 반론

케인스 경제학자들은 장기적 성격을 갖는 기술진보를 통해 국민소득의 단기적 변동을 설명하는 것은 적합하지 못하다고 비판하였다. 또한 실제로 통화정책이 단기에서 경기에 영향을 미칠 수 있다는 실증연구 결과가 많이 존재한다는 사실은 실물경기변동이론의 설득력을 떨어뜨리는 원인이 된다고 주장한다.

제5절 새케인스 경제학 : 가격의 비경직성

01 등장배경

1. 합리적 기대이론의 가정과 결론은 수용할 수밖에 없을 정도로 이론적 흠결이 없다고 인정하였다.

2. 하지만 현실적 경험에 비추어 정책무력성 명제는 수용할 수 없다.

   케인스 경제학자들은 정책무력성의 명제가 합리적 기대이론의 논리적 귀결이 아니라고 하였다. 임금과 물가에 경직성이 있으면 합리적 기대를 도입하더라도 경제안정정책은 기대하는 효과를 낼 수 있다는 사실을 발견하게 된 것이다.

02 합리적 기대에도 불구하고 제도적 이유로 임금은 단기적으로 경직성을 가진다.

   ⇒ 장기노동계약으로 임금이 경직적이면 정책무력성 명제가 성립하지 않는다.

03 이론체계의 변화

1. 임금과 물가의 경직성에 대한 미시경제학적 설명

2. 특징 : 임금과 물가의 경직성의 원인

(1) 정보의 부족

   정보가 완전히 갖춰져 있지 못하기 때문에 가격이 경직성을 갖게 된다고 설명한다.

(2) 불완전경쟁시장

   시장에 불완전경쟁이 존재하기 때문에 가격이 경직적일 수도 있다고 설명한다. 예컨대 과점시장 안의 어떤 기업이 가격을 인상해야 할 필요성을 느끼면서도 경쟁기업의 반응이 두려워 선뜻 인상하지 못하는 경우가 있다.

(3) 가격의 경직성

   메뉴비용(menu cost)이라 부르는 것 때문에 가격이 경직성을 가질 수 있다.

04 결론

새케인스 경제학자들도 충분한 시간이 흐른다면 임금과 물가가 신축성을 되찾게 되리라는 사실을 긍정한다. 그러나 이들은 임금과 물가의 조정이 신속하고 완전하게 이루어지지 못하기 때문에 정부가 자유방임의 태도를 취해서는 안 되고, 시장기구가 근본적으로 불완전하기 때문에 이를 보완하기 위해서 정부가 적극적으로 개입할 수밖에 없다고 주장한다.

제
3
부

예비 사회교사를 위한

경제학 다이제스트

제 **11** 편

경기안정화 정책과
실업 그리고 인플레이션

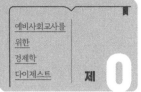

제 01 장 실업 : 자원낭비, 일부 국민 문제, 빈곤율

제1절 경기안정화 정책의 의의

01 단기적 경기변동과정에서 나타나는 경제문제

1. 실업과 인플레이션

단기적 변동과정에서 나타나는 대표적 경제문제가 실업과 인플레이션이다. 실업은 일할 의사가 있음에도 불구하고 일자리를 구하지 못하는 상태를 말한다. 인플레이션이란 물가가 지속적으로 상승하는 현상을 말한다.

2. 역사적 전개과정에서 중시된 문제

(1) 1930년대 대공황 시절에는 실업이 가장 중요한 경제문제였다.

(2) 1960년대 후반 이후부터는 인플레이션이 중요한 문제로 부각되었다.

(3) 2008년 이후부터는 본격적으로 금융불안이 중요한 문제로 부각되었다.

① 글로벌 금융위기

② 대외교역 및 자본거래 위축

③ 국가신용도 하락에 따른 화폐가치 급락

④ 통화정책 실행의 어려움

02 경기안정화 정책의 의의

경기안정화 정책(미세조정정책)은 단기적 변동과정에서 나타난 실업, 인플레이션, 금융불안 등의 문제를 해결하기 위해 고안된 거시경제정책을 말한다.

제2절 실업의 정의와 측정

01 고용과 실업

1. 고용과 고용률

⑴ 고용은 GDP와 같은 방향으로 움직이는 경기순응적인 동행변수이다.

⑵ 고용률 $= \dfrac{\text{취업자}}{15\text{세 이상 인구}}$

2. 실업의 의미

일할 의사가 있는데도 직장을 얻지 못한 사람을 의미한다.

3. 생산가능인구(노동가능인구)와 경제활동인구

생산가능인구(노동가능인구)는 국가경제에서 15세 이상 인구로 정의된다. 생산가능인구(노동가능인구) 중 경제활동에 참가하고 있는 사람을 경제활동인구라고 하며, 후자의 전자에 대한 비율을 경제활동참가율 이라고 한다.

4. 경제활동인구와 비경제활동인구

생산가능인구는 일하려는 의사가 있는 사람들인 경제활동인구와 일하려는 의사가 없는 비경제활동인구로 나눠진다.

비경제활동인구 : 전업주부, 학생, 일을 할 수 없는 연로자 및 심신 장애인 등

5. 취업자와 실업자

경제활동인구 중에서 일자리를 갖고 있는 사람을 취업자(employed, E)로, 일자리를 찾고 있으나 취업이 안 된 사람을 실업자(unemployed, U)로 분류한다. 실업자는 나이가 15세를 넘고 분명히 일할 의사가 있는데도 일자리를 얻지 못한 사람을 말한다.

▌우리나라의 경제활동인구 현황 및 경제활동인구 분류(2019. 11)

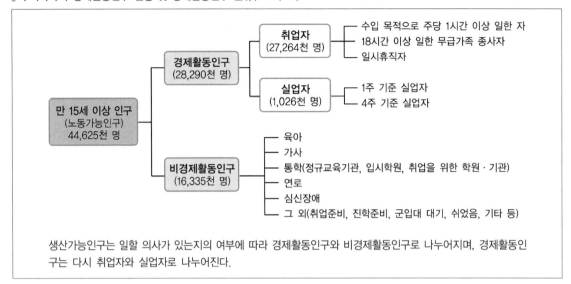

생산가능인구는 일할 의사가 있는지의 여부에 따라 경제활동인구와 비경제활동인구로 나누어지며, 경제활동인구는 다시 취업자와 실업자로 나누어진다.

02 실업률

1. **실업률** $= \dfrac{U(\text{실업자})}{L(\text{경제활동인구})} = \dfrac{U(\text{실업자})}{U(\text{실업자}) + E(\text{취업자})}$

2. 실업률 측정(실업률 통계)의 문제

⑴ **실업률 측정의 객관성 문제**

⑵ **구직단념자(실망실업자)**

아무리 노력해도 일자리를 찾을 수 없어 실망한 나머지 일자리 찾기를 포기한 사람들, 이들은 비경제활동인구로 분류되어 실업자통계에서 빠진다.

⑶ **고용률을 이용하는 경우의 문제점**

고용률은 실업률과 달리 실업자와 비경제활동인구 간의 잦은 이동 등으로 인한 경제활동인구 변동의 영향을 받지 않는다. 예컨대 실업자가 조사기간 중 구직단념자가 된 경우 실업자에서 비경제활동인구로 이동하므로 실업률은 하락하지만, 취업자 수와 15세 이상 인구수는 변하지 않기 때문에 고용률은 영향을 받지 않는다.

제3절 실업의 원인 및 유형

01 개요

1. 실업은 자발적 실업(개인의 선택)과 비자발적 실업으로 크게 분류할 수 있다.

2. 비자발적 실업은 개인적·사회적으로 큰 경제적 비용을 일으킨다.

02 자발적 실업

1. 자발적 실업의 의미

자발적 실업이란 임금 등을 포함한 근로조건 등을 이유로 스스로 실업을 선택한 경우를 말한다. 예컨대 마찰적 실업이다.

2. 마찰적 실업의 의미와 특징

(1) 마찰적 실업은 취업을 탐색하며 실업을 택하는 경우를 말한다.

(2) 마찰적 실업은 경제적 비효율성을 의미하는 것은 아니다.

마찰적 실업은 노동의 수요와 공급의 변화에 대처하는 방식으로 불가피한 현상이다.

(3) 마찰적 실업은 자발적이고 불가피한 실업이다.

(4) 마찰적 실업은 인위적으로 줄일 수가 없다.

3. 마찰적 실업의 전형적 원인

(1) **전형 사례**: 실업보험

실업보험으로 인한 편익이 적다, 실업으로 인한 경제적 비용이 더 크다. ⇒ 자연실업률이 낮다.

(2) **우리나라의 자연실업률 < 다른 선진국의 자연실업률**

위와 같은 부등식의 관계가 성립하는 것은 선진국의 실업보험제도가 우리나라보다 잘 되어 있다는 점을 근거로 한다.

4. 완전고용상태와 자연실업률

(1) 완전고용상태의 의미

완전고용상태란 마찰적 실업만 존재하고 있는 상태를 말한다. 이 수준의 실업률을 완전고용실업률(자연실업률)이라고 한다.

(2) 자연실업률(완전고용실업률)[16]

① 완전고용상태에서도 일할 의사가 없는 사람을 계산한 실업률이 자연실업률이다.

② 자연적 실업은 노동시장에서 수요와 공급이 균형을 이룰 때 존재하는 자발적 실업만의 실업률을 말한다.

03 비자발적 실업

1. 비자발적 실업의 의의

비자발적 실업은 정책적인 고려대상이 된다. 비자발적 실업으로는 경기적 실업과 구조적 실업이 있다. 즉, 비자발적 실업은 경기적 실업이나 구조적 실업처럼 근로자가 원치 않는데도 경제의 상황 때문에 어쩔 수 없이 경험해야 하는 실업을 말한다.

2. 비자발적 실업 발생의 원인

(1) 임금의 하방경직성

(2) 임금이 쉽게 하락되지 않는 이유: 노동조합, 최저임금제, 효율임금이론

(3) 효율임금이론

① 가설
기업은 근로자의 생산성이 떨어질 것을 우려해 임금을 낮추려 하지 않기 때문에 임금의 하방경직성이 나온다는 것이 효율임금이론의 설명이다. 임금을 낮출 경우 비용보다 편익이 훨씬 크다고 생각하기 때문이다.

② 근거
첫째, 임금이 낮아지면 회사를 그만두는 사람이 늘어나 이로 인해 생산성이 떨어질 가능성이 있다.
둘째, 높은 임금은 근로자들의 태만을 막는 기능을 함으로써 생산성을 높인다.
셋째, 기업이 임금을 낮추면 가장 능력 있는 근로자부터 먼저 회사를 그만둔다.

---

16) 마찰적 실업과 구조적 실업만 존재하는 경우를 완전고용실업이라고 하는 경우도 있다. 이 경우가 훨씬 더 일반적인 경우로 알려져 있다.

③ 비판

　　㉠ 가정에 대해 임금이 아닌 역선택 및 도덕적 해이의 문제를 해결할 수 있는 방안 도입으로 가능하다.

　　㉡ 실증분석의 결과 역시 효율임금이론이 현실과 부합하는지의 여부에 대해 명백한 결론이 없다.

3. 경기적 실업

(1) 의미

경기적 실업은 불경기에 발생하는 지속적인 대량실업을 말한다.

(2) 전형적인 원인

① 경기적 실업의 가장 전형적인 원인은 총수요의 부족이다. 총수요 감소가 장기적이면 경기적 실업은 장기화된다.

② 총수요 감소 ⇒ 재고 증가 ⇒ 생산 감소 ⇒ 근로자 해고 및 실업 발생

(3) 경제적 비용

① 해고된 노동자들은 동일 임금으로 다른 직장을 구할 수 있는 취업의 길이 막혀 있다.

② 노동수요 감소

③ 노동자의 소비 감소

④ 총수요와 실업 간 악순환 발생

4. 구조적 실업

(1) 의미

구조적 실업은 자동화라든지 산업구조 개편, 소비의 변화 등 경제구조의 변화 등으로 특정 노동에 대한 수요가 부족하여 발생하는 실업을 말한다. 자연실업률에 구조적 실업을 포함하기도 한다.

(2) 원인

① 노동에 대한 수요와 공급의 변화로 인한 불일치

② 노동의 이동성 부족

(3) 경제적 비용

특정 산업의 실업률이 상대적으로 높게 나타날 경우 마찰적 실업이나 경기적 실업보다 더 장기화될 수 있다.

제4절 자연실업률 결정이론

01 자연실업 및 자연실업률의 의미

자연실업은 근로자들이 마음에 드는 일자리를 얻기 위해 옮겨 다니는 과정에서 발생하는 실업을 말한다.
그리고 실업자 수가 안정적인 수준에 도달했을 때 나타나는 실업률을 자연실업률이라고 한다.

02 자연실업률 도출

1. 기호

L : 경제활동인구, E : 취업자 수, U : 실업자 수, U/L = 실업률

s : 실직률, 주어진 기간에 취업자 중 직업을 잃는 비율

f : 구직률, 주어진 기간에 실업자 중 직업을 얻는 비율

단, s와 f는 모두 외생변수로 가정하자.

2. 자연실업률

실업률이 일정하게 유지되는 노동시장의 장기균형상태를 균제상태라고 하면 이는 실직자의 수와 신규
취업자의 수가 동일할 때 이루어진다.

$\Rightarrow sE = fU \Rightarrow s(L-U) = fU \Rightarrow sL = sU + fU \Rightarrow U/L = s/s + f$

장기균제상태에서의 실업률이 자연실업률이므로 $u = U/L = s/s + f$

03 자연실업률은 어떤 수준에서 결정되는 것일까?

자연실업률은 마찰적 실업만 존재하는 상태에서의 실업률을 뜻하므로, 마찰적 실업의 증감에 따라 자연
실업률도 함께 높아지고 낮아질 것이다.

제02장 인플레이션 : 자원배분의 왜곡, 전 국민에 영향

제1절 디플레이션의 사회적 비용

01 디플레이션의 의미

디플레이션이란 물가수준이 지속적으로 하락하는 현상을 말한다. 최근의 대표적 사례가 1990년대 초 이후 일본의 장기불황이다.

02 디플레이션의 경제적 비용

1. 실질금리 상승에 따라 경제활동 위축

(1) 디플레이션이 장기간 지속되면 명목금리는 제로까지 떨어지고, 그 이후에는 실질금리가 높아진다.

(2) 저축이 줄어들면서 금융순환이 원활하게 이뤄지지 않는다.

(3) 상품 가격이 하락할 것을 예상하여 소비가 줄어든다.

2. 명목임금을 삭감하지 못함으로 인한 실질임금 상승

실질임금의 상승은 고용 및 생산을 위축시킨다.

3. 채무불이행 증가로 인한 신용경색

(1) 명목금액으로 표시된 채무의 실질 가치가 상승한다.

(2) 기업과 가계의 재무상태 악화로 경제활동이 위축된다.

(3) 은행 도산 등 금융기관의 건전성이 악화된다.

(4) 채무자의 부가 채권자에게 이전된다.

4. 명목금리가 제로수준이 되면서 중앙은행은 전통적인 통화정책 사용에 제약을 받는다.

제2절 인플레이션의 사회적 비용

01 예상된 인플레이션의 사회적 비용

1. 피셔가설에 근거하여 인플레이션 비용 최소화를 추구한다.

합리적 경제주체라면 자신의 자산가치가 감소하는 것을 원하지 않는다. 그렇다면 자신의 자산가치 감소 여부를 식별할 방법은 무엇인가? 이 방법으로 제시되는 것이 피셔가설이다. 피셔가설은 명목이자율을 정할 때 예상되는 물가상승률을 반영하여 실질이자율(실질가치)을 감소시키지 않는 것을 말한다. 즉 피셔가설은 '명목이자율 = 실질이자율 + 예상된 물가상승률'이다. 하지만 인간의 예측은 완벽하지 않다. 따라서 예상된 인플레이션의 경우에도 사회적 비용은 발생한다. 즉 피셔가설의 한계이다.

2. 예상된 인플레이션의 경우에도 사회적 비용은 발생한다.

(1) 메뉴비용

(2) 구두창 비용

(3) 계산단위비용

02 예상치 못한 인플레이션

1. 소득재분배 효과 : 채권자와 정액소득자에게 불리

채권자와 채무자, 고정된 명목임금을 받고 있는 노동자와 기업, 고정된 연금을 받아 생활하는 사람, 명목 가치가 고정된 금융자산을 보유하고 있는 사람

2. 미래 불확실성 증가로 경제활동 위축

(1) 장기계약과 거래의 회피

(2) 자본축적을 위한 투자 위축

3. 상대가격 체계의 왜곡 및 실물자산의 가격 상승

상대가격의 변화 방향 예측 어려움 ⇒ 소득재분배 효과 더욱 커짐

4. 투기 만연

5. 수출 감소, 수입 증가 유발, 국제수지 적자

03 경제의 비효율성 초래

예상된 인플레이션이든 예상치 못한 인플레이션이든 공통적으로 경제의 비효율성을 초래한다.

04 물가연동제

물가연동제는 경제의 비효율성을 완화하기 위해 가격이나 세율 등을 인플레이션에 따라 자동적으로 조정함으로써 실질가치에 생기는 변화를 막으려는 정책을 말한다.

제3절 단기인플레이션 이론 : 단기인플레이션의 원인

01 인플레이션의 원인

1. 수요견인 인플레이션 : 통화량, 소득, 소비성향, 인플레이션 기대심리 등

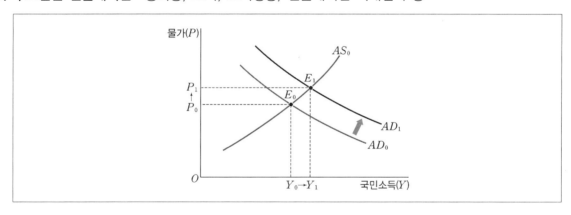

2. 비용상승 인플레이션 : 생산기술, 비용, 환율 상승

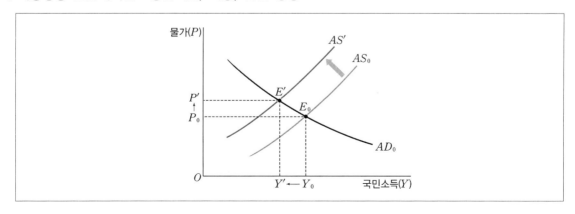

3. 경기변동 양상 비교

	수요견인 인플레이션	비용상승 인플레이션
물가변동	물가 상승	물가 상승
국민소득 변동	국민소득 증가	국민소득 감소
총수요 억제	물가 안정	국민소득 감소, 실업 증가
총수요 조절정책 효과성	물가 안정 효과	효과적이지 못함

02 물가관리정책 : 소득정책

1. 물가관리정책의 의미

정부가 가격결정 과정에 직접적으로 개입해 인플레이션에 대응하는 방식을 물가관리정책 혹은 소득정책이라고 부른다. 경제 규모가 커지고 복잡해지면서 민간부문의 행동을 일일이 통제하기가 매우 힘들어지고 있다.

2. 물가관리정책의 성공 가능성

물가관리정책이 성공하기 위해서는 정부가 민간부문에 대해 어느 정도의 통제력을 갖고 있어야 한다.

3. 물가관리정책에 대한 평가

(1) 장점

① 물가 상승을 지속적으로 억제할 수는 없어도 물가 상승의 시점을 분산시킬 수 있다.

② 인플레이션에 대한 사람들의 기대 그 자체에 영향을 줌으로써 물가 안정에 기여할 수 있다.

(2) 단점

① 물가관리정책은 장기적으로 물가 안정에 큰 효과를 내지 못한다.

② 단기적으로 기대할 수 있는 효과도 상대가격의 왜곡 같은 부작용을 수반한다.

③ 민간부문 경제주체의 행동을 왜곡하는 부작용을 일으킬 수 있다.

(3) 불가피성

전통적인 재정정책이나 통화정책에 의해 만족스러운 결과를 얻지 못할 때, 정부로서는 단기적이나마 물가 안정을 위해 이 정책에 의존한다.

제4절 장기인플레이션과 초인플레이션 이론

01 장기인플레이션과 초인플레이션의 전형적 원인

1. 장기적인 관점에서 물가와 가장 밀접한 관련을 갖는 변수로서 화폐공급량

(1) **단기인플레이션의 주요 원인** : 총수요와 총공급의 부조화

(2) **장기적 관점**

① 화폐공급량이 너무 많은 것이 주요 원인

② 물가상승률과 통화량 증가율 사이에 양의 상관관계가 존재

2. 초인플레이션

초인플레이션은 물가 상승의 통제를 벗어난 상태로 수백 퍼센트의 인플레이션율을 기록하는 상황을 말한다.

3. 결론

장기인플레이션과 초인플레이션이 화폐공급과 밀접한 관계를 갖고 있음이 분명하다.

02 정부의 통화 발행

1. 정부의 인플레이션 예방 및 초래 가능성

(1) 정부는 화폐공급량을 줄임으로써 인플레이션을 예방하기도 한다.

(2) 정부가 인플레이션을 초래하기도 한다.

현실에서 정부가 화폐를 많이 발행하지 않을 수 없는 입장에 처해 있다.

(3) 인플레이션은 순수한 화폐적 현상이 아니다.

재정수요를 충당하기 위해 화폐를 더 찍어내 인플레이션이 발생했다면 순수한 화폐적 현상이 아니라 재정적 현상이라고 볼 수 있다.

2. 정부의 예산제약 : 정부는 왜 돈을 찍을까?

(1) 정부는 많은 돈이 필요하지만 예산제약에 직면하고 있다.

(2) 막대한 재정지출을 위해 어떻게 재원을 확보할까?

   ① 세금

   ② 국공채 발행

   ③ 화폐를 찍어내는 방법 : 가장 손쉬운 방법 ⇒ 인플레이션 초래

03 정부의 화폐발행이득

1. 화폐발행이득의 의미 : 추가재정수입 또는 인플레이션세

(1) 추가재정수입

화폐발행이득은 화폐공급량 증가로 인해 생긴 인플레이션이 민간이 보유하는 명목자산의 실질가치를 떨어뜨리는 데서 나온다. 화폐는 민간이 보유하는 대표적인 명목자산이라고 할 수 있는데, 인플레이션으로 인해 그 실질가치가 떨어지면서 그것으로 구입할 수 있는 재화와 서비스의 양은 줄어들게 된다.

(2) 인플레이션세

정부가 화폐공급량을 늘리면 세금을 더 거둔 것이나 마찬가지 효과를 올릴 수 있다 해서 붙은 말이다. 즉, 정부가 인플레이션을 일으켜 재정수입을 얻는다는 것은 민간이 보유한 화폐가 과세의 대상이 된다는 말이나 마찬가지다.

2. 경제적 평가

(1) 사회적 순편익의 변화

(2) 재정수입의 감소 위험

실질 재정수입은 명목 재정수입을 물가로 나눈 것을 뜻하는데, 물가의 상승속도가 명목 재정수입의 증가속도보다 더 빠를 경우에는 실질 재정수입이 줄어드는 결과가 빚어진다.

(3) 정부의 남용으로 인한 경제혼란 초래

정부가 재원조달의 방법으로 인플레이션세 징수를 남용하다 보면 초인플레이션이 일어나 경제 전체가 극도의 혼란 상태에 빠질 수 있다.

제5절 정부의 반인플레이션 정책

01 반인플레이션 정책과 희생비율

1. 반인플레이션 정책의 효과

(1) 반인플레이션 정책의 의미

인플레이션의 원인이 통화량 증가에 있다면 화폐공급량을 통제함으로써 물가 상승의 속도를 늦추려고 노력하는 정책이다.

(2) 반인플레이션 정책 실행의 어려움

반인플레이션 정책이 가져올 부작용, 즉 이로 인한 불황의 발생과 실업의 증가를 두려워하기 때문이다.

(3) 자연실업률 가설에 근거한 평가

① 단기적 비용

긴축금융정책은 단기적으로 필립스곡선을 따라 이동하며 인플레이션을 감소시키는 대신 실업을 증가시킨다.

② 장기적 이득

장기적으로는 실업률이 자연실업률 수준으로 돌아가 낮은 인플레이션의 이득만 남는다.

2. 반인플레이션 정책과 희생비율

(1) 필립스곡선과 오컨의 법칙

단기 총공급곡선하에서 총수요가 증가하면 인플레이션율이 상승하고, 생산량이 증가한다. 생산량이 증가하면 실업률이 감소한다. 이 상황에서 도출되는 필립스곡선은 우하향하는 형태라는 것을 앞서 확인하였다. 그런데 여기서 생산량 증가는 오컨의 법칙에 의한 고용량 증가, 즉 실업률의 감소를 의미한다. 결국 우하향하는 필립스곡선의 형태는 오컨의 법칙이 반영되었기 때문이다.

(2) 오컨의 법칙

① 오컨의 법칙은 실업률이 자연실업률에서 1% 상승할 때마다 감소하는 산출량 비율을 말한다. 미국의 경우 실업률이 1% 포인트 증가하면 국내총생산은 약 2% 포인트 정도 감소한다는 내용을 갖는 경험법칙을 말한다.

② 국민소득과 실업률 간의 관계

$$\frac{\text{완전고용국민소득} - \text{균형국민소득}}{\text{완전고용국민소득}} = \alpha(U - U_N),$$

$\alpha > 0$, 좌변은 GDP갭, 우변의 괄호 안은 경기적 실업

③ 취업자는 GDP를 창출해 내지만 실업자는 GDP를 만들어 내지 못한다. 또한 산출량이 증가하면 이를 위해 고용이 증가하고 실업률이 감소할 것이다. 따라서 실업률과 GDP 간에는 음의 상관관계가 있을 것으로 예상된다.

(3) **사례**: 반인플레이션 정책 시행과 효과

물가상승률 10%, 실업률 4% ⇒ 명목임금은 10%의 비율로 상승하는 중, 근로자들은 실질임금이 떨어지는 것을 막기 위해 명목임금이 최소한 물가와 같은 비율로 인상되도록 요구하게 됨 ⇒ 정부가 물가상승률이 너무 높다고 생각해 이를 7% 수준으로 낮추기 위해 화폐공급 증가율을 줄일 경우 ⇒ 명목임금은 단기에서 경직성을 보이기 때문에 물가상승률보다 명목임금의 상승률이 그보다 더 높은 수준에 머물게 됨 ⇒ 물가상승률(3% 포인트 감소) ⇒ 실질임금 상승, 고용 감소, 실업률 상승(4% 포인트 높임) ⇒ 국내총생산의 감소

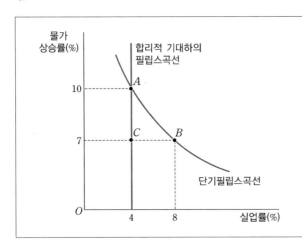

반인플레이션 정책의 효과
예를 들어 현재 경제가 A점 위에 있는데 반인플레이션 정책을 쓰면 단기필립스곡선을 따라 B점으로 이동해 갈 것이므로 실업률의 증가라는 부작용이 생기게 된다. 그러나 합리적 기대론자들의 논리에 따르면 반인플레이션 정책의 결과 경제가 B점으로 이동하는 것이 아니라 실제로는 C점으로 이동해 간다고 한다.
이는 반인플레이션 정책을 통해 실업률을 전혀 증가시키지 않고서도 물가를 안정시킬 수 있음을 뜻한다.

(4) **오컨의 법칙과 희생비율**

① 희생비율

물가상승률을 3% 포인트 낮추기 위해 약 8(= 2 × 4)% 포인트에 달하는 국내총생산, 즉 국민소득의 감소를 감수해야 한다는 말이다. 물가상승률을 1% 포인트 낮추는 데 따르는 국민소득의 감소 비율을 희생비율이라고 부른다.

② '적응적' 기대 측면에서 평가

급랭정책은 빠른 시간 내에 인플레이션을 낮출 수 있지만 이는 단기간에 매우 높은 실업의 상승을 대가로 한다. 반면 점진정책은 매년 실업 상승은 그다지 크지 않은 장점이 있지만 인플레이션을 낮추는 데 오랜 기간을 필요로 한다.

3. 정부의 선택

대부분의 정부는 점진적인 반인플레이션 정책을 선호하는 경향을 보인다. 즉 화폐공급 증가율을 급격히 낮추어 물가를 단번에 잡으려 하기보다는, 점진적으로 이를 줄여 나감으로써 심각한 경기침체를 초래하지 않고 문제를 해결하는 방식을 쓰려 하는 것이다.

02 합리적 기대와 급랭정책 : 희생비율 제로 가능성

1. 등장배경

(1) 적응적 기대와 우하향 형태의 필립스곡선이론에 대한 비판

(2) 합리적 기대이론 : 급격한 반인플레이션 정책을 지지하는 입장도 있음

① 정책무력성 명제

② 우하향하는 모양의 필립스곡선은 물가상승률과 실업률 사이의 상충관계를 제대로 반영하지 못한다.

2. 합리적 기대이론과 급랭정책의 효과

(1) 가정

근로자들이 합리적으로 기대를 형성하고, 또한 정책의 변화가 명확히 예상되는 경우에는 단기에서도 명목임금이 신축적으로 조정될 수 있다.

(2) 급랭정책 실행으로 인한 전개과정

① 정부가 반인플레이션 정책을 취해 미래의 화폐공급 증가율이 더 낮아질 것이 확실하면 근로자들이 기대하는 물가상승률도 이에 맞추어 떨어지게 된다. 미래의 물가상승률이 낮을 것이라고 예상하는 근로자들은 그것에 걸맞은 명목임금의 상승을 요구하게 된다. 그 결과 명목임금 상승률이 물가상승률과 같아지면 실질임금은 종전의 수준에 유지되고, 실업률 역시 종전의 수준 그대로일 것이다.

② 물가상승률 10%, 실업률 4% ⇒ 정부가 물가상승률이 너무 높다고 생각해 이를 7% 수준으로 낮추기 위해 화폐공급 증가율을 줄일 경우 ⇒ 합리적 기대에 따라 4% 제자리, 물가는 7% ⇒ 정부의 반인플레이션 정책 효과, 실업률 변화 0, 희생비율 0, 물가 안정

(3) 경제적 효과를 내기 위한 조건 : 정부의 의지에 대한 민간의 신뢰 형성

반인플레이션 정책이 위와 같은 결과를 낼 수 있으려면 민간의 경제주체들이 정책의 변화에 대해 신뢰를 갖고 있어야 한다. 그럴 경우에만 명목임금 상승률이 물가상승률과 같아지는 결과가 나오기 때문이다. 이 관점에서 화폐공급 증가율을 점진적으로 낮추는 정책에 반대하는 입장을 취한다. 정부가 이를 점진적으로 낮추어 가면 근로자들은 정책당국의 의도에 대해 의심을 품을 수 있기 때문이다.

⑷ **결론** : 급랭정책의 효과

정부가 화폐공급 증가율을 일시에 큰 폭으로 줄이면 정책 의도에 대한 의심이 사라지게 된다는 것이 합리적 기대론자들의 주장이다. 그렇게 되면 인플레이션에 대한 기대심리가 없어지므로 아무런 비용도 들이지 않고 물가를 안정시킬 수 있다. 이처럼 급진적으로 추진되는 반인플레이션 정책을 급랭정책이라고 부른다.

3. 평가

현실에서 희생비율이 정말로 0이 되리라고 믿는 경제학자는 드물다. 그렇지만 정책에 대한 신뢰의 정도에 따라 희생비율이 상당히 달라지리라는 점에 대해서는 많은 경제학자들이 공감하고 있다.

예비사회교사를 위한

경제학 다이제스트

제 **12** 편

경제성장의 문제

제 01 장 경제성장에 대한 이해

제1절 경제성장의 의의

01 산업혁명과 경제성장

18세기 산업혁명 이후 급격한 경제성장이 가능해졌다.

02 경제성장과 경제성장률

1. 경제성장의 의미

(1) 경제성장이란 경제의 생산능력이 향상되면서 생산량이 늘어나는 것을 말한다.

경제성장이 일어나면 국가가 더 많은 상품을 생산할 수 있어 국민의 생활수준이 향상될 수 있다. 따라서 지속적 경제성장이 필요하다.

(2) 완전고용국민소득 수준이 커지므로 총공급곡선이 우측으로 이동한다.

(3) 생산가능곡선이 바깥쪽으로 이동한다.

(4) **1인당 국민소득**

① 경제성장은 엄밀하게 말해 1인당 국민소득이 증가해 가는 과정을 말한다.

② 실질GDP가 증가하였더라도 인구가 급격히 증가하였다면 1인당 소득은 오히려 감소할 수 있다.

2. 경제성장률

(1) **물가변동의 효과를 제외한 실질GDP 증가율로 측정** $= \dfrac{Y_t - Y_{t-1}}{Y_{t-1}} \times 100$

$$경제성장률 = \frac{금년도\ 실질GDP - 전년도\ 실질GDP}{전년도\ 실질GDP} \times 100$$

⑵ **1인당 경제성장률(실질GDP 증가율)을 이용해서 경제성장 분석**

① 생활수준의 향상 정도를 측정하기 위해서는 인구증가율까지 감안해야 하기 때문이다.

② 1인당 실질GDP의 증가율 = 경제성장률 − 인구증가율

03 경제성장의 주요 요인(생산요소와 기술)

1. 저축과 투자의 증가

2. 생산요소투입 증가: 노동투입 증가, 자본설비 증가

3. 기술의 진보: 생산성의 향상, 가장 중요한 요인, 성장회계에 따른 경제성장률 계산

⑴ 자본투입과 노동투입의 기여도를 차감한 나머지를 기술에 대한 기여도로 정의한다. 이때의 기술에 대한 기여도를 총요소 생산성이라고 한다.

⑵ **총요소 생산성의 증가율 계산방식**

콥−더글러스 생산함수: $Y = AL^{\alpha}K^{\beta}$, $\alpha + \beta = 1$, A : 총요소 생산성

$$\Rightarrow 성장회계식: \frac{\triangle A}{A} = \frac{\triangle Y}{Y} - \alpha \times \frac{\triangle L}{L} \times \frac{\triangle K}{K}$$

4. 금융제도의 발전

04 경제성장의 저해요인

1. 금융제도의 저발전

2. 고령화

3. 소득불평등

제2절 저축 및 투자와 경제성장

01 국가경제의 저축과 투자

1. 폐쇄경제의 총생산 = 총지출

총생산인 '$GDP = C + I + G + (X - M) = C + I + G + X_n$'이다. 폐쇄경제를 가정하면 순수출은 0이 되므로 $Y = C + I + G$이다.

2. 투자와 저축의 관계식으로 총지출식을 정리

(1) '$Y = C + I + G$'에 조세(T)를 우변에 한번 빼주고 더한다.

$Y = C - T + T + I + G$

(2) 위 식을 다시 총투자와 민간저축과 정부저축으로 정리해 본다.

① $(Y - T - C)$(민간저축) + $(T - G)$(정부저축) = I ⇒ 총저축 = 총투자

② 정부저축 = 0이면 균형재정, 정부저축 < 0이면 적자재정, 정부저축 > 0이면 흑자재정이 된다.

3. 개방경제가 될 경우

(1) 총저축(민간저축 + 정부저축) − 순수출(경상수지) = 총투자

(2) 민간 및 정부의 초과저축 = 경상수지

(3) 순수출(경상수지) = 총투자 − 총저축

4. 저축과 투자는 대부자금시장(금융시장)을 통해 균형을 이룬다.

02 대부자금시장의 균형

1. 대부자금 수요

(1) 투자로부터 예상되는 수익 − 자금을 빌리는 비용(실질이자율)

(2) 실질이자율이 상승하면 투자는 줄어든다.

(3) 실질이자율과 대부자금 수요는 서로 역의 관계이다.

2. 대부자금 공급

(1) 실질이자율이 상승하면 내구재 소비가 줄어들고 저축이 증가한다.

(2) 실질이자율이 높아지면 현재소비의 기회비용이 증가하고 저축이 증가한다.

(3) 실질이자율과 저축은 서로 정의 관계이다.

3. 대부자금시장의 균형

대부자금 수요(투자자금규모) = 대부자금 공급(총저축량)

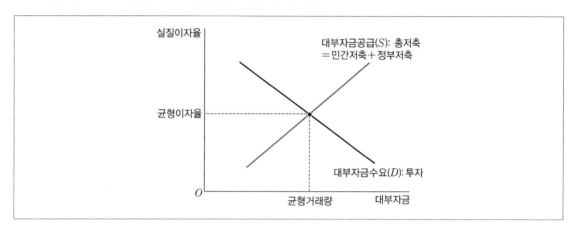

4. 대부자금 수요와 공급의 전형적 변동 요인

(1) 투자세액 공제

신규투자로 대부자금 수요 증가 ⇒ 실질이자율 상승, 대부자금 거래량 증가

(2) 재정적자

① 정부의 재정적자 ⇒ 정부저축 감소로 대부자금 공급 감소 ⇒ 실질이자율 상승, 대부자금 거래량 감소

② **구축효과** : 정부지출 증가 ⇒ 실질이자율 상승 ⇒ 민간투자 감소

제**02**장 경제성장이론

제1절 맬서스 이론

01 맬서스 주장의 핵심

1. 인구는 기하급수적으로 늘어나지만 식량은 산술급수적으로 증가한다.

2. 수확체감의 법칙 : 식량은 점점 줄어간다.

3. 인류가 생존하기 위해 필요한 최소한의 식량수준이 존재한다.

4. 1인당 소비 가능한 식량 < 최소한의 식량수준
   사망률이 증가하여 인구가 줄어든다.

5. 1인당 소비 가능한 식량 > 최소한의 식량수준
   출생률이 증가해서 최소한의 식량만 가지고 생존한다.

02 맬서스 이론에 대한 설명

1. 노동투입량과 실질국민소득 사이의 관계 $\Rightarrow Y = F(L) = AP$

2. 노동만이 생산요소가 되는 상황

3. 수확체감의 법칙(한계생산체감의 법칙)
   토지의 양이 일정하게 주어져 있을 때 추가적인 노동 투입을 통해 얻을 수 있는 식량의 양이 점차 작아진다.

4. 식량과 총생산의 관계

⑴ 총생산곡선

AP(총생산곡선)은 노동투입량과 식량생산량(국민소득)과의 관계를 보여주는 곡선이다.

⑵ 생존곡선: 식량과 사람의 관계

① $S(L$명을 먹여 살리는 데 필요한 최소한의 식량) = aL(1인에게 필요한 최소한의 식량 × 사람 수)

② 생존곡선(SB)의 높이는 사람들이 생존하기 위해 필요한 최소한의 식량

⑶ 균형

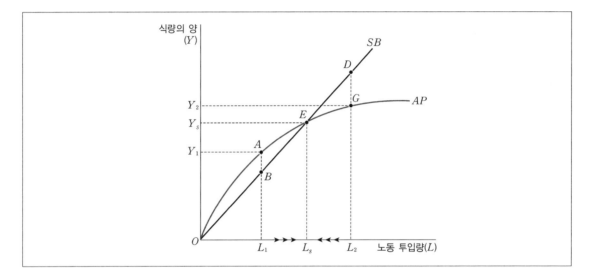

① L_1 상태: 최소한 필요 식량 < 생산량 ⇒ 인구 증가

② L_2 상태: 최소한 필요 식량 > 생산량 ⇒ 인구 감소

③ 균형: 맬서스균형점

　㉠ 더 이상 인구의 변화도 없고 생산량의 변화도 없는 상태 ⇒ 정체상태

　㉡ 균형이 되는 근거: 수확체감의 법칙

---

03 맬서스 이론에 대한 평가

1. 맬서스 이론만 놓고 볼 때 성장을 기대할 수 없다.

2. 장기적으로 자본주의 경제는 안정적으로 성장해왔다.

자본주의 경제는 경제를 성장으로 인도하는 안정적인 요인이 있다고 평가할 수 있다.

제2절 헤로드 – 도마 모형 : 외생적 성장이론

01 헤로드 – 도마의 외생적 경제성장 모형(케인스형 경제성장이론)의 가정

모든 설비의 완전가동과 노동의 완전고용을 이루는 장기의 경제성장의 균형조건은 무엇인가?

1. 케인스의 가정을 전제로 한다.

⑴ 케인스 이론은 경제가 보유하고 있는 자본량이 일정하다고 가정한다.

⑵ 실업이 존재한다는 케인스 이론의 가정을 전제로 한다.

⑶ 사후적으로 투자와 저축은 항상 일치하고, 저축 S는 소득 Y에 일정한 저축률 s를 곱한 만큼이다.

2. 레온티에프 생산함수 : $Y = \min(L/노동계수, \ K/자본계수)$

⑴ 생산요소 간 대체가 불가능

⑵ 자본과 노동의 효율적인 투입비율이 일정

3. 안정적인 성장의 조건 : 자연증가율과 적정성장률의 일치

⑴ 인구증가율은 곧 노동증가율로서 n으로 일정하다.

⑵ 노동과 자본의 효율적인 투입조건 : $Y = L/노동계수 = K/자본계수$

02 자연성장률(natural rate of growth)

1. 자연성장률의 의미

자연성장률은 완전고용을 유지하기 위한 경제성장률로 장기적으로 지속 가능한 최대의 성장률을 말한다. 자연성장률은 노동력의 증가율과 1인당 노동생산성의 증가율에 의해 결정된다. 예컨대 노동력이 연간 3% 성장하고 노동생산성의 증가가 없는 경우에 완전고용을 유지하기 위해서는 3%의 자연성장률이 필요하다.

2. 함수 및 수식으로 이해

⑴ 노동의 완전고용조건과 레온티에프 생산함수

레온티에프 생산함수에서 노동이 완전고용되려면 $Y = L/a$가 충족되어야 한다. 이때 노동계수인 a가 일정하므로 $\triangle Y = \triangle L/a$도 성립한다.

⑵ 경제성장률 $= \dfrac{\triangle Y}{Y} = \left(\dfrac{\triangle L}{\alpha}\right) \div \left(\dfrac{L}{\alpha}\right) = \dfrac{\triangle L}{L} = n($인구증가율$)$

위 식에 따르면 노동이 완전고용되려면 경제성장률은 인구증가율만큼 되어야 한다. 예컨대 인구가 1000명에서 100명이 증가하면 인구증가율은 10%이다. 그런데 경제성장률이 5%라고 하면 증가한 인구 중 50명은 실업자가 된다. 헤로드-도마는 인구증가율과 같은 경제성장률을 자연성장률이라고 하였다. 그런데 인구증가율은 일정하다고 가정하였다.

03 적정성장률(warranted rate of growth)

1. 적정성장률의 의미

적정성장률은 모든 저축이 투자로 흡수되는 경우, 즉 자본이 완전히 가동될 때의 성장률을 말한다. 적정성장률은 저축률과 산출량 대비 자본량(1단위 산출량에 투입되는 자본량, 즉 생산함수의 자본계수)의 비율에 의해 결정된다. 예를 들어 산출량 대비 자본량의 비율이 5이고, 전체소득의 10%가 저축되었을 경우에 적정성장률은 2(= 10/5)%이다. 이러한 적정성장률은 산출량 대비 자본량을 5로 일정하게 유지시키는 성장률이다.

2. 함수 및 수식으로 이해

⑴ **자본의 완전고용조건과 레온티에프 생산함수**

자본의 완전고용조건은 노동의 완전고용조건과 마찬가지로 레온티에프 생산함수에서 자본이 완전고용되려면 '$Y = K/\beta$'가 충족되어야 한다. 이때 자본계수인 β가 일정하므로 '$\triangle Y = \dfrac{\triangle K}{\beta}$'도 성립한다.

⑵ 경제성장률 $= \dfrac{\triangle Y}{Y} = \left(\dfrac{\triangle K}{\beta}\right) \div \left(\dfrac{K}{\beta}\right) = \dfrac{\triangle K}{K} = \dfrac{I(투자량)}{K} = \dfrac{sY}{K} = \dfrac{s}{\beta}$

① 감가상각이 없다고 가정하므로 자본량의 증가분 $\triangle K$는 투자량 I와 같다.

② 투자량 I는 항상 저축 S와 같다. 저축 S는 소득 Y에 저축률 s를 곱한 값이다. 따라서 투자량 I는 저축량 sY와 같다.

③ $\dfrac{Y}{K}$는 자본계수 β의 역수이다.

④ 결론적으로 자본의 완전고용조건이 달성되는 경제성장률은 저축률 S를 자본계수 β로 나눈 비율이다. 이 비율을 적정성장률이라 부른다.

04 안정적 경제성장의 조건: 자연성장률과 적정성장률이 일치하는 경우

자연성장률과 적정성장률이 일치하는 경우란 성장 노동력의 증가를 흡수할 수 있는 자본이 축적되고, 추가적인 생산시설의 완전 가동이 지속되면 안정적 장기균형으로 간주한다는 의미이다. 예를 들어 저축률이 소득의 10%이고, 총산출량 대비 자본량(자본계수)이 4이면 적정성장률은 2.5%이다. 만약 노동력이 연간 1% 증가하고, 노동 생산성의 증가율이 1.5%라면 적정성장률과 자연성장률은 일치하여 경제는 안정적인 성장을 달성하는 것이다.

05 균형성장조건에 대한 평가

1. 비현실성

레온티에프 생산함수에서 노동과 자본이 완전고용되는 균형성장조건은 자연성장률(n)과 적정성장률 s/β의 일치이다.

2. 레온티에프의 성질

자연성장률과 적정성장률이 다를 때 경제성장률은 더 작은 것에 의존한다. 그 결과 실업(자연성장률 > 적정성장률) 또는 자본과잉(자연성장률 < 적정성장률)이 나타난다.

3. 국가개입의 필요성 시사

자본주의 시장경제에서 노동과 자본의 완전고용은 달성되기가 어렵다. 시장 비청산으로 불완전고용 상태에서 경제가 성장한다. 즉 자본주의 시장경제는 불안정함을 시사한다.

제3절 솔로우 모형 : 외생적 성장이론

01 솔로우 모형의 가정

1. 솔로우 모형의 의미

장기적으로 생산요소 대체 가능성을 전제로 노동과 자본이 완전고용된 상태에서 자본주의 경제의 안정적인 성장을 설명하였다. 즉 생산요소 간 대체가 기술적으로 가능하며 생산요소가격이 신축적으로 조정될 수 있다는 가정을 도입함으로써 경제가 안정적으로 성장하는 사실을 설명하고 있다. 헤로드－도마모형에서 생산요소 간 대체를 불인정한 가정만을 수정하고 나머지 가정은 그대로 수용한다.

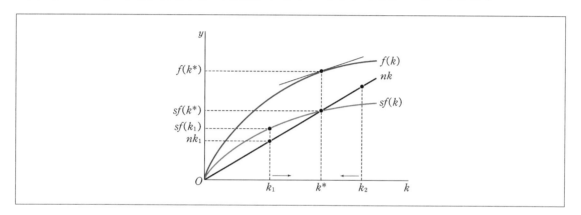

이 성장모형은 규모에 대한 보수가 불변인 1차동차 총생산함수를 가정하기 때문에 1인당 생산량(y)은 자본－노동비율(k)만의 함수가 된다. 그리고 경제가 최초에 어디에서 출발하든 간에 결국에는 $sf(k) = nk$ 를 만족시키는 k^*로 수렴한다. 이렇게 노동 및 자본의 완전고용이 동시에 달성되는 상태를 균제상태 또는 정상상태(steady state)라고 부른다. [여기서 s는 저축성향, n은 인구증가율, k는 자본－노동비율(또는 1인당 자본량), y는 1인당 생산량(또는 1인당 국민소득)을 나타낸다.]

2. 솔로우 모형의 가정

(1) 노동과 자본의 대체 여부는 상대가격에 의해 결정된다.

(2) **콥－더글라스 생산함수 도입**

① 콥－더글라스 생산함수 : $Y = F(L, \ K) = L^\alpha K^\beta, \ \alpha + \beta = 1$

② 규모수익불변의 총생산함수

규모수익불변은 모든 생산투입요소가 증가하는 만큼 총산출도 증가한다는 것을 의미한다. 예를 들면 생산요소 투입을 3배 증가시켰다면 총산출도 3배 증가한다는 것을 말한다.

⇒ $\lambda F(\lambda L, \ \lambda K) = \lambda Y (\lambda > 0)$

③ 한계수익체감

자본과 노동 간 생산요소의 대체가 가능하고, 자본의 수확체감법칙을 수용한다.

④ 1인당 생산함수$(y) = \lambda f(k)$

1인당 생산함수는 1인당 자본량에 대해 한계수확체감의 성질을 갖는 함수이다.

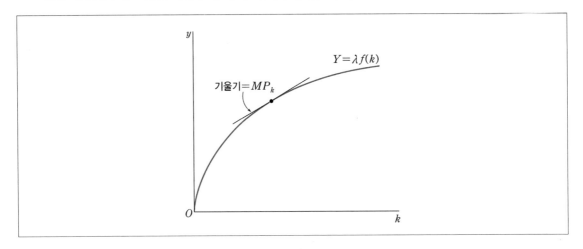

(3) 노동력과 인구의 증가는 외생적으로 결정되며, 인구증가율은 곧 노동증가율로서 n으로 일정하다.

(4) 투자와 저축은 항상 일치하고, 저축 S는 소득 Y에 일정한 저축률 s를 곱한 만큼이다.

(5) **1인당 자본량, 1인당 GDP를 사용하여 균형성장조건을 분석**

① 1인당 자본량 또는 자본 − 노동비율 $k = \dfrac{K(\text{자본량})}{L(\text{노동량})}$

② 1인당 GDP(y) 또는 $f(k) = \dfrac{Y(\text{소득})}{L(\text{노동량})}$

(6) 한계수확체감의 법칙에 의해 국가 간 경제성장 수준은 수렴한다.

자본축적 정도는 국가마다 다르다. 하지만 장기적으로는 동일한 1인당 자본량과 소득을 갖게 될 것이다. 그 이유는 한계수확체감의 법칙 때문이다.

02 솔로우 모형의 균제상태와 성장

1. 장기균형(균제상태, 안정상태)

⑴ **의미**

솔로우 모형의 장기균형(균제상태)은 1인당 산출량, 자본량, 소비 등이 일정 비율로 성장하는 상태를 의미한다.

⑵ **기본관계식**

① (인구증가율 + 기술진보율 + 감가상각률) = 1인당 저축 증가에 따른 1인당 자본 증가분

② 1인당 자본스톡 증가 ⇒ 1인당 국민소득 증가
저축률이 증가하거나 노동증가율이 감소하거나 감각상각률이 감소하면 1인당 자본스톡이 증가하여 1인당 국민소득 증가

③ 기술진보 ⇒ 1인당 국민소득 증가

2. 자본, 인구, 기술진보를 포함한 종합적인 검토 필요성

⑴ 자본축적만으로 지속적인 경제성장을 설명할 수 없다.

⑵ 자본축적과 더불어 인구증가와 기술진보를 포함시켜야 한다.

03 자본축적과 저축률

1. 자본축적과 경제성장

⑴ **자본축적 식**

자본량의 변화$(\triangle k)$ = 투자 − 감가상각 = 저축률 $\times f(k)$ − 감가상각

⑵ **자본의 안정상태(균제상태, steady state)**

① 자본의 안정상태는 투자와 자본의 감가상각이 균형을 이루어서 시간이 지나더라도 자본의 양이 변하지 않는 상태를 말한다.

② 투자에 의한 자본증가가 감가상각에 의한 자본감소를 상쇄할만큼 이뤄질 경우 1인당 자본량은 일정하게 유지될 수 있다. 이러한 상태의 자본량을 자본의 안정적 상태라고 한다.

⑶ **자본축적과 수확체감의 법칙**

① 저축률의 상승은 투자를 증가시킨다.

② 1인당 자본량을 이전의 안정적 상태보다 높은 새로운 안정적 상태에 도달하게 한다.
자본축적은 자본의 수확체감법칙과 일정한 비율의 감가상각이 발생한다. 그 결과 투자가 감가상각을 상회하는 기간에는 자본의 심화를 통해 경제가 성장한다. 하지만 자본증가분이 0이 되면 더 이상 자본의 심화가 이루어지지 않는다. 수십 년에 걸친 자본심화는 이뤄질 수 있다. 하지만 결국에는 자본심화의 과정도 끝이 나고, 더 이상 경제성장도 이뤄지지 않는다.

2. 저축률과 경제성장

⑴ 저축률의 상승 ⇒ 투자 증가 ⇒ 1인당 자본량이 이전의 안정적 상태보다 높은 새로운 안정적 상태에 도달

⑵ 높은 저축률 ⇒ 높은 자본의 안정상태 = 높은 생산량

3. 저축률과 황금률

⑴ 저축률에 따라 자본의 안정상태 수준이 달라진다.

⑵ 소비를 극대화하기 위한 저축률(s)과 안정적 상태의 자본수준(k)은 어떻게 결정되는가?

⑶ **황금률 수준**

소비가 가장 극대화되는 점에서 생산곡선의 기울기와 감가상각 직선의 기울기가 같은 경우이다.

⑷ **황금률의 안정상태로의 이동과 저축률**

경제는 자동적으로 황금률의 안정상태로 움직이지 않는다. 황금률의 안정상태를 이루기 위해서는 정부가 저축률을 조정해야 한다.

04 인구증가율과 경제성장

1. 가정 : 인구와 노동력의 증가율은 n으로 주어졌다.

2. 인구와 균형을 이루는 투자

⑴ 1인당 자본량의 변화[$\triangle k = sf(k) - ($감가상각률 $+$ 인구증가율$)k] = sf(k) - (d+n)k$

⑵ 인구 및 노동자의 증가로 인해 노동자 1인당 자본량이 감소하게 된다.

3. 안정적 상태

실제투자가 감가상각 및 인구증가 효과를 상쇄하는 경우를 말한다. $\Rightarrow sf(k) = (d+n)k$

4. 인구증가의 효과

⑴ 높은 인구증가율 $\Rightarrow$ 자본의 안정적 수준 하락 $\Rightarrow$ 낮은 수준의 안정상태 $\Rightarrow$ 낮은 수준의 생산과 소득

⑵ 높은 인구증가율의 국가들은 장기적으로 낮은 수준의 1인당 자본과 소득을 가지게 된다.

5. 인구증가와 황금률

안정상태의 소비를 극대화하기 위한 조건 $\Rightarrow$ 생산곡선의 기울기 = 감가상각률 + 인구증가율

05 기술진보 : 생산함수의 상방이동

1. 지속적으로 기술수준이 상승하는 경우 지속적인 경제성장이 가능하다.

2. 기술진보의 효과

기술진보가 이루어지면 동일한 양의 자본을 투입하더라도 생산량이 증가한다. 생산량이 증가하면 저축률이 일정하더라도 저축은 증가한다. 저축이 증가하면 투자가 증가한다. 투자가 증가하면 자본량도 증가한다. 따라서 기술진보가 이뤄지면 실질GDP도 증가한다. 인구가 고정되었다고 한다면 더 높은 수준의 1인당 실질GDP가 증가한다. 기술진보는 1인당 생산량의 증가, 자본의 심화를 통한 1인당 자본량 증가를 가져온다(생산성효과, 상대가격효과). 기술진보가 이뤄지면 생산함수 및 저축함수가 지속적으로 상방으로 이동하므로 경제성장이 지속될 수 있다.

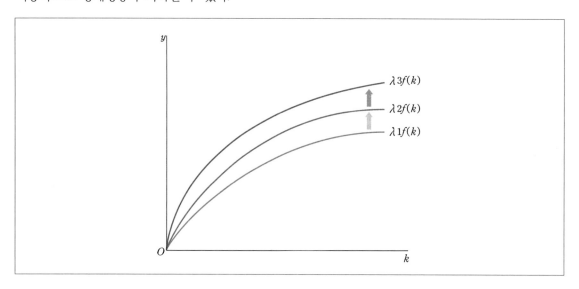

3. 경제성장요인 정리

저축률 증가, 노동증가율 감소, 기술진보

(1) **저축률 증가** : $sf(k)$ 상방이동, 새로운 균제상태까지 일시적 경제성장

(2) **인구증가율 감소** : nK 하방이동, 새로운 균제상태까지 일시적 증가

(3) **기술진보** : 1인당 생산함수 상방이동, 새로운 균제상태까지 일시적 증가

06 솔로우 모형에 대한 시사점

1. 장기적인 경제성장의 안정상태를 생산요소 간의 종합적 이해를 통해 설명하고 있다.

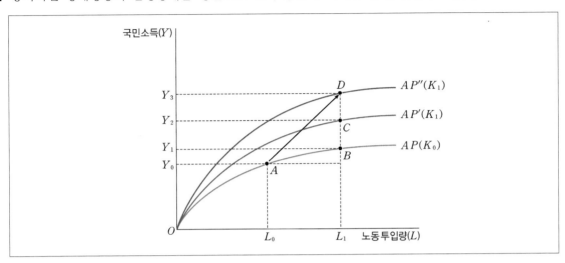

⑴ A점에서 B점으로의 이동 : 노동투입량의 증가

⑵ B점에서 C점으로의 이동 : 자본축적의 결과

⑶ C점에서 D점으로의 이동 : 기술진보를 통한 이동

2. 장기적인 경제성장의 원동력은 지속적인 기술진보이다.

3. 국가 간 소득격차의 상당부분은 국가 간 기술수준과 그에 따라 결정되는 총요소생산성의 차이로 인한 것이다.

제4절 내생적 성장이론

01 솔로우 모형의 한계

기술진보를 외생변수로 취급하면서 지속적인 기술진보를 가져오는 요인을 설명하지 않고 있다. 솔로우 모형은 기술수준과 총요소생산성을 주어진 것으로 가정했기 때문이다.

02 내생적 성장이론

1. 1980년대 중반 이후 로머(Paul Romer)와 루카스(Robert E. Lucas, Jr)의 주장

기업과 가계의 자발적인 활동이 어떻게 기술진보를 가져와서 지속적인 경제성장을 가져오는지를 설명하였다.

2. 의미

내생적 성장이론은 외생적 기술진보 없이도 내부적인 여러 경제요소의 상호작용이 기술진보를 만들어내는 원리가 존재하여 지속적인 경제성장이 이루어질 수 있음을 설명하는 이론이다.

3. 주요 주장

(1) 생산의 외부효과는 자본에 대한 규모수익 체증현상을 만들어 지속적인 경제성장이 가능하다.

(2) 기업의 기술과 지식의 축적은 생산의 외부효과를 가져온다.

(3) 노동자의 생산과정의 경험은 생산성 향상과 기술진보를 가져온다(학습효과).

(4) 늘어난 소득은 다시 교육에 투자되어 생산성을 높이고 기술진보를 가져온다.

예비 사회교사를 위한
경제학 다이제스트

법학

정치학

경제학 다이제스트

일반사회교육론

제 **4** 부

국제경제와
개방경제

제 **13** 편

국제경제

제 01 장 국제무역이론

제1절 국제무역이론의 의의

01 국제무역이론의 기본 목적

한 국가의 경우 어떤 산업이 수출 산업이 되고, 어떤 산업이 수입 산업이 되는지를 설명하는 것이다.

02 국가 간 무역의 원인 및 결과 예측과 설명

1. 수출국과 수입국 예측

2. 교역의 이득 예측

03 교역의 이득

1. 교환의 이득

경제 내에서 각 개인이 각자의 능력에 따라 분업을 통해 생산하고, 생산물을 다른 사람의 생산물과 교환하면 교환하지 않았을 때보다 더 큰 효용을 누리는 교환의 이득에 대해 이미 살펴본 바가 있다. 이런 교환의 이득은 국가 간의 관계에서도 이뤄질 수 있는 것이다.

2. 교역의 이득의 의미

국가 간에 특화해서 무역이 이루어지면서 각 나라 국민이 소비할 수 있는 상품의 양이 더욱 커지는 것을 가리킨다. 경제주체별로 그 이득이 차이가 날 수 있지만 한 국가경제 전체의 이익은 커진다.

3. 교역의 이득이 발생하는 원인

(1) 효용 증가

특화 ⇒ 무역 ⇒ 소비량 증가(효용 증가)

(2) 효율성과 전문성의 향상

분화/특화(상대적으로 효율성을 고려) ⇒ 효율성과 전문성 향상 ⇒ 생산성 향상 ⇒ 생산 증가

제2절 비교우위론에 대한 이해

01 절대우위론(A. Smith)

1. 절대우위론의 의의

절대우위론은 자유무역을 하게 되면 무역 당사국 모두가 이익을 보게 된다는 중상주의적 보호무역주의에 반대하는 자유무역주의의 이론적 근거로 제시되었다. 절대우위는 상대국에 비해 적은 생산요소 투입으로 동일한 상품을 생산할 수 있는 경우를 말한다.

2. 한국과 미국의 교역이득

(1) 한국과 미국의 생산비 비교

한국과 미국은 운동화, 옷 두 재화만을 생산하고 생산요소는 오직 노동뿐이다. 한국에서는 운동화 1단위를 생산하는 데 노동 10단위를 필요로 하고, 옷 1단위를 생산하는 데 노동 20단위를 필요로 한다. 미국에서는 운동화를 생산하는 데 노동 20단위, 옷을 생산하는 데 노동 10단위를 필요로 한다. 한국은 미국보다 적은 노동으로 운동화를 생산하고, 미국은 한국보다 적은 노동투입으로 옷을 생산할 수 있다. 이러한 경우 한국은 운동화 생산에 절대우위를, 미국은 옷 생산에 절대우위를 갖고 있다고 한다.

	한국	미국
운동화	10	20
옷	20	10

(2) 운동화와 옷 두 재화를 1 : 1로 교환(운송비 등은 무시)

① 한국은 노동 10단위를 투입하여 운동화를 생산하고 이것을 미국에 수출해서 옷 1단위를 얻을 수 있다. 결국 노동 10단위로 옷을 얻었으므로 노동 10단위를 절약한 셈이다.

② 미국은 노동 10단위를 투입하여 옷을 생산하고 이것을 한국에 수출해서 운동화 1단위를 얻을 수 있다. 결국 노동 10단위로 운동화를 얻었으므로 노동 10단위를 절약한 셈이다.

02 비교우위론(D. Ricardo)의 의미 : '상대적으로 더 효율적'

1. 절대우위론의 한계

(1) 한 국가가 모든 상품에 절대우위 또는 절대열위인 경우에도 무역이 가능한가?

(2) 한 국가가 모든 상품에 절대우위를 가질 경우에 무역을 한다면 양국 모두에 이득이 발생할까?

2. 비교우위론의 의의

⑴ 비교우위의 의미

한 나라가 어떤 상품을 다른 나라에 비해 상대적으로 더 효율적으로 생산할 수 있을 때 그 상품에 대해 비교우위를 갖는다고 말한다. 즉 동일한 상품을 생산할 때 다른 생산자에 비해 더 적은 기회비용으로 생산할 수 있을 때 그 생산자는 비교우위에 있다고 말한다. 각 나라가 비교우위를 갖는 상품 생산에 특화함으로써 모두가 교역의 이득을 얻을 수 있다는 것이 바로 비교우위의 원칙이다.

⑵ 리카도의 주장

① 각 나라가 비교우위를 갖고 있는 상품의 생산에 특화하는 국제 분업 체제가 전반적 효율성을 향상시키는 결과를 가져다준다.

② 비교우위이론에 따르면 아무리 산업이 낙후된 나라라 해도 최소한 하나 이상의 산업에서 비교우위를 갖는다.

③ 절대적 차원에서 보면 한 나라가 다른 나라보다 모든 상품을 생산하는 데서 더욱 효율적일 수 있지만 한 나라가 모든 산업에서 비교우위를 가질 수는 없다.

⑶ 비교우위론의 시사점

① 비교우위이론은 자유로운 무역이 이루어질 때 각 나라가 비교우위를 갖는 상품에 특화해 수출하고, 비교우위가 없는 상품은 해외로부터 수입하게 될 것이라고 예측한다.

② 국제 분업 체제에 참여하는 나라는 아무리 작은 몫이라 할지라도 거기에서 나오는 이득의 일부분을 차지할 수 있다.

③ 상대가격이 동일한 두 상품 간에는 무역이 발생하지 않는다.

03 비교우위 실례

1. 한국과 일본의 상황: 1주일분의 노동이 생산할 수 있는 상품량

	한국	일본
쌀	5 ⇒ 1(기회비용)	4 ⇒ 1/2(기회비용)
운동화	5 ⇒ 1(기회비용)	2 ⇒ 2(기회비용)

⑴ 똑같은 양의 노동을 투입해 쌀과 운동화를 생산하고 있는 상황

⑵ 한국이 쌀과 운동화 생산 모두에서 절대우위를 갖고 있는 상황

⑶ 한국이 쌀과 운동화 생산 모두에서 절대우위를 갖고 있지만, 그럼에도 불구하고 이 두 나라 사이에는 서로 이득이 되는 무역이 이루어질 수 있다.

2. 두 나라 사이에 무역이 이루어진다면 우리나라는 일본에 어떤 상품을 수출하고 어떤 상품을 수입하게 될 것인가?

⑴ **우리나라의 비교우위 상품은?**

　① 쌀 1의 기회비용은 운동화 1 ⇒ 쌀과 운동화의 가격비 1 : 1

　② 운동화 1의 기회비용은 쌀 1 ⇒ 운동화와 쌀의 가격비 1 : 1

　③ 상대가격 측면에서 쌀과 운동화의 상대가치가 동일하다.

⑵ **일본의 비교우위 상품은?**

　① 쌀 1의 기회비용은 운동화 1/2 ⇒ 쌀과 운동화의 가격비 1 : 2

　② 운동화 1의 기회비용은 쌀 2 ⇒ 운동화와 쌀의 가격비 2 : 1

　③ 상대가격 측면에서 쌀이 싸고, 운동화가 비싸다.

⑶ **비교우위 비교**

　① 쌀의 기회비용

　　⇒ 한국은 운동화 1, 일본은 운동화 1/2

　　⇒ 일본은 쌀 생산에서 우리나라보다 상대적으로 더 효율적이다.

　② 운동화의 기회비용

　　⇒ 한국은 쌀 1, 일본은 쌀 2

　　⇒ 운동화 생산의 경우에는 우리나라가 상대적으로 더 효율적이고, 따라서 이를 생산하는 데 비교우위를 갖는다고 말할 수 있다.

⑷ **결론**

두 나라 사이에 무역이 이루어진다면 한국이 운동화 생산에 특화해 일본에 수출하는 한편 일본은 쌀 생산에 특화해 우리나라에 수출하게 된다.

⑸ **비교우위를 정함에 있어서 주의사항**

　① X의 기회비용 $= -\dfrac{\triangle Y}{\triangle X}$(기회비용 기울기) $= \dfrac{MC_X}{MC_Y}$(상대적 한계비용) $= \dfrac{P_X}{P_Y}$(상대가격)

　② 생산량이 주어졌을 때는 기회비용 기울기로 구한다.

　③ 생산요소 투입량, 생산비 등으로 주어졌을 때는 상대적 한계비용 식을 적용해서 구한다.

04 비교우위에 영향을 미치는 요인

1. 상이한 부존자원

2. 상이한 기술

3. 특화의 역사 : 학습효과

제3절 무역에서 나오는 이득 : 비교우위론의 근거

01 무역 이전의 생산과 소비

1. 한국과 일본의 최대 생산량

우리나라의 노동 총량이 6만 주일분이며, 일본의 노동 총량은 4만 주일분이라고 가정하자. 우리나라에서는 1주일의 노동으로 운동화 5단위를 생산할 수 있으므로 부존된 노동을 모두 운동화 생산에 투입하면 30만 단위를 생산할 수 있다. 또한 1주일의 노동으로 쌀 5단위를 생산할 수도 있으므로 노동을 모두 쌀 생산에 투입하면 30만 단위를 생산할 수 있다.

1주일분의 노동이 생산할 수 있는 상품량		
	한국	일본
쌀	5	4
운동화	5	2

⇒

한국 6만 주일분, 일본 4만 주일분 투입 시 각국의 최대 생산량		
	한국	일본
쌀(섬)	최대 30만	최대 16만
운동화(벌)	최대 30만	최대 8만

2. 한국과 일본의 생산가능곡선과 소비가능집합

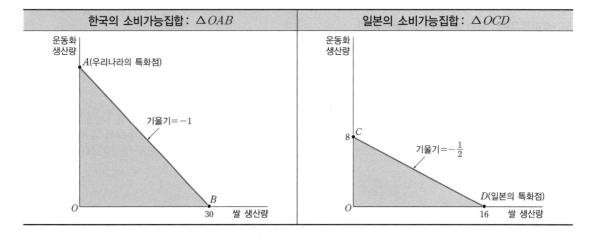

02 교역조건

1. 각국의 상황과 교역

우리나라는 운동화 생산에 특화, 일본은 쌀 생산에 특화

⇒ 우리나라는 생산된 운동화를 일부 수출하고 쌀을 수입, 일본은 생산된 쌀을 일부 수출하고 운동화를 수입

⇒ 어떻게 교환 가능할까?

2. 교역조건

(1) 의미

교역조건은 국제무역에서 통용되는 상품과 상품 사이의 가격 비율을 말한다.

(2) 우리나라의 쌀 상대가격 : $\left(\dfrac{P_{쌀}}{P_{운}}\right) = 1$

운동화에 특화한 한국은 운동화 1단위를 수출하고 자국의 운동화 기회비용인 쌀 1단위 이상을 일본에 요구할 것이다. 이때 일본은 한국으로부터 운동화를 수입하면서 운동화 기회비용인 쌀 2단위 이하를 지불하려 할 것이다.

(3) 일본의 쌀 상대가격 : $\left(\dfrac{P_{쌀}}{P_{운}}\right) = 1/2$

쌀에 특화한 일본은 쌀 1단위를 수출하고, 자국의 쌀 기회비용인 운동화 1/2단위 이상을 한국에 요구할 것이다. 이때 한국은 일본으로부터 쌀을 수입하면서 쌀 기회비용인 운동화 1단위 이하를 지불하려 할 것이다.

(4) 교역조건의 범위

위 상황을 고려할 때 한국과 일본 사이에 무역이 성립하려면 운동화의 상대가격은 쌀 1단위(한국에서의 가격) 이상 2단위(일본에서의 가격) 이하에서 결정되어야 하고, 반대로 쌀의 상대가격은 운동화 1/2단위(일본에서의 가격)와 1단위(한국에서의 가격) 사이에 있어야 한다.

03 무역이 이루어진 후의 이득

1. 특화단계

한국은 운동화에, 일본은 쌀 생산에 특화를 한다.

2. 교역조건 설정

(1) **교역이 가능한 범위**: $\dfrac{1}{2} < \dfrac{P_{쌀}}{P_{운}} < 1$

(2) **한국과 일본이 교역조건 합의**

'$\dfrac{1}{2} < \dfrac{P_{쌀}}{P_{운}} < 1$'에 있는 $\dfrac{3}{4}$으로 교역조건을 합의했다. 이 경우 쌀과 운동화의 가격비는 $3:4$이고, 교환 비율은 $4:3$이다.

3. 교역 이후 한국과 일본의 소비가능집합은 더 커진다.

(1) **한국의 경우**

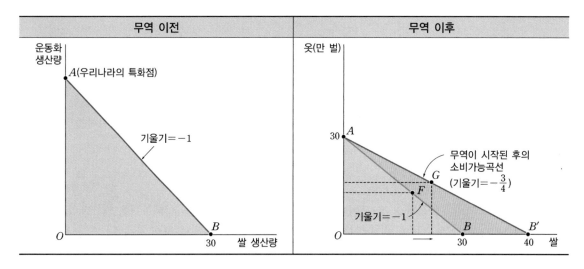

⑵ 일본의 경우

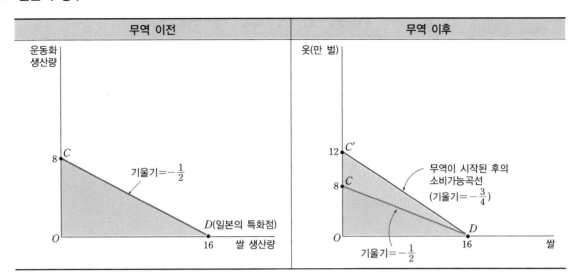

04 무역에서 나오는 추가적 이득

1. 규모의 경제

2. 학습효과

3. 경쟁의 압력

4. 다양한 소비의 기회

제 02 장 자유무역 및 무역규제

제1절 자유로운 무역 추구 경향

01 자유무역 추구 방안

1. 지역적 차원

(1) 자유무역지역

(2) 관세동맹

(3) 공동시장

2. 세계적 차원

세계적 차원의 국제무역 증진 노력은 GATT체제부터라고 할 수 있다. 관세 및 무역에 관한 일반협정으로 1947년에 창설되어 1995년 발전적 해체를 통해 세계무역기구라는 공식기구로 변신할 때까지 각종 무역 장벽 제거를 통한 국제교역 증진에 커다란 기여를 해왔다. 현재는 WTO 중심으로 자유무역화 경향을 추구하고 있다.

02 2008년 금융위기 이후 등장한 보호무역주의 경향

2008년 금융위기 이후 자유무역 추구 경향은 약해지는 반면 보호무역주의 경향이 나타나고 있다는 점에 주목할 필요가 있다.

제2절 자유무역으로 인한 사회적 후생 변화

01 수출국

1. **가격변화**: P_x(수출가격) $> P_e$(균형가격)

2. **배분변화**: 소비자 불리, 생산자 유리

3. **사회적 후생 변화**: 총잉여 증가

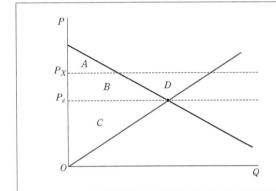

- 소비자잉여: $A+B \Rightarrow -B \Rightarrow A$
- 생산자잉여: $C \Rightarrow B+D \Rightarrow B+C+D$
- 사회적 잉여: $A+B+C \Rightarrow +D \Rightarrow A+B+C+D$

02 수입국

1. **가격변화**: PM(수입가격) $< Pe$

2. **배분변화**: 소비자 유리, 생산자 불리

3. **사회적 후생 변화**: 총잉여 변화

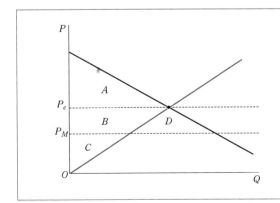

- 소비자잉여: $A \Rightarrow B+D \Rightarrow A+B+D$
- 생산자잉여: $B+C \Rightarrow -B \Rightarrow C$
- 사회적 잉여: $A+B+C \Rightarrow +D \Rightarrow A+B+C+D$

제3절 보호무역론

01 보호무역론의 의미

보호무역론은 국가산업을 보호·육성하고 경제성장을 위하여 국가가 적극적으로 수입을 규제해야 한다는 주장이다.

02 보호무역론의 근거

1. 유치산업보호론

2. 실업방지

3. 생산다변화의 이득 목적

4. 국가안보 측면

식량안보 측면에서 농산물에 대한 보호무역의 필요성을 제시하고 있다. 예컨대 우리나라가 식량을 외국에서 수입하고 있는 상황에서 수출국이 식량수출을 거부한다면 국가안보가 위협받을 수 있으므로 비교우위가 없더라도 농업은 보호할 필요가 있다는 것이다.

5. 외국의 불공정 무역에 대한 대응

6. 무역 협상전략 등

제4절 무역규제 유형

01 관세부과

1. 관세의 의미

관세정책은 수입품에 일정 비율의 세금을 부과하는 것을 말한다. 일반적인 경우는 종량세 부과와 유사한 방식의 관세부과다. 관세제도로는 국내생산자를 위한 관계부과 이외에도 무역규제를 위한 반덤핑관세, 상계관세 등이 있다.

2. 관세부과의 효과

⑴ 자유무역 상황

자유무역을 하면 수입국은 국내균형가격보다 훨씬 낮은 가격으로 물건을 구입할 수 있다. 상품에 대한 초과수요가 발생하고, 초과수요만큼 수입을 하게 된다. 그 결과 소비자잉여는 증가하고, 생산자잉여는 줄어든다. 수출국은 수입국의 초과수요만큼 수출하게 되면 국내가격은 상승한다. 국내가격이 상승하면 소비자잉여는 감소하고, 생산자잉여는 증가한다.

⑵ 자유무역으로 인한 수출국의 사회적 후생 변화

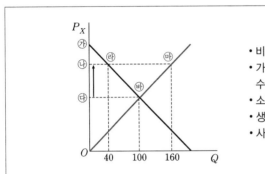

- 비교우위 상품 수출 ⇒ 상품 시장 가격↑(가격 ㉯)
- 가격 ㉯만큼 상승 : 국내수요량 40, 국내공급량 160, 수출량 120
- 소비자잉여 감소분 : □㉯㉣㉵㉰
- 생산자잉여 증가분 : □㉯㉳㉵㉰
- 사회적 후생 증가분 : △㉣㉳㉵

⑶ 자유무역으로 인한 수입국의 사회적 후생 변화

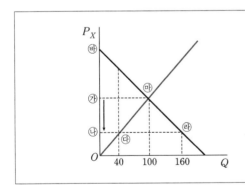

- 비교열위 상품 수입 ⇒ 상품 시장 가격↓(㉯로 이동)
- 가격 ㉯만큼 하락 : 국내수요량 160, 국내공급량 40, 수입량 120
- 소비자잉여 증가분 : □㉮㉵㉣㉯
- 생산자잉여 감소분 : □㉮㉵㉰㉯
- 사회적 후생 증가분 : △㉰㉵㉣

⑷ 수입국의 관세부과 결정

수입국이 관세를 부과함으로써 국내 상품 가격은 상승한다.

(5) 관세부과로 인한 효과

① 소비자잉여는 감소한다.

② 생산자잉여는 증가한다.

③ 정부의 관세수입은 증가한다.

④ 사회적 후생손실이 발생한다.

(6) 관세부과로 인한 사회적 후생의 변화

① 소국

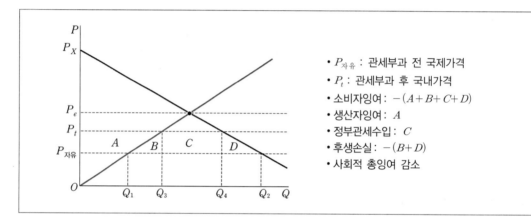

- $P_{자유}$: 관세부과 전 국제가격
- P_t : 관세부과 후 국내가격
- 소비자잉여 : $-(A+B+C+D)$
- 생산자잉여 : A
- 정부관세수입 : C
- 후생손실 : $-(B+D)$
- 사회적 총잉여 감소

② 대국(소국과 비교)

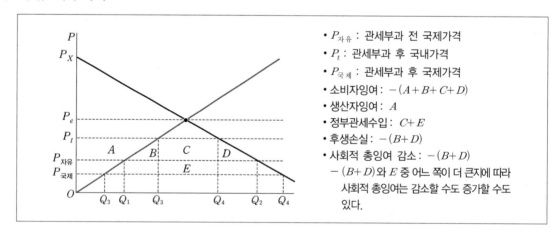

- $P_{자유}$: 관세부과 전 국제가격
- P_t : 관세부과 후 국내가격
- $P_{국제}$: 관세부과 후 국제가격
- 소비자잉여 : $-(A+B+C+D)$
- 생산자잉여 : A
- 정부관세수입 : $C+E$
- 후생손실 : $-(B+D)$
- 사회적 총잉여 감소 : $-(B+D)$
  $-(B+D)$와 E 중 어느 쪽이 더 큰지에 따라 사회적 총잉여는 감소할 수도 증가할 수도 있다.

02 수입할당제

1. 수입할당제의 의미

수입할당제는 어떤 상품에 대해 수입할 수 있는 최대한의 양을 정해 놓고 그 이하로 수입하는 것만을 허락하는 제도이다.

2. 수입할당제의 효과

⑴ 수입국의 관세부과효과와 동일하다.

⑵ 다만 정부의 관세수입은 수입업자의 수입이 된다.

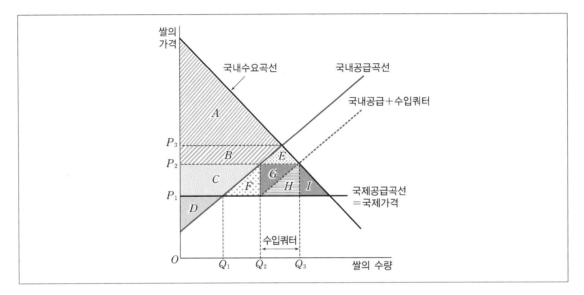

03 수출자율규제

수출자율규제는 수출기업이 자율적으로 수출물량을 줄이도록 유도하는 정책이다.

04 비관세 무역장벽

WTO는 자유무역, 보호무역은 예외 없는 관세원칙을 선언하고 있다. 비관세 무역장벽은 WTO 규범의 위반이 되지만, 세계 각국은 자국의 이익을 위해 다양한 수단을 사용하고 있다.

05 수출보조금

수출보조금 제도는 정부가 수출 증진 내지는 경상수지 흑자를 위해 수출업자에게 보조금을 지급하는 것을 말한다. 수출보조금 제도 역시 수출국이 소국인지, 대국인지 여부에 따라 사회적 잉여가 달라진다.

1. 소국

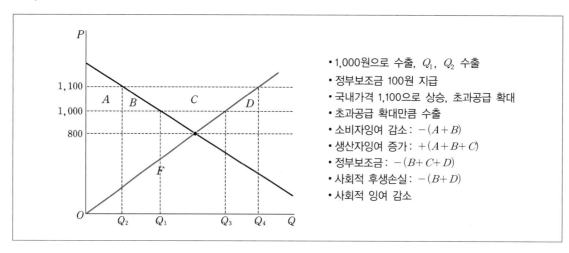

- 1,000원으로 수출, Q_1, Q_2 수출
- 정부보조금 100원 지급
- 국내가격 1,100으로 상승, 초과공급 확대
- 초과공급 확대만큼 수출
- 소비자잉여 감소: $-(A+B)$
- 생산자잉여 증가: $+(A+B+C)$
- 정부보조금: $-(B+C+D)$
- 사회적 후생손실: $-(B+D)$
- 사회적 잉여 감소

2. 대국

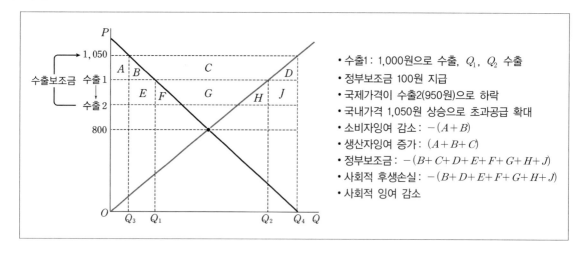

- 수출1: 1,000원으로 수출, Q_1, Q_2 수출
- 정부보조금 100원 지급
- 국제가격이 수출2(950원)으로 하락
- 국내가격 1,050원 상승으로 초과공급 확대
- 소비자잉여 감소: $-(A+B)$
- 생산자잉여 증가: $(A+B+C)$
- 정부보조금: $-(B+C+D+E+F+G+H+J)$
- 사회적 후생손실: $-(B+D+E+F+G+H+J)$
- 사회적 잉여 감소

제03장 환율

제1절 환율의 의의

01 환율의 개념

1. 환율의 의미

(1) **환율은 자국화폐와 외국화폐의 교환비율** 비교 외국화폐라는 상품의 가격

환율은 두 나라 화폐 사이의 교환비율을 말한다. 환율은 어느 쪽 화폐를 기준으로 그 교환비율을 표시하느냐에 따라 두 가지 방식으로 표현할 수 있지만, 미국의 1달러에 대해 자기 나라 화폐 얼마의 비율로 교환된다는 방식에 의해 표현하는 것이 일반적이다. 하지만 외국화폐의 가격으로 인지하는 것이 직관적이다.

(2) **환율의 표시**

① 자국통화표시환율(지급환율) : 대부분 국가의 표시방법 예 1달러는 1,200원

② 외국통화표시환율(수취환율)

2. 환율변동의 의의 : 환율 상승, 원화의 가치가 떨어진 경우 ⇒ 국제수지의 변화

(1) **환율변동**

① 환율 상승의 의미 : 외국화폐의 가치 상승, 자국화폐의 대외가치 하락(평가절하)
환율이 1달러당 1,100원에서 1,200원으로 오르면 1달러를 구입하기 위해 더 많은 원화를 지불해야 한다. 이는 달러화에 비해 원화의 가치가 상대적으로 떨어졌다는 것을 뜻한다.

② 환율 하락의 의미 : 외국화폐의 가치 하락, 자국화폐의 대외가치 상승(평가절상), 교역조건 개선

(2) **환율변동의 영향**

① 상품의 수출과 수입에 대한 변화
환율 변화가 수출품과 수입품의 가격 변화를 가져오기 때문이다. ⇒ 수출 증가, 수입 감소

② 한 나라로 들어오는 자본의 양이나 다른 나라로 나가는 자본의 양에도 영향을 준다.

③ 교역조건 개선(환율 하락)과 악화(환율 상승)에 영향을 준다.

02 명목환율과 실질환율

1. 명목환율과 실질환율의 의의

외환시세표에 오늘 원화 대 달러 환율이 1000 : 1이라고 나와 있다면 이 환율의 값은 명목환율을 뜻한다. 여기에 우리나라와 미국의 물가동향을 적절히 반영해 조정함으로써 실질환율을 구할 수 있다. 우리가 실질환율에 관심을 갖는 것은 상품의 수출과 수입에 직접적 영향을 주는 것이 바로 이 실질환율이기 때문이다. "환율이 한 나라의 국제수지에 큰 영향을 미친다."고 말할 때의 환율은 곧 실질환율을 뜻하는 것이다.

2. 실질환율은 어떻게 구할 수 있을까?

명목환율이 e 라 하고 우리나라와 미국의 물가수준이 각각 P_k, P_u로 주어져 있다. 이 상황에서 실질환율 $\hat{e}$ 은 다음과 같은 공식으로 구할 수 있다.

$$\Rightarrow e \times \frac{P_U}{P_K}$$

연도	물가지수(한국, 미국)	명목환율	실질환율
2015년 1월	100, 100	1000 : 1	1000 : 1
2020년	130, 100	1300 : 1	1000 : 1

03 국제경제 분석에서 환율과 관련된 가정

1. 특별한 경우가 아니라면 두 나라의 물가가 똑같은 폭으로 오르고 내린다.

   ⇒ 명목환율과 실질환율을 구별할 필요가 없어져 분석이 단순해진다.

2. 명목환율과 실질환율을 구분해야 할 필요가 있는 경우가 아니라면 환율이라고 사용한다.

제2절 외환의 수요와 공급 : 환율 결정

01 환율과 외환시장

환율은 외국의 화폐, 즉 외환이라는 상품에 붙여진 가격을 뜻한다. 일반 상품의 가격이 수요와 공급에 의해 결정되는 것처럼 환율 역시 외환의 수요와 공급에 의해 결정된다.

02 외환의 수요곡선과 공급곡선

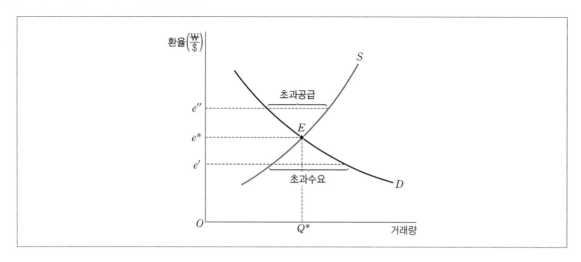

1. 외환의 수요곡선 : 환율 상승 ⇒ 수입량 감소 ⇒ 외환수요량 감소

(1) 환율이 오를 때 외환에 대한 수요가 어떤 영향을 받는지 살펴보기로 하자. 환율이 오르면 외국 상품의 원화 표시 가격이 오를 것이므로 우리나라의 수입은 줄어들 것이다.

(2) 환율이 상승 ⇒ 원화로 표시한 외국제품의 가격 상승 ⇒ 수입량 감소 ⇒ 외환수요량 감소

(3) 외환의 수요곡선은 우하향의 형태로 도출된다.

2. 외환의 공급곡선 : 환율 상승 ⇒ 수출품 가격 하락 ⇒ 수출량 증가 ⇒ 외환공급량 증가

(1) 공급곡선의 모양에 대해 알아보기 위해 원화 대 달러 환율이 1000 : 1에서 1200 : 1로 올랐다고 하자. 그렇게 되면 우리 기업이 수출하는 상품의 달러 표시 가격이 내려가고 이에 따라 우리나라의 수출은 늘어나게 된다.

(2) 환율 상승 ⇒ 달러로 표시한 수출품의 가격 하락 ⇒ 수출량 증가 ⇒ 외환공급량 증가

(3) 외환의 공급곡선은 우상향의 형태로 도출된다.

3. 균형 : 균형환율 및 외환수급량 결정

03 수요곡선과 공급곡선의 이동

1. 환율변화의 요인

(1) 외환수요(수입)의 변화

외환수요 증가 ⇒ 환율 상승, 외환수요 감소 ⇒ 환율 상승

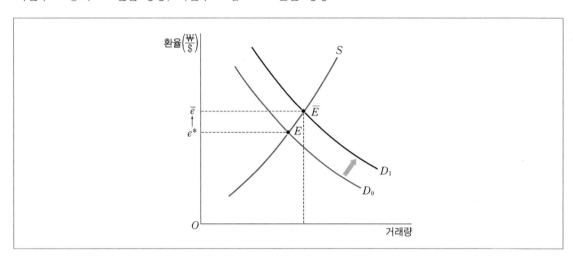

(2) 외환공급(수출)의 변화

외환공급 증가 ⇒ 환율 하락, 외환공급 감소 ⇒ 환율 상승

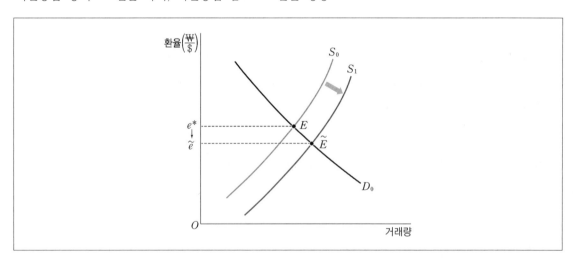

2. 외환수요의 변화 요인

(1) 국민소득 증가 ⇒ 수입 증가 ⇒ 외환수요 증가 ⇒ 환율 상승

(2) 해외물가 하락 ⇒ 수입품 가격 하락 ⇒ 수입 증가 ⇒ 외환수요 증가 ⇒ 환율 상승

(3) 국내물가 상승 ⇒ 수입품 상대가격 하락 ⇒ 수입 증가 ⇒ 외환수요 증가 ⇒ 환율 상승

(4) 국내 이자율 하락 ⇒ 외환수요 증가 ⇒ 환율 상승

3. 외환공급의 변화 요인

(1) 해외경기 상승 ⇒ 수출 증가 ⇒ 외환공급 증가 ⇒ 환율 하락

(2) 해외물가 상승 ⇒ 수출품의 상대가격 하락 ⇒ 수출 증가 ⇒ 외환공급 증가 ⇒ 환율 하락

(3) 국내물가 하락 ⇒ 수출품 가격 하락 ⇒ 수출 증가 ⇒ 외환공급 증가 ⇒ 환율 하락

(4) 국내 이자율 상승 ⇒ 외환공급 증가 ⇒ 환율 하락

제3절 경상거래와 환율

01 구매력 평가설

1. 구매력 평가설의 의의

(1) 의미

나라와 나라 사이에서도 일물일가의 법칙이 성립할 수 있게 환율이 결정된다고 설명하는 이론이다. 다시 말해 명목환율이 구매력 평가환율의 수준에서 결정된다고 본다. 요컨대 환율은 두 나라 화폐 사이의 구매력 차이를 반영해 똑같은 가격이 형성되는 수준에서 결정된다고 설명하는 이론이다.

(2) 시사점

① 국내물가와 해외물가의 변동이 균형환율에 어떻게 반영되는지 설명하는 이론이다.

② 화폐의 구매력은 물가와 반비례한다. 양국에서 물가상승률의 차이가 발생하면, 즉 양국통화의 구매력 차이가 발생했음을 말한다. 따라서 환율 변화율은 양국의 인플레이션율의 차이와 동일하게 된다.

2. 구매력 평가설에 따른 환율의 변화

⑴ **환율은 각국 화폐의 구매력, 즉 물가수준의 비율에 따라 결정된다.**

① $e = \dfrac{P}{P_f} = \dfrac{\text{외국화폐 구매력}}{\text{자국화폐 구매력}}$

② 미국 빅맥 가격: 3달러, 한국 빅맥 가격: 3,000원 $\Rightarrow e = \dfrac{3,000}{3} = 1,000$

③ 한국의 인플레이션율이 10% 발생하고, 미국은 변동 없음
   $\Rightarrow$ 1년 뒤 환율은 3달러와 3,300원이라는 구매력이 동일해지고, 환율은 1$ = 1,100원이 된다.

⑵ **물가상승률에 차이가 발생할 때 조정한다.**

12만 원에 해당하는 상품 가격이 10% 상승(13만 2천원)하였다. 이 경우 우리나라 화폐의 상대적 가치가 10% 하락한 것이다. 구매력 평가 환율은 가치를 일치시키기 위해 물가 변동이 있는 만큼 조정된다. 즉 우리나라의 물가가 10% 상승하게 되면 구매력 평가 환율도 10% 상승한다. 만약 구매력 평가 환율이 1,000원이었다면 10% 상승한 1,100원이 된다.

⑶ **양국의 물가상승률 차이만큼 환율변화가 발생한다.**

   $\Rightarrow$ 환율상승률(원화의 평가절하율) = 한국의 물가상승률 - 미국의 물가상승률

02 구매력 평가설의 현실설명력

1. 일물일가의 법칙 성립에 대한 기대 가능성

구매력 평가설은 환율의 장기추세를 설명하는 데 적합할 뿐 단기적인 변동을 설명하는 데는 적합하지 못하다는 평가를 받는다.

2. 비교역재에 대한 현실 설명력이 낮다.

3. 각 나라의 물가수준을 주어진 것으로 간주한다.

⑴ 물가가 어떻게 결정되느냐에 대한 설명이 결여되어 있다.

⑵ 화폐수량설에 따르면 통화량이 물가에 영향을 미치는 중요한 변수이다.

⑶ 구매력 평가설은 장기인플레이션 혹은 초인플레이션과 환율 사이의 관계를 설명하는 데 상당한 설명력을 갖는 것으로 평가된다.

4. 단기적인 환율변동은 주로 금융거래에 의해 결정된다.

제4절 금융거래와 환율

01 이자율 평가설의 의미 : 자본수지의 관점

1. 의미

이자율 평가설은 양국 간의 명목이자율 차이와 환율의 예상변동률과의 관계를 설명하는 이론이다.

2. 주요 내용

자본의 국가 간 이동이 자유로운 경우 국제자본거래에서 이자율 평가설은 동일한 통화로 환산해 계산했을 때 국내투자 수익률과 해외투자 수익률이 같아진다는 것을 설명하는 이론이다.

3. 자본수지의 관점

4. 가정

⑴ 국가 간 자본이동이 완전히 자유롭다.

⑵ 거래비용과 조세가 존재하지 않는다.

02 해외투자의 (예상)수익률 : 해외이자율과 환율의 예상변화율의 합

1. 이자율의 영향

이자율이 높으면 외환의 공급이 증가하게 된다. 외환공급이 증가함에 따라 환율은 점차 내려가게 된다.

2. 환율의 영향
⑴ **미국인이 한국에 투자하는 경우**

2020년 1월 한국 채권 수익률: 10%, 미국 채권 수익률: 5%, 대미환율 1\$ = 1200 ⇒ 1만 달러 투자 ⇒ 1200만 원 ⇒ 2020년 연말 환율 10% 상승, 1\$ = 1320 ⇒ 1200만 원 + 120 = 1320만 원 ⇒ 달러로 환전, 1만 달러, 수익률 0

⑵ **한국인이 미국에 투자하는 경우**

미국 채권 수익률: 5%, 대미환율 1\$ = 1200 ⇒ 1200만 원 투자 ⇒ 1만 달러 채권 투자 ⇒ 환율 7% 상승, 1\$ = 1284 ⇒ 1만 달러 + 500 ⇒ 원화로 환전: 1만 5백달러 × 1284 = 13,482,000

3. 기대투자수익률 = 외국의 이자율 + 환율의 예상상승률(환율의 변동분/원래 환율)

⑴ 투자가들은 기대수익률을 계산하고 이를 국내 자산의 수익률과 비교해 어느 쪽에 투자할 것인지를 결정한다.

⑵ 국내 이자율이 떨어지면 우리나라 사람들이 더 많은 해외 투자를 하게 되고, 이에 따라 외환에 대한 수요가 늘어나 환율이 올라가게 된다. 반면에 국내 이자율이 올라가면 우리나라 자산의 상대적 매력이 더 커져 외국 사람들의 투자가 늘어나고, 그 결과 외환의 공급이 늘어나 환율이 내려가게 될 것이다.

03 자본시장의 균형

1. 한국으로 자본유입

국내투자 수익률이 해외투자 수익률보다 높으면 한국으로 자본유입이 증가한다. 예컨대 국내 이자율이 상승하면 자본유입이 늘어날 수 있다.

2. 외국으로 자본유입(한국에서 자본유출)

외국의 투자수익률이 한국의 투자수익률보다 더 높은 경우에는 외국으로 자본유입이 증가한다. 예컨대 외국의 이자율이 상승하면 자본유입이 늘어날 수 있다.

3. 균형식

⑴ 국내 이자율 = 해외 이자율 + 환율의 기대변동률(환율변동분/원래 환율)

⑵ 환율의 기대변동률(환율변동분/원래 환율) = 국내 이자율 − 해외 이자율

04 환율 변화의 요인 : 이자율, 환투기와 환율

1. 이자율과 환율의 관계

⑴ 국내 이자율 하락 ⇒ 환율 상승

⑵ 국내 이자율 상승 ⇒ 환율 하락

2. 환율 변화에 대한 예상

⑴ 환율 하락 예상 ⇒ 외환공급 증가 ⇒ 환율 하락

⑵ 환율 상승 예상 ⇒ 외환공급 감소 ⇒ 환율 상승

3. 환투기와 환율

환투기는 가치가 떨어지리라고 예상되는 화폐를 팔고 가치가 올라가리라고 예상되는 화폐를 사들여 그 차액을 실현하는 것을 말한다.

제5절 변동환율제도와 고정환율제도 : 국제수지 불균형 해결

01 고정환율제도와 변동환율제도

1. 고정환율제도

(1) 의미

고정환율제도는 정부가 환율을 일정한 수준에 정해 놓고 외환시장 개입을 통해 이를 유지하는 제도를 말한다. 고정환율제도는 금본위제도를 거쳐 브레튼우즈체제로 연결되었다. 하지만 미국의 금태환 정지 선언으로 고정환율제도는 변동환율제도로 변화되었다.

(2) 고정환율제도의 불균형 조정 메커니즘 : 중앙은행의 외환매입과 매도

국제수지 흑자(초과공급) ⇒ 환율 하락 부담 ⇒ 정부 달러 매입, 원화 매도 ⇒ 통화량 증가

2. 변동환율제도

(1) 의미

변동환율제도는 외환의 수요와 공급에 의해 환율이 자유롭게 결정되는 제도를 말한다. 변동환율제도의 도입과 시작은 1970년 중반 킹스턴 체제의 선언 이후부터 본격화되었다. 그 결과 자본의 세계화가 급격하게 진행되었다.

(2) 변동환율제도의 불균형 조정 메커니즘 : 환율의 상승과 하락

국제수지 흑자(초과공급) ⇒ 환율 하락 ⇒ 순수출 감소

02 고정환율제도의 운영 원리

1. 원화가 고평가된 경우

(1) 의미

① 균형환율이 1,000원인데 환율을 800원으로 고정시키는 경우 ⇒ 외환 초과수요

② 균형보다 환율이 낮은 수준 ⇒ 달러에 대한 초과수요를 없애야 한다. ⇒ 총수요↓

(2) **해결 방안**

　① 중앙은행 외환 매도 ⇒ 통화량 감소 ⇒ 이자율 상승 ⇒ 총수요 감소

　② 총수요 축소 정책과 동시에 이자율 상승 ⇒ 외환수요 감소, 외환공급 증가

(3) **효과**

　① 고정환율 유지

　② 국내경제 위축

2. 원화가 저평가된 경우

(1) **의미**

　① 환율 하락 압력의 상황이다. 고정환율이 균형환율보다 높은 상황이다. ⇒ 외환 초과공급

　② 고정환율이 높은 수준 ⇒ 달러에 대한 초과공급을 없애야 한다. ⇒ 총수요↑

(2) **해결 방안**

　① 중앙은행 외환 매입 ⇒ 통화량 증가 ⇒ 이자율 하락 ⇒ 총수요 증가

　② 총수요 확대 정책과 동시에 이자율 하락 ⇒ 외환수요 증가, 외환공급 감소

(3) **효과**

　① 고정환율 유지

　② 국내경제 과열, 물가 불안정

03 고정환율제도와 통화정책

1. 정부의 통화정책 선택의 제약

외환시장의 불균형이 있을 때 중앙은행이 외환을 사고팔아 초과공급이나 초과수요를 해소시킨다. 그런데 외환을 사는 과정에서 국내 화폐공급량이 늘어나는 한편, 외환을 팔 때는 국내 화폐공급량이 줄어드는 결과가 나타난다. 이와 같이 고정환율제도하에서는 화폐공급량이 외환시장의 상황에 따라 내생적으로 결정되는 특징이 있어 정부가 마음대로 통화량을 조절하기 힘들어진다.

2. 고정환율제도에서 화폐공급량이 외환시장 안에 존재하는 불균형을 저절로 해소할 수 있을까?

⑴ 고정환율제도하에서는 외환시장의 불균형이 통화량의 변화를 통해 자동적으로 해소되는 경향이 있다.

⑵ 현실 세계에서 물가는 상당한 경직성을 갖고 있어 외환시장의 불균형이 저절로 해소되기를 기대하기는 어렵다.

04 변동환율제도와 고정환율제도의 장단점

1. 고정환율제도의 장단점

⑴ **장점**: 안정성

　① 환율이 일정수준으로 고정되어, 환율변동의 위험이 없으므로 꾸준한 국제거래가 이루어진다.

　② 환투기를 노린 국제 단기자본 이동이 제거된다.

⑵ **단점**: 해외경기변동의 영향

　① 국제수지 불균형의 자동적 조절이 어렵다.

　② 환율인상의 압력을 없애기 위해서 충분한 외환 준비량이 필요하다.

　③ 해외의 경기변동이 국내의 경기변동으로 파급된다.

2. 변동환율제도의 장단점

⑴ **장점**: 자동 조정

　① 국제수지 불균형이 자동 조절된다. 따라서 외환준비금의 보유 필요성이 적다.

　② 해외의 경기상황이 국내로 파급될 우려가 없다.

　③ 국제수지를 고려하지 않고 재정, 금융정책의 실시가 가능하다.

⑵ **단점**: 불안정성

　① 환율변동에 의한 예기치 못한 손해가 발생하여 국제거래가 위축된다.

　② 환율변동과정에서 이득을 노리는 투기가 성행한다.

제 04 장 개방경제하의 총수요 – 총공급모형

제1절 개방경제의 개념

01 개방경제의 의의

1. 개방경제의 의미

개방경제란 거시경제 측면에서 외국과 무역 및 금융거래를 하는 경제를 말한다. 즉 개방경제 국가는 해외의 여러 나라와 다양한 경제적 거래를 한다.

2. 개방경제와 국제수지 및 환율

(1) 개방경제와 국제수지

개방경제 국가가 해외국가들과 다양한 경제적 거래를 할 때 화폐단위로 표시한 것이 국제수지이다.

(2) 개방경제와 환율

개방경제 국가와 해외국가들의 모든 거래에서는 반대급부로 화폐의 이동이 이뤄진다. 이러한 화폐의 이동에서 두 나라 간 화폐교환비율이 환율이다.

02 개방경제의 분석

1. 외환시장과 환율을 고려 대상으로 포함시킨 총수요 – 총공급모형

(1) 개방경제 분석

(2) 모형의 구성요소 : 상품시장, 화폐시장, 외환시장

2. 분석 내용

(1) 상품시장, 화폐시장, 외환시장의 연관성

(2) 환율제도의 영향

제2절 국제수지

01 국제수지의 의미

대외거래의 결과 발생하는 적자와 흑자를 측정하기 위해 고안된 개념이 바로 국제수지다. 대외거래의 수취와 지급이 일치하면 국제수지가 균형을 이루었다고 말한다. 만약 대외거래의 수취가 지급을 초과하면 국제수지 흑자 그리고 지급이 수취를 초과하면 국제수지 적자가 발생했다고 말한다.

02 국제수지표

1. 의미

국제수지는 일정 기간 동안 거주자와 비거주자 간에 이루어진 모든 경제적 거래를 체계적으로 분류 정리하여 기록한 표를 말한다. 국제수지표는 일정한 기간 동안에 일어난 한 나라의 모든 대외거래를 요약해 놓은 통계표로서 개방경제체제의 성격을 갖는 국민경제의 움직임을 이해하는 데 필수적인 도구라고 할 수 있다.

2. 국제수지표의 구성

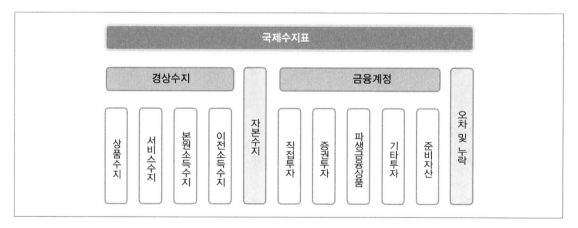

3. 국제수지 거래 기장(복식부기원칙)

	차변(debit, '−')	대변(credit, '+')
경상수지	상품 수입(실물자산 증가)	상품 수출(실물자산 감소)
	서비스 지급(제공 받음)	서비스 수입(제공)
	본원소득 지급	본원소득 수입
	이전소득 지급	이전소득 수입
자본수지	자본이전 지급	자본이전 수입
	비생산·비금융자산 취득	비생산·비금융자산 처분
금융계정	금융자산 증가	금융자산 감소
	금융부채 감소	금융부채 증가

출처: 한국은행

제3절 저축, 투자와 경상수지

01 경상수지와 총수요

1. 지출 측면의 국내총생산 : $Y = C + I + G + X_n$

2. $(C + I + G)$는 국내외에서 생산된 재화에 대한 총지출(Absorption : A, 총사용액)로 관계식 정리

⑴ **A(총사용액)** : 한 국민경제에서 사용한 상품의 총가치를 의미한다.

⑵ $Y = A(C + I + G) + X_n$

   ⇒ X_n(경상수지) = Y(국내총생산) − A(국내외에서 생산된 상품에 대한 총지출액)

⑶ $Y < A$: 경상수지 적자, $Y > A$: 경상수지 흑자

⑷ **시사점**

   ① 경상수지가 적자가 되는 것은 소득보다 더 많이 지출하기 때문이다.

   ② 경상수지가 적자라는 것은 그만큼 외국으로부터 돈을 차입(해외저축)하여 상품을 구입했음을 의미한다.

   ③ 경상수지가 적자이면 그만큼 해외부채가 증가하나, 해외자산이 감소한다.
      ⇒ (순수출에 관해서 식 정리) $X_n = (Y − C + I + G) = Y − A(= C + I + G$, 총사용액)
      ⇒ 경상수지 = 생산한 상품의 총가치 − 사용한 상품의 총가치 = 국내총생산 − 총사용액

02 저축

1. 민간저축: 가처분 소득$(Y-T)$ − 소비

2. 정부저축: $T-G$

3. 경상수지와 저축 및 투자 간 관계식 유도

$$X_n = Y - (C + I + G) = (Y - T - C)(민간저축) + (T - G)(정부저축) - I = S_T(총저축) - I(총투자)$$

4. 시사점

(1) **경상수지 흑자**: $X_n = S_T - I > 0 \Rightarrow X_n > 0,\ S_T > I$

(2) **경상수지 적자**: $X_n = S_T - I < 0 \Rightarrow X_n < 0,\ S_T < I$

① 경상수지 적자요인: 과소비에 따른 민간저축 감소, 재정적자, 투자지출의 증가

② 민간저축 감소나 재정적자로 경상수지는 부정적인 효과를 가져올 수 있으나, 투자 증가로 인한 경상수지 적자는 오히려 바람직할 수도 있다.

03 경상수지 적자의 의미

1. 발생원인

(1) 과소비 풍조 ⇒ 저축 감소 ⇒ 경상수지 적자

(2) 정부의 방만한 재정 운영 ⇒ 정부저축 감소 ⇒ 경상수지 적자 발생 가능

(3) 수출산업의 생산성 하락으로 대외 경쟁력 상실 ⇒ 경상수지 적자 발생

(4) 국내저축에 무변화, 투자지출 증가 ⇒ 경상수지 적자 발생

투자지출의 증가로 인해 발생한 경상수지 적자라면, 이는 건실한 성장이 이루어지고 있다는 증거가 될 수 있다. 또한 투자에 충당될 자금이 해외로부터 유입되었다는 것은 외국 사람들이 우리 경제의 미래를 객관적으로 평가한다는 뜻이 된다.

2. 경상수지 적자라는 사실 그 자체가 중요한 것은 아니다.

제4절 환율과 경상수지

01 환율과 경상수지의 관계

환율은 경상수지에 영향을 미친다. 환율의 변화가 즉각적으로 경상수지에 영향을 준다는 것은 비현실적이다. 또한 영향이 클 수도 있고 작을 수도 있다. 그렇다면 영향을 미치게 되기까지의 시간과 그 정도는 얼마나 될까? 이와 관련된 이론이 마샬-러너조건, J-곡선효과이다.

02 마샬-러너조건 : 환율 상승 ⇒ 순수출의 증가?

마샬-러너조건은 환율 상승이 순수출을 증가시키는 효과를 가져오기 위해서는 우리 수출품에 대한 외국 수요의 가격탄력성과 수입품에 대한 우리 수요의 가격탄력성의 합이 1보다 더 커야 한다는 조건을 말한다.

03 J-곡선효과

환율 상승(평가절하) 직후에는 순수출이 줄어들어 일시적으로는 경상수지가 악화되었다가 상당한 시간이 지나고 나서야 개선되는 효과를 말한다.

제5절 환율과 총수요-총공급모형

01 환율 상승의 효과 : 물가수준이 주어진 상태

1. 환율 상승 ⇒ 순수출의 증가 ⇒ 총수요의 증가(우측), 총공급의 감소(좌측) ⇒ 물가 상승, 소득?

2. 물가가 얼마나 상승하는지, 소득은 증가하는지 여부는 총수요와 총공급의 이동폭에 달려 있다.

3. 일반모형 분석에서는 총수요의 이동폭이 총공급의 이동폭보다 더 크다고 가정한다.

02 환율 상승이 물가와 국민소득에 미치는 영향 : 물가 상승, 국민소득 증가

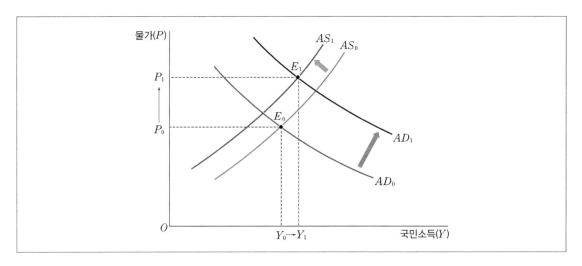

제6절 개방경제에서의 통화·재정정책의 효과

01 이자율의 역할

통화·재정정책의 단기효과만을 분석할 예정이다. 단기에서 환율에 가장 큰 영향을 주는 변수는 이자율이다. 예컨대 국내 이자율이 올라가면 이자율 차익을 노린 해외 자본이 국내로 유입되어 외환의 공급이 늘어나고 이에 따라 환율이 내려간다. 반대로 국내 이자율이 떨어지면 국내 자본이 해외로 유출되어 환율이 올라가는 결과가 나타난다. 그러므로 통화·재정정책의 결과로 이자율이 변화하면 환율이 변화하고 이것이 다시 총수요와 총공급에 영향을 미치게 된다.

02 고정환율제도의 경우

1. 재정정책의 효과(파급 경로)

확대재정정책 ⇒ 총수요 우측이동 ⇒ 이자율 상승 ⇒ 이자율 상승으로 외환 유입 증가(외환공급 증가) ⇒ 국제수지 흑자(초과공급) ⇒ 중앙은행의 외환 매입 ⇒ 통화량 증가 ⇒ 이자율 하락 ⇒ 총수요 증가 ⇒ 국민소득 증가, 물가 상승

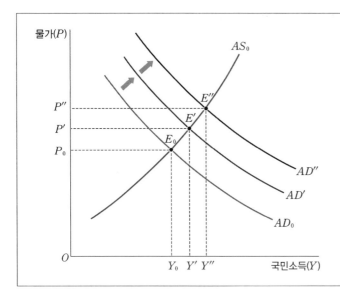

고정환율제도하의 재정정책

정부지출이 늘어나면 총수요곡선이 오른쪽으로
이동해 일단 AD'이 된다. 정부지출의 증가는
이자율의 상승을 가져오고, 이에 따라 외환의 초
과공급이 발생한다. 이 상황에서 환율을 일정한
수준에 유지하려면 중앙은행이 외환을 사들여야
하고, 그 과정에서 화폐공급량이 늘어나게 된다.
그 결과 총수요곡선은 다시 오른쪽으로 이동해
AD''이 되므로 E''점에서 새로운 균형이 이루
어진다. 이를 폐쇄경제의 균형점 E'과 비교해
보면 국민소득과 물가가 더 큰 폭으로 올랐다는
것을 알 수 있다.

2. 통화정책의 효과(파급 경로)

통화량 증가 ⇒ 이자율 하락 ⇒ 총수요곡선의 우측이동 ⇒ 이자율 하락으로 인한 외환 유출 증가(외환수요
증가) ⇒ 국제수지 적자(초과수요) ⇒ 중앙은행의 외환 매도 ⇒ 통화량 감소 ⇒ 이자율 상승 ⇒ 총수요
좌측이동 ⇒ 통화정책으로 인한 국민소득 증가폭이 줄어든다.

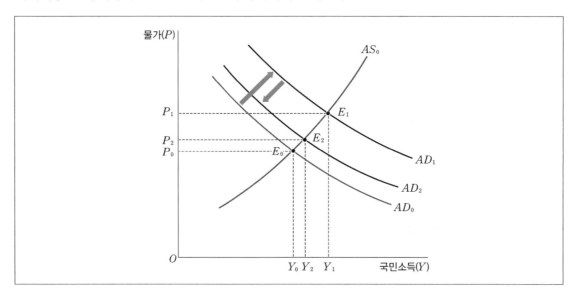

3. 어떤 정책이 효과적인가?

고정환율제도하에서는 재정정책이 통화정책보다 더 효과적이다.

03 변동환율제도의 경우

1. 재정정책의 효과(파급 경로)

정부지출 증가 ⇒ 총수요곡선의 우측이동 ⇒ 이자율 상승 ⇒ 자본 유입 증가 ⇒ 외환공급곡선 우측이동 ⇒ 환율 하락 ⇒ 순수출 감소 ⇒ 총수요곡선 좌측이동, 총공급곡선 우측이동 ⇒ 국제수지 반영 이전 국민소득 수준보다 낮아지고, 물가는 최초 균형보다 상승한다.

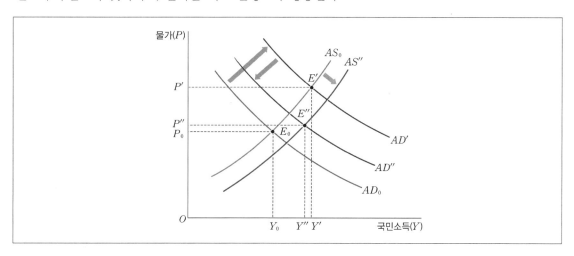

2. 통화정책의 효과(파급경로)

통화량 증가 ⇒ 이자율 하락 ⇒ 총수요곡선의 우측이동 ⇒ 자본유입 감소 ⇒ 외환수요곡선 우측이동 ⇒ 환율 상승 ⇒ 순수출 증가 ⇒ 총수요곡선 우측이동, 총공급곡선 좌측이동 ⇒ 국제수지 반영 이전 국민소득 수준보다 높아지고, 물가는 최초 균형보다 상승한다.

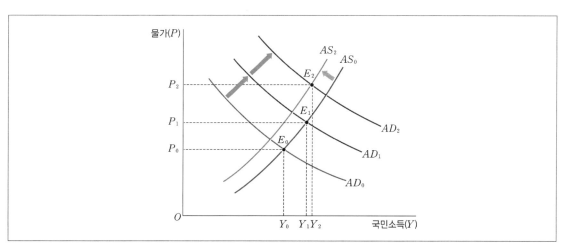

3. 정책 효과 비교

변동환율제도하에서는 통화정책이 재정정책보다 더 효과적인 방법이 된다.

제7절 개방경제하에서의 정책 수단 선택의 문제

01 개관 : 개방경제하에서의 정책할당모형

개방경제하에서 국민경제의 균형은 대내균형(고용안정, 물가안정)과 대외균형(국제수지균형)으로 나누어진다.

02 먼델의 정책배합모형 : 고정환율제도, 재정정책과 금융정책의 혼합

1. 개관 및 기본가정

(1) 개관

고정환율제도하에서 대내균형을 달성하기 위해서는 재정정책을 사용하고, 대외균형을 달성하기 위해서는 금융정책을 사용해야 한다. 단, 대외균형에서 국제수지균형은 경상수지와 자본수지를 합한 전체 국제수지균형을 의미한다. 정부는 대내적으로 실업이 발생하면 확대재정정책(정부지출의 증가, 조세의 인하), 인플레이션이 발생하면 긴축재정정책(정부지출의 감소, 조세의 인상)을 사용해야 한다. 한편 정부는 대외적으로 국제수지 적자가 발생하면 긴축금융정책(예 통화공급의 감소 ⇒ 이자율의 인상 ⇒ 해외자본의 국내유입), 국제수지 흑자가 발생하면 확대금융정책(예 통화공급의 증가 ⇒ 이자율의 인하 ⇒ 국내자본의 해외유출)을 사용해야 한다.

(2) 기본가정

① 환율이 고정되어 있다.

② 국가 간 자본이동이 완전하다.

③ 국제수지는 경상수지와 자본수지의 합으로 정의된다.

④ 재정정책과 금융정책 모두 사용 가능하다.

2. 대내균형선 : IB선

(1) IB선의 도출 : 정부지출 증가 ⇒ 경기과열 ⇒ 균형을 위해 이자율 상승 ⇒ 대내균형

정부지출이 증가하면 총수요 증가로 경기가 과열되므로 대내균형이 유지되려면 이자율이 상승하여 투자, 즉 총수요가 감소하여야 한다. 정부지출이 증가할 때 이자율이 상승해서 대내균형이 유지되므로 IB선은 우상향한다.

⑵ **IB선의 상방과 하방(주어진 이자율 수준)**

    ① IB선의 상방(정부지출 < 균형수준) : 경기침체 상태(실업)

    ② IB선의 하방(정부지출 > 균형수준) : 경기과열 상태(인플레이션)

3. 대외균형선 : EB선

⑴ **EB선의 도출** : 정부지출 증가 ⇒ 국제수지 적자 ⇒ 균형을 위해 이자율 상승

정부지출 증가로 총수요가 증가하면 수입이 증가하여 국제수지 적자가 발생하므로 국제수지 균형이 유지되기 위해서는 이자율이 상승하여 자본유입이 이뤄진다. 따라서 정부지출이 증가할 때 이자율의 상승으로 대외균형이 유지되기 때문에 EB선은 우상향한다.

⑵ **EB선의 상방과 하방(주어진 정부지출 수준)**

    ① EB선의 상방(이자율 > 균형수준) : 국제수지 흑자

    ② EB선의 하방(이자율 < 균형수준) : 국제수지 적자

4. 정책할당

정부는 대내불균형과 대외불균형에 대응하여 다음과 같은 정책할당을 시행해야 한다.

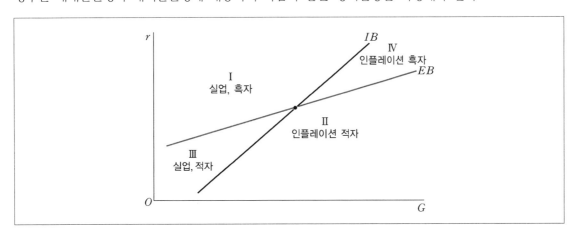

	불균형의 유형		균형을 위한 정책할당	
	대내불균형	대외불균형	대내균형	대외균형
I	실업	국제수지 흑자	확대재정정책	확장금융정책
II	인플레이션	국제수지 적자	긴축재정정책	긴축금융정책
III	실업	국제수지 적자	확대재정정책	긴축금융정책
IV	인플레이션	국제수지 흑자	긴축재정정책	확장금융정책

03 스완의 정책배합모형 : 지출변동정책과 지출전환정책의 조합

1. 개관 및 기본가정

(1) 개관

변동환율제도하에서 대내균형을 달성하기 위해서는 지출변동정책(재정 및 금융정책)을 사용하고, 대외균형을 달성하기 위해서는 지출전환정책(환율정책)을 사용해야 한다. 지출변동정책은 재정 및 금융정책으로 국민경제의 국내지출을 변동시킴으로써 재화 및 서비스의 수출입수요를 조정하고 국제수지의 균형을 도모하는 정책이다. 지출전환정책은 환율을 인상 또는 인하하여 수출과 수입을 변동시킴으로써 국제수지의 균형을 도모하는 정책이다. 환율정책 이외에 관세, 수입할당제, 수출보조금 등도 지출전환정책에 속한다. 예를 들어 정부는 대내적으로 실업이 발생하면 확대재정금융정책, 인플레이션이 발생하면 긴축재정금융정책을 사용해야 한다. 한편 정부는 대외적으로 국제수지 적자가 발생하면 환율 인상, 국제수지 흑자가 발생하면 환율 인하를 실시해야 한다. 따라서 정부는 대내불균형과 대외불균형에 대응하여 다음과 같은 정책할당을 실시해야 한다.

(2) 기본가정

① 국가 간 자본이동이 존재하지 않는다.

② 국제수지는 경상수지만을 의미한다.

③ 지출변동정책(재정정책/금융정책)과 지출전환정책(환율정책)이 사용 가능하다.

2. 대내균형선 : IB선

(1) IB선의 도출 : 국내총지출 증가 ⇒ 경기과열 ⇒ 균형을 위해 환율 하락

국내총지출이 증가하면 총수요 증가로 경기가 과열되므로 대내균형이 유지되려면 환율이 하락하여 순수출이 감소해야 한다. 국내총지출이 증가할 때 환율이 하락해서 대내균형이 유지되므로 IB선은 우하향한다.

(2) IB선의 상방과 하방(주어진 환율 수준)

① IB선의 상방(국내총지출 > 균형수준) : 경기과열 상태(인플레이션)

② IB선의 하방(국내총지출 < 균형수준) : 경기침체 상태(실업)

3. 대외균형선 : EB선

(1) IB선의 도출 : 국내총지출 증가 ⇒ 국제수지 적자 ⇒ 균형을 위해 환율 상승

국내총지출 증가로 총수요가 증가하면 수입이 증가하여 국제수지 적자가 발생하므로 국제수지 균형이 유지되기 위해서는 환율이 상승(평가절하)하여 수출이 증가해야 한다. 따라서 국내총지출이 증가할 때 환율의 상승으로 대외균형이 유지되기 때문에 EB선은 우상향한다.

⑵ *IB*선의 상방과 하방(국내총지출 수준)

① *IB*선의 상방(환율 > 균형수준) : 국제수지 흑자

② *IB*선의 하방(환율 < 균형수준) : 국제수지 적자

4. 정책할당

정부는 대내불균형과 대외불균형에 대응하여 다음과 같은 정책할당을 시행해야 한다.

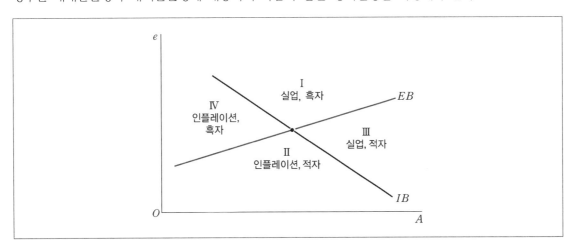

	불균형의 유형		균형을 위한 정책할당	
	대내불균형	대외불균형	대내균형	대외균형
I	실업	국제수지 흑자	확대재정금융정책	환율 인하
II	인플레이션	국제수지 적자	긴축재정금융정책	환율 인상
III	실업	국제수지 적자	확대재정금융정책	환율 인상
IV	인플레이션	국제수지 흑자	긴축재정금융정책	환율 인하

이 책의 참고문헌

1. 이준구(2020), 경제학원론, 문우사

2. 이준구(2019), 미시경제학, 문우사

3. 김상권 외(2019), 경제원리의 이해와 활용, 시그마프레스

4. 김대식 외(2018), 현대경제학원론, 박영사

5. Ben S. Bernake · Robert H. Frank 공저, 곽노선 · 왕규호 공역(2020), 버냉키 프랭크 경제학, 박영사

6. N. Gregory Mankiw(2018); 김종석 외, 맨큐의 경제학, 한티에듀

7. N. Gregory Mankiw(2023), 거시경제학, 시그마프레스

8. William Boyes · Michael Melvin(2007), 경제학의 기본원리, 시그마프레스

9. 정운찬 · 김영식(2015), 거시경제론, 율곡

10. 김영식, 경제학으로의 초대, 청람

이율

- 사회과 교육 전공 교육학 박사
- 하제스트 교육연구소 소장
- 한국 법교학회 이사 및 사회과 학회 회원
- 연세대학교 특임교수
- 부산대학교 사회교육연구소 실장

[저서]
- 교육론: Jump-up 일반사회교육론(2017, 박문각), 사회과 예비교사를 위한 일반사회교육론(박문각, 2020), 다문화주의, 다문화교육, 이데올로기, 민주주의(2020, 공저, 동문사), 시민주권과 민주시민교육(2021, 공저, 부산대학교 출판부), 예비사회교사를 위한 일반사회교육론(박문각, 2023)
- 법 관련: 법교육학 입문(공저, GMW, 2013), Jump-up 법교육(2017, 박문각), 사회과 예비교사를 위한 법학(박문각, 2020), 법교육학 입문 개정판(2022, 공저, 박영사), 예비사회교사를 위한 법학(박문각, 2023)
- 정치 관련: Jump-up 정치교육(2017, 박문각), 사회과 예비교사를 위한 정치학(박문각, 2020), 예비사회교사를 위한 정치학(박문각, 2023)
- 경제 관련: 악마의 맷돌이 돌고 있어요!(자음과모음, 2013), 예비사회교사를 위한 경제학 다이제스트(박문각, 2024)
- 사회·문화 관련: 비교문화(부산교육청, 2015; 세종교육청, 2020)

[논문]
- 사회과 대화교육의 한계와 대안에 관한 연구(2015)
- 사회과 법교육에서 인권교육 내용에 관한 연구(2011)
- 중등 사회과 민주주의 교육에 대한 비판적 고찰(2013)
- 다문화 사회의 헌법교육 모색(2011)
- 미국 법교육 교과서의 변천과정에 관한 연구(2011)
- 법교육이 청소년의 폭력에 관한 태도에 미치는 영향(2010)
- 교육현장에서의 저작권 가이드라인에 관한 연구(2011)
- 비행청소년 교정교육에서 상상력 교육의 필요성에 관한 연구 등(2012)
- 폭력의식의 형성과 유형에 대한 연구(2009)
- 교권의 범위와 한계에 관한 연구(2011)

예비사회교사를 위한
경제학 다이제스트

초판 인쇄 | 2024. 1. 5.   **초판 발행** | 2024. 1. 10.   **편저자** | 이 율

발행인 | 박 용   **발행처** | (주)박문각출판   **등록** | 2015년 4월 29일 제2015-000104호

주소 | 06654 서울특별시 서초구 효령로 283 서경 B/D   **팩스** | (02)584-2927

전화 | 교재 문의 (02) 6466-7202, 동영상 문의 (02) 6466-7201

저자와의
협의하에
인지생략

ISBN 979-11-6987-101-3 | 979-11-6987-098-6(SET)

정가 31,000원